LEICHT UND LECKER

250 FETTARME REZEPTE FÜR DIE GESUNDHEIT

LEICHT UND LECKER

250 FETTARME REZEPTE FÜR DIE GESUNDHEIT

Reader's Digest

DEUTSCHLAND · SCHWEIZ · ÖSTERREICH

Titel der englischen Originalausgabe
Low Fat, No Fat Cookbook

Deutsche Ausgabe

Übersetzung: Elke Bolz, Margit Schäfer, Karin Schulte-Bersch
Redaktion: Angelika Lenz

Reader's Digest

Redaktion: Annegret Diener-Steinherr
Grafik: Peter Waitschies
Prepress: Andreas Engländer
Produktion: Andreas Schabert

Ressort Buch

Redaktionsdirektorin: Suzanne Koranyi-Esser
Redaktionsleitung: Dr. Renate Mangold
Art Director: Rudi K. F. Schmidt

Operations

Leitung Produktion Buch: Joachim Spillner

Satz und Reproduktion: schwabe + braun gmbh, Leonberg
Druck und Binden: Mateu Cromo Artes Gráficas S.A., Pinto (Madrid)

UK 1139/IC
Printed in Spain

ISBN 3-89915-027-9

Vorwort

Viel Geschmack und wenig Fett, das zeichnet die leckeren Gerichte dieses Kochbuchs aus. Die unkomplizierten Rezepte machen es leicht, gleichermaßen gesunde und cholesterinarme wie köstliche Gerichte auf den Tisch zu zaubern. Dieses Buch enthält mehr als 250 Rezepte für jeden Tag und jede Gelegenheit, vom Frühstück über leichte Hauptgerichte bis zu Menüs. Alle Rezepte sind mehrfach erprobt und leicht nachzukochen. So macht bereits das Zubereiten Spaß – und das Genießen erst recht.

Inhalt

EINLEITUNG

REZEPTE-EXTRA

DIE REZEPTE

Einleitung

Im Mittelpunkt dieses Buches steht die Freude am Kochen und am guten Essen. Sie finden eine Fülle von leckeren Rezepten für die ganze Familie und erfahren alles, was Sie über bekömmliche, schmackhafte Ernährung und fettarmes Kochen wissen müssen. Sie werden staunen, wie leicht es ist, gesunde und zugleich köstliche Gerichte auf den Tisch zu zaubern.

SCHARFE KARTOFFELSCHNITZE (S. 240)

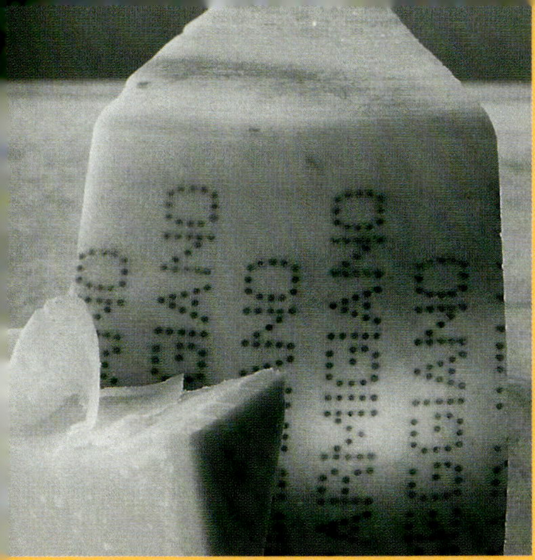

Die Wahrheit über Fett

Über die Rolle von Fett in der Ernährung gehen die Meinungen oft auseinander, sodass der Laie leicht den Überblick verliert. Hier finden Sie Antwort auf die wichtigsten Fragen.

Was ist Fett und wie wirkt es?

Fett ist einer der wichtigsten Lebensmittelnährstoffe und zugleich der größte Kalorienlieferant. Kalorien sind die Maßeinheiten für den Energieinhalt unserer Nahrung. Dabei liefert 1 g Fett mehr als doppelt so viel Energie wie die gleiche Menge Kohlenhydrate oder Eiweiße, nämlich 9 kcal.

Die verschiedenen Fette und Öle versorgen uns überdies mit den Vitaminen A, D, E und K und ermöglichen deren Aufnahme. Außerdem ist Fett ein wichtiger Geschmacksträger: Erst mit Butter schmeckt Brot so richtig gut und die Folienkartoffel erst mit saurer Sahne.

Grundbausteine des Nahrungsfetts sind die Fettsäuren. Man unterscheidet gesättigte und ungesättigte Fettsäuren. Fette, die bei Raumtemperatur fest sind, wie z. B. Butter oder das sichtbare Fett am Fleisch, besitzen in der Regel einen hohen Anteil an gesättigten Fettsäuren; während Fette, die bei Raumtemperatur flüssig sind, wie die meisten Pflanzenöle, gewöhnlich reich an ungesättigten Fettsäuren sind.

Gibt es gutes und schlechtes Fett?

Seit einigen Jahren wird viel über Nahrungsfett und seine Auswirkungen auf unsere Gesundheit diskutiert. Dabei werden gesättigte Fettsäuren gemeinhin als schlecht und ungesättigte Fettsäuren als gut angesehen – was im Wesentlichen auch stimmt.

Bei den ungesättigten Fettsäuren unterscheidet man zwei Arten. Je nachdem, wie viel Wasserstoff sie enthalten, spricht man von einfach ungesättigten Fettsäuren und mehrfach ungesättigten Fettsäuren. Alle Fettsäuren bestehen aus Kohlenstoff, Wasserstoff und Sauerstoff in unterschiedlichen Mengen. Bei den gesättigten Fettsäuren sind sämtliche Kohlenstoffatome der Fettsäurenkette mit Wasserstoffatomen besetzt, bei den einfach ungesättigten fehlen zwei und bei den mehrfach ungesättigten vier oder mehr Wasserstoffatome.

Fette bestehen immer aus gesättigten, einfach ungesättigten und mehrfach ungesättigten Fettsäuren. Die Einteilung der Fette und Öle richtet sich danach, welche Fettsäure überwiegt. Butter z. B. hat einen hohen Anteil an gesättigten Fettsäuren und wird als gesättigtes Fett bezeichnet. Olivenöl ist reich an einfach ungesättigten Fettsäuren und ist somit ein einfach ungesättigtes Fett. Sonnenblumenöl ist reich an mehrfach ungesättigten Fettsäuren und zählt deshalb zu den mehrfach ungesättigten Fetten.

Wissenschaftliche Untersuchungen haben ergeben, dass ein erhöhter Konsum von gesättigten Fetten zu einem Anstieg des Cholesterinspiegels im Blut führen kann. Dies hat Fettablagerungen an den Arterienwänden zur Folge, die wiederum den Blutfluss behindern und letztendlich Herzinfarkt und Schlaganfall auslösen können. Ungesättigte Fettsäuren wie im Olivenöl erhöhen den Cholesterinspiegel nicht, sondern können ihn im Gegenteil senken und sind somit gesünder als gesättigte.

Im Rahmen einer gesunden Ernährung sollte die Gesamt-Kalorienzufuhr zu höchstens 30 % aus Fett bestehen; d. h., Sie sollten nicht mehr als 70–80 g Fett am Tag essen. Auf gesättigte Fette sollten Sie möglichst verzichten. Und vergessen Sie nicht, dass auch regelmäßige Bewegung für Ihr Wohlbefinden wichtig ist.

Welche Fette sind besser?

Es gibt zwei Arten von ungesättigten Fettsäuren, die Omega-6-Fettsäuren aus Linolsäure und die Omega-3-Fettsäuren aus Alpha-Linolensäure, die bei Aufbau

RÄUCHERLACHS-BAGEL MIT QUARK (S. 45)

und Gesunderhaltung des Nervengewebes eine zentrale Rolle spielen. Da diese Säuren vom Körper nicht selbst hergestellt werden können, müssen sie über die Nahrung zugeführt werden. Man nennt sie daher auch essenzielle (lebensnotwendige) Fettsäuren.

Essenzielle Fettsäuren sind vor und nach der Geburt entscheidend an der gesunden Entwicklung des kindlichen Gehirns beteiligt. Sie tragen zum Erhalt der Zellstruktur bei und machen die Haut geschmeidig und wasserabweisend. Außerdem tragen sie dazu bei, den Entzündungsverlauf bei Rheumatismus und Schuppenflechte zu hemmen. Da die essenziellen Fettsäuren blutverdünnend wirken, helfen sie auch das Herzinfarktrisiko zu senken. Zudem werden sie zur Erzeugung hormonähnlicher Substanzen benötigt, der so genannten Prostaglandine. Diese steuern unmittelbare Körperreaktionen wie die Erweiterung der Blutgefäße, den Blutdruck und die Blutgerinnung.

Essenzielle Fettsäuren sind so wichtig für die Gesundheit wie Vitamine. Wir brauchen nicht viel davon, aber dieses Wenige ist unersetzlich. 1 % unserer Kalorienzufuhr sollte aus Omega-6- und 0,2 % aus Omega-3-Fettsäuren bestehen. Omega-6-Fettsäuren sind u. a. in Distel-, Sonnenblumen- und Traubenkernöl enthalten, Omega-3-Fettsäuren in Lein-, Soja- und Rapsöl sowie Fischölen.

Was ist das Besondere an Fischöl?

Fischöle enthalten Omega-3-Fettsäuren. Die gesundheitsfördernde Wirkung von Fisch wurde erstmals erkannt, als man herausfand, dass Menschen, die große Mengen Fisch essen, wie z. B. die Inuit in der Arktis, nur äußerst selten an Herzleiden erkranken. Wissenschaftler haben diese Fettsäuren im gesamten fetten Fleisch von Fischen wie Hering, Makrele, Lachs, Sardinen und Thunfisch gefunden. Heute empfehlen Ernährungsexperten, dass solche fetten Fische regelmäßig auf dem Speisezettel stehen sollten. Probieren Sie die leckeren Gerichte mit fettem Fisch wie z. B. das Räucherlachs-Bagel mit Quark (siehe S. 45).

Ist Margarine gesünder als Butter?

Margarine ist ein Kunstprodukt aus Fett, Wasser und Lezithin. Qualitativ hochwertige Margarine wird aus Oliven- oder Sonnenblumenöl gemacht; billigere enthält Palmöl, Rindertalg und Schweineschmalz. Margarinen mit mehrfach ungesättigten Fettsäuren sind wichtige Lieferanten von Vitamin E und essenziellen Fettsäuren. Die verbreitete Annahme, dass Margarine weniger Fett enthält als Butter, stimmt nicht. Harte wie weiche Margarinen enthalten ebenso wie Butter rund 80 % Fett.

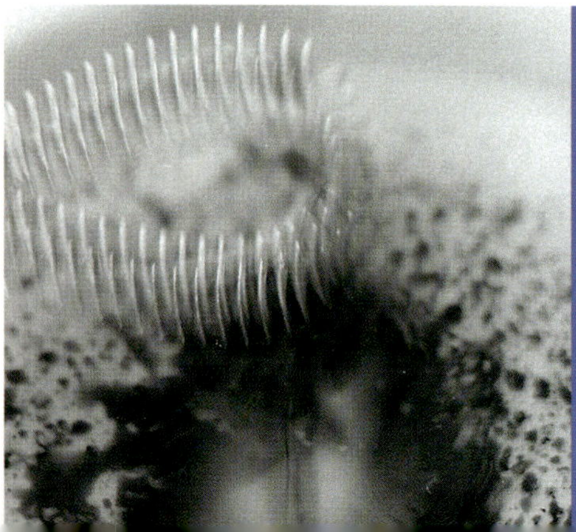

Geben Sie an Ihren Salat statt Essig und Öl lieber Zitronensaft mit frischen Kräutern.

Butter ist ein Naturprodukt und damit im Gegensatz zu Margarine frei von Emulgatoren, Farb- und Konservierungsstoffen, weshalb man Butter in der Vollwertkost den Vorzug gibt. Zwar enthält Butter mehr gesättigte Fette als Margarine, aber solange sie nur gelegentlich und sparsam verwendet wird, besteht keine Veranlassung, sie vom Einkaufszettel zu streichen.

Was sind Transfettsäuren?

Bei der Herstellung von Margarine aus Pflanzenöl wird ein Teil der weichen ungesättigten Fettsäuren in feste gesättigte Fettsäuren umgewandelt. Bei diesem Prozess entstehen auch ungesättigte Fettsäuren in abgewandelter Form, die Transfettsäuren. Unser Körper verarbeitet diese künstlichen ungesättigten Fettsäuren wie gesättigte Fettsäuren, weshalb auch diese Fette zur Entstehung von Herzkrankheiten beitragen.

Bei Margarine mit der Kennzeichnung „reich an ungesättigten Fettsäuren" machen künstliche Transfettsäuren 5–7 % des gesamten Fettanteils aus, wobei feste Margarine mehr Transfettsäuren enthält als weiche. Bei weißem Bratenfett sind es sogar 40 %. Auch Butter enthält Transfettsäuren, doch liegen diese in natürlicher Form vor und stellen daher kein Gesundheitsrisiko dar.

Es ist wissenschaftlich noch nicht ganz geklärt, ob dieses Gesundheitsrisiko tatsächlich auf die künstlichen Transfettsäuren zurückzuführen ist oder ob die Herzkrankheiten nicht vielmehr in Summe von einer unausgewogenen Ernährung herrühren, die zu viele industriell verarbeitete und zu wenig frische Lebensmittel wie Obst und Gemüse enthält. Lesen Sie die Warenetiketten genau durch und versuchen Sie, Ihren Verbrauch an Transfettsäuren auf ein Minimum zu beschränken. Sie sind vor

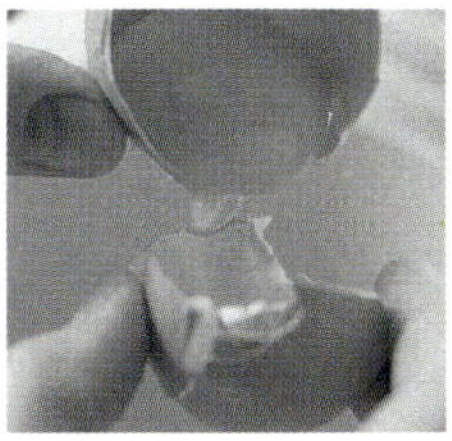

allem in Schweineschmalz und billiger, fester Margarine sowie in verarbeiteten Lebensmitteln, Fertiggerichten, Süßigkeiten und Gebäck enthalten.

Können Sie so viel Olivenöl verzehren, wie Sie möchten?

Nein. Mit seinem hohen Gehalt an einfach ungesättigten Fettsäuren ist Olivenöl eines der gesündesten Pflanzenöle überhaupt, da diese Fettsäuren helfen, den Cholesterinspiegel zu senken. Da es jedoch noch mehr Fett und Kalorien enthält als Butter, sollte man sparsam damit umgehen: 1 TL Butter hat 37 kcal und 4 g Fett, 1 TL Olivenöl 45 kcal und 5 g Fett.

Bei übermäßigem Verzehr von Olivenöl nehmen Sie genauso zu wie bei übermäßigem Verzehr von Butter. Übergewicht ist ein Gesundheitsrisiko und kann zu Krankheiten wie Diabetes, Gelenk- und Herzleiden führen. Deshalb: Verwenden Sie Olivenöl in Maßen, denn es ist sehr gesund.

Sind alle Pflanzenöle reich an ungesättigten Fettsäuren?

Nein. Kokos- und Palmöl haben einen hohen Gehalt an gesättigten Fettsäuren: Palmöl 51 %, Kokosöl sogar 91 %. Im Rahmen einer fettarmen Ernährung sollte Kokosöl nur extrem sparsam eingesetzt werden. Wenn Sie Ihren Cholesterinspiegel senken müssen, sollten Sie ganz darauf verzichten. Achtung: Pflanzenöle, die nicht als „mehrfach ungesättigt" ausgewiesen sind, bestehen oft zum Großteil aus Palmöl.

Sollen Sie cholesterinreiche Nahrungsmittel streichen?

Noch vor kurzem wurde davon ausgegangen, dass cholesterinhaltige Nahrungsmittel wie Eier und Meeresfrüchte den Cholesterinspiegel heben. Heute weiß man jedoch, dass sich der Verzehr von Nahrungscholesterin kaum auf den Cholesterinspiegel auswirkt. Vielmehr sind es die gesättigten Fettsäuren, die den Cholesterinspiegel in die Höhe treiben. Deshalb sollten Lebensmittel mit viel gesättigten Fettsäuren, wie z. B. fettes Fleisch, nur in geringen Mengen verzehrt werden. 4–5 Eier die Woche schaden im Rahmen einer ausgewogenen Ernährung jedoch nicht.

Wie erkennen Sie versteckte Fette?

Fette sind in einer Vielzahl von Nahrungsmitteln enthalten. Wir nehmen sie in sichtbarer Form zu uns, etwa Butter auf dem Brot, aber auch in versteckter Form. Vor allem verarbeitete Lebensmittel, wie z. B. Torten und Kartoffelchips, aber auch Wurstwaren enthalten viele versteckte Fette.

Die Angabe „light" auf dem Lebensmitteletikett stiftet beim Verbraucher leicht Verwirrung. „Light" ist kein gesetzlich geschützter Begriff und muss nicht zwangsläufig bedeuten, dass das Produkt fettarm ist; es kann auch locker, luftig, leicht bekömmlich oder leicht verdaulich sowie koffein- oder alkoholarm bedeuten.

Die Begriffe „fettreduziert" bzw. „reduzierter Fettgehalt" sind dagegen gesetzlich geregelt. Ein solchermaßen etikettiertes Produkt muss einen mindestens 40 % geringeren Fettgehalt aufweisen als ein vergleichbares herkömmliches Lebensmittel. So bringt es z. B. ein Vollmilchjoghurt auf 3,5 g, die fettarme Variante aber nur auf 1,5 g Fett. Bei den Streichfetten Butter und Margarine gilt: Butter bzw. Margarine haben einen Fettgehalt von 80–90 %, Dreiviertelfettbutter bzw. -margarine von 60–62 % und Halbfettbutter bzw. -margarine von 39–41 %.

Um sich umfassend zu informieren, lohnt es sich unbedingt, das Kleingedruckte auf den Verpackungsetiketten zu lesen. Da heute viele Hersteller eine Nährwerttabelle abdrucken, die u. a. den Gehalt an ungesättigten und gesättigten Fetten angibt, können Sie ganz gezielt Produkte auswählen, die nicht nur fettarm, sondern speziell auch arm an gesättigten Fetten sind.

Schmecken fettarme Lebensmittel nicht fade?

Keineswegs, wie die Rezepte in diesem Buch zeigen. Sie werden feststellen, wie leicht sich die Geschmacksträger Butter, Öl und Sahne durch fettarme oder fettfreie Alternativen wie gute Brühen, Wein, Sojasauce, aromatisierten Essig oder Fruchtsäfte ersetzen lassen. Da sich die diversen fettarmen Lebensmittel in Qualität und Geschmack unterscheiden, sollten Sie viele Produkte ausprobieren, um herauszufinden, was Ihnen schmeckt. Wichtige Bestandteile der fettarmen Küche sind z. B. fettarme Joghurts und Käsesorten mit reduziertem Fettgehalt.

Es ist nicht nötig, dass Sie direkt von Vollmilch zu entrahmter Milch (Magermilch) wechseln. Lassen Sie sich Zeit und beginnen Sie mit teilentrahmter (fettarmer) Milch, bevor Sie dann vielleicht auf entrahmte Milch umsteigen.

Unabhängig davon, wie schnell Sie Ihre Kost auf weniger Fett umstellen – sobald Sie sich an den feinen Geschmack frischer Kräuter und erlesener Gewürze gewöhnt haben, werden Sie merken, wie wenig reizvoll üppige, fette Speisen auf einmal für Sie sind.

Die wichtigsten Fett-lieferanten

Der erste Schritt zu einer fettärmeren Kost ist das Wissen um die Fettfallen in den Lebensmitteln. In diesem Kapitel finden Sie alles Wichtige über die größten Fettnäpfchen und ihre gesunden Alternativen.

Butter

Butter wird aus Rahm gemacht. So erstaunt es nicht, dass sie eine der Hauptfettquellen in unserer Kost ist. 100 g Butter (Süß- und Sauerrahm) enthalten 83 g Fett und 754 kcal. Sie besteht zum größten Teil aus gesättigten Fettsäuren und kann bei übermäßigem Verzehr zu einem erhöhten Cholesterinspiegel beitragen. Butter liefert jedoch auch die Vitamine A und D. Halbfettbutter ist mit Wasser versetzt und liefert nur halb so viel Fett und Kalorien wie normale Butter. Butterschmalz dagegen hat stolze 99,5 g Fett und 897 kcal. Nehmen Sie zum Kochen statt Butter und Butterschmalz lieber etwas Oliven- oder Sonnenblumenöl.

Margarine und Pflanzencremes

Margarine wurde 1869 als billiger Butterersatz erfunden. Die meisten Sorten werden heute mit Vitamin A und D angereichert. Gute Sorten mit einem hohen Gehalt an mehrfach ungesättigten Fettsäuren sind wichtige Quellen von Vitamin E und essenziellen Fettsäuren. 100 g Margarine enthalten 80 g Fett und 720 kcal; Diätmargarine enthält weniger Kochsalz, aber ebenso viel Fett; sie besteht zu mindestens 40 % aus ungesättigten Fettsäuren. Eine Diät-Pflanzencreme hat 71 % Fett und kann zum Kochen, Braten und Backen verwendet werden, und ein so genannter fettarmer Brotaufstrich enthält 24 % Fett. Freilich sollte man berücksichtigen, dass auch fettärmere Aufstriche immer noch reichlich Fett enthalten und maßvoll verzehrt werden sollten.

Milch

Der Fettgehalt der Milch wird von ihrer Herkunft bestimmt: 100 ml Schafmilch enthalten 6,3 g Fett und 97 kcal, 100 ml Ziegenmilch 3,9 g Fett und 69 kcal. In den meisten Fällen wird jedoch Kuhmilch verzehrt, die in verschiedenen Fettstufen verkauft wird. 100 ml Vollmilch enthalten mindestens 3,5 g Fett und 64 kcal, 100 ml teilentrahmte (fettarme) Milch mindestens 1,5 g Fett und 47 kcal und 100 ml entrahmte Milch (Magermilch) mindestens 0,1 g Fett und 35 kcal. Entrahmte Milch darf nicht mehr als 0,3 g Fett enthalten. Vorzugsmilch (Rohmilch) hat einen Fettgehalt, von mindestens 3,5 g, meist um 3,8 g. Wer seine Fettzufuhr drosseln muss, sollte auf die fettarmen Varianten zurückgreifen, denn häufig wird Milch ja nicht nur getrunken, sondern auch ins Müsli gegeben und zum Kochen verwendet. Freilich sollte man bedenken, dass mit abnehmendem Fettgehalt auch der Gehalt an fettlöslichen Vitaminen wie Vitamin A sinkt. Kinder sollten deshalb Vollmilch trinken.

Sahne

Sahne wird aus dem Rahm der Milch hergestellt und hat daher einen hohen Fettgehalt, wobei sie besonders viele gesättigte Fettsäuren enthält. Bei Schlagsahne beträgt der Fettgehalt mindestens 30 %, kann aber auch deutlich darüber liegen. So genannte süße Sahne hat rund 28 % Fett. Crème double, die gehaltvollere Variante der Crème fraîche, hat 40 % Fett und 378 kcal pro 100 g.

Lesen Sie deshalb stets die Angaben auf dem Etikett und schränken Sie Ihren Sahneverzehr ein, wenn Sie Ihre Fettzufuhr reduzieren müssen. Verwenden Sie stattdessen möglichst Joghurt und Magerquark. Zum Verfeinern von Suppen, Saucen, Gemüse und Desserts eignet sich auch Sojacreme mit rund 17 % Fett; sie lässt sich aber nicht aufschlagen.

SORTE	FETT PRO 100 g	KCAL PRO 100 g
Saure Sahne	10 g	118
Sauerrahm	20 g	206
Schmand	24 g	239
Crème fraîche	30 g	292
Schlagsahne	30 g	293
Schlagsahne extra	36 g	345

ERDBEER-JOGHURT-EIS (S. 275)

Joghurt

Der Fettgehalt von Joghurt hängt von der Milchsorte ab, aus der er hergestellt wurde, und davon, ob er zusätzlich noch mit Sahne angereichert wurde oder nicht. Lesen Sie deshalb sorgfältig die Angaben auf dem Etikett. 100 g Vollmilchjoghurt enthalten 3,5 g Fett und 64 kcal, fettarmer Joghurt 1,5 g Fett und 46 kcal, entrahmter Joghurt (Magermilchjoghurt) 0,1 g Fett und 34 kcal. Sahnejoghurt hat stolze 10 g Fett und liefert 123 kcal.

Magermilchjoghurt ist zwar manchmal recht flüssig, doch kann man ihn durchaus für Marinaden, Salate, Dressings und Saucen verwenden.

GEGRILLTES SCHWEINEFLEISCH MIT BRATÄPFELN (S. 186)

Käse und Quark

Käse wird hierzulande in acht Fettstufen verkauft, die sich nach dem Fettgehalt in der Trockenmasse (Fett i. Tr.) richten: Doppelrahmstufe mit 60–85 %, Rahmstufe mit 50–59 %, Vollfettstufe mit 45–49,5 %, Fettstufe mit 40–44,9 %, Dreiviertelfettstufe mit 30–39,9 %, Halbfettstufe mit 20–29,9 %, Viertelfettstufe mit 10–19,9 % und Magerstufe mit weniger als 10 % Fett i. Tr. Dabei ist zu beachten, dass der absolute Fettgehalt eines Käses grob gesagt etwa die Hälfte des Fettgehalts in der Trockenmasse beträgt. Wählen Sie zur Fettreduktion Sorten mit möglichst niedrigem Fettgehalt.

Hartkäse ist in der Regel fetter als Weich- und Frischkäse. Emmentaler und Bergkäse haben z. B. rund 28–30 g Fett pro 100 g, Hüttenkäse dagegen nur 3–5 g. Doch auch beim Frischkäse heißt es aufpassen: So bringen es Rahmfrischkäse auf 20 g und Doppelrahmfrischkäse sogar auf 26 g Fett. Fettarme Alternativen sind Magerquark (1 g pro 100 g), 10%iger Schichtkäse (2 g) und Frischkäse mit 20 % Fett i. Tr. (7,5 g).

Ihre Fettaufnahme können Sie auch reduzieren, indem Sie einen pikanten Käse wählen, aber einfach weniger davon essen. Infrage kommen etwa Weichkäse wie Münsterkäse (20 oder 23 g/100 g), Camembert (11, 20 oder 23 g/100 g), Brie (20 oder 23 g/100 g) oder Limburger (7 oder 17 g/100 g). Zur geschmacklichen Abrundung von Nudeln, Pizza und Gratins genügt eine kleine Portion geriebener Parmesan.

Zum Kochen können Sie beispielsweise Kochkäse oder Schmelzkäse verwenden, die in der Magerversion nur 2–3 g Fett pro 100 g enthalten.

Fleisch

Fleisch und Fleischerzeugnisse wie Wurst, Schinken und Pastete machen fast ein Viertel des täglichen Fettverzehrs aus. Im Rahmen einer fettarmen Ernährung sollten Sie aber die meisten Fleischprodukte vom Einkaufszettel streichen, da sie in der Regel sehr fett sind.

Fleisch liefert zwar viele gesättigte Fette, doch in magerem Rind-, Lamm- und Schweinefleisch ist etwa die Hälfte des Fetts ungesättigt. Durch spezielle Züchtungen und neue Futterzusammenstellungen konnte der Fettgehalt von Fleisch in den letzten Jahren drastisch reduziert werden; hinzu kommt, dass heute das meiste sichtbare Fett vor dem Verkauf weggeschnitten wird. Verzichten Sie auf fettes Fleisch wie Schweinebauch, Schwartenbraten, Rinderbrust und Spannrippe.

FETTGEHALT PRO 100 G FLEISCH

Kalbsschnitzel	2 g
Roastbeef	4 g
Tafelspitz	12 g
Schweinefilet	2 g
Schweinebauch	21 g

Geflügel und Wild

Meiden Sie Gans und Ente, die sehr fett sind, und bevorzugen Sie magere Sorten. Bei Huhn wie bei Truthahn sind sowohl das helle als auch das dunkle Fleisch fettarm (siehe Tabelle rechte Seite). Vor dem Verzehr sollten Sie jedoch die Haut entfernen, weil diese sehr fetthaltig ist. 100 g gegrillte Hähnchenbrust enthalten 14 g Fett, ohne Haut sind es jedoch nur noch 5 g.

Das Fleisch von Feder- und Haarwild wie Fasan, Rebhuhn, Kaninchen und Reh ist grundsätzlich mager. Weil es einen kräftigen Geschmack hat, braucht man keine fetten Saucen dazuzureichen.

FETTGEHALT PRO 100 G GEFLÜGEL- UND WILDFLEISCH	
Truthahnbrust	1 g
Hähnchenbrust	1 g
Hähnchen	5,6 g
Ente	17,2 g
Gans	31 g
Rehrücken	3,6 g
Hase	3 g

Fisch

Weißer Fisch wie Scholle und Kabeljau lagert fast sein gesamtes Körperfett in der Leber ein (daher die Bezeichnung Lebertran). 100 g Kabeljau, Scholle, Flunder, Seelachs, Schellfisch oder Zander enthalten weniger als 1 g, Heilbutt nur 2,3 g Fett. Fischarten wie Hering, Makrele, Lachs, Sardine und Thunfisch lagern ihr Körperfett dagegen überall ein, weshalb sie fetthaltiger sind. 100 g Thunfisch liefern 15,5 g Fett, Lachs 13,6 g, Hering 17,8 g und Makrele 11,6 g.

Das bedeutet aber keineswegs, dass man diese Fische meiden sollte, im Gegenteil, denn ihr Fett ist sehr gesund. Fischöl ist reich an Vitamin A, D und essenziellen Fettsäuren (siehe S. 10).

Meeresfrüchte

Meeresfrüchte sind grundsätzlich fettarm, insbesondere auch arm an gesättigten Fettsäuren, und dafür reich an Eiweiß, Vitamin B_{12}, Mineralien und Spurenelementen wie z. B. Selen.

Dank ihres frischen, delikaten Geschmacks ergänzen Krebse, Langusten, Hummer, Austern, Mies- und Jakobsmuscheln, Garnelen und Krabben die fettarme Küche in hervorragender Weise. Der Fettgehalt liegt bei den meisten Meeresfrüchten zwischen 1 und 2 g pro 100 g. Lediglich Hummerkrabben liefern 3 g.

Nüsse

Fast alle Nüsse (Para-, Cashew-, Hasel-, Erd-, Walnüsse, Mandeln, Pinienkerne und Pistazien) haben einen hohen Fettgehalt von 49–69 g pro 100 g. Eine Packung geröstete Erdnüsse (100 g) enthält nahezu 2 EL Öl. Selbst trocken geröstete Nüsse enthalten nahezu ebenso viel Fett wie herkömmlich geröstete Nüsse. Maronen (Esskastanien) sind eine Ausnahme. Sie enthalten lediglich 3 g Fett pro 100 g.

Man darf aber nicht nur auf den hohen Fettgehalt von Nüssen schauen, denn davon abgesehen sind sie sehr gesund. Sie enthalten ungesättigte und essenzielle Fettsäuren sowie reichlich Vitamin E, B-Vitamine und wichtige Mineralstoffe wie z. B. Selen. Solange sie in Maßen verzehrt werden, sind sie also durchaus eine sinnvolle Ergänzung des Speiseplans.

Samen

Samen sind, vergleichbar mit den Nüssen, stark ölhaltig. Wenn Sie über Ihren Salat nur 1 EL Sonnenblumenkerne streuen, enthält er 7 g mehr Fett. Obwohl Samen essenzielle Fettsäuren, viel Vitamin E, B-Vitamine sowie Mineralstoffe enthalten, sollte man sie nur sparsam verwenden. 1 TL einfache oder geröstete Samen über den Salat, ins Müsli, auf Brot oder Kuchen genügen völlig, um das Gericht aufzuwerten und mit ihrem kräftigen Aroma abzurunden.

POCHIERTES HUHN MIT FRÜHLINGSGEMÜSE (S. 137)

Wie viel Fett ist gesund?

Die Fettmenge, die wir zu uns nehmen müssen, um gesund zu bleiben, ändert sich im Lauf unseres Lebens. So braucht beispielsweise ein Heranwachsender mehr als ein Rentner. Hier erfahren Sie, wie viel Fett in welchem Alter nötig ist.

Die Menge macht's

In Deutschland essen Erwachsene statt der empfohlenen 30 % mehr als 40 % der gesamten Kalorienzufuhr in Form von Fett, wobei die versteckten Fette z. B. in Fleisch, Wurst, Käse, Fertiggerichten, Süßigkeiten und Backwaren den Löwenanteil ausmachen. Doch wer seinem Körper ständig mehr Energie zuführt als er verbraucht, nimmt unweigerlich zu und schadet seiner Gesundheit. Mehrere breit angelegte Studien sprechen dafür, dass eine zu fette Kost nicht nur das Koronarrisiko, sondern auch das Krebsrisiko, vor allem von Dickdarmkrebs, erhöht.

Die Deutsche Gesellschaft für Ernährung (DGE) rät, den Fettverzehr auf höchstens 30 % der gesamten Kalorienzufuhr zu senken. Bei einer sitzenden Tätigkeit sollten Frauen täglich rund 2000 kcal und Männer rund 2500 kcal zu sich nehmen. Dies bedeutet, dass Männer nicht mehr als 85 g und Frauen nicht mehr als 67 g Fett essen sollten.

Die tägliche Ernährung

Über den Tag verteilt nehmen Sie eine ganze Menge Fett zu sich. Das sollten Sie bei der Auswahl von Rezepten aus diesem Buch immer im Auge behalten. Wenn Sie morgens z. B. gern Schinken und Ei essen, sollten Sie dieses reichhaltige Frühstück durch ein fettarmes Mittag- oder Abendessen ausgleichen. Mit dem Menüplan auf S. 306–311 wird es Ihnen leicht fallen, ausgewogene Mahlzeiten zusammenzustellen. Halten Sie sich zudem an folgende Empfehlungen für eine fettarme, vollwertige Kost:

- Essen Sie fünfmal am Tag Obst und Gemüse, einen Teil davon roh. Es liefert viele Ballaststoffe, Kohlenhydrate, Mineralstoffe und Vitamine, aber kaum Fett. Kartoffeln werden nicht zum Gemüse gerechnet.
- Essen Sie reichlich komplexe Kohlenhydrate wie Kartoffeln, Müsli, Reis, Hirse, Hafer und Nudeln.
- Eiweiß sollten Sie in Maßen verzehren. Es ist in Bohnen und Hülsenfrüchten, Milchprodukten, Fleisch, Geflügel, Fisch, Eiern und Nüssen enthalten. Ziehen Sie fettarme Produkte vor.
- Verwenden Sie Butter, Margarine, Öle, Sahne und Mayonnaise sparsam.
- Industriell verarbeitete Nahrungs- und Genussmittel wie Schokolade, Süßigkeiten, Gebäck und Kartoffelchips sollten Sie möglichst meiden, denn sie sind reich an Fett und liefern fast keine wertvollen Nährstoffe.
- Nehmen Sie zum Kochen vorwiegend frische Zutaten. Fertiggerichte, -saucen und -suppen enthalten oft viel Fett.

Säuglinge und Kleinkinder bis 4 Jahre

Kleinkinder brauchen die Energie, die in Vollmilch steckt. Deshalb darf man ihnen keine fettarme oder entrahmte Milch oder fettreduzierten Milchprodukte geben. Denn sobald Säuglinge keine Muttermilch oder Ersatzmilch mehr trinken, die alle lebensnotwendigen Nährstoffe liefert, müssen sie diese über die Nahrung zu sich nehmen.

Eine ausgewogene und abwechslungsreiche Ernährung bildet den Grundstein für eine gesunde Entwicklung. Das Gehirn und andere wichtige Organe wachsen bei Kleinkindern extrem schnell. Für dieses Wachstum sind essenzielle Fettsäuren nötig, wie sie in stark fetthaltigem Fisch (z. B. Lachs und Thunfisch) und in guten Pflanzenölen (z. B. Sonnenblumen- und Olivenöl) enthalten sind. Reichen Sie Babys und Kleinkindern aber niemals ganze Nüsse und Samen, denn dann besteht die Gefahr, dass sie sich daran verschlucken und ersticken.

Fisch ist eine wichtige Säule der gesunden Ernährung. Zur vollen Entfaltung des Geschmacks genügt etwas Zitronensaft.

Kinder von 5–12 Jahren

Erst ab einem Alter von 5 Jahren müssen Kinder nicht mehr unbedingt Vollmilch und Vollmilchprodukte verzehren. Entrahmte Produkte kommen aber nicht infrage, da sie weder Vitamin A noch D enthalten. Fettarme Produkte hingegen versorgen die Kinder in ausreichender Menge mit diesen beiden wichtigen Vitaminen. Achten Sie darauf, dass Ihre Kinder genügend essenzielle Fettsäuren erhalten, denn sie sind wichtig für gesunde Augen und Ohren.

Teenager

Teenager brauchen für ihr schnelles körperliches Wachstum während der Pubertät genügend Fett. Sie sollten darauf achten, dass sie nicht zu viele gesättigte Fette zu sich nehmen, wie sie in Fastfood, Kartoffelchips, Keksen und Schokolade enthalten sind. Um die Kalziumaufnahme zu verbessern und so das Knochenwachstum zu fördern, benötigen Jugendliche auch viel Vitamin D.

Deshalb sollte auf ihrem Speiseplan regelmäßig fetter Fisch stehen, der essenzielle Fettsäuren und Vitamin D enthält. Bei Dosenfisch ist darauf zu achten, dass er in Öl eingelegt ist und so noch seinen natürlichen Gehalt an essenziellen Fettsäuren hat. Fisch in Lake wurden diese dagegen weitgehend entzogen.

Männer

Bis zum Alter von 50 Jahren sind Männer stärker gefährdet, an einem Herzleiden zu erkranken, als gleichaltrige Frauen. Wichtig ist, dass sich an den Arterienwänden kein Fett ablagert. Deshalb sollte ein- bis zweimal die Woche fetter Fisch auf dem Speiseplan stehen. Wenn Männer zudem auf ihr Gewicht achten müssen, sollten sie mageres Fleisch, dafür weniger verarbeitete Fleischwaren, Pasteten und Wurst essen und auf fettreduzierte Milchprodukte umsteigen. Außerdem sollten sie regelmäßig Nüsse und Samen essen, denn sie enthalten Vitamin E, ein Antioxidans, das Herzkrankheiten entgegenwirkt.

Frauen

Das in fettem Seefisch enthaltene Vitamin D unterstützt die Kalziumaufnahme aus der Nahrung und wirkt so Osteoporose entgegen, die oft zu Knochen- und Gliederbrüchen führt. Da Frauen nach den Wechseljahren besonders gefährdet sind, sollten sie bereits in jüngeren Jahren, zwischen 30 und 50, etwas für einen gesunden Knochenbau tun.

Eine fettarme Ernährung hilft, überschüssige Pfunde zu verlieren und das Gewicht danach auch zu halten. Außerdem sind Frauen ab 50 ebenso gefährdet, an einem Herzleiden zu erkranken, wie Männer gleichen Alters. Deshalb müssen auch Frauen alles daransetzen, Fettablagerungen an den Arterienwänden zu vermeiden.

Ältere Menschen

Mit zunehmendem Alter bekommen viele Menschen Entzündungskrankheiten wie chronischen Rheumatismus. Studien haben ergeben, dass essenzielle Fettsäuren, wie sie im Fischöl enthalten sind, auch eine entzündungshemmende Wirkung haben. Deshalb sollten Makrele, Lachs und Thunfisch besonders oft auf den Tisch kommen. Altersdiabetes lässt sich in vielen Fällen durch Fettreduktion und Gewichtsabnahme besiegen.

Vegetarier

Vegetarier ernähren sich nicht zwangsläufig fettarm oder gesund. Zwar umgehen Vegetarier die gesättigten Fette im Fleisch, essen dafür aber häufig viel fetten Käse, Nüsse und Samen, was unter dem Strich zu einer noch höheren Fettaufnahme führen kann. Vegetarier sollten außerdem immer darauf achten, ausgewogen zu essen. Wenn Fleisch, Geflügel oder Fisch als Eiweißlieferanten nicht infrage kommen, müssen sie durch Sojaprodukte, wie z. B. Tofu, und durch Hülsenfrüchte ersetzt werden.

Schritt für Schritt zu einer fettarmen Kost

Der erste Schritt zu einer fettärmeren Ernährung besteht darin, weniger sichtbare Fette zu verzehren – also weniger Butter oder Margarine aufs Brot, weniger Öl zum Kochen und für Salatsaucen verwenden, sichtbares Fett von Koteletts, Steaks und Wurst wegschneiden und die Haut vom Hähnchen entfernen.

Denken Sie aber auch an die versteckten Fette. Wussten Sie, dass eine Portion Steak mit Pommes Frites, Pfeffersauce und Knoblauchbaguette satte 55 g Fett enthält, eine Portion Gans mit Kartoffelknödel und Rotkraut sogar 69 g und eine Tafel Vollmilchschokolade 30 g? Wer sich dauerhaft fettarm ernähren will, muss beim Einkauf die Etiketten ganz genau studieren, denn nur so können die gefährlichen Fettfallen umgangen werden.

BULGURPILAW (S. 219)

Im Rahmen einer gesunden Ernährung geht es nicht nur um Fettreduktion. Ebenso wichtig ist es, viele frische, nicht verarbeitete Zutaten zu verwenden, denn sie versorgen den Körper mit allen Nährstoffen, die er braucht.

Die Säulen einer gesunden Ernährung

Kohlenhydrate zum Sattessen

Als wichtige Lieferanten von fettarmer Energie, Vitamin B, Kalzium, Eisen und Ballaststoffen sollten stärkehaltige komplexe Kohlenhydrate den Kern einer jeden Mahlzeit ausmachen. Dazu zählen Brot, Müsli, Kartoffeln, Hülsenfrüchte, Reis, Hirse, Bulgurweizen, Mais und Nudeln. Am gesündesten sind Getreideprodukte aus Vollkorn, da sie besonders viele Ballaststoffe liefern. Bevorzugen Sie Vollkornbrot und Vollkornnudeln und essen Sie Naturreis.

Da komplexe Kohlenhydrate nachhaltig sättigen, kommt so schnell kein Verlangen nach üppigen, fetten Speisen auf. Braten Sie diese Lebensmittel nicht und verzichten Sie auf Brote mit viel Butter oder Margarine sowie auf fette Saucen zu Nudel- und Reisgerichten.

Eiweiß in Maßen

Proteine oder Eiweiße sind Bestandteil aller Körperzellen. Da ständig Zellen absterben, müssen fortwährend neue gebildet werden. Weil wir wissen, dass Eiweiß für den Zellaufbau und den Erhalt der Zellfunktion wichtig ist, nehmen viele von uns weit mehr davon zu sich

TÄGLICHER EIWEISSBEDARF

0–12 Monate	11–13 g
1–3 Jahre	16 g
4–6 Jahre	20 g
7–10 Jahre	28 g
11–14 Jahre (Jungen)	42 g
11–14 Jahre (Mädchen)	41 g
15–18 Jahre (Jungen)	55 g
15–18 Jahre (Mädchen)	45 g
Männer über 18	55–60 g
Frauen über 18	45–48 g

als nötig. Ein Zuviel an Eiweiß ist aber schädlich, denn die überschüssigen Eiweiße werden vom Körper aufgespalten, in Fett umgewandelt und eingelagert. Wie die Tabelle unten links zeigt, brauchen Männer im Schnitt nur 55–60 g und Frauen nur 45–48 g Eiweiß pro Tag.

Als gute tierische Eiweißlieferanten gelten Hartkäse mit einem Gehalt von 20–30 % sowie Fleisch und Fisch mit rund 20 %. Bei den pflanzlichen Lebensmitteln stehen Sojabohnen ganz oben auf der Liste, gefolgt von Hülsenfrüchten und Getreide. Da pflanzliches Eiweiß im Gegensatz zum tierischen jedoch nicht alle essenziellen Aminosäuren liefert, ist es wichtig, Hülsenfrüchte mit Getreide oder mit Samen und Nüssen zu kombinieren, um eine optimale Versorgung sicherzustellen. Damit Sie mit den eiweißhaltigen Lebensmitteln nicht zu viel Fett zu sich nehmen, sollten Sie fettreduzierte Produkte kaufen.

Viel Obst und Gemüse

Obst und Gemüse haben einen hohen Nährwert, aber nur sehr wenig Kalorien. Sie sind wahre Mineralstoff- und Vitaminbomben (u. a. Vitamin A, C und E, Kalium, Eisen, Phosphor und Magnesium) und reich an Antioxidanzien und sekundären Pflanzenstoffen. Mit diesen vielfältigen Vitalstoffen fördern sie nachhaltig die Gesundheit und helfen Krebs und Herzerkrankungen zu verhindern.

Mit Ausnahme von Avocados, die viel ungesättigte Fettsäuren liefern, sind Obst und Gemüse nahezu fettfrei. Die DGE empfiehlt, fünfmal am Tag eine Portion zu verzehren. Achten Sie aber darauf, dass Sie frische bzw. tiefgefrorene Ware essen, denn Dosenware hat wesentlich weniger Vitalstoffe.

Reichlich Ballaststoffe

Ballaststoffhaltige Nahrungsmittel wie Vollkornbrot und -müsli, Obst und Gemüse fördern die Gesundheit. Unverdauliche Ballaststoffe, die hauptsächlich in Vollkornprodukten und Nüssen enthalten sind, beugen Verstopfung vor. Weil sie den Transport des Darminhalts beschleunigen, senken sie auch das Darmkrebsrisiko. Verdauliche Ballaststoffe, die u. a. in Hülsenfrüchten, Haferkleie und -flocken zu finden sind, senken den Cholesterinspiegel.

Die DGE empfiehlt eine tägliche Zufuhr von 30–40 g Ballaststoffen. Eine Scheibe Vollkornbrot enthält z. B. 2 g.

Weniger Salz

Ob ein hoher Salzkonsum generell oder nur bei bestimmten Menschen den Blutdruck erhöht, ist wissenschaftlich noch nicht eindeutig geklärt. Um mögliche Risiken auszuschalten, sollte man Salz aber sparsam verwenden. Salzen Sie beim Kochen nur mäßig und verbannen Sie den Salzstreuer vom Tisch.

Sojasauce, Sardellen, Räucherfisch und andere verarbeitete Nahrungsmittel enthalten jedoch reichlich verstecktes Salz. Brühwürfel beispielsweise sind so salzig, dass es in jedem Fall besser ist, selbst eine Brühe zuzubereiten (siehe S. 64–65).

Auch mit aromatischen Zutaten, frischen Kräutern und salzigem Käse (z. B. Feta oder Blauschimmelkäse) lässt sich die Zugabe von Kochsalz überflüssig machen. Anfangs kann salzarme Kost etwas fad wirken, doch gewöhnen sich die Geschmacksnerven schnell daran.

Moderater Alkoholkonsum

Heute herrscht weitgehend Übereinstimmung darin, dass Alkohol in Maßen genossen nicht schädlich ist. Laut Empfehlung der WHO sollten Männer nicht mehr als 50 g Alkohol am Tag trinken, Frauen nicht mehr als 20 g. Zur Orientierung: ¼ l Rotwein enthält 22 g Alkohol, ½ l Bier 20 g und 1 Glas Sherry oder Portwein (5 cl) 7 g. Den im Rotwein enthaltenen Antioxidanzien spricht man zwar eine herzschützende Wirkung zu, doch sollte man ihn trotzdem nicht im Übermaß trinken.

Alkohol enthält zwar kaum Nährstoffe, dafür aber viele leere Kalorien, die das Abnehmen erschweren. ½ l Exportbier bringt es auf 236 kcal, ¼ l Rotwein auf 186 kcal und 1 Glas Sherry oder Portwein auf 60–70 kcal.

SPAGHETTI MIT PAPRIKA UND JAKOBSMUSCHELN (S. 209)

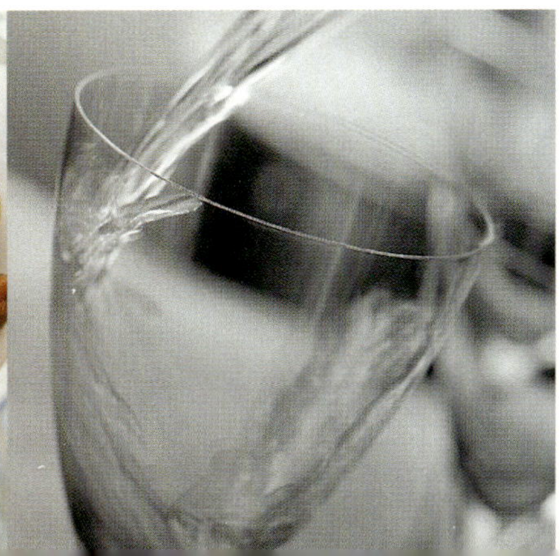

Fettarm kochen

Die fettarme Küche unterscheidet sich von der altbewährten nur insofern, als eben mit Fett gegeizt wird. Auch Ihre Lieblingsgerichte lassen sich mit der richtigen Methode fettarm zubereiten.

Schmoren ohne Fett

Fleisch oder faseriges Gemüse wird langsam in wenig siedender Flüssigkeit in einem geschlossenen Schmortopf gegart, vorzugsweise im Ofen. Zäheres, mageres Fleisch sowie Sellerie, Lauch, Kohl und Zwiebeln werden butterzart und saftig. Der Schmorflüssigkeit muss weder Öl noch Butter zugegeben werden, denn den Geschmack liefert ein guter Fond, Brühe, Wein oder frische Kräuter, wie z. B. bei der Provenzalischen Rindfleisch-Kasserolle (siehe S. 169). Die eingeschmorte Flüssigkeit muss immer wieder ersetzt werden.

Schmoren mit Fett

Zunächst wird das Fleisch in kleine Stücke geschnitten. Gewöhnlich wird es dann, um die Poren zu schließen, kurz in heißem Fett braun angebraten, wie beim Rindfleischtopf mit Petersilienklößen (Rezept S. 166). Wenn Sie die folgenden Tipps für fettarmes Braten befolgen, spricht nichts dagegen. Erst danach werden die Flüssigkeit und die anderen Zutaten zugefügt. Schmorgerichte schmecken oft am besten, wenn sie einen Tag alt sind. Wenn Sie das Gericht über Nacht in den Kühlschrank stellen, steigt das Fett an die Oberfläche und wird fest, sodass Sie es am nächsten Tag einfach abschöpfen können.

Braten in der Pfanne

- Braten mit wenig Fett. Auch in der Bratpfanne können Sie fettarm kochen. Legen Sie sich eine hochwertige antihaftbeschichtete Pfanne bzw. einen Wok mit schwerem Boden zu, und verwenden Sie Fett äußerst sparsam; mit einem Pinsel oder Küchenpapier lässt es sich hauchdünn auftragen. Fett vergrößert beim Erhitzen sein Volumen; wenn Sie es in eine heiße Pfanne geben, benötigen Sie weniger als angenommen.

Ein pfannengerührtes Gericht ist im Handumdrehen fertig und sehr gesund, weil dabei wertvolle Vitamine geschont werden.

- **Braten ohne Fett.** Dafür ist eine antihaftbeschichtete Pfanne zwar hilfreich, aber nicht zwingend. Unbedingt wichtig ist aber, dass die Pfanne einen schweren Boden hat. Machen Sie die Pfanne richtig heiß, bevor Sie das Fleisch oder den Fisch hineingeben, und wenden Sie die Teile erst, wenn sich eine leichte Kruste gebildet hat.
- **Schwenken und Pfannenrühren.** Beide Brattechniken lassen sich fettfrei durchführen, wenn Sie Butter oder Öl durch eine gute Brühe, Sojasauce und Zitronensaft ersetzen, wie z. B. bei der Pizza mit Zwiebel, Feta und Majoran (siehe S. 252). Diese beiden Garmethoden sind besonders zum schnellen Anbraten von klein geschnittenem Gemüse und Fleisch geeignet. Damit nichts ansetzt und anbrennt, müssen die Stücke ständig in Pfanne oder Wok geschwenkt oder gerührt werden.

Grillen

Fürs fettarme Grillen benötigen Sie einen Rost, von dem das Fett in eine Grillschale ablaufen kann. Mit Ausnahme von empfindlichen Lebensmitteln wie sehr zartem Fisch sollten die Grillstücke nicht auf Aluminiumfolie liegen, denn dann sammelt sich das Fett neben und unter dem Gegrillten.

- **Im Grillgerät oder Backofengrill.** Zartes Fleisch und Geflügel, fette Stücke wie z. B. Schinken sowie saftiges Gemüse wie Zucchini und Paprika eignen sich hierfür besonders. Auch Auberginen, die sich sonst mit Fett vollsaugen, lassen sich so mit wenig oder ohne Fett zubereiten. Gegrillt wird mit großer Hitze. Zuvor können Sie das Grillgut marinieren, um es auf diese Weise aromatischer und zarter zu machen.
- **In der Grillpfanne oder auf der Grillplatte moderner Kochstellen.** Das Grillgut wird direkt auf den Rost bzw. in die Pfanne gelegt, und die Hitze kommt von unten. Die Rillen in der gusseisernen Pfanne sorgen dafür, dass das Grillgut nicht im Fett schwimmt. Die Grillpfanne sollte richtig heiß sein, bevor die Stücke darauf gelegt werden. Damit nichts anhängt, sollten Sie Grillpfanne bzw. -rost oder das Grillgut leicht einfetten; bei mariniertem Grillgut ist dies nicht nötig.
- **Auf dem Holzkohlengrill.** Die glühende Holzkohle verleiht dem Grillgut einen angenehm rauchigen Geschmack. Über Holz oder Holzkohle können Sie hervorragend Fisch, Geflügel, Fleisch und Gemüse wie Auberginen, Zucchini, Zwiebeln, Paprika, Kartoffeln und Süßkartoffeln grillen. Legen Sie die Stücke zuvor in eine fettfreie oder fettarme Marinade ein; so werden sie besonders delikat.

Kochen in der Mikrowelle

Der große Vorteil von Mikrowellengeräten besteht darin, dass die Speisen sehr schnell gar sind. Obendrein lassen sich viele Gerichte mit wenig oder gänzlich ohne Fett zubereiten. Zwiebeln beispielsweise kann man in der Mikrowelle nahezu ohne Fett dünsten. Die Mikrowelle bietet sich besonders für die Zubereitung von feinem Fisch und Gemüse an. Legen Sie sich ein gutes Mikrowellenkochbuch zu; damit können Sie Ihr Repertoire erweitern und ausprobieren, wie viel Fett sich einsparen lässt.

Garen in Folie

Im Französischen nennt man das Garen im Ofen in fettundurchlässigem Pergamentpapier bzw. Folie *en papillote*. Bei dieser Garmethode werden die Portionen einzeln eingehüllt; sie eignet sich hervorragend für Fisch, Meeresfrüchte, Geflügel, Gemüse und Obst. Statt Fett zuzugeben, wird das Gargut z. B. mit Kräutern und Gewürzen, einem Schuss

GERÄUCHERTER SCHELLFISCH MIT POCHIERTEM EI (S. 42)

Wein oder Wermut oder mit Zitronensaft gewürzt. Für jede Portion braucht man etwa 2 EL Flüssigkeit, in der die Speise dann gedämpft wird.

Pochieren

Pochieren oder Garziehen ist nicht nur eine äußerst schonende und gesunde Methode zum Eierkochen. Wenn man die Kochflüssigkeit mit Kräutern, Gewürzen und einem Schuss Säure wie Zitronensaft, Essig oder Wein würzt, kann man auf diese Art komplette fettarme Gerichte zubereiten. Besonders gut pochieren lassen sich zarte und empfindliche Lebensmittel, also Fisch,

Meeresfrüchte und Geflügel, wie das Pochierte Hühnchen mit Frühlingsgemüse (Rezept S. 137) beweist. Auch große Braten können Sie garziehen; das Fleisch bleibt dann herrlich zart und saftig, wie z. B. Schinken in Apfelwein (Rezept S. 187).

Beim Pochieren werden die Speisen unterhalb des Siedepunkts, also etwa zwischen 80 und 95 °C, gegart. Achten Sie unbedingt darauf, dass die Flüssigkeit nicht kocht. Sie sollte noch nicht einmal richtig köcheln, denn sonst wird das Fleisch zäh und verliert an Geschmack. Sie können nichts falsch machen, wenn Sie die Flüssigkeit zum Sieden bringen, anschließend die Hitze reduzieren und dann erst das Gargut hineinlegen.

GEBACKENER HEILBUTT MIT GEDÄMPFTEM PAKSOI (S. 117)

Braten im Backofen

Je nach dem Fettgehalt der einzelnen Lebensmittel können bestimmte Speisen auch im Backofen ohne Zugabe von Fett gebraten werden, etwa ganzes Geflügel oder Fleischkeulen. Damit das Fett ablaufen kann, sollten Sie einen Bräter mit Gittereinsatz verwenden. Große, feste Stücke von weißem Fisch wie Kabeljau oder Seeteufel eignen sich ebenfalls gut dafür.

Auch Gemüse jeglicher Art lässt sich so zubereiten. Bevor Sie es in den Bräter oder in eine Bratenpfanne geben, sollten Sie es leicht mit Öl bestreichen. Wenn Sie einen Schuss Balsamessig, Sirup oder Sojasauce beigeben, brauchen Sie noch weniger Öl und das Gemüse wird besonders aromatisch, wie der Gebratene Kürbis mit Schalotten (Rezept S. 231) beweist.

Dämpfen

Speisen, die im aufsteigenden heißen Wasserdampf gedämpft werden, bewahren Farbe, Aroma und Struktur weit besser als solche, die in Wasser gekocht werden, und haben auch viel mehr Vitamine und Mineralstoffe. Dämpfen dauert nicht viel länger als Kochen und ist ideal für Fisch, Meeresfrüchte, Geflügel, Kartoffeln und Gemüse.

Zum Dämpfen können Sie einen normalen Kochtopf mit Siebeinsatz oder Bambuskörbchen verwenden, den bewährten Dampfdrucktopf oder spezielle Dampfgeräte. Der Deckel muss in jedem Fall fest verschlossen sein, damit kein Dampf entweicht. Da beim Dämpfen auf die Geschmacksträger Butter und Öl verzichtet wird, sollten die Zutaten immer absolut frisch und von höchster Qualität sein.

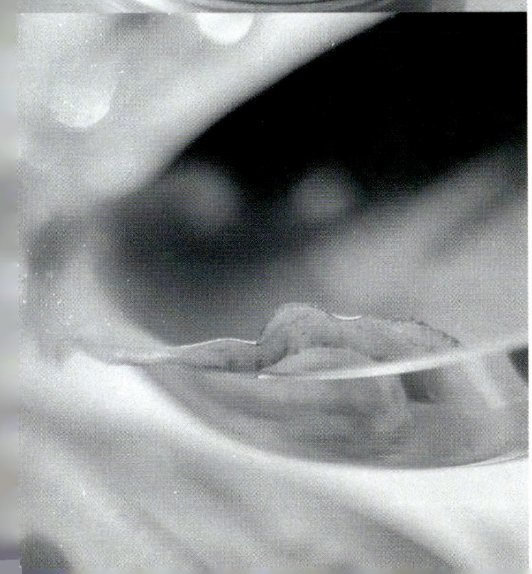

Nützliche Küchengeräte für fettarmes Kochen

Backpinsel. Damit können Sie Nahrungsmittel und Pfannen dünn mit Fett bestreichen.

Küchenmaschine oder Mixer. Mit diesen elektrischen Geräten können Sie Obst und Gemüse für cremige Saucen und Suppen, aber auch Trockenobst pürieren, mit dem sich beim Backen ein Teil des Fetts ersetzen lässt. Außerdem kann man mit Küchenmaschine oder Mixer auch Fleisch und Geflügel zerkleinern, nachdem alles sichtbare Fett abgetrennt wurde.

Messlöffel und Küchenwaage. Bei vielen Zutaten ist es nicht so wichtig, ob Sie etwas mehr oder weniger davon zum Kochen nehmen. Bei fetthaltigen Nahrungsmitteln wie Butter, Margarine, Öl, Sahne und Joghurt jedoch kommt es auf die genaue Dosierung an, denn nur so können Sie sicherstellen, dass Sie nicht zu viel erwischen.

Antihaftbeschichtete Pfanne und Wok. Auch in der fettarmen Küche wird in der Pfanne gebraten, denn es ist eine schnelle Garmethode. Wenn Sie dafür eine antihaftbeschichtete Pfanne oder einen Wok benutzen, kommen Sie mit sehr wenig oder ganz ohne Fett aus. Die Anschaffung einer guten Antihaftpfanne mit schwerem Sandwichboden lohnt sich unbedingt.

Gusseiserne Grillpfanne. Weil sich das überschüssige Fett in den Rillen sammelt, liegt das Grillstück nicht im Fett, und so kann das Fett auch nicht auf dem Teller landen. Außerdem erhält das Gegrillte durch die Struktur des Bodens ein appetitliches Aussehen.

Dampfkochtopf. Mit dem Dampfkochtopf kann man ohne Fett kochen, und die Vitamine und Mineralstoffe werden nicht vom Wasser ausgelaugt. Wer öfter Speisen dämpft, sollte sich einen speziellen Dampfkochtopf kaufen, in dem auch größere Mengen und sogar ganze Gerichte kochen können. Ansonsten tut es auch ein in einen Kochtopf eingehängtes Metallsieb.

Zitronenschaber. Damit lassen sich die gewaschenen Schalen von Zitrusfrüchten schnell und leicht abschaben. Sie geben süßen und pikanten Speisen den letzten Pfiff.

Gewusst wie: Fett einsparen

Mit etwas Phantasie lässt sich beim Kochen leicht die Fettmenge verringern: Obstsaft ersetzt eine fette Salatsauce und Pellkartoffeln schmecken auch mit fettarmen Joghurtsaucen.

- Kaufen Sie sehr mageres Fleisch und schneiden Sie alles sichtbare Fett ab.
- Lassen Sie bei in Öl eingelegten Sardellen, Oliven oder getrockneten Tomaten das Öl gut abtropfen und tupfen Sie die Reste anschließend mit Küchenpapier sorgfältig ab.
- Beim Backen können Sie ein Vollei häufig durch 2 Eiweiße ersetzen. Eiweiß enthält kein Fett und kann steif geschlagen z. B. zu einem sehr leichten Biskuitkuchen verarbeitet werden.
- Wenn Sie Kartoffeln oder dicke Bohnen in die köchelnde Suppe geben und alles am Schluss pürieren, wird die Suppe auch ohne viel Fett schön cremig.
- Vorsicht bei der Garnierung, die oft sehr fetthaltig ist. 1 EL geröstete Pinienkerne enthält 10 g Fett, Mandelsplitter 9 g, Croûtons 6 g, Crème fraîche 5 g und knusprige Speckwürfel 3 g. Nehmen Sie zum aromatisieren lieber frische Kräuter oder ein paar knackige Salatblätter, oder streuen Sie über die Gemüsesuppe z. B. geraspelte Möhren.
- Zum Eindicken von Saucen können Sie statt einer Butter-Mehlschwitze auch eine Paste aus Stärkemehl, entrahmter Milch, fettarmem Joghurt, Brühe oder Wasser nehmen (Rezept S. 130).
- Servieren Sie Gegrilltes (Fisch, Geflügel und Fleisch) mit einer Salsa aus frischem Obst und Gemüse statt mit fetter Sauce.
- Legen Sie das Backblech mit Backpapier aus, statt es einzufetten.
- Wenn Sie Kartoffeln mit etwas gekochtem Knollensellerie oder Pastinake zu Püree stampfen, schmeckt es auch ohne Butter oder Sahne lecker. Sie können etwa eine zerdrückte Knoblauchzehe in etwas heißer fettarmer Milch verrühren und unter die zerstampften Kartoffeln schlagen.
- Beträufeln Sie Folienkartoffeln mit viel Zitronensaft und mahlen sie reichlich schwarzen Pfeffer darüber.
- Statt Gerichte mit fettem Käse zu überbacken, mischen Sie einfach ein wenig geriebenen Parmesan mit Paniermehl und Kräutern.
- Dessertsaucen aus püriertem und durchpassiertem Obst schmecken so köstlich wie Sahne.
- Streichen Sie Marmelade direkt aufs Brot, und Sie werden die Butter bald nicht mehr vermissen. Wenn Sie gern Rührei auf Toast essen, lassen Sie die Butter weg oder ersetzen Sie sie durch etwas fettarme Mayonnaise, durch Paprika- oder Tomatenmark.
- Bei manchen Kuchen und Desserts lässt sich Butter, Margarine oder Pflanzenöl bis zur Hälfte durch Trockenfrüchte-Püree ersetzen (siehe S. 296). Falls Sie kein fertiges Pflaumenmus im Laden finden, können Sie es leicht selbst machen: Geben Sie verzehrfertige, entsteinte Pflaumen mit etwas heißem Wasser in die Küchenmaschine und pürieren Sie sie zu einem weichen Püree. Probieren Sie einmal den Saftigen Schokoladenkuchen Rezept S. 299) und Sie werden feststellen, wie sehr pürierte Trockenpflaumen die Konsistenz und den Geschmack verbessern. Ebenso zum Pürieren eignen sich getrocknete Aprikosen, Äpfel, Bananen und Datteln, die der Speise ganz ohne Fett Feuchtigkeit und Geschmack verleihen.

Wie man dieses Buch benutzt

Nehmen Sie sich etwas Zeit für die folgenden Hinweise, bevor Sie sich ans Kochen machen. Hier erfahren Sie, wie Sie den größten Nutzen aus den Rezepten und Nährwertangaben dieses Kochbuchs ziehen können.

ÜBERBACKENES GEFLÜGELRAGOUT MIT BROKKOLI UND NUDELN (S. 139)

Die Rezepte

- Alle Angaben in Löffel beziehen sich auf gestrichene Tee- bzw. Esslöffel. Wenn Sie ganz exakt abmessen möchten, nehmen Sie einen speziellen 5-ml-Messlöffel, der 1 TL entspricht; 3 TL entsprechen 1 EL.
- Falls nicht anders angegeben, nehmen Sie große Eier der Gewichtsklasse L.
- Für die meisten Rezepte benötigen Sie schwarzen Pfeffer, den Sie frisch mahlen sollten. Nur so entfaltet er seinen vollen Geschmack. Das gilt auch für Parmesan.
- Verzichten Sie auf getrocknete Kräuter, und verwenden Sie – wann immer möglich – frische Kräuter, die fettarmen Speisen einen ungleich intensiveren Geschmack verleihen. Ist ein bestimmtes Kraut einmal nicht erhältlich, ersetzen Sie es durch ein anderes, passendes. Falls Sie gar keine frischen Kräuter bekommen, nehmen Sie statt 1 EL frische Kräuter 1–1 1/2 TL getrocknete Kräuter.
- Verwenden Sie stets nur beste Zutaten. Obst und Gemüse sollten frisch und gut ausgereift sein. Auch Fleisch und Fisch müssen frisch und einwandfrei sein; Fleisch vom Biobauern ist zwar teurer, aber hochwertiger und ungleich wohlschmeckender als preiswerte Ware aus Massentierhaltung.

Die Nährwertangaben

Bei den Angaben zu Kalorien, Kohlenhydraten, Eiweiß und Fett, die jedes Rezept begleiten, sind Beilagen wie Brot zur Suppe nicht eingerechnet.

Bei Hauptgerichten sind Gemüse und andere Beilagen nur dann eingerechnet, wenn sie Teil des Gerichts sind, etwa bei dem Geflügelauflauf mit Brokkoli und Nudeln (siehe S. 139). Besteht ein Rezept nur aus Fisch oder Fleisch bzw. aus Fisch oder Fleisch und Sauce, sollten Sie bedenken, dass die Beilagen zusätzliche Nährstoffe, insbesondere Fett, enthalten können.

Bei Geflügelgerichten beziehen sich alle Angaben auf Geflügel, von dem die Haut entfernt wurde; bei Rind, Lamm und Schwein auf magere Stücke, von denen zusätzlich alles sichtbare Fett abgeschnitten wurde. Bei Gemüse wird das exakte Gewicht angegeben und berechnet, nicht die Anzahl (also z. B. 60 g Zwiebeln statt eine kleine Zwiebel).

Vom Umgang mit Eiern

Rohe Eier können mit Salmonellen verseucht sein, die schwere Infektionen hervorrufen können. Am größten ist die Ansteckungsgefahr beim Verzehr von weich gekochten, unzureichend erhitzten und von rohen Eiern. Ältere oder kranke Menschen, Schwangere und Kinder sollten solche Eier oder Speisen, die sie enthalten, nicht verzehren. Eier, die bei einer Temperatur von mindestens 70 °C gekocht werden, sind dagegen sicher, weil bei dieser Temperatur die Bakterien abgetötet werden. Achten Sie auch auf eine hygienische Arbeitsweise und bringen Sie rohe Eier nicht mit frischen Lebensmitteln in Berührung.

Frühstück und Snacks

Fruchtiges Frühstück

Nährwert pro Portion
- Kilokalorien 163
- Kohlenhydrate 39 g
- Eiweiß 3 g
- Fett 1 g (keine gesättigten Fettsäuren)

Nehmen Sie eine Grapefruit, eine Papaya, eine Orange und eine Banane, dazu noch eine Hand voll Erdbeeren, und schon haben Sie einen Fruchtcocktail gezaubert, der so richtig munter macht.

Zubereitung: 10 Minuten, und über Nacht kalt stellen
Portionen: 2

1 kleine Orange
2 TL Orangenblütenwasser oder Rosenwasser, nach Belieben
1 große rosa Grapefruit
1 Papaya
1 große Banane
100 g Erdbeeren
Zum Garnieren:
2 Zweige frische Minze

1 Die Orangenschale abreiben und die Frucht ausdrücken. Die geriebene Schale und den Saft in einer großen Schüssel vermischen. Nach Belieben Blütenwasser zugeben.
2 Die Grapefruit oben und unten aufschneiden, auf die Arbeitsfläche stellen und abschälen. Die Frucht in Scheiben schneiden, diese anschließend halbieren und in die Schüssel geben.
3 Die Papaya halbieren und Kerne und die Haut mit einem Löffel herausheben. Die Frucht schälen und in Stücke schneiden. Die Banane schälen und schräg in Scheiben schneiden. Erdbeeren entstielen und große Früchte halbieren.
4 Die Früchte mischen. Alle Stücke sollen reichlich mit Orangensaft benetzt werden. Bedecken und über Nacht kühl stellen.
5 Am Morgen den Cocktail auf zwei Schalen verteilen und mit den Minzeblättern garniert servieren.

Erfrischung aus rosa Grapefruit und Trauben

Traubensaft, frische Grapefruitfilets und prickelndes Mineralwasser lassen Sie den Tag mit Schwung beginnen. Genießen Sie diese Erfrischung pur oder mit Joghurt.

Zubereitung: 10 Minuten, und 30 Minuten oder über Nacht kalt stellen
Portionen: 2

1 rosa Grapefruit
125 g kernlose blaue Trauben
2 EL roter Traubensaft
2 EL kohlensäurehaltiges Mineralwasser
Zum Servieren:
fettarmer Joghurt, nach Belieben

1 Mit einem scharfen Messer Schale und weiße Haut der Grapefruit entfernen. Um den Saft aufzufangen, die Grapefruit dabei über eine Schüssel halten. Dann die Frucht in Spalten schneiden, indem das Messer an den Zwischenhäuten entlanggeführt wird. Die Haut zuletzt ausdrücken und den Saft gleichfalls auffangen.
2 Kleine Trauben ganz verwenden; große Trauben halbieren. Mit den Grapefruitfilets und dem Saft vermischen. 30 Minuten oder über Nacht kalt stellen.
3 Vor dem Servieren roten Traubensaft und Mineralwasser dazugeben. Die Erfrischung schmeckt auch ohne Traubensaft oder mit etwas Joghurt.

Variante: Sie können auch auf das Mineralwasser verzichten und den Traubensaft schon vor dem Kaltstellen zugeben. Zusätzlich zu oder anstelle der Grapefruit eignen sich auch Orangenfilets.

Nährwert pro Portion

- Kilokalorien 115
- Kohlenhydrate 28 g
- Eiweiß 2 g
- Kein Fett

ROSA GRAPEFRUIT

Aprikosen-Haferbrei

Nährwert pro Portion
- Kilokalorien 340
- Kohlenhydrate 66 g
- Eiweiß 13 g
- Fett 4 g, davon gesättigte Fettsäuren 1 g

Der schmackhafte Haferbrei enthält reichlich Aprikosen und wird mit hellem Sirup gesüßt. Er lässt sich schnell und mühelos zubereiten und ist ein idealer Start in einen klirrend kalten Wintertag.

Vorbereitung: 2 Minuten
Kochzeit: 5 Minuten
Portionen: 1

40 g Instant-Haferflocken
200 ml Magermilch
4 verzehrfertige, getrocknete Aprikosen
2 TL heller Sirup
1 Prise gemahlener Zimt

1 Haferflocken und Milch in einem kleinen Kochtopf unter ständigem Rühren köcheln lassen (etwa 4–5 Minuten), bis ein cremiger Brei entsteht. Durch Zugabe von Wasser lässt sich die Konsistenz des Breis nach Wunsch verändern.
2 In der Zwischenzeit die Aprikosen zerkleinern.
3 Hellen Sirup und gemahlenen Zimt unter den Brei rühren. Den Brei in eine Schüssel geben und die Aprikosen darüber streuen.

Variante: Anstelle der Aprikosen kann eine kleine, in Scheiben geschnittene Banane verwendet werden. Wer es knusprig wünscht, kann vier Haselnüsse zerhacken und über den Haferbrei streuen. Dann liefert das Frühstück allerdings 3 g mehr Fett.

Fruchtiger Grießschaum

Nährwert pro Portion

- Kilokalorien 143
- Kohlenhydrate 33 g
- Eiweiß 4 g
- Fett 1 g (keine gesättigten Fettsäuren)

Schaumig geschlagener Grieß wird mit saftigen Früchten aromatisiert – eine erfrischend leichte und wärmende Mahlzeit.

Vorbereitung: 5 Minuten, und 5 Minuten zum Abkühlen
Kochzeit: 25 Minuten

125 g Beeren wie Himbeeren und Brombeeren, frisch oder aufgetaut
1 EL Kristallzucker
Salz
50 g Grieß
Zum Servieren:
2 EL fettarmer Naturjoghurt

1 Die Beeren sortieren und ein paar zum Garnieren beiseite stellen. Mit einem Stabmixer die restlichen Beeren zusammen mit 500 ml Wasser pürieren. Das Püree durch ein feines Sieb in einen kleinen Kochtopf passieren.

2 Zucker und eine Prise Salz hinzugeben und bei mittlerer Stufe erhitzen. Wenn das Püree aufkocht, den Grieß vorsichtig unterheben. Darauf achten, dass das Püree nicht überkocht. Nun die Hitze reduzieren und das Püree etwa 10 Minuten köcheln lassen. Dabei ständig rühren, bis es dick wird.

3 Das Püree auf zwei Schüsseln verteilen und 5 Minuten abkühlen lassen. Zum Servieren die Portionen nach Belieben mit den verbliebenen Früchten und Joghurt garnieren.

Müsli mit Trockenfrüchten

Nährwert pro Portion
- Kilokalorien 302
- Kohlenhydrate 72 g
- Eiweiß 5 g
- Fett 2 g (keine gesättigten Fettsäuren)

Ein Löffel selten verwendeter Trockenfrüchte reichert dieses ballaststoffreiche Müsli auf schmackhafte Weise an.

Vorbereitung: 5 Minuten, und über Nacht kalt stellen
Kochzeit: 4–5 Minuten
Portionen: 4

geriebene Schale von 1 unbehandelten Orange
300 ml frisch gepresster Orangensaft
1–2 EL flüssiger Honig
1 Zimtstange
6 Gewürznelken
300 g gemischte Trockenfrüchte
1 EL ungewöhnliche Trockenfrüchte wie Blaubeeren, Kirschen oder Mango
Saft von 1 Zitrone
½ unbehandelte Zitrone
Zum Servieren:
4 EL Müsli

1 Orangenschale, Orangensaft, Honig, Zimt, Gewürznelken und 200 ml Wasser in einen Topf geben und zum Kochen bringen.

2 In der Zwischenzeit alle Trockenfrüchte in eine hitzebeständige Schüssel geben und mit dem Zitronensaft übergießen. Die halbe Zitrone der Länge nach teilen und die Stücke in dünne Scheiben schneiden. Die Zitronenscheiben zu den Trockenfrüchten geben und über das Ganze den heißen Orangensaft gießen. Abkühlen lassen und die Schüssel anschließend über Nacht in den Kühlschrank stellen. Nur so kann sich der volle Geschmack entfalten.

3 Vor dem Servieren die Trockenfrüchte auf vier Schälchen verteilen und ein wenig Müsli darüber streuen.

Kanadische Pfannkuchen

Nährwert pro Portion

- Kilokalorien 517
- Kohlenhydrate 87 g
- Eiweiß 24 g
- Fett 10 g, davon gesättigte Fettsäuren 3 g

Verwöhnen Sie sich mit fettarmen Buchweizen-Pfannkuchen mit einem Schuss Ahornsirup, gekrönt mit gegrilltem Schinken und einer Scheibe Ananas.

Vorbereitung: 5 Minuten, und 20 Minuten durchziehen
Kochzeit: 25 Minuten
Portionen: 2

2 Scheiben frische Ananas, etwa 1 cm dick
2 Scheiben gekochter Vorderschinken, je etwa 75 g
4 EL Ahornsirup
Für den Teig:
75 g Weizenmehl
25 g Buchweizenmehl
1 TL Backpulver
1 Prise Salz
1 Ei
150 ml fettarme Milch

1 Für den Teig beide Mehlsorten in eine Schüssel sieben. Backpulver und Salz unterrühren. In die Mitte eine Mulde drücken und das Ei hineingeben. Das Ei zunächst mit wenig Mehl verrühren, dann nach und nach die Milch beigeben und alles mit dem restlichen Mehl vermengen. So wird der Teig schön glatt. Die Zutaten können auch in der Küchenmaschine so lange gemischt werden, bis der Teig glatt ist. Den Teig 20 Minuten stehen lassen, damit die Stärke quellen kann.

2 Wenn der Teig fertig ist, eine antihaftbeschichtete Pfanne mit wenig Pflanzenfett einpinseln und erhitzen. Den Teig nochmals kurz umrühren und anschließend einen kleinen Schöpflöffel in die Pfanne geben. Etwa 3 Minuten backen, bis sich auf der Oberfläche kleine Bläschen bilden und der Teig fest ist. Den Pfannkuchen wenden und erneut 2–3 Minuten backen. Den Pfannkuchen warm halten und noch drei weitere auf die gleiche Weise backen.

3 Den Grill vorheizen und Ananasscheiben und Schinkenscheiben 8 Minuten grillen. Nach etwa 4 Minuten wenden.

4 Auf zwei Tellern je zwei Pfannkuchen übereinander schichten und den gegrillten Vorderschinken sowie die Ananasscheibe darauf geben. Zuletzt einen Schuss Ahornsirup über die Pfannkuchen geben.
Variante: Statt Buchweizenmehl kann auch Vollkornmehl verwendet werden.

Frühstücksspeck, Ei und Tomaten mit Senfpfannkuchen

Wie wär's mit einer fettarmen Variante des typisch britischen Frühstücks?

Vorbereitung: 15 Minuten, und 20 Minuten Quellzeit
Kochzeit: 25 Minuten
Portionen: 4

4 Streifen magerer Frühstücksspeck
4 Tomaten, halbiert
Salz und schwarzer Pfeffer
½ TL gemischte Trockenkräuter
4 Eier
Für die Pfannkuchen:
90 g Mehl Type 405
1 TL Backpulver
1 Ei, getrennt
2 TL körniger Senf
175 ml Buttermilch oder 175 g fettarmer Joghurt
1 TL Sonnenblumenöl

1 Frühstücksspeck und Tomaten auf den Grillrost legen. Tomaten pfeffern und mit Kräutern bestreuen und den Rost zur Seite stellen.
2 Für den Teig Mehl, Backpulver und eine Prise Salz in eine Rührschüssel sieben. In die Mitte eine Mulde drücken und Eigelb, Senf und Buttermilch oder Joghurt hineingeben. Das Ganze zu einem glatten, dicken Teig verrühren. 20 Minuten stehen lassen.
3 Eigelb schaumig schlagen. Damit der Teig schön locker wird, zunächst nur einen Teil des Eischaums unterziehen. Anschließend den Rest unterziehen.
4 Eine große antihaftbeschichtete Pfanne auf mittlerer Stufe erhitzen. Die Pfanne mit Küchenpapier, das zuvor in das Sonnenblumenöl getunkt wurde, ausreiben. Das Küchenpapier für die folgenden Pfannkuchen zurückhalten. 2 EL Teig in die Pfanne geben und den Pfannkuchen backen, bis die Unterseite goldbraun ist und sich auf der Oberseite Bläschen bilden (1–2 Minuten). Den Pfannkuchen wenden und noch eine Minute backen, bis die zweite Seite ebenfalls goldbraun ist.
5 Die Pfannkuchen auf einen mit Küchenpapier ausgelegten Teller schichten und warm halten. Noch sechs weitere Pfannkuchen backen. Bei Bedarf die Pfanne nochmals einfetten. In der Zwischenzeit den Grill vorheizen.
6 Frühstücksspeck und Tomaten grillen, bis die Tomaten weich sind und der Frühstücksspeck golden und leicht knusprig ist. Die einzelnen Streifen wenden, wenn sie braun werden.
7 Zwischenzeitlich die Eier pochieren, bis das Eiweiß fest, das Eigelb aber noch flüssig ist. Dazu eine Bratpfanne zu einem Drittel mit Wasser füllen, 2 TL Essig zugeben und zum Köcheln bringen. Die Eier in getrennte Becher aufschlagen, in das köchelnde Wasser mit einem Löffel einen Strudel rühren, die Eier hineingleiten lassen und 3 Minuten sieden, nicht kochen lassen.
8 Eier, Frühstücksspeck, Tomaten und Pfannkuchen auf vorgewärmte Teller geben, würzen und servieren.

Nährwert pro Portion
- Kilokalorien 277
- Kohlenhydrate 24 g
- Eiweiß 20 g
- Fett 12 g, davon gesättigte Fettsäuren 3 g

Französischer Toast leicht und fruchtig

Dieses Brot, das kein Eigelb enthält, schmeckt mit einer Portion Mus einfach köstlich.

Vorbereitung: 5 Minuten
Kochzeit: 6 Minuten
Portionen: 2

3 EL fettarme Milch
2 Eiweiß
Salz und schwarzer Pfeffer
4 Scheiben Weißbrot vom Vortag
1–2 TL Butter
4 EL fertiges Apfel- und Birnenmus
Zum Servieren:
1 EL brauner Rohrzucker und 1 Prise Zimt, nach Belieben

1 Milch und Eiweiß in einer flachen Schüssel schaumig schlagen und vorsichtig mit Salz und Pfeffer würzen. Das Brot unter Wenden in die Flüssigkeit tunken.
2 Etwas Butter bei mittlerer Hitze in einer großen Pfanne aufschäumen. Zwei Scheiben Brot in die Pfanne geben und 2–3 Minuten braten lassen, bis eine Seite fest und goldbraun ist.
3 Die Toastscheiben wenden, gegebenenfalls noch etwas Butter zerlassen und die anderen Seiten goldbraun braten. Warm stellen. Den Vorgang mit den anderen Brotscheiben wiederholen.
4 Den Toast mit Apfel- und Birnenmus bestreichen und je nach Geschmack mit etwas Zucker und Zimt bestreuen.
Variante: Anstelle von einfachem Weißbrot können Sie auch Rosinenweißbrot verwenden.

Nährwert pro Portion
- Kilokalorien 305
- Kohlenhydrate 56 g
- Eiweiß 10 g
- Fett 6 g, davon gesättigte Fettsäuren 3 g

Eiweißomelett mit grünem Spargel

Der feine Spargelgeschmack macht Eigelb als Geschmacksträger überflüssig und garantiert ein leichtes und bekömmliches, cholesterinarmes Omelett.

Vorbereitung: 10 Minuten
Kochzeit: 16 Minuten
Portionen: 1

100 g grüner Spargel, geschnitten, oder Spargelspitzen
Salz und schwarzer Pfeffer
4 Eiweiß
½ TL Sonnenblumenöl

1 Den Spargel in einem Kochtopf dämpfen, bis er zart ist (etwa 8 Minuten). Abgießen. Nach Geschmack würzen, solange er noch warm ist.

2 Das Eiweiß schaumig schlagen, jedoch nicht ganz steif; den Eischaum sollte man noch gießen können. Kein Salz zugeben, denn das fördert das Steifwerden des Schaums.

3 Das Öl in einer antihaftbeschichteten Omelett- oder Bratpfanne erhitzen. Die Pfanne ein wenig rütteln, bis der gesamte Pfannenboden mit einer dünnen Ölschicht überzogen ist. Die Flüssigkeit hineingeben und bei schwacher bis mittlerer Hitze 2–3 Minuten braten lassen, bis der Boden fest ist.

4 Das Omelett auf einen Teller gleiten lassen. Den Spargel darauf verteilen, mit der Pfanne bedecken, Teller und Pfanne wenden und das Omelett vorsichtig in die Pfanne gleiten lassen. Nochmals 2–3 Minuten braten, bis der Boden fest und der Spargel goldbraun ist. Anschließend servieren.

Variante: Außerhalb der Spargelsaison können Sie auch frischen Spinat oder Brokkoli verwenden.

Nährwert pro Portion

- Kilokalorien 89
- Kohlenhydrate 2 g
- Eiweiß 14 g
- Fett 3 g (keine gesättigten Fettsäuren)

Würziges Rührei auf Toast

Aus Rühreiern lässt sich eine leckere Mahlzeit zaubern, wenn sie mit frischen Kräutern, Gewürzen und einem Spritzer Limettensaft zubereitet werden.

Vorbereitung: 15 Minuten
Kochzeit: 8–10 Minuten
Portionen: 4

4 dicke Scheiben Vollkornbrot
1 EL Butter
1 grüne Chilischote, entkernt und gewürfelt
2 TL Currypaste
1 Knoblauchzehe, zerdrückt
1 TL geriebener Ingwer
4 Frühlingszwiebeln, geschnitten
85 g Tomaten, enthäutet und gewürfelt
6 Eier
1 EL frischer geschnittener Koriander
1 TL Limettensaft
Salz und schwarzer Pfeffer
4 EL fettarmer Joghurt, nach Belieben

1. Das Brot toasten und warm halten.
2. Die Butter in einer beschichteten Bratpfanne zerlassen und die Chilischote, die Currypaste, den Knoblauch, Ingwer und die Frühlingszwiebeln zugeben. Ein paar Frühlingszwiebelröllchen zum Garnieren beiseite stellen. Das Gemüse auf kleiner Flamme 5 Minuten glasig dünsten. Die Tomaten zugeben und 1 Minute dünsten.
3. Die Eier mit dem Koriander, dem Limonensaft sowie einer Prise Salz und Pfeffer schlagen. Die Masse in die Pfanne geben und bei niedriger Hitze unter Rühren braten, bis sie fest ist.
4. Die Toasts auf Teller legen, mit den Curryeiern belegen und mit den Frühlingszwiebeln garnieren. Nach Belieben noch etwas Joghurt darauf geben.

Nährwert pro Portion

- Kilokalorien 272
- Kohlenhydrate 17 g
- Eiweiß 17 g
- Fett 16 g, davon ungesättigte Fettsäuren 5 g

Frische Ideen für einen gesunden Imbiss

Packen Sie sich reichhaltige und dennoch leichte Leckerbissen ein, damit Sie sich auch unterwegs oder bei der Arbeit fettarm ernähren können.

Abwechslungsreiche und schmackhafte Gerichte machen nicht nur Appetit, sondern sorgen auch dafür, dass der Körper alle Nährstoffe erhält, die er braucht – darauf muss man auch tagsüber nicht verzichten.

Wie wäre es mit einem mehrgängigen Imbiss, bei dem jede Speise andere, wichtige Nährstoffe liefert? Der Auftakt könnte eine Suppe oder ein Gemüsesaftcocktail sein. Als zweiter Gang folgt etwas Sättigendes wie die Gerichte dieser Doppelseite, die sich gut vorbereiten und sogar einfrieren lassen. Dazu gibt es etwas rohes Gemüse, das in eine fettarme Sauce getunkt wird. Zum Nachtisch rundet Obst oder ein Stück nahrhafter Kuchen das leichte Menü ab – und fettreiche Schokoriegel gehören der Vergangenheit an.

Wie Sie Ihr Tiefkühlgerät am besten nutzen

Wer ein Tiefkühlgerät besitzt, kann sich leicht einen Vorrat an gesunden und verführerischen Lunchpaketen zusammenstellen. Bereiten Sie auf Vorrat Gerichte zu, die sich gut einfrieren lassen (siehe rechts), und frieren Sie sie in kleinen Portionen ein. Dann können Sie morgens ein Päckchen aussuchen – bis zur Mittagspause ist es aufgetaut.

• Zum Einfrieren wickeln Sie die Portionen in Pergamentpapier und legen sie einzeln in Gefrierbeutel. Schreiben Sie auf jeden Gefrierbeutel Datum und Inhalt; tiefgefroren halten sich die meisten Gerichte bis zu 3 Monate.

Mexikanische Hühnchentortillas

Tortillas mit dem vollen Geschmack traditioneller Guacamole müssen nicht fett sein – wie diese Variante beweist.

Vorbereitung: 20 Minuten
Kochzeit: 15 Minuten
Portionen: 4

2 Hühnerbrustfilets, jeweils 125 g
Salz und schwarzer Pfeffer
150 g Erbsen, tiefgefroren
1 kleine grüne Chilischote, entkernt und klein geschnitten
1 Knoblauchzehe, zerdrückt
3 EL fettarmer Joghurt
2–3 EL frischer Koriander, gehackt
Saft von 1 Zitrone
150 g Kidneybohnen aus der Dose, abgegossen und gewaschen
100 g Tomaten, entkernt und klein geschnitten
2 Frühlingszwiebeln, gehackt
4 Weizenmehltortillas

1 Wasser zum Kochen aufsetzen und den Grill vorheizen. Die Hühnerbrustfilets 6–8 Minuten grillen, nach der Hälfte der Zeit wenden. Sie sind fertig, wenn aus dem Fleisch keine Flüssigkeit mehr austritt, wenn es mit einem Messer angestochen wird. Abkühlen lassen und in gleichmäßige Würfel schneiden.

2 Inzwischen die Erbsen in leicht gesalzenem Wasser etwa 5 Minuten köcheln lassen, bis sie weich sind. Die Erbsen abgießen und abspülen.

3 Erbsen, Chili, Knoblauch und Joghurt mit etwas Koriander und Zitronensaft würzen und pürieren. Mit Salz, Pfeffer, Koriander und Zitronensaft abschmecken.

4 Bohnen, Tomaten und Frühlingszwiebeln unter das Püree rühren. Püree auf die Tortillas streichen, Fleischwürfel darauf verteilen und aufrollen. Jedes Päckchen fest in Aluminiumfolie einwickeln.

Nährwert pro Portion

- Kilokalorien 316
- Kohlenhydrate 45 g
- Eiweiß 30 g
- Fett 3 g, davon gesättigte Fettsäuren 1 g

MEXIKANISCHE HÜHNCHENTORTILLAS

THUNFISCHAUFLAUF MIT CURRY

VEGETARISCHE MUFFINS

Vegetarische Muffins

Diese pikanten Törtchen stillen auch großen Hunger.

Vorbereitung: 30 Minuten
Kochzeit: 30–40 Minuten
Portionen: 16 Muffins

100 g Squash-Kürbis oder Süßkartoffeln, geschält und klein geschnitten
100 g Zucchini, klein geschnitten
250 g Zwiebeln, gehackt
100 g rote Paprikaschote, fein gewürfelt
100 g Spinat, gehackt, oder Brokkoli, klein geschnitten
100 g Mais aus der Dose
75 ml Pflanzenöl und etwas Öl zum Bestreichen der Muffinförmchen
225 g Edamer, fettreduziert
Salz und schwarzer Pfeffer
225 g Mehl, gesiebt
3 TL Backpulver
4 Eier

1 Kürbis 10–15 Minuten weich dünsten und zerstampfen. Den Backofen auf

180 °C (Gas: Stufe 2) vorheizen, die Muffinförmchen mit Öl bestreichen.

2 Gemüse und Öl, mit dem geriebenen Käse vermengen; mit Salz und Pfeffer abschmecken. Mehl und Backpulver unterziehen und den Kürbis zugeben.

3 Eier schaumig schlagen, unter das Gemüse rühren und die Masse auf die Muffinförmchen verteilen. Die Muffins in 20–25 Minuten braun backen, bis sie etwas aufgegangen und braun sind.

4 Muffins gut auskühlen lassen, bevor sie aus den Förmchen genommen werden.

Nährwert pro Muffin

- Kilokalorien 165
- Kohlenhydrate 14 g
- Eiweiß 8 g
- Fett 9 g, davon gesättigte Fettsäuren 2 g

Thunfischauflauf mit Curry

Thunfisch und Reis mit Käse überbacken – das ergibt einen herzhaften Snack.

Vorbereitung: 30 Minuten
Kochzeit: 1 Stunde
Portionen: 12 Sücke

500 g Zwiebeln, gehackt
225 g weißer Langkornreis
1 Vollei und 2 Eiweiß
4 EL frische Petersilie, gehackt
Salz und Pfeffer
400 g in Salzlake eingelegter Thunfisch aus der Dose, abgegossen und zerkleinert
40 g Butter
2 EL Weizenmehl
2 EL Currypulver
350 ml fettarme Milch
125 g fettarmer Joghurt
2 TL Zitronensaft
50 g fettreduzierter Edamer, gerieben

1 Eine 18 × 28 cm große, hitzebeständige Auflaufform mit Backpapier auslegen. Zwiebeln und Reis in Salzwasser 20 Minuten kochen.

2 Reis und Zwiebeln abgießen und in eine Rührschüssel geben. Etwas abkühlen lassen. Das ganze Ei verquirlen und zum Reis geben, mit 2 EL Petersilie, Salz und Pfeffer abschmecken. Das Gemisch auf den Boden und an die Seiten der Auflaufform drücken.

3 Den Thunfisch darüber verteilen.

4 Butter in einem Topf zerlassen, Mehl und Curry unterrühren und eine Minute eindicken lassen. Topf vom Herd nehmen und die Milch unter ständigem Rühren zugeben und aufkochen. 10–15 Minuten köcheln lassen, bis das Gemisch dick wird, zuletzt den Joghurt unterrühren, nicht mehr aufkochen.

5 Inzwischen den Ofen auf 180 °C (Gas: Stufe 2) vorheizen. Den Topf vom Herd nehmen, Zitronensaft und restliche Petersilie zugeben. Etwas abkühlen lassen, das Eiweiß unterrühren und mit Salz und Pfeffer abschmecken. Die Sauce über den Fisch geben, mit Käse bestreuen und in 30 Minuten goldbraun backen.

6 Wenn der Auflauf abgekühlt ist, aus der Form nehmen und in Stücke schneiden.

Nährwert pro Portion

- Kilokalorien 174
- Kohlenhydrate 20 g
- Eiweiß 14 g
- Fett 4 g, davon gesättigte Fettsäuren 3 g

Süßer Kürbis-Aprikosen-Kuchen

Aprikosenpüree ersetzt das Fett in diesem süßen und saftigen Kuchen.

Vorbereitung: 30 Minuten, 30 Minuten ziehen lassen, 20 Minuten kalt stellen
Kochzeit: 45–55 Minuten
Portionen: 24 Kuchenstücke

85 g getrocknete Aprikosen
500 g Kürbis
450 g weißes Mehl
2 TL Backpulver
1 TL Natron
2 TL Zimt, frisch gemahlen
½ TL Salz
450 g Zucker
4 Eier
⅛ l Pflanzenöl und Öl zum Einstreichen

1 Die Aprikosen mit kochendem Wasser übergießen und mindestens 30 Minuten quellen lassen. Abgießen und 4–5 EL der Flüssigkeit beiseite stellen.

2 Kürbis schälen, entkernen, klein schneiden und in 15–20 Minuten mit wenig Wasser weich dünsten. Abgießen und pürieren. Es wird etwa ½ l Püree benötigt. Anschließend 20 Minuten zum Abkühlen beiseite stellen.

3 Die Aprikosen in der Küchenmaschine oder mit dem Pürierstab pürieren und – falls erforderlich – etwas von der Quellflüssigkeit hinzugeben, sodass ⅛ l Püree entsteht.

4 Backofen auf 180 °C (Gas: Stufe 2) vorheizen und zwei etwa 23 cm lange, eckige Kuchenformen einfetten.

5 Mehl, Backpulver, Natron, Zimt, Salz und Zucker in eine große Rührschüssel geben und in die Mitte eine Vertiefung drücken. Eier, Öl, Aprikosen und Kürbis in die Vertiefung geben und verrühren.

6 Den Teig in die Kuchenformen geben, glatt streichen. 30–35 Minuten backen. Wenn bei der Stäbchenprobe kein Teig am Stäbchen kleben bleibt, werden sie aus dem Ofen genommen.

7 Beide Kuchen in je 12 Stücke schneiden; in den Formen auf einem Kuchengitter mindestens 20 Minuten abkühlen lassen, die Formen stürzen und die Kuchen auf dem Gitter vollständig auskühlen lassen.

Nährwert pro Stück

- Kilokalorien 209
- Kohlenhydrate 36 g
- Eiweiß 3 g
- Fett 7 g, davon gesättigte Fettsäuren 1 g

SÜSSER KÜRBIS-APRIKOSEN-KUCHEN

Fettspartipp
Sie benötigen noch weniger Fett, wenn Sie die Pilze und die Tomaten vor dem Grillen mit Worcestersauce beträufeln.

Truthahnfrikadellen mit Tomaten und Pilzen

Nährwert pro Portion
- Kilokalorien 306
- Kohlenhydrate 25 g
- Eiweiß 33 g
- Fett 9 g, davon ungesättigte Fettsäuren 2 g

Würziges Putenhack ist ein fettarmer und schmackhafter Ersatz für die üblicherweise verwendeten Hackfleischmischungen. Zusammen mit Tomaten und Pilzen ergeben die Truthahnfrikadellen ein spätes Frühstück oder einen leckeren Mittagsimbiss.

Vorbereitung: 10 Minuten
Kochzeit: 15 Minuten
Portionen: 4

3 EL Olivenöl
1 große grüne Chilischote, entkernt und fein geschnitten
2 große Knoblauchzehen, zerdrückt
1 große Prise gemahlener Kreuzkümmel
500 g Putenhackfleisch
Salz und schwarzer Pfeffer
Zum Servieren:
4 große Champignons
2 große Tomaten, halbiert
8 Scheiben Baguette
4 große frische Basilikumblätter
Senf, nach Belieben

1 1 EL Öl in einem kleinen Pfännchen erhitzen und die Chilischote und den Knoblauch etwa 1–2 Minuten braten. Den Kreuzkümmel zufügen und das Ganze noch einige Sekunden braten. Den Topf vom Herd nehmen und abkühlen lassen.

2 Das Gemisch aus Chili und Knoblauch unter das Putenhackfleisch rühren. Mit Salz und Pfeffer abschmecken. In vier Portionen teilen und daraus je eine flache Frikadelle formen.

3 Eine antihaftbeschichtete Pfanne mit 1 EL Öl dünn ausstreichen und erhitzen. Die Frikadellen von beiden Seiten etwa 3–4 Minuten braten, anschließend herausnehmen und warm halten.

4 Die Pilze und die Tomaten in die Pfanne geben. Bei Bedarf die Pfanne nochmals einfetten. Pilze und Tomaten 3–4 Minuten braten, einmal wenden.

5 In der Zwischenzeit das Brot toasten und die Scheiben leicht mit Öl beträufeln. Das Basilikum in feine Streifen schneiden und über die Tomaten streuen. Alles zusammen servieren. Zum Fleisch nach Belieben Senf reichen.

Kleine Maispfannkuchen mit Joghurtdressing

Diese kleinen Maispfannkuchen eignen sich als leckeres Sonntagsfrühstück oder als leichtes Mittagessen, wie Kinder es gerne mögen.

Vorbereitung: 5 Minuten, und 20 Minuten zum Ziehenlassen
Kochzeit: 20 Minuten
Portionen: 12 Pfannkuchen

75 g Stärkemehl
75 g weißes Mehl
2 TL Backpulver
Salz und schwarzer Pfeffer
1 EL Pflanzenöl, und ein wenig zum Einfetten
150 ml fettarme Milch oder Wasser
1 frischer Maiskolben bzw. 125 g Dosenmais oder aufgetauter Tiefkühlmais
2 EL frischer Koriander, fein gehackt
2 Eiweiß
Für das Dressing:
150 g fettarmer Joghurt
geriebene Schale von 1 Zitrone
1 EL Zitronensaft
2 EL frischer, fein gehackter Koriander

1 Stärkemehl, Mehl, Backpulver und ein wenig schwarzen Pfeffer in eine große Schüssel geben und mischen. Pflanzenöl und Milch bzw. Wasser hinzugeben und so lange rühren, bis ein dickflüssiger Teig entsteht.

2 Bei frischem Mais den Strunk abschneiden und den Kolben aufrecht auf das Schneidbrett stellen. Den Kolben festhalten und mit einem scharfen Messer die Maiskörner von oben nach unten abschneiden. Die Maiskörner und den Koriander unter den Teig mischen, bedecken und 20 Minuten stehen lassen.

3 Das Eiweiß zusammen mit einer Prise Salz sehr steif schlagen. Damit der Teig locker wird, zunächst nur wenig Eischnee unterheben, dann den Rest unterziehen.

4 Eine große Bratpfanne erhitzen und den Boden mit einem Küchenpapier dünn mit Öl ausreiben. Das Küchenpapier für den nächsten Satz Pfannkuchen aufheben.

5 Einen großen Esslöffel in Wasser tauchen und löffelweise Teig in die heiße Pfanne geben. Die kleinen Pfannkuchen hellbraun backen (etwa 2–3 Minuten), dann wenden und weitere 3–4 Minuten backen lassen. Die nächsten Pfannkuchen auf die gleiche Weise zubereiten. Bei jedem Satz die Pfanne neu einfetten. Die fertigen Pfannkuchen warm halten.

6 In einer Schüssel alle Zutaten für das Dressing mischen und mit den Pfannkuchen servieren.

Nährwert pro Portion, einschließlich Dressing

- Kilokalorien 79
- Kohlenhydrate 12 g
- Eiweiß 3 g
- Fett 2 g, davon ungesättigte Fettsäuren 1 g

Geräucherter Schellfisch mit pochiertem Ei

Nährwert pro Portion

- Kilokalorien 183
- Kohlenhydrate 3 g
- Eiweiß 27 g
- Fett 7 g, davon gesättigte Fettsäuren 2 g

Salziger Räucherfisch und weiches Ei gehen eine schmackhafte Kombination ein, die Fischliebhaber probieren sollten.

Vorbereitung: 5 Minuten
Kochzeit: 12 Minuten
Portionen: 4

2 kleine Filets aus geräuchertem Schellfisch, jeweils etwa 175 g
300 ml fettarme Milch
4 Eier
2 TL Essig, nach Belieben
schwarzer Pfeffer

1 Den Fisch abwaschen, mit Küchenpapier trockentupfen und jedes Filet in zwei Hälften teilen. Die Filets mit der Haut nach unten nebeneinander in eine Bratpfanne legen und so viel Milch beigeben, dass alle Stücke bedeckt sind. (Auf die Zugabe von Salz verzichten, denn der Fisch ist schon salzig genug.) Kurz aufkochen lassen, bedecken, Hitze zurücknehmen und ziehen lassen, bis das Fischfleisch leicht zerbröckelt (5–7 Minuten).

2 Zwischenzeitlich die Eier pochieren, bis das Eiweiß fest, das Eigelb aber noch flüssig ist. Dazu eine große Bratpfanne zu einem Drittel mit Wasser füllen, 2 TL Essig zugeben und aufkochen. Die Eier in getrennte Becher aufschlagen, in das köchelnde Wasser mit einem Löffel einen Strudel schlagen, die Eier hineingleiten lassen und etwa 4 Minuten sieden.

3 Die gedünsteten Fischfilets mit einem Schaumlöffel herausnehmen, auf Küchenpapier abtropfen lassen und mit der Haut nach unten auf die Teller legen. Auf jedes Filet ein pochiertes Ei geben und mit schwarzem Pfeffer bestreuen.

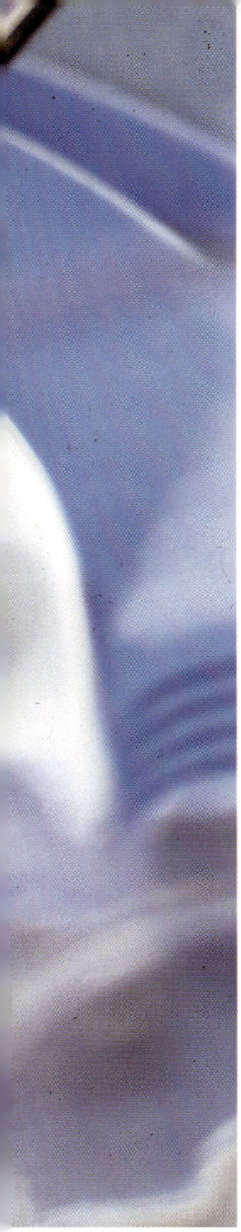

5-Minuten-Lachspastete

Räucherlachs, frische Kräuter und mittelgroße weiße Bohnen ergeben püriert eine schmackhafte Pastete, die nicht einmal gekocht werden muss.

Zubereitung: 5 Minuten, und 30–60 Minuten kalt stellen
Portionen: 4

200 g Cannellini-Bohnen aus der Dose, abgetropft
2 EL gehackte Kräuter wie Kerbel, Dill und Petersilie
Saft von 1 Zitrone
200 g Räucherlachs
Salz und schwarzer Pfeffer
Zum Servieren:
dunkles Toastbrot, Cracker oder rohes Gemüse zum Dippen

1 Bohnen, Kräuter, Zitronensaft und Räucherlachs mit der Küchenmaschine oder dem Handrührgerät pürieren, bis eine weiche Masse entsteht. Mit Salz und schwarzem Pfeffer abschmecken, die Pastete in ein Serviergefäß geben und 30–60 Minuten kalt stellen. Zusammen mit dunklem Toastbrot, Crackern oder rohem Gemüse servieren. Die Pastete schmeckt am besten frisch zubereitet.

Nährwert pro Portion
- Kilokalorien 127
- Kohlenhydrate 9 g
- Eiweiß 13 g
- Fett 3 g (keine gesättigten Fettsäuren)

Fettspartipp
Wenn Sie anstelle von Frischkäse weiche, weiße Bohnen verwenden, ist die Pastete fettärmer und dennoch gut sättigend.

Gebackene Champignons auf Ciabatta

Nährwert pro Portion, bei 4 Portionen

- Kilokalorien 254
- Kohlenhydrate 34 g
- Eiweiß 9 g
- Fett 9 g, davon gesättigte Fettsäuren 2 g

Olivenöl, Knoblauch und Rosmarin verleihen den Pilzen beim Backen ein Aroma, das an die Mittelmeerküche erinnert.

Vorbereitung: 15 Minuten
Kochzeit: 20–25 Minuten
Portionen: 4 als kleine Zwischenmahlzeit, 8 als Vorspeise

3 große Knoblauchzehen, zerdrückt
2 TL Zitronensaft
2 EL Olivenöl
2 TL Balsamessig
Salz und schwarzer Pfeffer
700 g frische Champignons oder Mischpilze
300 g Tomaten
2–4 Stängel Rosmarin
1 TL frisch gehackte Petersilie oder Salbei
1 Ciabatta

1. Den Backofen auf 200 °C (Gas: Stufe 4) vorheizen. Knoblauch, Zitronensaft, Olivenöl, Essig, Salz und Pfeffer in eine Schüssel geben und mischen.
2. Die Pilze säubern und in Scheiben schneiden. die Tomaten häuten, entkernen und würfeln. Zur Marinade geben. Etwas Rosmarin als Garnierung beiseite legen, den Rest hacken und mit Petersilie oder Salbei zu den Champignons geben.
3. Die Pilze in einen Bräter geben und mit Aluminiumfolie zudecken. In die Folie kleine Schnitte ritzen, damit der Dampf entweichen kann. 20–25 Minuten backen, bis die Pilze gar sind.
4. Kurz bevor die Pilze fertig sind, das Brot im Ofen erwärmen. Dazu den Laib längs halbieren und jede Hälfte in vier gleiche Teile oder, wenn als Vorspeise gedacht, in acht Teile schneiden.
5. Je zwei Scheiben Brot mit der Schnittfläche nach oben auf einem Teller anrichten und die Pilze darauf geben. Mit Rosmarin garnieren und sofort servieren.

Baguette mit Steak und Zwiebeln

Nährwert pro Portion
- Kilokalorien 338
- Kohlenhydrate 38 g
- Eiweiß 28 g
- Fett 10 g, davon gesättigte Fettsäuren 3 g

Ein Klassiker für den kleinen Hunger zwischendurch: saftige, magere Grillsteakscheiben werden mit deftigen Beilagen in warmes, knuspriges Baguette geschichtet.

Vorbereitung: 10 Minuten, und 1 Stunde zum Marinieren, nach Belieben
Kochzeit: 4–6 Minuten
Portionen: 2

60 g Zwiebeln, in feine Scheiben geschnitten
1 kleines Baguette oder 2 knusprige Brötchen
1 großes Salatblatt, zerteilt
1 große Tomate, in Scheiben geschnitten
2 kleine Rindersteaks, je etwa 100 g
etwas Pflanzenöl zum Braten
Salz und schwarzer Pfeffer
Zum Servieren:
Meerrettich oder Senf

1 Zwiebeln in Scheiben schneiden und beiseite stellen. Baguette oder Baguettebrötchen leicht erwärmen und der Länge nach durchschneiden. Mit Salat und Tomatenscheiben belegen.

3 Den Grill oder eine gusseiserne Grillpfanne auf höchster Stufe erhitzen. Von den Steaks alles sichtbare Fett entfernen. Das Fleisch mit ein wenig Öl einpinseln und 2–3 Minuten auf jeder Seite grillen oder braten, bis sie den gewünschten Garzustand erreicht haben.

4 Die Steaks auf die Tomaten legen, mit Senf oder Meerrettich bestreichen und zum Schluss mit den Zwiebelscheiben garnieren. Mit Salz und frisch gemahlenem Pfeffer abschmecken.

5 Die zweite Baguettehälfte gut aufdrücken, das Baguette diagonal halbieren, fest in Papierservietten einwickeln und sofort servieren.

Räucherlachs-Bagel mit Quark

Nährwert pro Portion
- Kilokalorien 336
- Kohlenhydrate 48 g
- Eiweiß 29 g
- Fett 4 g, davon ungesättigte Fettsäuren 1 g

Räucherlachs ist stets eine gesunde Ergänzung des Speiseplans und mit Magerquark schmeckt er auf den luftigen Bagels einfach hervorragend.

Zubereitung: 7 Minuten
Portionen: 1

50 g Magerquark
1 TL Zitronensaft
1 Bagel
50 g Räucherlachs, fein geschnitten
schwarzer Pfeffer
Zum Garnieren:
einige Stängel Dill, klein geschnitten

1 Quark und Zitronensaft verrühren.

2 Den Bagel kurz aufbacken, aufschneiden und die untere Hälfte mit Quark bestreichen. Die Räucherlachsstreifen darauf geben und mit Pfeffer und Dill bestreuen. Die obere Bagelhälfte auflegen und noch warm servieren.

Fettspartipp
Bagels werden normalerweise mit Doppelrahm-Frischkäse bestrichen. Versuchen Sie es stattdessen mit fettarmem Quark!

Bruschetta mit Tomaten und Sardellen

Nährwert pro Portion
- Kilokalorien 144
- Kohlenhydrate 23 g
- Eiweiß 5 g
- Fett 4 g, davon gesättigte Fettsäuren 1 g

Genießen Sie das knusprig getoastete Weißbrot mit einer scharfen Knoblauchpaste und süßen gegrillten Tomaten.

Vorbereitung: 5 Minuten, und 10 Minuten zum Marinieren
Kochzeit: 2–3 Minuten
Portionen: 4

3 Sardellenfilets aus dem Glas, abgetropft
2 EL entrahmte Milch
1 große Knoblauchzehe, zerdrückt
1 TL Zitronensaft
4 große Scheiben Weißbrot oder Ciabatta-Brot
600 g Tomaten
1 EL Olivenöl
schwarzer Pfeffer
Zum Garnieren:
frisches Basilikum

1 Die Sardellenfilets in eine Tasse legen, mit Milch übergießen und 10 Minuten stehen lassen. Dadurch wird den Sardellen überschüssiges Salz und ein Teil des Öls entzogen.
2 Die Sardellen abtropfen lassen und mit Küchenpapier trockentupfen. Fischfilets, Knoblauch und Zitronensaft mit einem Stabmixer oder im Mörser pürieren.
3 Den Grill auf höchster Stufe erhitzen. Die Brotscheiben auf beiden Seiten grillen, anschließend auf einer Seite mit etwa einem Viertel der Paste bestreichen. Da die Paste sehr scharf ist, genügt es, sie dünn aufzutragen.
4 Die Tomaten in Scheiben schneiden und die Tomatenscheiben auf der Sardellenpaste verteilen. Mit wenig Olivenöl beträufeln, mit schwarzem Pfeffer bestreuen und 1–2 Minuten unter den Grill stellen, damit die Tomaten weich werden. Mit frischem Basilikum bestreuen und sofort servieren.

SARDELLEN

suppen

Kalte Melonensuppe

Nährwert pro Portion
- Kilokalorien 143
- Kohlenhydrate 25 g
- Eiweiß 6 g
- Fett 2 g, davon gesättigte Fettsäuren 1 g

Diese cremige Suppe präsentiert Parmaschinken und Honigmelone in einem ganz neuen Gewand.

Zubereitung: 20 Minuten, 4 Stunden kalt stellen und 30 Minuten ziehen lassen
Portionen: 4

1,5 kg Honigmelone
2 EL Sherry (Medium oder Oloroso)
1 EL Balsamessig
1 TL frische Minzeblätter, gehackt
Zum Garnieren
3 Scheiben Parmaschinken, Fettstreifen entfernt

1 Die Melone vierteln, schälen, entkernen und in große Stücke schneiden. Mit 100 ml kaltem Wasser, Sherry, Essig und Minze in der Küchenmaschine pürieren, bis die Masse ganz cremig ist.
2 Die Suppe in eine Schüssel geben, bedecken und 4 Stunden (besser noch länger) in den Kühlschrank stellen. Etwa eine halbe Stunde vor dem Servieren die Suppe aus dem Kühlschrank nehmen, damit sie Raumtemperatur annimmt.
3 Den Parmaschinken in feine Streifen schneiden. Die Suppe auf Teller verteilen und vor dem Servieren mit dem Parmaschinken garnieren.
Variante: Wenn Sie den Parmaschinken weglassen, erhalten Sie eine fettfreie Suppe.

Kalte Suppe aus Lauch, Birnen und Kartoffeln

Nährwert pro Portion
- Kilokalorien 104
- Kohlenhydrate 17 g
- Eiweiß 4 g
- Fett 2 g (keine gesättigten Fettsäuren)

Eine Suppe wie diese ist ein süßherber Genuss an heißen Sommertagen.

Vorbereitung: 20 Minuten, und mindestens 30 Minuten kalt stellen
Kochzeit: 25 Minuten
Portionen: 4

2 TL Olivenöl
250 g Lauch, in feine Streifen geschnitten
125 g Kartoffeln, gewürfelt
2 Tafelbirnen, geschält, entkernt und gewürfelt
900 ml Gemüsebrühe
10–12 Safranfäden, Salz, schwarzer Pfeffer
Zum Garnieren:
etwas frischer Schnittlauch
Zum Servieren:
4 EL fettarmer Joghurt

1 Das Öl in einem Topf erhitzen. Lauch und Kartoffeln unter ständigem Rühren darin etwa 5–6 Minuten garen, bis sie etwas weich geworden sind.
2 Birnenwürfel, Safran und Brühe hinzugeben. Die Suppe zum Kochen bringen, dann die Hitze verringern und bei geschlossenem Deckel 15 Minuten köcheln lassen, bis das Gemüse gar ist.
3 Die Suppe pürieren, mit Salz und Pfeffer würzen.
4 Die Suppe abkühlen lassen und mit geschlossenem Deckel mindestens 30 Minuten kalt stellen oder bis zum Servieren im Kühlschrank stehen lassen. Vor dem Servieren 1 EL Joghurt in jedem Suppenteller leicht verrühren und mit schwarzem Pfeffer und ein paar Schnittlauchröllchen garnieren.
Variante: Sie können die Suppe auch warm servieren. Geben Sie dann bei der Zubereitung beim zweiten Zubereitungsschritt 1 EL mildes Currypulver zu.

Kalte Spinat-Joghurt-Suppe

Nährwert pro Portion
- Kilokalorien 84
- Kohlenhydrate 10 g
- Eiweiß 8 g
- Fett 2 g (keine ungesättigten Fettsäuren)

Getrocknete Minze verleiht dieser Suppe einen orientalischen Geschmack.

Zubereitung: 15 Minuten
Portionen: 4

250 g Tiefkühl-Blattspinat, aufgetaut
1 Knoblauchzehe, gepresst
500 g fettarmer Joghurt
Salz und schwarzer Pfeffer
3 TL getrocknete Minze
Zum Garnieren:
frische Minzeblätter und geriebene Muskatnuss

1 Einige Eiswürfel zu 300 ml kaltem Wasser zufügen und in den Kühlschrank stellen. Den Spinat ausdrücken, fein hacken und in eine Schüssel geben.
2 Knoblauch, Joghurt, Salz, Pfeffer und getrocknete Minze unter den Spinat rühren. Ist der Spinat noch nicht fein genug geschnitten, kann er mit einem Mixer zerkleinert werden.
3 Langsam das Eiswasser hinzugeben und dabei ständig rühren, bis die gewünschte Konsistenz erreicht ist. Abschmecken, Schüssel bedecken und bis zum Servieren in den Kühlschrank stellen.
4 Mit frischen Minzeblättern und geriebener Muskatnuss garnieren. Kalt servieren.

Linsensüppchen mit Zitronen

Nährwert pro Portion
- Kilokalorien 261
- Kohlenhydrate 40 g
- Eiweiß 18 g
- Fett 5 g, davon gesättigte Fettsäuren 1 g

Die angenehme Säure der Zitrone und der würzige Geschmack der gerösteten Samen runden diese kräftige Suppe ab. Das schmeckt besonders an kalten Tagen.

Vorbereitung: 5 Minuten
Kochzeit: 35 Minuten
Portionen: 4

1 EL Olivenöl
3 Knoblauchzehen, grob gehackt
250 g Zwiebeln, grob gewürfelt
250 g rote Linsen, gewaschen und abgetropft
1 1/4 l Geflügel- oder Gemüsebrühe
1 TL Koriander, 1/2 TL Kreuzkümmel
Saft einer Zitrone
4 dünne Scheiben einer unbehandelten Zitrone
Salz und schwarzer Pfeffer

1. Das Olivenöl in einem Topf mit schwerem Boden erhitzen. Knoblauch und Zwiebeln zugeben und bei mittlerer Hitze 6–7 Minuten bräunen, dabei häufig umrühren, damit nichts anbrennt.
2. Linsen dazugeben und 1–2 Minuten schmoren. Mit Brühe aufgießen und aufkochen. Den Deckel schließen und die Suppe bei mittlerer Hitze 15–20 Minuten köcheln lassen, bis die Linsen fast weich sind.
3. Eine Pfanne mit Antihaftbeschichtung erhitzen. Koriander- und Kümmelsamen 1–2 Minuten darin rösten, bis sich das Aroma entfaltet, und sofort in die Suppe geben.
4. Suppe aufkochen, Zitronensaft und Zitronenscheiben hinzugeben. Mit Salz und Pfeffer abschmecken und 5 Minuten köcheln lassen. Vor dem Servieren noch etwas schwarzen Pfeffer über die Suppe mahlen.

Indische Suppe mit Meeresfrüchten

Nährwert pro Portion

- Kilokalorien 149
- Kohlenhydrate 10 g
- Eiweiß 16 g
- Fett 4 g, davon gesättigte Fettsäuren 2 g

Diese scharfe Suppe aus dem westindischen Goa ist ein delikater Auftakt für jedes Menü. Zu besonderen Gelegenheiten lässt sich die Suppe mit Austern verfeinern.

Vorbereitung: 30 Minuten
Kochzeit: 30 Minuten
Portionen: 4

8 frische Austern, falls gewünscht
15 g Butter
125 g Zwiebeln, fein gehackt
2 Knoblauchzehen, zerdrückt
1 grüne Chilischote, entkernt und klein geschnitten
125 g Kartoffeln, geschält und gewürfelt
2 TL Koriander, frisch gemahlen
200 g Garnelen, ohne Schale, gekocht
75 g fettarmer Frischkäse
150 ml fettarme Milch
3 EL trockener Weißwein
Für die Brühe:
1/4 l Fischbrühe
125 g Karotten, in Scheiben geschnitten
2 Knoblauchzehen, frisch gepresst
3 EL frische Korianderblätter, grob gehackt
1 TL Kreuzkümmelsamen
1 TL Ingwer, grob gehackt
1 TL schwarze Pfefferkörner
Zum Garnieren:
1 TL frische Korianderblätter, grob gehackt

1. Alle Zutaten für die Brühe in einen großen Topf geben und 3/4 l Wasser zufügen. Bei starker Hitze aufkochen, 15 Minuten mit geschlossenem Deckel köcheln lassen. 3/4 l Brühe abmessen, falls erforderlich mit Wasser auffüllen.
2. Wenn Austern zugefügt werden sollen: Schalen gründlich abschrubben und mehrmals mit klarem Wasser spülen. Die Austern über einer Schüssel öffnen, um die Flüssigkeit aufzufangen. Mit einem Messer vorsichtig das Fleisch aus den Schalen lösen, zur aufgefangenen Flüssigkeit geben und beiseite stellen.
3. Die Butter in einem Topf mit schwerem Boden zerlassen und darin Zwiebeln, Knoblauch und die Chilischote 2–3 Minuten rösten.
4. Kartoffelwürfel und Koriander zufügen und 2 Minuten kochen. Mit der Brühe aufgießen, aufkochen und bei geschlossenem Deckel 5–7 Minuten sieden lassen, bis die Kartoffeln weich sind. Den Topf vom Herd nehmen.
5. Die Hälfte der Garnelen in die Suppe geben, in der Küchenmaschine oder mit einem Pürierstab pürieren. Das Püree wieder in den Topf geben, die restlichen Garnelen, den Frischkäse und die Milch zugeben. Die Suppe langsam erhitzen, bis einzelne Blasen aufsteigen, aber nicht kochen lassen.
6. Den Wein einrühren – falls gewünscht, auch die Austern und die Austernflüssigkeit – und 1–2 Minuten kochen lassen. Vor dem Servieren die Suppe mit Korianderblättern garnieren.

Erbsen-Fenchel-Suppe mit Minze

Nährwert pro Portion

- Kilokalorien 127
- Kohlenhydrate 18 g
- Eiweiß 10 g
- Fett 3 g (keine gesättigten Fettsäuren)

Mit Kräutern kann man aus einfachen Zutaten etwas ganz Besonderes zaubern.

Vorbereitung: 5 Minuten
Kochzeit: 25 Minuten
Portionen: 4

600 g Fenchel, klein geschnitten
500 g Erbsen, frisch oder tiefgefroren
900 ml Gemüsebrühe
3 TL frische Minze, gehackt
Salz und schwarzer Pfeffer
Zum Garnieren:
kleine Salatblätter, beispielsweise Eichblattsalat, und ein paar Stängel frische Kräuter (Kerbel und Minze)

1 Fenchel, Erbsen und Brühe in einem großen Topf zum Kochen bringen. Anschließend bei geschlossenem Deckel 20 Minuten köcheln, bis der Fenchel weich ist.

2 Die gehackte Minze zufügen und nochmals eine Minute kochen.

3 Eine Tasse Gemüse abschöpfen, und die Suppe mit dem Pürierstab oder der Küchenmaschine pürieren.

4 Das beiseite gestellte Gemüse in die Suppe geben und erhitzen. Mit Salz und Pfeffer abschmecken. Die einzelnen Portionen vor dem Servieren mit Salatblättern und Kräutern garnieren.

Möhrensuppe mit Kidneybohnen

Nährwert pro Portion, bei 4 Portionen

- Kilokalorien 185
- Kohlenhydrate 31g
- Eiweiß 8 g
- Fett 5 g, davon gesättigte Fettsäuren 2 g

Korianderblätter und -samen geben dieser sättigenden Suppe eine besondere Note.

Vorbereitung: 10 Minuten
Kochzeit: 30 Minuten
Portionen: 4–6

15 g Butter
150 g Zwiebeln, fein gehackt
500 g Möhren, fein geschnitten
100 g Lauch, geschnitten
300 g Kartoffeln, gewürfelt
1 TL Kreuzkümmel, frisch gemahlen
1 Knoblauchzehe
225 g Kidneybohnen aus der Dose, gewaschen und abgetropft
300 ml fettarme Milch
2 EL frische Korianderstängel, gehackt
Salz und schwarzer Pfeffer
Zum Garnieren:
frische Korianderzweige

1 Butter in einem großen Topf zerlassen, die Zwiebeln zugeben und bei schwacher bis mittlerer Hitze 5–8 Minuten weich dünsten.

2 Möhren, Lauch, Kartoffeln, gemahlenen Koriander und Knoblauch unterrühren, bei geschlossenem Deckel 5 Minuten garen lassen.

3 Die Bohnen und 1 l Wasser zugeben und aufkochen. Bei kleiner Hitze 15–20 Minuten köcheln lassen, bis das Gemüse weich ist.

4 Die Suppe vom Herd nehmen und mit einem Pürierstab oder in der Küchenmaschine pürieren. Die erhitzte Milch und den gehackten Koriander einrühren, mit Salz und Pfeffer abschmecken. Die Suppe vorsichtig aufwärmen und vor dem Servieren mit Korianderzweigen garnieren.

Asiatische Gemüsesuppe

Verschiedene fein geschnittene Gemüse in einem aromatischen Geflügelbrühe kurz gegart.

Vorbereitung: 10 Minuten
Kochzeit: 10 Minuten
Portionen: 4

100 g Chinakohl
85 g Möhren
4 Frühlingszwiebeln
50 g Shiitakepilze
60 g Tofu
4 feine Scheiben Ingwer
1 Knoblauchzehe
600 ml Geflügelbrühe
1 EL Sojasauce
schwarzer Pfeffer

1. Den Chinakohl hobeln und in eine Schüssel geben. Möhren längs halbieren und schräg in schmale Halbmonde schneiden. Die Frühlingszwiebeln in schmale Streifen schneiden, die Pilze putzen und klein schneiden, den Tofu würfeln. Alles zum Chinakohl geben.
2. Ingwerscheiben und Knoblauch in feine Streifen schneiden und mit der Geflügelbrühe in einem großen Topf aufkochen, anschließend bei verringerter Hitze 3 Minuten köcheln lassen.
3. Kurz vor dem Servieren die Brühe nochmals aufkochen und das Gemüse und den Tofu zugeben. Bei kleiner Hitze 2 Minuten köcheln lassen, mit Sojasauce und Pfeffer abschmecken und sofort servieren.

Variante: Wenn Sie Gemüsebrühe anstelle von Geflügelbrühe nehmen, erhalten Sie ein vegetarisches Gericht. Sie können die Shiitakepilze durch Enoki-Pilze ersetzen oder anstelle der Möhren geschälte und entkernte Gurken nehmen.

Nährwert pro Portion

- Kilokalorien 31
- Kohlenhydrate 2 g
- Eiweiß 3 g
- Fett 1 g (keine gesättigten Fettsäuren)

Frühlingssuppe mit Zitrone

In dieser Suppe ergänzen sich saure und süße Aromen zu einer erfrischenden Kombination. Serviert wird sie heiß oder eisgekühlt mit einem Glas Wodka.

Vorbereitung: 15 Minuten
Kochzeit: 20–25 Minuten
Portionen: 4

125 g Kartoffeln, gewürfelt
150 g Zwiebeln, gehackt
2 Stängel Zitronengras (die äußeren, harten Blätter entfernen), fein geschnitten
1 1/4 l Geflügel- oder Gemüsebrühe
50 g Sauerampfer, fein geschnitten
50 g frischer Spinat, fein geschnitten
50 g Frühlingszwiebeln, in feine Ringe geschnitten
1 frische rote Chilischote, entkernt und fein gehackt
2 Knoblauchzehen, gehackt
1–2 EL Zucker oder flüssiger Honig
Salz
3–4 EL Zitronensaft

1. Die Kartoffelwürfel mit den Zwiebeln, dem klein geschnittenen Zitronengras und der Brühe in einem Topf mit schwerem Boden aufkochen. Die Hitzezufuhr verringern und alles bei geschlossenem Deckel 15–20 Minuten köcheln lassen, bis die Kartoffeln gerade gar sind.
2. Sauerampfer, Spinat, Frühlingszwiebeln, Chilischote, Knoblauch, Zucker oder Honig und eine Prise Salz unterrühren. Die Suppe aufkochen und eine Minute kochen lassen.
3. Die Suppe vom Herd nehmen und mit Zitronensaft und Salz abschmecken. Je nach Geschmack kalt oder heiß servieren.

Variante: Wenn Sauerampfer nicht erhältlich ist, eignet sich stattdessen Rauke oder ein anderes aromatisches Blattgemüse wie Brunnenkresse.

Nährwert pro Portion

- Kilokalorien 59
- Kohlenhydrate 10 g
- Eiweiß 4 g
- Fett 1 g (keine gesättigten Fettsäuren)

Deftige Kürbissuppe mit Speck

Kreuzkümmel aromatisiert diese herzhafte herbstliche Suppe aus Kürbis und durchwachsenem Speck.

Vorbereitung: 15 Minuten
Kochzeit: 40 Minuten
Portionen: 4

1 EL Olivenöl
200 g Zwiebeln, in Scheiben geschnitten
1,3 kg Kürbis, geschält, entkernt und gewürfelt
125 g geräucherter, durchwachsener Speck, gewürfelt, Fettschwarte entfernt
1 EL Kreuzkümmel, frisch gemahlen
3/4 l Gemüsebrühe
Salz und schwarzer Pfeffer
Zum Garnieren:
frische Korianderzweige
Zum Servieren:
nach Belieben knusprige Brötchen

1 Öl in einem Topf erhitzen und die Zwiebeln unter Rühren glasig werden lassen. Deckel schließen und bei geringer Hitze 5–10 Minuten weich garen. Gelegentlich umrühren.

2 Kürbis, Speck und Kreuzkümmel zufügen, gut umrühren. Bei geschlossenem Deckel 10 Minuten schmoren lassen, dabei gelegentlich umrühren.

3 Brühe zugeben und die Suppe aufkochen. Hitze wieder verringern und ohne Deckel 20 Minuten köcheln lassen, bis die Kürbiswürfel weich sind.

4 Die Suppe mit dem Pürierstab oder in der Küchenmaschine pürieren. Mit den Gewürzen abschmecken und mit Koriander und schwarzem Pfeffer garnieren. Nach Belieben mit knusprigen Brötchen servieren.

Nährwert pro Portion

- Kilokalorien 90
- Kohlenhydrate 29 g
- Eiweiß 13 g
- Fett 7 g, davon gesättigte Fettsäuren 1 g

Borschtsch mit Koriander und Kreuzkümmel

Rote Bete passt hervorragend zu anderen Gemüsesorten, wie diese Version der klassischen russischen Suppe beweist.

Vorbereitung: 15 Minuten
Kochzeit: 40 Minuten
Portionen: 6

500 g Rote Bete, roh und gewürfelt
1 Stange Bleichsellerie, klein geschnitten
50 g junge frische Champignons, in Scheiben geschnitten
150 g Zwiebeln, gewürfelt
1 kleine, rote oder gelbe Paprika, entkernt und in Streifen geschnitten
175 g Kartoffeln, gewürfelt
2 EL Olivenöl oder Sonnenblumenöl
2 TL Koriandersamen, frisch gemahlen
1 TL Kreuzkümmelsamen
1 1/4 l Gemüsebrühe
1 Prise getrockneter Thymian
Salz und schwarzer Pfeffer
Zum Garnieren:
150 g fettarmer Joghurt und frische Schnittlauchröllchen

1 Rote Bete, Sellerie, Champignons, Zwiebeln, Paprika und Kartoffeln in einem großen Topf mit dem Öl bei großer Hitze unter Rühren erhitzen, bis das Gemüse anfängt zu brutzeln. Den Deckel schließen und das Gemüse bei geringer Hitze etwa 10 Minuten garen lassen.

2 Koriander und Kreuzkümmel unterrühren und 1–2 Minuten köcheln lassen. Gemüsebrühe und Thymian zugeben, aufkochen und 15–20 Minuten bei geringer Hitze köcheln lassen. Gelegentlich umrühren.

3 Mit Salz und Pfeffer abschmecken. Die Suppe auf tiefe Teller verteilen und jede Portion mit Joghurt und Schnittlauch garnieren.

Variante: Sie können eine cremige Suppe zubereiten, wenn Sie einen Teil des Topfinhalts vor dem Abschmecken in der Küchenmaschine oder mit einem Pürierstab pürieren.

Nährwert pro Portion

- Kilokalorien 115
- Kohlenhydrate 16 g
- Eiweiß 4 g
- Fett 5 g, davon gesättigte Fettsäuren 1 g

Brokkoli-Blumenkohl-Suppe mit Käse

Nährwert pro Portion
- Kilokalorien 156
- Kohlenhydrate 15 g
- Eiweiß 15 g
- Fett 5 g, davon gesättigte Fettsäuren 2 g

Diese gehaltvolle Suppe kann nicht nur als Vorspeise, sondern auch als leichtes Mittag- oder Abendessen serviert werden.

Vorbereitung: 10 Minuten
Kochzeit: 25 Minuten
Portionen: 4

250 g Brokkoliröschen
250 g Blumenkohlröschen
1 Schalotte oder 50 g Zwiebeln, gehackt
600 ml Gemüsebrühe
300 ml Magermilch
40 g kleine Nudeln
75 g Appenzeller Käse, halbfett, gerieben
1 EL frischer Schnittlauch, geschnitten
Salz und schwarzer Pfeffer
Zum Garnieren:
1 Prise geriebene Muskatnuss

1 Brokkoli, Blumenkohl, Schalotte oder Zwiebeln und Brühe in einem großen Topf aufkochen. Bei mittlerer Hitze 10 Minuten köcheln lassen oder bis das Gemüse weich ist. In der Küchenmaschine oder mit dem Pürierstab pürieren.

2 Suppe wieder in den Topf geben, Milch und Nudeln hinzugeben. Langsam wieder erhitzen, bis die Suppe kocht, und zugedeckt etwa 10 Minuten köcheln lassen, bis die Nudeln gar sind.

3 Käse und Schnittlauch unterrühren, dabei etwas Schnittlauch zum Garnieren zurückbehalten. Ein paar Minuten garen lassen und dabei gelegentlich umrühren, bis der Käse geschmolzen und die Suppe etwas eingedickt ist. Nicht aufkochen, da der Käse sonst Fäden zieht.

4 Abschmecken und vor dem Servieren mit dem restlichen Schnittlauch und Muskatnuss garnieren.

Variante: Nehmen Sie nur Brokkoli oder nur Blumenkohl – je nach Angebot auf dem Markt.

Tomaten-Brot-Suppe

Nährwert pro Portion

- Kilokalorien 126
- Kohlenhydrate 18 g
- Eiweiß 3 g
- Fett 5 g, davon gesättigte Fettsäuren 1 g

Ihren wundervollen Geschmack verdankt diese Abwandlung eines traditionellen Gerichts italienischer Bauern Knoblauch, Kräutern und Balsamessig.

Vorbereitung: 15 Minuten, und 10 Minuten zum Marinieren
Kochzeit: 25 Minuten
Portionen: 6

2 EL Olivenöl
150 g Zwiebeln, gehackt
1 frische rote Chilischote, entkernt und gehackt
2 Knoblauchzehen, zerdrückt
1 EL frische Thymianblättchen
1 kg Tomaten, geviertelt
600 ml Gemüsebrühe
1 Prise Zucker
125 g Weißbrot vom Vortag, in Würfel geschnitten
2 EL Balsamessig
2 EL frische Basilikumblätter, gehackt
Salz und schwarzer Pfeffer
Zum Garnieren:
frische Basilikumblätter

1 1 EL Olivenöl in einem Topf erhitzen und Zwiebeln, Chilischoten, Knoblauch und Thymian bei geringer Hitze 5 Minuten lang schmoren, bis die Zwiebeln weich sind und eine goldene Farbe angenommen haben.
2 Tomaten, Brühe und Zucker zu den Zwiebeln geben und aufkochen. Deckel schließen, Hitze verringern und 20 Minuten köcheln lassen.
3 Währenddessen die Brotwürfel in eine kleine Schüssel geben und mit Balsamessig, dem restlichen Öl und 4 EL kaltem Wasser übergießen und 10 Minuten stehen lassen.
4 Tomatensuppe mit dem Brot und Basilikum in der Küchenmaschine oder mit einem Pürierstab gleichmäßig fein pürieren.
5 Erneut langsam erhitzen und abschmecken. Die Suppe auf einzelne Portionsteller verteilen und vor dem Servieren mit einigen Basilikumblättern garnieren.

Meeresfrüchtesuppe

Krebse, Muscheln und Garnelen – in Wein gekocht und mit Kräutern fein abgeschmeckt – wecken Erinnerungen an warme Tage am Meer.

Vorbereitung: 30 Minuten
Kochzeit: 20 Minuten
Portionen: 4 als leichtes Mittag- oder Abendessen; 6 als Vorspeise

Nährwert pro Portion, bei 4 Portionen

- Kilokalorien 310
- Kohlenhydrate 13 g
- Eiweiß 36 g
- Fett 11 g, davon gesättigte Fettsäuren 3 g

1 kg frische Miesmuscheln
1 Knoblauchzehe, geschält
1 Stängel frische Petersilie
1 Schalotte, grob gehackt
1 kleiner Zweig frischer Thymian
150 ml trockener Weißwein
300 ml fettarme Milch
30 g Diät-Pflanzencreme (71%)
30 g Mehl, Type 405
500 ml Fischbrühe
1 kleine unbehandelte Zitrone
150 g frisches Krebsfleisch oder aus der Dose, abgetropft
200 g geschälte und gekochte Garnelen, aufgetaut (falls gefroren)
schwarzer Pfeffer
2–3 EL frischer Dill, fein gehackt
60 g Magerjoghurt
Zum Garnieren:
frische Dillstängel und dünne Streifen der Schale einer unbehandelten Zitrone

1 Die Muscheln gut abbürsten, Fäden entfernen und gründlich waschen. Geöffnete Muscheln, die sich beim Antippen nicht schließen, und Muscheln mit zerbrochenen Schalen aussortieren. Die anderen in einen großen Topf geben, Knoblauch, Petersilie, Schalotte, Thymian und Wein hinzugeben und den Deckel auflegen. 6–8 Minuten kochen, bis sich die Muscheln geöffnet haben, dabei den Topf mehrmals schütteln. Die Muscheln nicht zu lange kochen, da sie sonst hart werden.

2 Währenddessen ein grobes Sieb über eine Rührschüssel stellen und mit Küchenpapier auslegen.

3 Die Muscheln in das Sieb schütten und abkühlen lassen. Muschelfleisch aus den Schalen lösen und in einer kleinen Schüssel sammeln. Geschlossene Muscheln aussortieren. Den aufgefangenen Kochsud in einen Messbecher umfüllen und mit der Milch auf 600 ml auffüllen.

4 Die Pflanzencreme in einem großen Topf zerlassen, das Mehl anschwitzen. Nach und nach die Milch-Muschel-Flüssigkeit unterrühren. Fischbrühe zugeben und aufkochen, dabei ständig rühren. Hitze verringern und weitere 5 Minuten köcheln lassen.

5 Inzwischen feine Streifen von der Zitrone abschaben. Die Frucht auspressen. Die Hälfte der Zitronenschalen zum Garnieren beiseite stellen.

6 Das Krebsfleisch in kleine Stückchen zerteilen und zusammen mit Zitronensaft und Zitronenschale, Muscheln und Garnelen in die Suppe geben und 3–4 Minuten erhitzen. Die Suppe darf nicht kochen, da die Meeresfrüchte sonst hart werden. Mit Pfeffer abschmecken (da der Muschelsud schon viel Salz enthält, kann auf zusätzliches Salz verzichtet werden).

7 Dill und Joghurt in die Suppe rühren und auf Portionsteller verteilen. Mit Dillstängeln und der Zitronenschale garnieren. Servieren Sie die Suppe als Auftakt für ein Menü oder mit knusprigem Brot und Salat als leichte Mahlzeit.

MIESMUSCHELN

Scharfe marokkanische Bohnensuppe

Diese sättigende Suppe wird durch Harissa, eine feurige Chilipaste aus Nordafrika, besonders scharf.

Vorbereitung: 10 Minuten
Kochzeit: 45 Minuten
Portionen: 4 als Hauptgericht, 6 als Vorspeise

200 g Cannellini- oder Perlbohnen aus der Dose
400 g Kichererbsen aus der Dose
150 g Zwiebeln, gehackt
150 g Tomaten, geschält und klein geschnitten
2 EL Zitronensaft
1 TL Kreuzkümmel, frisch gemahlen
1 TL Kurkuma
50 g Reisnudeln
2 EL frischer Koriander, gehackt
1–2 TL Harissa
Salz und schwarzer Pfeffer
Zum Garnieren:
frische Korianderstängel

1 Die Bohnen und die Kichererbsen in ein Sieb geben, abspülen und abtropfen lassen. Zusammen mit Zwiebeln, Tomaten, Zitronensaft, Kreuzkümmel und Kurkuma in einen großen Topf geben. 1 3/4 l Wasser zugeben, aufkochen und bei kleiner Hitze 30 Minuten köcheln lassen.

2 Die Reisnudeln in die Suppe einrühren und 5 Minuten mitkochen. Gehackten Koriander und Harissa unterrühren und mit Salz und Pfeffer abschmecken.

3 Die Suppe auf vorgewärmte Portionsteller verteilen und vor dem Servieren mit Korianderstängeln garnieren.

Variante: Ersetzen Sie je nach Geschmack die Cannellini-Bohnen durch grüne Bohnen.

Tipp: Harissa ist in großen Supermärkten erhältlich und kann zum Würzen vieler Gerichte verwendet werden; als Ersatz kommt Tabasco infrage. Cannellini-Bohnen können auch durch kleine weiße Bohnen ersetzt werden.

Nährwert pro Portion, bei 4 Portionen

- Kilokalorien 434
- Kohlenhydrate 83 g
- Eiweiß 16 g
- Fett 5 g, davon gesättigte Fettsäuren 1 g

Feine Brühen

Selbst gemachte Brühe verleihen Gerichten einen herrlichen Geschmack, sodass Butter und Sahne überflüssig sind.
Risotto, Eintöpfe, Gemüsegerichte, asiatische Suppen und unzählige andere Gerichte lassen sich mit Brühe hervorragend verfeinern.

Brühwürfel oder Streuwürze sind zwar eine verlockende Alternative zu selbst gemachten Brühen, vor allem wenn es schnell gehen soll. Doch ihr Geschmack kann sich nicht mit dem einer frischen Brühe messen. Deshalb ist das Einfrieren von selbst gemachter Brühe eine bequeme Lösung, bei der auch der Geschmack erhalten bleibt.

Die Rezepte dieses Buches sind mit den hier aufgeführten Brühen zubereitet. Wenn die Brühe nach dem Kochen kühl gestellt wird, setzt sich auf der Oberfläche eine Fettschicht ab, die ganz einfach abgenommen werden kann, und schon haben Sie eine fettfreie, kalorienarme Brühe erhalten.

Tiefgekühlte Brühewürfel

Mit kleinen Portionen von fertig abgeschmeckter Brühe lassen sich viele Gerichte verfeinern. Gießen Sie die frisch zubereitete Brühe in einen Topf und lassen sie auf etwa die Hälfte einkochen. Füllen Sie die Brühe nach dem Abkühlen und Entfetten in Eiswürfelschalen, die Sie einfrieren, oder füllen Sie die gefrorenen Brühewürfel in Gefrierbeutel um. Dann können Sie bei Bedarf die gewünschte Menge entnehmen.

Geflügelbrühe

Diese herrlich leichte Brühe verstärkt auf ideale Weise den Geschmack von delikaten Suppen und Saucen.

Vorbereitung: 20 Minuten
Kochzeit: 3 Stunden und 30 Minuten
Portionen: Ergibt 2 l

225 g Zwiebeln
1 Hühnchen, etwa 2 kg schwer, in Stücke zerlegt, oder 3 Hühnchenkarkassen, zerkleinert
200 g Möhren, klein geschnitten
3 Stangen Sellerie, klein geschnitten
2 Knoblauchzehen
225 g Tomaten, in Viertel geschnitten
1 kleines Lorbeerblatt
3 frische Petersilienstängel
1 frischer Thymianstängel
$\frac{1}{2}$ l trockener Weißwein
4 schwarze Pfefferkörner

1. Den Strunk aus der Zwiebel herausschneiden und die trockene Schale entfernen. Die inneren braunen Schalen nicht entfernen, da sie der Brühe Farbe geben. Die Zwiebeln klein schneiden.
2. Wenn ein ganzes Hühnchen verwendet wird, das zarte Brustfleisch herauslösen und für andere Gerichte zur Seite legen. Den Bürzel abschneiden und alles Fett aus dem Inneren entfernen. Das Hühnchen in einen großen Topf legen. Zwiebeln, Möhren, Sellerie, Knoblauch, Tomaten, Lorbeerblatt, Petersilie, Thymian, Wein und $3\frac{1}{2}$ l kaltes Wasser zugeben, aufkochen und den Schaum abschöpfen.
3. Sobald die Flüssigkeit kocht, Hitze verringern und die Pfefferkörner hinzugeben. Den Topf verschließen; 3 Stunden unter gelegentlichem Umrühren kochen lassen.
4. Ein Sieb mit einem Mulltuch auslegen. Die Knochen entfernen und die Brühe durch das Sieb gießen, dabei den wolkigen Bodensatz im Topf belassen. Die Flüssigkeit abkühlen lassen und dann die Fettschicht entfernen. Die Brühe kann im Kühlschrank bis zu 3 Tage aufbewahrt werden, wenn sie täglich aufgekocht und wieder kalt gestellt wird.

Fleischbrühe

Beim Braten von Knochen entsteht ein kräftiges Aroma, das Schmorgerichten und Suppen zugute kommt.

Vorbereitung: 10 Minuten
Kochzeit: 4 Stunden
Portionen: Ergibt $1\frac{1}{2}$ l

Knochen von 4 Lammkeulen, zerkleinert
500 g Zwiebeln
250 g Möhren, klein geschnitten
450 g Sellerieknolle, klein geschnitten
1 ganze Knolle Knoblauch, geschält und halbiert
200 g Lauch, klein geschnitten
75 g Champignons, halbiert
250 g frische Tomaten, halbiert
3 frische Petersilienstängel
2 frische Thymianstängel
$\frac{3}{4}$ l trockener Rotwein
4 schwarze Pfefferkörner

1. Den Ofen auf der höchsten Stufe vorheizen. Die Knochen in eine große Bratenpfanne legen und 10 Minuten rösten oder bis sie Farbe annehmen und sich ihr Fett sichtbar in der Bratenpfanne sammelt.

FLEISCHBRÜHE FÜR LAMMEINTOPF, S. 175

GEFLÜGELBRÜHE FÜR PAELLA, S. 220

2 Inzwischen den Strunk aus der Zwiebel herausschneiden und die trockene Schale entfernen. Die inneren braunen Häute nicht entfernen, da sie der Brühe Farbe geben. Die Zwiebeln klein schneiden.
3 Das Fett aus der Bratenpfanne abschöpfen. Möhren, Knollensellerie, Knoblauch, Lauch, Pilze und Zwiebeln zu den Knochen geben. Pfanne 25 Minuten in den Ofen stellen, oder bis das Gemüse eine goldbraune Farbe annimmt. Gelegentlich umrühren, damit es sich gleichmäßig färbt. Nicht anbrennen lassen, sonst wird die Brühe bitter.
4 Die Knochen und das Gemüse in einen großen Topf oder eine feuerfeste Kasserolle legen und das gesamte Fett entfernen. Tomaten, Petersilie, Thymian, Wein und 4 l kaltes Wasser zugeben und aufkochen. Dabei Schaum und Fett von der Oberfläche abschöpfen.
5 Sobald die Flüssigkeit kocht, die Hitze verringern, die Pfefferkörner hinzugeben und im verschlossenen Topf 3 Stunden köcheln lassen, dabei gelegentlich umrühren.
6 Die Flüssigkeit durchseihen und entfetten, wie für Geflügelbrühe in Schritt 4 beschrieben. Die Brühe sofort weiterverwenden oder bis zur Verwendung kalt stellen bzw. einfrieren. Die Brühe kann im Kühlschrank bis zu 4 Tage aufbewahrt werden, wenn er täglich aufgekocht und wieder kalt gestellt wird. In der Tiefkühltruhe kann er bis zu 3 Monate aufbewahrt werden.

Variante: Sie können auch Knochen von Wild oder Schwein verwenden, doch stets nur von einer Tierart.

FISCHBRÜHE FÜR INDISCHE SUPPE MIT MEERESFRÜCHTEN, S. 53

GEMÜSEBRÜHE FÜR KARTOFFELGRATIN, S. 241

Fischbrühe

Die beste Brühe erhält man aus den Gräten von weißfleischigen Fischen wie Butt oder Seezunge.

Vorbereitung: 15 Minuten
Kochzeit: 40 Minuten
Portionen: Ergibt 2 l

2 kg Karkassen von weißfleischigen Fischen
175 g Möhren, klein geschnitten
3 Stangen Sellerie, klein geschnitten
600 g Lauch, nur die weißen Teile, klein geschnitten
1 Lorbeerblatt
3 frische Petersilienstängel
½ l trockener Weißwein
5 schwarze Pfefferkörner

1 Blut von den Karkassen abspülen, zerteilen und in einen großen Topf, eine feuerfeste Kasserolle oder einen Topf mit schwerem Boden legen. Wenn die Köpfe mitgekocht werden sollen, zunächst die Kiemen entfernen und die Köpfe gut waschen. Schwarze Häute entfernen, da sie die Brühe verfärben. Alle Fischreste in den Topf geben.
2 Möhren, Sellerie, Lauch, Lorbeer, Petersilie, Wein und 2 l kaltes Wasser hinzugeben und aufkochen, dabei den grauen Schaum abschöpfen.
3 Sobald die Flüssigkeit kocht, die Hitze verringern, die Pfefferkörner zugeben. Im geschlossenen Topf 30 Minuten köcheln lassen, dabei umrühren.
4 Die Flüssigkeit durchseihen und entfetten, wie für Geflügelbrühe in Schritt 4 beschrieben. Um die Brühe zu klären, noch 1 Stunde stehen lassen und erneut durchseihen. Die Fischbrühe kann im Kühlschrank bis zu 2 Tage und in der Tiefkühltruhe bis zu 2 Monate lang aufbewahrt werden.

Gemüsebrühe

Verwenden Sie diese Brühe für vegetarische Gerichte wie Risotto, Suppe und Schmortöpfe.

Vorbereitung: 20 Minuten
Kochzeit: 2 Stunden 20 Minuten
Portionen: Ergibt 2 l

450 g Möhren, klein geschnitten
700 g Knollensellerie, klein geschnitten
2 Stangen Sellerie, klein geschnitten
1 ganze Knolle Knoblauch, geschält und halbiert
400 g Lauch, nur die weißen Teile, klein geschnitten
75 g Champignons, halbiert
300 g Zwiebeln, klein geschnitten
200 g Tomaten, in Viertel geschnitten
1 Lorbeerblatt
3 frische Petersilienstängel
1 frischer Thymianstängel
1½ l trockener Weißwein
4 schwarze Pfefferkörner

1 Möhren, Knollensellerie, Stangensellerie, Knoblauch, Lauch, Pilze, Zwiebeln, Tomaten, Lorbeerblatt, Petersilie, Thymian, Wein und 2½ l kaltes Wasser in einen großen Topf oder eine feuerfeste Kasserolle geben. Aufkochen und den grauen Schaum von der Oberfläche abschöpfen.
2 Sobald die Flüssigkeit kocht, die Hitze verringern und die Pfefferkörner zugeben. Den Deckel aufsetzen und 2 Stunden köcheln lassen oder bis die Flüssigkeit auf die Hälfte reduziert ist; Fett abschöpfen.
3 Die Flüssigkeit durchseihen, wie für Geflügelbrühe in Schritt 4 beschrieben. Die Brühe kann im Kühlschrank bis zu 4 Tage aufbewahrt werden, in der Tiefkühltruhe bis zu 3 Monate.

Täubchensuppe

Die reichhaltige, nach Wild schmeckende Suppe ergibt eine überraschend delikate Vorspeise oder eine unvergessliche kleine Mahlzeit.

Vorbereitung: 15 Minuten
Kochzeit: 1¼ – 1½ Stunden
Portionen: 4

1 TL Butter
2 junge Tauben (jeweils 225 g), gewaschen und getrocknet
2 große Knoblauchzehen, zerdrückt
2 kleine Selleriestangen, fein geschnitten
200 g Lauch, in dicke Scheiben geschnitten
175 g Kartoffeln, gewürfelt
½ TL Cayennepfeffer
Salz
½ TL Kreuzkümmelsamen
150 ml entrahmte Milch
75 g fettarmer Schmelzkäse
Zum Garnieren:
1 EL fein gehackte Petersilie oder Koriander

1 Die Butter in einem großen Topf mit schwerem Boden bei mittlerer Hitze zerlassen und darin die ganzen Tauben anbraten, bis sie rundum gebräunt sind. Die Tauben wieder herausnehmen.
2 Den Großteil des Fetts abgießen, etwa 2 TL Fett im Topf lassen. Den Knoblauch zugeben und 30 Sekunden anschwitzen. Sellerie, Lauch und Kartoffeln zufügen und unter häufigem Rühren 2–3 Minuten garen. Wasser in kleinem Topf aufkochen.
3 Cayennepfeffer und etwas Salz zum Gemüse geben, dann die Vögel mit der Brust nach unten auf das Gemüse legen. 600 ml kochendes Wasser darüber gießen, nochmals aufkochen und bei niedriger Hitze und geschlossenem Deckel 60–95 Minuten köcheln lassen, bis die Tauben gar sind.
4 Währenddessen eine kleine Bratpfanne mit schwerem Boden bei mittlerer Hitze heiß werden lassen, den Kreuzkümmel hineingeben und die Pfanne vom Herd nehmen. Die Samen 30 Sekunden rösten, bis sie ihr Aroma freigeben, dann im Mörser oder mit einem Holzlöffel grob zerstoßen.
5 Die Tauben mit einem Schaumlöffel aus dem Topf nehmen und die Brühe mit dem Gemüse in der Küchenmaschine oder mit einem Stabmixer pürieren. Sobald das Geflügel abgekühlt ist, die Haut entfernen. Das Fleisch mit einem kleinen Messer auslösen und in kleine Stücke schneiden.
6 Das Fleisch und die pürierte Suppe in einem Topf auf mittlerer Hitze erwärmen. Den zerstoßenen Kreuzkümmel und die Milch zugeben. Die Suppe rühren, bis Blasen aufsteigen. Hitze verringern, den Schmelzkäse zugeben und unter Rühren 1–2 Minuten schmelzen lassen. Die Suppe mit Salz und Pfeffer abschmecken. Vor dem Servieren mit Petersilie oder Koriander garnieren.

Variante: Anstelle der Tauben eignen sich auch Wachteln. Dann reduziert sich die Kochzeit auf 45–50 Minuten.

Tipp: Junge Tauben sind in gut sortierten Supermärkten oder in Geflügel- oder Wildgeschäften erhältlich.

Nährwert pro Portion
- Kilokalorien 120
- Kohlenhydrate 10 g
- Eiweiß 10 g
- Fett 5 g, davon gesättigte Fettsäuren 1 g

Asiatische Suppe mit würzigen Fleischbällchen

Die fernöstliche Küche kennt unzählige aromatische Suppen – wie diese duftende Fleischbrühe zu feinwürzigen Putenfleischbällchen.

Vorbereitung: 15 Minuten
Kochzeit: 10–15 Minuten
Portionen: 4

Für die Fleischbällchen:
250 g Putenfleisch, durch den Fleischwolf gedreht
1 kleines Eiweiß
1 große Knoblauchzehe, zerdrückt
1 TL Ingwer, fein geschnitten
2 Frühlingszwiebeln, fein geschnitten
1 EL dunkle Sojasauce
schwarzer Pfeffer
Für die Suppe:
1 1/4 l leichter Geflügelbrühe oder japanisches Dashi
1 EL dunkle Sojasauce
2 EL trockenen Wermut oder trockenen Sherry
200 g Wirsing
Zum Garnieren:
nach Belieben 1 kleine, frische rote Chilischote, entkernt und in feine Streifen geschnitten

1 Zuerst werden die Fleischbällchen zubereitet: das Putenhackfleisch mit Eiweiß, Knoblauch, Ingwer, Zwiebeln und Sojasauce mischen und mit Pfeffer abschmecken. Um eine feinere Konsistenz der Fleischbällchen zu erzielen, können alle Zutaten auch püriert werden.
2 Hände in kaltes Wasser tauchen und aus der Fleischmasse 20 gleich große Bällchen formen.
3 Für die Suppe Brühe oder Dashi, Sojasauce und Wermut oder Sherry aufkochen. Die Fleischbällchen nacheinander in die Suppe geben, sodass sie nicht aneinander kleben. Suppe aufkochen und 8 Minuten köcheln lassen.
4 Den Wirsing putzen, die Mittelrippen der Blätter entfernen und die Blätter in feine Streifen schneiden. Zur Suppe geben und etwa 3 Minuten köcheln, bis die Wirsingstreifen weich sind.
5 Die Suppe auf vorgewärmte Teller verteilen und vor dem Servieren mit den Chilistreifen garnieren.

Nährwert pro Portion
- Kilokalorien 103
- Kohlenhydrate 3 g
- Eiweiß 19 g
- Fett 1 g (keine gesättigten Fettsäuren)

Hühnereintopf mit Lauch und Mais

Nährwert pro Portion
- Kilokalorien 183
- Kohlenhydrate 16 g
- Eiweiß 25 g
- Fett 3 g (keine gesättigten Fettsäuren)

Würziger Lauch, zartes Hühnchen und deftiger Mais ergänzen sich zu einer herzhaften Suppe mit knackigem Biss, die Jung und Alt schmeckt; und sie lässt sich schnell zubereiten.

Vorbereitung: 15 Minuten, und 5 Minuten zum Abkühlen
Kochzeit: 35 Minuten
Portionen: 4

350 g Hühnerbrustfilet
1 Lorbeerblatt
6 schwarze Pfefferkörner
350 g Mais, aus der Dose oder tiefgefroren und aufgetaut
250 g Lauch, in dünne Scheiben geschnitten
Salz und schwarzer Pfeffer
Zum Servieren:
nach Belieben knuspriges Vollkornbrot

1 Alles sichtbare Fett von der Hühnerbrust entfernen. Fleisch in einen großen Topf legen und 3/4 l Wasser, das Lorbeerblatt und die Pfefferkörner zugeben. Aufkochen und entstehenden Schaum abschöpfen, dann den Deckel schließen und alles etwa 20 Minuten köcheln lassen. 5 Minuten abkühlen lassen.

2 Fleisch aus der Brühe heben und in Scheiben schneiden oder mit zwei Gabeln zerteilen. Die Brühe durchsieben, 150 ml in einer Schüssel oder einem Messbecher abmessen. Die Hälfte vom Mais zugeben und in der Küchenmaschine oder mit einem Pürierstab pürieren. Das Püree in den Topf geben, die restliche Flüssigkeit unterrühren und aufkochen.

3 Den Lauch zugeben und 6–8 Minuten im verschlossenen Topf köcheln lassen, bis das Gemüse weich ist. Das zerteilte Brustfilet und den restlichen Mais in den Eintopf geben und 2–3 Minuten erwärmen, bis der gesamte Eintopf heiß ist. Mit den Gewürzen abschmecken und heiß servieren. Dazu passt knuspriges Vollkornbrot.

Tipp: Zur Verkürzung der Vorbereitungs- und Kochzeit können Sie das Wasser durch Geflügelbrühe ersetzen, um den Geschmack zu verstärken.

LORBEERBLÄTTER

Puten-Kokosnuss-Suppe mit Zitronengras

Nährwert pro Portion
- Kilokalorien 133
- Kohlenhydrate 4 g
- Eiweiß 17 g
- Fett 5 g, davon gesättigte Fettsäuren 4 g

Aus den Knochen und dem Fleisch, das bei einem Putenbraten übrig bleibt, bereiten findige Köche eine exotische Suppe.

Vorbereitung: 20 Minuten
Kochzeit: 45–50 Minuten
Portionen: 4

125 g gekochte Putenbrust ohne Haut
25 g Kokosmilch-Instantpulver
1 frische rote Chilischote
Salz
1 EL Stärkemehl
1 EL frischer Koriander, fein gehackt
Für die Brühe:
Karkassen einer 3 kg schweren Pute
2 TL Koriander, ganz
100 g Möhren, klein geschnitten
1 Selleriestange, fein geschnitten
1 kleine Zimtstange, gebrochen
4 Gewürznelken
1 TL Kreuzkümmelsamen
4 große Knoblauchzehen, geschält und grob gehackt
5 cm Ingwer, geschält und in Scheiben geschnitten
2 Stiele Zitronengras, gewaschen
225 g Zwiebeln, geschält und geviertelt
Zum Garnieren:
nach Belieben 4 kleine frische, rote Chilischoten

1. Zuerst die Brühe zubereiten: Die Truthahnknochen in handliche Stücke zerteilen. Koriander im Mörser zerkleinern. Beides in einen großen Topf geben, 1 1/4 l Wasser und alle anderen Zutaten zugeben. Aufkochen und bei mittlerer Hitze und geschlossenem Deckel 35–40 Minuten köcheln lassen.
2. Die Putenbrust in Stücke schneiden.
3. Die größten Stücke der Karkasse aus der Brühe nehmen und die Brühe durch ein Sieb in einen Messbecher gießen. Ergeben sich im Messbecher weniger als 3/4 l Flüssigkeit, mit Wasser auffüllen.
4. Das Kokosmilchpulver in einen großen Topf geben und die abgemessene Brühe zugeben. Bei mittlerer Hitze erwärmen und dabei gut rühren, damit sich keine Klumpen bilden.
5. Wenn in der Suppe Blasen aufsteigen, Hitze verringern und Putenfleisch und Chilischoten zugeben. Mit Salz abschmecken.
6. Das Stärkemehl mit 1–2 TL kaltem Wasser verrühren, zu der Suppe geben und 2–3 Minuten rühren, bis die Suppe eindickt.
7. Den frischen Koriander zugeben und kurz einrühren. Den Topf vom Herd nehmen. Vor dem Servieren nach Belieben jeden Portionsteller mit einer Chilischote garnieren.

Variante: Anstelle der Putenkarkasse eignen sich auch die Karkassen von zwei großen Hühnchen, die von einem anderen Gericht übrig blieben.

Vorspeisen und Salate

Verschiedene Dips

Dieses Trio aus herzhaft-würzigen Dips stellt einen herrlichen Auftakt für ein ganzes Menü dar. Alle Dips stammen aus Mittelmeerländern und werden kalt mit Knabberstangen, gegrilltem Fladenbrot oder Gemüse zum Dippen serviert.

Marokkanischer Möhrendip

Scharfe, süße Gewürze lassen diesen Dip nach nordafrikanischer Sonne schmecken.

Vorbereitung: 10 Minuten
Kochzeit: 25 Minuten
Portionen: 4–6

- 500 g Möhren, in dicke Scheiben geschnitten
- 1 TL Zimt, gemahlen
- 1 TL Kreuzkümmel, frisch gemahlen
- 2 Knoblauchzehen, zerdrückt
- ½ TL Ingwer, frisch gemahlen
- 1 EL flüssiger Honig
- 1 EL Olivenöl
- 1 TL Paprikapulver
- 3 EL Essig oder Zitronensaft
- Salz und schwarzer Pfeffer

1 Möhren in einen großen Topf geben, mit Wasser bedecken, aufkochen und 20–25 Minuten köcheln lassen, bis sie weich sind. Unter fließend kaltem Wasser abspülen und gut abtropfen lassen.

2 Möhren in eine Schüssel geben und mit einem Kartoffelstampfer gleichmäßig zerstampfen. Zimt, Kreuzkümmel, Knoblauch, Ingwer, Honig, Öl, Paprika, Essig oder Zitronensaft untermischen und gut verrühren. Mit Salz und Pfeffer abschmecken.

Nährwert pro Portion, bei 4 Portionen
- Kilokalorien 79
- Kohlenhydrate 12
- Eiweiß 1 g
- Fett 3 g, davon gesättigte Fettsäuren 1 g

Fava

Dieser traditionelle griechische Dip aus Erbsenmus ist nährstoffreich und sehr sättigend.

Vorbereitung: 10 Minuten, und 10 Minuten kalt stellen
Kochzeit: 50 Minuten
Portionen: 4–6

- 225 g gelbe Erbsen, halbiert und getrocknet
- 75 g Zwiebeln, gehackt
- 1 kleine Knoblauchzehe, zerdrückt
- Saft von ½ Zitrone, nach Belieben mehr oder weniger
- 1 TL Olivenöl
- Salz und schwarzer Pfeffer

Zum Garnieren:
- Paprikapulver

1 Erbsen auslesen und waschen, mit den gehackten Zwiebeln in einen großen Topf geben. Mit Wasser übergießen, bis sie bedeckt sind, aufkochen und bei geringer Hitze 30–45 Minuten köcheln lassen, bis die Erbsen ganz weich sind (die Kochzeit hängt vom Alter der Erbsen ab). Restliches Wasser im Topf abgießen und die Erbsen in eine Schüssel geben.

2 Knoblauch, Zitronensaft und Öl unterrühren, bis eine dicke, gleichmäßige Masse entsteht. Abkühlen lassen, mit Salz und Pfeffer abschmecken und mit Paprikapulver garnieren.

Nährwert pro Portion, bei 4 Portionen
- Kilokalorien 200
- Kohlenhydrate 34 g
- Eiweiß 13 g
- Fett 2 g (keine gesättigten Fettsäuren)

Auberginendip

Geröstete Auberginen geben diesem Gericht, das die Libanesen *moutabal* und die Ägypter *baba ganoush* nennen, seinen milden Geschmack.

Vorbereitung: 15 Minuten, und 10 Minuten kalt stellen
Kochzeit: 15 Minuten
Portionen: 4–6

- 500 g Auberginen
- 1 EL frischer Koriander, gehackt
- 1–2 Knoblauchzehen, zerdrückt
- 1 EL Zitronensaft
- 4–6 EL fettarmer Joghurt
- Salz und schwarzer Pfeffer

Fava

Marokkanischer Möhrendip

1 Den Backofen auf 200 °C (Gas: Stufe 3)vorheizen. Die ganzen Auberginen 15 Minuten rösten, oder bis die Haut Blasen wirft und schwarz wird; nach der Hälfte der Zeit wenden.
2 Auberginen in eine Schüssel legen, mit Klarsichtfolie abdecken und 10 Minuten abkühlen lassen. Die Haut abziehen und das Auberginenfleisch in ein Sieb drücken, um überschüssige Flüssigkeit zu entfernen. Ausgedrücktes Fleisch in eine Rührschüssel geben.
3 Die Auberginen mit einer Gabel oder einem Kartoffelstampfer gleichmäßig zerdrücken. Koriander, Knoblauch, Zitronensaft und Joghurt untermischen und gut verrühren. Mit Salz und Pfeffer abschmecken und nach Belieben noch mehr Knoblauch zugeben.

Nährwert pro Portion, bei 4 Portionen

- Kilokalorien 31
- Kohlenhydrate 3 g
- Eiweiß 2 g
- Fett 1 g, davon gesättigte Fettsäuren 1 g

Auberginendip

Frische Gemüsesülze mit Tomaten und Brunnenkresse

Diese herrliche Vorspeise überrascht mit ihrem intensiven Aroma jeden Gaumen.

Zubereitung: 20 Minuten, und 1 Stunde gelieren lassen
Portionen: 4

400 g Tomaten aus der Dose, klein geschnitten
75 g Gurken, grob gehackt
1 rote Paprikaschote, in Stücke geschnitten
1 Frühlingszwiebel, in Stücke geschnitten
2 EL Sherry-Essig
75 g Brunnenkresse, fein gehackt
Salz und schwarzer Pfeffer
2 Päckchen Gelatinepulver
etwas Olivenöl zum Einstreichen
Zum Garnieren:
ein paar Stängel Brunnenkresse

1 Gemüse mit dem Essig fein pürieren und das Gemisch in eine große Schüssel geben.
2 Brunnenkresse unterrühren (nicht pürieren, sie wird sonst zu weich). Mit Salz und Pfeffer würzen.
3 3 EL Wasser in eine Tasse geben, das Gelatinepulver einstreuen und 5 Minuten quellen lassen. Die Tasse ins heiße Wasserbad stellen, bis die Gelatine klar wird. In das Tomatengemisch rühren, bis eine gleichmäßige, cremige Konsistenz erreicht ist.
4 Vier Förmchen (200 ml) mit Olivenöl ausstreichen, mit dem Tomatengemisch füllen und mindestens 1 Stunde oder bis zum Servieren kühlen.
5 Die Förmchen kurz in heißes Wasser tauchen und auf Portionsteller stürzen. Mit Brunnenkresse garnieren und mit dunklem Brot servieren.

Nährwert pro Portion

- Kilokalorien 135
- Kohlenhydrate 21 g
- Eiweiß 9 g
- Fett 2 g (keine gesättigten Fettsäuren)

Fettspartipp

Gusseiserne Grillpfannen eignen sich hervorragend für die Zubereitung von Auberginen, die in anderen Pfannen das Fett wie ein Schwamm aufsaugen.

Auberginen mit Tomaten-Joghurt-Sauce

Nährwert pro Portion

- Kilokalorien 89
- Kohlenhydrate 6 g
- Eiweiß 3 g
- Fett 6 g, davon gesättigte Fettsäuren 1 g

Joghurt, Tomaten und gerösteter Kreuzkümmel werden in der Türkei zu gegrillten Auberginenscheiben gereicht.

Vorbereitung: 10 Minuten
Kochzeit: 15 Minuten, und Zeit zum Abkühlen
Portionen: 4

600 g Auberginen
2 EL Olivenöl
2 TL Kreuzkümmelsamen
100 g Tomaten aus der Dose, in Stücken
100 g fettarmer Joghurt
Salz und schwarzer Pfeffer
Zum Garnieren:
frische Korianderstängel

1 Eine gusseiserne Grillpfanne auf mittlerer Hitze heiß werden lassen. Auberginen quer in 12 dicke Scheiben schneiden, die Endstücke nicht verwenden. Die Scheiben von beiden Seiten mit etwas Öl einreiben und auf jeder Seite 3–4 Minuten weich braten. Die Auberginen können auch unter dem Grill gegart werden.

2 Auberginenscheiben zum Abkühlen beiseite legen, sie schmecken bei Raumtemperatur am besten.

3 Währenddessen eine kleine beschichtete Bratpfanne auf großer Hitze heiß werden lassen. Die Kreuzkümmelsamen ein paar Sekunden lang ohne Fett oder Öl rösten, oder bis sie dunkelbraun werden. Sofort aus der Pfanne nehmen. Sobald sie abgekühlt sind, mit einer Gewürzmühle oder im Mörser fein zerstoßen.

4 Tomaten in einen Topf geben und bei mittlerer Hitze 3–4 Minuten kochen, dabei gelegentlich umrühren, bis sie gleichmäßig eingedickt sind. Zum Abkühlen beiseite stellen.

5 Sobald die Tomaten abgekühlt sind, die frisch gemahlenen Gewürze und den Joghurt unterrühren und abschmecken. Wenn noch Zeit ist, Sauce kurz in den Kühlschrank stellen.

6 Jeweils drei Scheiben der gegrillten Auberginenscheiben auf einem Teller anrichten und etwas von der Tomaten-Joghurt-Sauce zugeben. Vor dem Servieren mit frischen Korianderstängeln garnieren.

Pilz-Heidelbeer-Ragout auf Reisnudeln

Nährwert pro Portion
- Kilokalorien 177
- Kohlenhydrate 30 g
- Eiweiß 4 g
- Fett 2 g (keine gesättigten Fettsäuren)

Diese asiatisch inspirierte Vorspeise vereint das zarte Pilzaroma mit erfrischend saftigen Waldfrüchten. Auf einem Bett aus milden Reisnudeln serviert, schmeckt es nicht nur Freunden der fernöstlichen Küche.

Vorbereitung: 20 Minuten, einschließlich Einweichen
Kochzeit: 30 Minuten
Portionen: 6

10 g Steinpilze, getrocknet
150 g braune Champignons
150 g Austernseitlinge
150 g Shiitakepilze
2 EL Olivenöl
4 große Knoblauchzehen, in feine Scheiben geschnitten
1 EL Ingwer, in feine Scheiben geschnitten
6 Frühlingszwiebeln, diagonal in Scheiben geschnitten
350 ml Geflügel- oder Gemüsebrühe
2 EL Sojasauce
200 g dünne Reisnudeln
100 g Heidelbeeren, frisch oder aufgetaut

1 Die Steinpilze gründlich waschen und in einer Tasse heißem Wasser 20 Minuten einweichen. Abgießen und die Einweichflüssigkeit aufbewahren. Pilze abspülen, zum Trocknen auf Küchenpapier legen und in feine Scheiben schneiden.
2 Währenddessen die Champignons und die Austernseitlinge in feine Scheiben schneiden. Die Stiele der Shiitakepilze abschneiden und Shiitakepilze ebenfalls klein schneiden. Alle Pilze beiseite stellen.
3 Öl in einem Wok oder in einer Pfanne mit schwerem Boden erhitzen. Knoblauch, Ingwer und Frühlingszwiebeln hineingeben und 4–5 Minuten unter ständigem Rühren braten, bis der Knoblauch leicht gebräunt ist. Alle Pilze zugeben und weitere 2–3 Minuten braten.
4 Die Einweichflüssigkeit mit der Brühe auf 400 ml auffüllen und mit der Sojasauce zu den Pilzen geben. Aufkochen und bei verringerter Hitze 20 Minuten garen lassen, dabei gelegentlich umrühren.
5 Wasser zum Kochen aufsetzen. Reisnudeln nach den Anweisungen auf der Packung zubereiten.
6 Heidelbeeren zu den Pilzen geben und bei starker Hitze 2–3 Minuten köcheln lassen, bis die Flüssigkeit leicht eindickt und die Heidelbeeren heiß sind.
7 Nudeln abgießen, zu den Pilzen und Heidelbeeren in den Wok oder die Pfanne geben und mischen. Auf sechs Schalen verteilen und heiß servieren.

Variante: Sie können die Heidelbeeren auch durch Brombeeren, Preiselbeeren oder Himbeeren ersetzen.

Tipp: Die einfach zuzubereitenden dünnen Reisnudeln gibt es in vielen Supermärkten oder in asiatischen Spezialitätenläden.

Gerösteter Spargel mit karamellisiertem Schalottendressing

Nährwert pro Portion
- Kilokalorien 61
- Kohlenhydrate 3 g
- Eiweiß 3 g
- Fett 4 g, davon gesättigte Fettsäuren 1 g

Nutzen Sie die kurze Spargelsaison im Frühsommer, um in Spargel zu schwelgen. Gerösteter Spargel ist fettärmer als gekochter Spargel, der oft mit viel Butter oder fetten Saucen serviert wird.

Vorbereitung: 10 Minuten, und 2–3 Stunden kalt stellen, falls gewünscht
Kochzeit: 20 Minuten
Portionen: 4

500 g grüner Spargel, holzige Enden entfernt
4 TL Olivenöl
6 große Knoblauchzehen
4 Schalotten
3 EL Balsamessig
Salz und schwarzer Pfeffer
1 EL frische Kräuter, gehackt, z. B. Thymian, Salbei und Rosmarin oder nur Thymian

1 Den Backofen auf 230 °C (Gas: Stufe 5) vorheizen.
2 Den Spargel in eine feuerfeste Auflaufform legen, mit 2 TL Öl beträufeln und mit den Fingern die Stangen gut einreiben, bis sie rundum mit Öl bedeckt sind. Den Spargel je nach der Dicke der Stangen 15–20 Minuten backen, bis die Stangen weich werden und leicht gebräunt sind.
3 Währenddessen den Knoblauch und die Schalotten schälen und vierteln. Das restliche Öl in einem Wok oder einer Pfanne mit schwerem Boden erhitzen, Knoblauch und Schalotten zugeben und bei großer Hitze unter ständigem Rühren 5–7 Minuten goldbraun braten.
4 Die Hitze verringern, 4 EL Wasser hinzugeben und bei geschlossenem Deckel 10–15 Minuten schmoren lassen, bis Knoblauch und Schalotten weich sind. Auf großer Hitze weiterkochen, bis das meiste Wasser verdunstet ist.
5 Essig zugeben und aufkochen, dann das Dressing über den heißen Spargel gießen. Mit Salz und Pfeffer abschmecken und mit den Kräutern bestreuen. Sofort heiß servieren oder auf Zimmertemperatur abkühlen lassen, damit sich die Aromen entwickeln können, und kalt servieren.

Variante: Sie können den Spargel auch auf dem Grill zubereiten, dann bekommt das Gericht einen rauchigen Geschmack. Reiben Sie den Spargel mit 2 TL Öl ein und legen Sie die Spargelstangen auf den Rost dicht über die Holzkohle. Mit einer Grillzange mindestens einmal wenden und grillen, bis sie weich werden und leicht gebräunt sind.
Serviervorschlag: Dazu passt geröstetes Brot.

Beschwipste Kastanien-Champignon-Terrine

Nährwert pro Portion, bei 8 Portionen

- Kilokalorien 234
- Kohlenhydrate 38 g
- Eiweiß 6 g
- Fett 4 g, davon gesättigte Fettsäuren 1 g

Diese herbstliche Spezialität kann auch als kalte Hauptmahlzeit serviert werden.

Vorbereitung: 20 Minuten
Kochzeit: 55 Minuten
Portionen: 8–10

1 EL Olivenöl und Olivenöl zum Einstreichen
2–4 Knoblauchzehen, zerdrückt
175 g Champignons, in Scheiben geschnitten
175 g rote Zwiebeln, in feine Ringe geschnitten
6 EL Weinbrand
8 ganze Esskastanien, ungesüßt, aus der Dose
1 Ei, geschlagen
125 g Vollkornpaniermehl
400 g Kastanienpüree aus der Dose, ungesüßt
Saft und geriebene Schale von 1 Orange
1 EL frische Petersilie, gehackt
1 EL frischer Thymian, gehackt
Salz und schwarzer Pfeffer
Zum Garnieren:
frischer, gehackter Koriander oder Basilikum
Zum Servieren:
verschiedene Salatblätter

1 Den Backofen auf 180 °C vorheizen (Gas: Stufe 3). Eine Kastenform (1 kg) mit Öl einstreichen.
2 Das Olivenöl bei mittlerer Hitze in einem großen Topf erhitzen und Knoblauch, Champignons und Zwiebeln 7–8 Minuten unter Rühren anschwitzen, bis sie weich und leicht gebräunt sind.
3 Den Weinbrand zugeben und alles 1–2 Minuten einkochen. Topf vom Herd nehmen und etwa 3 Minuten abkühlen lassen.
4 Kastanien in Stücke brechen und mit Ei, Paniermehl, Kastanienpüree, Orangenschale und Orangensaft, Petersilie und Thymian unter das Pilz-Zwiebel-Gemisch rühren, dabei mit einem Kochlöffel das Kastanienpüree zerdrücken. Mit Salz und Pfeffer abschmecken.
5 Wenn das Gemisch so gleichmäßig wie möglich verrührt ist, in die geölte Kastenform füllen, die Oberfläche glatt streichen und 45 Minuten im Ofen backen, bis sich eine braune Kruste bildet.
6 Die Terrine in der Form abkühlen lassen, auf eine Platte stürzen und in gleichmäßige Scheiben schneiden. Etwas gehackten Koriander oder Basilikum darüber streuen und mit den gemischten Salatblättern servieren.

Fettspartipp
Kastanien haben nicht nur einen intensiven Geschmack, sondern enthalten wesentlich weniger Fett als Nüsse, die oft in Pasteten verwendet werden.

Hühnerbrustroulade mit rotem Zwiebelkompott

Die Süße der Fruchtfüllung und des Zwiebelkompotts wird von den herben Salatblättern ausgeglichen. Dieses Gericht kann schon am Vortag zubereitet werden.

Vorbereitung: 30 Minuten
Kochzeit: 1 Stunde, und 3–4 Stunden (oder über Nacht) kalt stellen
Portionen: 4

1 süßer Apfel, geschält und grob gerieben
75 g Backpflaumen, entkernt und in Stücke geschnitten
2 Hühnerbrustfilets, jeweils 175 g
1 Prise Muskatnuss, frisch gemahlen
Salz und schwarzer Pfeffer
Für das Zwiebelkompott:
1 TL Olivenöl
250 g rote Zwiebeln, in feine Ringe geschnitten
150 ml Geflügelbrühe
2 EL Balsamessig
Zum Servieren:
gemischter Salat, beispielsweise Lollo rosso, Eichblattsalat, Rucola und Endivien

1 Für das Zwiebelkompott Öl in einem Topf erhitzen, Zwiebeln zugeben und bei mittlerer Hitze 2–3 Minuten anbraten. Brühe und Essig zugeben und bei verringerter Hitze 30–45 Minuten garen lassen, dabei häufig umrühren. Die Zwiebeln müssen ganz weich werden und die Flüssigkeit sollte eine sirupartige Konsistenz bekommen. Den Topf vom Herd nehmen, Zwiebelkompott abkühlen lassen und bedeckt in den Kühlschrank stellen.

2 Währenddessen geriebenen Apfel und Pflaumen in einer Schüssel gut verrühren und beiseite stellen.

3 Jedes Hühnerbrustfilet zwischen zwei große Lagen Klarsichtfolie legen und mit einem Fleischklopfer oder einem Nudelholz ganz flach klopfen. Die Filets mit der Innenseite nach oben auf eine Platte legen. Die weißen Sehnen entfernen, die Filets in die Form von zwei Rechtecken (etwa 15 x 20 cm) zurechtschneiden, das überzählige Fleisch aufbewahren.

4 Wasser zum Kochen bringen. Die Fleischreste klein schneiden und in das Apfel-Pflaumen-Gemisch rühren. Die Füllung und die Brustfilets pikant mit Muskat, Salz und Pfeffer würzen.

5 Die Füllung an den Schmalseiten der Brustfilet-Rechtecke entlang verteilen und die Rechtecke aufrollen.

6 Ein Brustfilet an das Ende eines großen Stücks fester Aluminiumfolie legen (ersatzweise dünne Folie doppelt nehmen) und aufrollen, sodass das Fleisch fest von mehreren Folienschichten umwickelt ist. Die Enden der Folie gut zusammendrücken und die Rolle mehrfach hin- und herrollen, bis eine gleichmäßige wurstförmige Roulade entstanden ist. Die überstehenden Enden der Folie beim Rollen verdrehen und gut verschließen. Das andere Brustfilet auf die gleiche Weise einwickeln.

7 Die Filetrollen nebeneinander in einen kleinen Topf legen und mit kochendem Wasser übergießen. Aufkochen und bei kleiner Hitze mit geschlossenem Deckel 10–15 Minuten gar ziehen lassen. Die Rouladen sind gar, wenn sich ein in die Mitte gestochener Spieß auf dem Handrücken heiß anfühlt.

8 Die Rouladen auf einen Teller legen und eingewickelt abkühlen lassen und 3–4 Stunden oder über Nacht in den Kühlschrank stellen, damit sich die Aromen entwickeln.

9 Vor dem Servieren die Roulade aus der Folie nehmen und in Scheiben schneiden. Die Salatblätter auf den Tellern anrichten, einen Löffel des Zwiebelkompotts darauf geben und die Rouladenscheiben daneben legen.

Nährwert pro Portion

- Kilokalorien 190
- Kohlenhydrate 17 g
- Eiweiß 26 g
- Fett 2 g (keine gesättigten Fettsäuren)

ROTE ZWIEBELN

Vorspeisen

Wantans mit Garnelen

Diese einfach zuzubereitenden Teigtaschen eröffnen perfekt ein asiatisches Menü.

Vorbereitung: 30 Minuten
Kochzeit: 5 Minuten
Portionen: 4

200 g Schwänze von Riesengarnelen
½ EL Bambussprossen, klein geschnitten
1 Knoblauchzehe, zerdrückt
½ TL Ingwer, fein gehackt
1 EL Mirin oder trockener Sherry
1 EL Sojasauce
3 Frühlingszwiebeln, fein geschnitten
24 Wantan-Teigblätter
etwas Öl zum Einstreichen des Topfs, wenn gewünscht
Zum Servieren:
küchenfertige Chilisauce und Sojasauce

1 Die Garnelen schälen, mit einem scharfen Messer die Schwänze auf dem Rücken einritzen und den schwarzen Darm entfernen. Die Garnelenschwänze waschen und mit Küchenpapier trockentupfen. Mit einem sehr scharfen Messer in kleine Stücke schneiden.

2 Bambussprossen, Knoblauch, Ingwer, Mirin oder Sherry, Sojasauce und Frühlingszwiebeln verrühren. Die Garnelen darin marinieren.

3 Sechs Wantan-Teigblätter auf einer bemehlten Fläche ausbreiten. 1 TL der Füllung in die Mitte jedes Teigblatts setzen. Jeweils zwei gegenüberliegende Ecken eines Blattes mit Wasser einstreichen und das Blatt über der Füllung zu einem Dreieck zusammenklappen. Alle Ecken fest zusammendrücken. Mit allen anderen Teigblättern ebenso verfahren.

4 Wenn ein metallener Dämpfeinsatz und kein Bambusdämpfkorb verwendet wird, sollte der Einsatz mit Öl eingestrichen werden. Die Wantans einlagig im Topf anordnen und etwa 5 Minuten dämpfen. Passen nicht alle Teigtäschchen auf einmal in den Topf, dann müssen sie nacheinander gegart werden.

5 Heiß servieren. Die Chilisauce und die Sojasauce als Dip getrennt dazureichen.

Tipp: Mirin und Wantan-Teigblätter sind in asiatischen Spezialitätenläden erhältlich. Wenn Sie gefrorene Wantan-Blätter benutzen, müssen Sie diese sofort nach dem Auftauen verarbeiten, da die aufgetauten Teigblätter sehr schnell austrocknen.

Nährwert pro Portion
- Kilokalorien 79
- Kohlenhydrate 7 g
- Eiweiß 10 g
- Fett 1 g (keine gesättigten Fettsäuren)

Gegrillte exotische Forellenfilets

Die scharf gewürzten Fischfilets eignen sich gut als Auftakt zu einem herzhaften Menü.

Vorbereitung: 15 Minuten, und 30 Minuten Marinierzeit
Kochzeit: 5 Minuten
Portionen: 4

4 Forellenfilets, jeweils 125 g
Für die Marinade:
1 TL Tamarindenkonzentrat oder -mark
½–1 TL Cayennepfeffer
1 EL frischer Koriander, gehackt
½ TL Koriandersamen, frisch gemahlen
½ TL Kreuzkümmel, frisch gemahlen
3 große Knoblauchzehen, zerdrückt
Salz
Zum Garnieren:
frische Korianderstängel, 1 Zitrone
Zum Servieren:
Salatblätter und Tomaten

1 Die Forellenfilets nebeneinander mit der Hautseite nach unten in eine flache Glas- oder Porzellanschale legen.
2 Für die Marinade Tamarindenkonzentrat mit 2 EL heißem Wasser in einer Tasse verrühren. Wenn sich das Konzentrat nicht vollständig auflöst, das Gefäß in ein heißes Wasserbad stellen und in der Tasse rühren, bis alles aufgelöst ist. Abkühlen lassen.
3 Cayennepfeffer, gehackten und frisch gemahlenen Koriander, Kreuzkümmel und Knoblauch zur Tamarindenlösung geben, mit Salz abschmecken und über den Fisch gießen. Die Marinade mit der Unterseite eines Löffels gleichmäßig über alle Fischfilets verstreichen, sodass diese vollständig damit bedeckt sind. 30 Minuten marinieren lassen.
4 Den Grill auf höchster Stufe vorheizen. Grillpfanne mit Aluminiumfolie auslegen und die Folie mit etwas Öl einstreichen. Den Fisch auf die Folie legen und etwa 5 Minuten grillen, bis sich der Fisch leicht zerteilen lässt.
5 Die Filets auf vorgewärmte Teller legen und mit frischen Korianderstängeln und Zitronenvierteln garnieren. Mit gemischten Salatblättern und Tomatenvierteln servieren.

Tipp: Tamarinde ist eine saure, tropische Frucht, die als Flüssigkonzentrat in Flaschen oder als Mark in gut sortierten Supermärkten und asiatischen Spezialitätenläden verkauft wird. Wenn Sie keine Tamarinde bekommen können, verrühren Sie alle anderen Gewürze mit 1 EL Zitronensaft und 1 EL Wasser.

Nährwert pro Portion

- Kilokalorien 188
- Kohlenhydrate 1 g
- Eiweiß 27 g
- Fett 8 g, davon gesättigte Fettsäuren 1 g

Spinatpuffer auf indische Art

Nährwert pro Portion
- Kilokalorien 158
- Kohlenhydrate 24 g
- Eiweiß 7 g
- Fett 5 g, davon gesättigte Fettsäuren 1 g

Diese Spinatpuffer werden gegrillt – damit der Fettgehalt niedrig bleibt und sich das Aroma der Gewürze optimal entfaltet.

Vorbereitung: 25 Minuten, und 2–3 Stunden zum Einweichen
Kochzeit: 25 Minuten
Portionen: 8

225 g halbe, gelbe Linsen, getrocknet (channa dal)
5 cm einer Zimtstange, in mehrere Stücke zerbrochen
4 Gewürznelken
2 TL Koriandersamen
2 TL Kreuzkümmelsamen
½ TL schwarze Pfefferkörner
3 große Knoblauchzehen, zerdrückt
2 TL geriebener Ingwer
250 g frischer Spinat
2 EL frischer Koriander, grob gehackt
1–2 grüne Chilischoten, entkernt
1 Ei
Salz
50 g Zwiebeln, grob gehackt
1 EL Sonnenblumenöl
etwas Öl zum Einfetten
Zum Garnieren:
frische Minzestängel
Zum Servieren:
8 kleine Fladenbrote, gegrillt

1 Die Linsen mehrmals waschen, mit viel kaltem Wasser übergießen und 2–3 Stunden einweichen.
2 Eine kleine Pfanne mit schwerem Boden über mittlerer Hitze heiß werden lassen. Zimt, Nelken, Koriander, Kreuzkümmelsamen und Pfefferkörner eine Minute ohne Zugabe von Fett oder Öl rösten oder bis sie ihre Aromen freigeben. Die Gewürze auf einen Teller geben, damit sie nicht noch weitergaren, und abkühlen lassen.
3 Die Linsen abgießen und mit Knoblauch, Ingwer und Spinat in einen Topf geben. Alles bei mittlerer Hitze unter Rühren 1–2 Minuten braten, bis der Spinat zusammenfällt. Die Hitzezufuhr verringern und bei geschlossenem Deckel 10–12 Minuten garen lassen, dabei gelegentlich rühren, bis die gesamte Flüssigkeit verschwunden ist. Gegen Ende der Kochzeit den Deckel abnehmen, damit die restliche Flüssigkeit völlig verdampfen kann.
4 Währenddessen die gerösteten Gewürze mit einer Gewürzmühle oder im Mörser fein zerstoßen und in eine Küchenmaschine geben. Linsen-Spinat-Gemisch, frischen Koriander, Pfefferschoten, Ei und nach Belieben Salz hinzugeben und gut verrühren. Dann Zwiebeln zufügen und nur noch kurz weiterrühren – die Zwiebeln sollen nur verteilt und nicht püriert werden.
5 Den Grill auf höchster Stufe vorheizen. Die Gemüsemasse in 16 gleich große Bällchen aufteilen, die zu runden, flachen Puffern von etwa 5 cm Durchmesser geformt werden.
6 Die Grillpfanne mit Aluminiumfolie auslegen und mit wenig Öl einstreichen. Die Puffer auf die Folie legen und mit wenig Öl dünn bestreichen. Nach 4 Minuten Grillzeit wenden, mit dem restlichen Öl bestreichen und nochmals 3–4 Minuten grillen, bis sie braun und knusprig sind. Jeweils zwei Puffer auf ein gegrilltes Fladenbrot legen und vor dem Servieren mit einem Minzezweig garnieren.

Variante: Statt der gelben Linsen können Sie gelbe Erbsen nehmen. Zu den Puffern passt hervorragend Raita (Rezept S. 192).

Kurz gebratene Taubenbrust mit Heidelbeeren

Nährwert pro Portion
- Kilokalorien 269
- Kohlenhydrate 4 g
- Eiweiß 27 g
- Fett 16 g, davon gesättigte Fettsäuren 1 g

Köstliche Taubenbrustfilets und heiße, saftige Heidelbeeren werden auf einem Bett aus verschiedenen Salaten mit einer fruchtigen Sauce serviert.

Vorbereitung: 10 Minuten
Kochzeit: 3 Minuten, und 5 Minuten ruhen lassen
Portionen: 4

1 ½ EL Olivenöl
8 Taubenbrustfilets
175 g Heidelbeeren, frische Früchte oder aufgetaute Tiefkühlware
150 g gemischte Salatblätter
2 EL frische Kräuter, gehackt; z. B. Basilikum, Schnittlauch und Petersilie
Für das Dressing:
1 ½ EL kaltgepresstes Olivenöl
1 EL Himbeeressig oder anderer Obstessig
1 TL Zitronensaft
1 TL körniger Senf
Salz und schwarzer Pfeffer

1 Das Öl in einer Bratpfanne erhitzen, die Brustfilets hineinlegen und bei mittlerer Hitze von jeder Seite 1 Minute kurz anbraten. Fleisch aus der Pfanne nehmen, warm stellen und 5 Minuten ruhen lassen. Den Fleischsaft in der Pfanne lassen.

2 Alle Zutaten für das Dressing in einer kleinen Schüssel gut verrühren und beiseite stellen.

3 Bratpfanne wieder erhitzen, die Heidelbeeren hineingeben und 30 Sekunden garen. Den Saft aus der Pfanne durch ein engmaschiges Nylonsieb in das Dressing gießen. Die Früchte im Sieb lassen, das Dressing abschmecken.

4 Salatblätter und Kräuter in eine Schüssel geben und 2 EL Dressing gut untermischen. Den Salat auf vier Teller verteilen.

5 Die Brustfilets längs halbieren und vier Scheiben auf jeden Salat legen. Die Heidelbeeren mit einem Schaumlöffel aus dem Sieb heben und um den Salat verteilen. Das restliche Dressing über die Teller verteilen.

Variante: Statt der Taubenbrustfilets können vier Entenbrustfilets ohne Haut gebraten werden, die vor dem Servieren quer halbiert werden.

Herzhafte Wintersalate

Wenn es draußen ungemütlich und kalt ist, hat man oft ein gesteigertes Verlangen nach nahrhaften warmen Gerichten. Doch wer nicht aufpasst, hat auf diese Art und Weise schnell ein paar überflüssige Pfunde zugelegt. Probieren Sie stattdessen lieber diese leckeren Wintersalate aus rohen oder kurz gegarten Zutaten, die angenehm sättigend, aber dennoch leicht und damit gut für die schlanke Linie sind.

Wurzel- und Kohlgemüse haben ihre Saison in den kältesten Monaten des Jahres und schmecken als knackige Salate mit Biss besonders gut zu deftigen Eintöpfen und Braten. Sogar der oft verschmähte Rosenkohl wird als fruchtiger Rosenkohlsalat viele neue Freunde finden; genießen Sie diesen fettarmen Salat beispielsweise zu Truthahn oder anderem Geflügel.

Bei manchen Salaten unterstreichen duftende asiatische Zutaten und Gewürze den Eigengeschmack der auf den Punkt gegarten Gemüse. Übrigens können Sie sowohl den vielseitigen chinesischen Ratatouille-Salat als auch den grünen Gemüsesalat mit Ingwer und Knoblauch ebenso gut heiß genießen.

Fettarmes Kräuterdressing

175 g Magerjoghurt, 1 EL Estragonessig, 1 gehackte Frühlingszwiebel, 1/2 EL gehackten Schnittlauch und 2 EL Petersilien-, Basilikum- oder Korianderblätter zu einer gleichmäßigen Sauce verrühren, am besten im Mixer oder mit dem Handrührgerät. Nach Belieben mit Salz und Pfeffer abschmecken. Im Kühlschrank ist das Dressing 2–3 Tage haltbar. Sie können den Estragonessig auch durch Balsamessig oder anderen Kräuteressig und ein Drittel des Magerjoghurts durch Magerquark ersetzen.

Fruchtiger Rosenkohlsalat

Der knackige Rohkostteller liefert viele Vitamine, die der Körper gerade in der kalten Jahreszeit dringend braucht.

Zubereitung: 25 Minuten
Portionen: 4

225 g Rosenkohl
1 Tafelapfel
125 g Möhren, gerieben
3 Stangen Sellerie, gehackt
2 EL frischer Koriander, gehackt
125 g Datteln, entkernt und gehackt
Für das Dressing:
1 EL saure Sahne
2 EL kalorienreduzierte Mayonnaise
2 TL Olivenöl
geriebene Schale und Saft von 1 Orange
2 TL Weißweinessig
Salz und schwarzer Pfeffer

1 Für das Dressing saure Sahne, Mayonnaise, Öl, Orangenschale, -saft und Essig verrühren und abschmecken.
2 Vom Rosenkohl die äußeren Blätter und Stängelansätze entfernen, die Röschen fein hobeln und in eine große Schüssel geben. Den Apfel mit der Schale vierteln und das Kernhaus entfernen. In kleine Stückchen schneiden und zusammen mit Möhren und Sellerie zum Rosenkohl geben.
3 Den Salat mit einem Teil der Sauce anmachen. Den Koriander und die Datteln darüber streuen und das restliche Dressing zum Nachwürzen auf den Tisch stellen.

Nährwert pro Portion
- Kilokalorien 125
- Kohlenhydrate 18 g
- Eiweiß 3 g
- Fett 5 g, davon gesättigte Fettsäuren 1 g

CHINESISCHER RATATOUILLE-SALAT

Chinesischer Ratatouille-Salat

Typische Ratatouille-Gemüse werden mit asiatischen Saucen zum pikanten Salat.

Vorbereitung: 25 Minuten, und 20 Minuten ziehen lassen
Kochzeit: 8 Minuten
Portionen: 2 als Hauptgericht oder 4 als Beilage

125 g Zucchini
125 g Aubergine
125 g kleine Champignons, Austernpilze oder Shiitakepilze
125 g Tomaten, geschält, entkernt und fein gewürfelt
125 g Wasserkastanien aus der Dose, abgetropft und in Scheiben geschnitten
Für das Dressing:
1 EL Schwarze-Bohnen-Sauce
1 EL Hoisin-Sauce
2 EL trockener Sherry
ein paar Tropfen Tabascosauce
1 TL Rot- oder Weißweinessig

1 Wasser in einem Kessel zum Kochen bringen. Alle Zutaten für das Dressing in einer kleinen Schüssel gut verrühren und beiseite stellen.
2 Den Grill auf hoher Stufe vorheizen. Zucchini der Länge nach halbieren und in 2 cm breite Stücke schneiden.

FRUCHTIGER ROSENKOHLSALAT

WÜRZIGER MÖHREN-WEISSKOHL-SALAT

GRÜNER GEMÜSESALAT MIT KNOBLAUCH

Mit dem kochenden Wasser übergießen und 2 Minuten blanchieren, dann abgießen und mit viel kaltem Wasser abbrausen. Auf Küchenpapier trocknen lassen.

3 Die Aubergine in 1 cm dicke Scheiben schneiden, diese auf ein Backblech legen und beidseitig etwa 3 Minuten grillen, bis sie weich sind. Abkühlen lassen und in Viertel schneiden.

4 Die Pilze 5 Minuten grillen, dabei gelegentlich wenden. Zum Abkühlen beiseite stellen.

5 Das gegarte Gemüse in eine Servierschüssel geben und Tomaten und Wasserkastanien zufügen. Das Dressing darüber gießen, gut mischen und 20 Minuten zum Marinieren beiseite stellen, jedoch nicht in den Kühlschrank.

6 Das Gemüse wird als Salat serviert. Soll es als Beilage auf den Tisch kommen, wird der angemachte Salat im heißen Wok bzw. in einer beschichteten Pfanne bei großer Hitze unter ständigem Rühren 5–8 Minuten gebraten und heiß zu gebratenen Fisch-, Fleisch- oder Geflügelgerichten oder aber mit Reis als vegetarisches Hauptgericht serviert.

Nährwert pro Portion, bei 2 Portionen

- Kilokalorien 113
- Kohlenhydrate 19 g
- Eiweiß 4 g
- Fett 1 g (keine gesättigten Fettsäuren)

Würziger Möhren-Weißkohl-Salat

Ein Joghurtdressing mit Minze und Chili bringt Pep an die beiden typischen Wintergemüse.

Zubereitung: 15 Minuten
Portionen: 4

125 g Weißkohl oder Spitzkohl, fein gehobelt
125 g Möhren, geraspelt
Für das Dressing:
125 g fettarmer Joghurt
1 EL rote Zwiebel, fein gehackt
1 grüne Chilischote, falls gewünscht, entkernt und fein gehackt
2 EL frischer Koriander, fein gehackt
1 TL Minzsauce aus der Flasche oder 1 TL fein gehackte, frische Minze, verrührt mit 1 TL Weißweinessig
1 Prise Salz
½ TL Zucker
Zum Garnieren:
½ TL Kreuzkümmel, gemahlen, und ½ TL Paprikapulver

1 Den Weißkohl und die Möhren in eine große Schüssel geben.

2 Alle Zutaten für das Dressing mischen und mit einer Gabel zu einer gleichmäßigen Sauce schlagen.

3 Das Dressing über Kohl und Möhren gießen, gut umrühren und vor dem Servieren mit Kreuzkümmel und Paprikapulver bestreuen.

Nährwert pro Portion

- Kilokalorien 38
- Kohlenhydrate 7 g
- Eiweiß 2 g
- Kein Fett

Grüner Gemüsesalat mit Knoblauch

Das Geheimnis dieses leckeren Salats liegt darin, dass das Gemüse nur kurz gedämpft wird und so schön knackig bleibt.

Vorbereitung: 20 Minuten, und etwa 30 Minuten zum Kaltstellen, falls gewünscht
Kochzeit: 3–4 Minuten
Portionen: 4

150 g Brokkoli
150 g kleiner Paksoi oder anderes chinesisches Blattgemüse
50 g Frühlingszwiebeln
100 g frische Zuckererbsen in der Hülse, geputzt und in Stücke geschnitten
1 kleine Knoblauchzehe, zerdrückt
1 TL Ingwer, fein gerieben
1 TL brauner Zucker
1 EL Thai-Fischsauce

1 Einen Dampfkochtopf oder einen normalen Kochtopf bis knapp unter den Siebeinsatz mit Wasser füllen und dies zum Kochen bringen.

2 Währenddessen den Brokkoli in kleine Röschen teilen und die Stiele bis auf etwa 1 cm abschneiden. Die abgeschnittenen Stiele schälen und in 1 cm dicke Scheiben zerteilen. Die Paksoiblätter der Länge nach halbieren. Die Frühlingszwiebeln schälen und in dünne Scheiben schneiden.

3 Gemüse, Knoblauch und Ingwer in einer Schüssel gut mischen und in den Dämpfeinsatz geben. Im geschlossenen Topf 3–4 Minuten dünsten, bis das Gemüse zart, aber noch knackig ist.

4 Den Zucker unter Rühren in der Fischsauce auflösen. Das Gemüse in einer Servierschüssel anrichten, das Dressing darüber gießen und heiß servieren. Oder – als Salat – abkühlen lassen und dann in den Kühlschrank stellen. 10 Minuten vor dem Servieren herausnehmen.

Nährwert pro Portion

- Kilokalorien 32
- Kohlenhydrate 4 g
- Eiweiß 3 g
- Kein Fett

Selleriesalat mit grünen Bohnen

Ob als Vorspeise oder Partysalat: das kurz gedämpfte Gemüse in süß-saurer Sauce kommt immer gut an.

Vorbereitung: 15 Minuten, und 1–2 Stunden ziehen lassen
Kochzeit: 10–15 Minuten
Portionen: 4

250 g Knollensellerie, gestiftelt
300 g grüne Bohnen
Für das Dressing:
1 EL Erdnuss- oder Olivenöl
1 TL Sesamöl
1–2 frische rote Chilischoten, entkernt und fein geschnitten
4 Knoblauchzehen, grob gehackt
1 EL Ingwer, gerieben
1–2 EL flüssiger Honig
2 EL Sojasauce
5 EL Apfel- oder Weinessig
Zum Garnieren:
frische Korianderstängel

1 Sellerie 1 Minute dämpfen, Bohnen zufügen und etwa 4 Minuten weiterdämpfen, bis das Gemüse weich, aber noch knackig ist. In eine hitzebeständige Schüssel geben.
2 Für das Dressing die beiden Öle in einem Wok oder einer schweren Bratpfanne erhitzen, Chilischoten, Knoblauch und Ingwer zugeben und unter ständigem Rühren bei großer Hitze bräunen, aber nicht anbrennen. Honig, Sojasauce und Essig zufügen und 1–2 Minuten kochen lassen, bis die Flüssigkeit eindickt.
3 Das Dressing unter das Gemüse rühren und 1–2 Stunden ziehen lassen. Mit Korianderstängeln garnieren und mit Raumtemperatur servieren.

Variante: Sie können Bohnen und Sellerie durch Brokkoli, Möhren oder Pastinaken ersetzen.

Nährwert pro Portion

- Kilokalorien 83
- Kohlenhydrate 9 g
- Eiweiß 2 g
- Fett 4 g, davon gesättigte Fettsäuren 1 g

Apfel-Spinat-Salat mit Croûtons

An diesem Salat hat einfach alles Biss, vom jungen Blattspinat über die knackigen Äpfel bis hin zu den gerösteten Brotwürfeln.

Vorbereitung: 15 Minuten
Kochzeit: 6–8 Minuten
Portionen: 4

2 Knoblauchzehen mit Schale
2 Scheiben Vollkornbrot ohne Kruste
100 g junger Blattspinat
2 feste, rote Tafeläpfel, vom Kernhaus befreit und in Scheiben geschnitten
Für das Dressing:
6 EL gemischte frische Kräuter, gehackt, z. B. Schnittlauch, Minze und Petersilie
90 ml Apfelsaft
1 TL milder Senf
2 EL Apfelessig
Salz und schwarzer Pfeffer
Zum Garnieren:
etwas frischer Schnittlauch

1 Den Grill auf hoher Stufe vorheizen. Alle Zutaten für das Dressing im elektrischen Mixer, in der Küchenmaschine oder mit dem Pürierstab zu einer geschmeidigen Sauce verarbeiten und mit Salz und Pfeffer abschmecken.

2 Die Knoblauchzehen 4–5 Minuten grillen, bis die Haut schwarz wird, dabei einmal wenden. Etwas abkühlen lassen, dann das Fruchtfleisch herausdrücken und zerstampfen.

3 Die beiden Brotscheiben auf einer Seite mit dem Knoblauchmus bestreichen und dann würfeln. In einer Lage auf ein Backblech legen und unter dem heißen Grill 1–2 Minuten goldbraun rösten, dabei hin und wieder wenden.

4 Blattspinat und Äpfel in einer großen Salatschüssel mischen und die Knoblauchcroûtons darüber streuen. Vor dem Servieren das Dressing darüber träufeln und den Salat mit frischem Schnittlauch garnieren.

Nährwert pro Portion

- Kilokalorien 69
- Kohlenhydrate 14 g
- Eiweiß 2 g
- Fett 1 g (keine gesättigten Fettsäuren)

Quinoa-Salat mit Trockenfrüchten

Quinoa, ein fettarmes, aber sehr eiweißreiches Getreide aus Südamerika, lässt sich gut zum sättigenden Salat verarbeiten.

Vorbereitung: 15 Minuten
Kochzeit: 20 Minuten
Portionen: 4

180 g Quinoa
Salz und schwarzer Pfeffer
2 EL Pinienkerne
1 Stange Sellerie, fein gewürfelt
50 g rote Zwiebel, fein gewürfelt
½ gelbe Paprikaschote, entkernt und fein gewürfelt
12 getrocknete Preiselbeeren oder Cranberrys, grob zerkleinert
50 g Korinthen
Für das Dressing:
½–1 TL Koriander, gemahlen
½–1 TL Kreuzkümmel, gemahlen
1 EL Zitronensaft
½ TL Paprikapulver
1 EL frische Petersilie, gehackt
Zum Garnieren:
etwas frische glatte Petersilie

1 In einem Kessel Wasser zum Kochen aufsetzen. Quinoa in ein großes, feines Sieb geben und unter fließend kaltem Wasser lange und gründlich abbrausen.
2 Quinoa mit ½ l kochendem Wasser und einer Prise Salz in einem Topf aufkochen. Die Hitze drosseln und mit Deckel etwa 15 Minuten leicht köcheln lassen, bis die Körner weich, aber nicht zerkocht sind. Über einer großen Schüssel abgießen, um die Kochflüssigkeit aufzufangen. Beides beiseite stellen.
3 Die Pinienkerne in einer Bratpfanne ohne Öl 1–2 Minuten goldbraun rösten. Quinoa in eine große Salatschüssel geben und Sellerie, Zwiebel, Paprikaschote, Preiselbeeren, Korinthen und Pinienkerne unterrühren.
4 Für das Dressing Koriander, Kreuzkümmel, Zitronensaft, Paprikapulver und Petersilie verrühren. Bis zu 4 EL der Kochflüssigkeit unterrühren, bis die Sauce die richtige Schärfe hat. Mit Salz und Pfeffer abschmecken. Das Dressing unter den Salat rühren, diesen mit Petersilie garnieren und servieren.

Nährwert pro Portion
- Kilokalorien 241
- Kohlenhydrate 37 g
- Eiweiß 8 g
- Fett 8 g, davon gesättigte Fettsäuren 1 g

QUINOA

Fettspartipp

In der Pfanne gebratene Röstkartoffeln schwimmen leicht im Fett und werden so zu richtigen Kalorienbomben. Fast ohne Fett garen Kartoffeln, wenn sie mit Öl eingerieben sind und auf einem Backblech gebacken werden – überdies werden sie dabei herrlich knusprig.

Gebackene Kartoffeln mit Joghurtsauce auf Blattsalat

Das kalte Dressing mit milder Schärfe passt vorzüglich zu den heißen Kartoffeln vom Blech.

Vorbereitung: 15 Minuten
Kochzeit: 50–55 Minuten
Portionen: 4

1 EL Olivenöl
Salz und schwarzer Pfeffer
5 kleine Kartoffeln, sauber gebürstet
125 g gemischte Salatblätter
Für das Dressing:
1/2 TL Kreuzkümmel, frisch gemahlen
Saft von 1/2 Zitrone
100 g Vollmilchjoghurt

1 Den Backofen auf 200 °C (Gas: Stufe 3–4) vorheizen. In einer Schüssel das Öl mit 1/2 TL Salz verrühren und die Kartoffeln damit einreiben, bis sie rundum mit Öl überzogen sind. Die Kartoffeln auf ein Backblech legen und 50–55 Minuten braten, bis sie innen weich und außen knusprig sind.

2 Inzwischen für das Dressing den gemahlenen Kreuzkümmel in eine kleine feuerfeste Schüssel oder Auflaufform geben und im heißen Ofen höchstens 2 Minuten rösten, aber nicht anbrennen lassen. Aus dem Ofen nehmen und abkühlen lassen.

3 In einer Tasse den abgekühlten Kreuzkümmel mit Zitronensaft und Joghurt verrühren und mit Salz und Pfeffer abschmecken. Die Tasse mit Frischhaltefolie verschließen und in den Kühlschrank oder einen kühlen Raum stellen.

4 Die Salatblätter auf vier Tellern anrichten. Die fertigen Kartoffeln aus dem Ofen nehmen und unter Verwendung von einem Topfhandschuh der Länge nach in je vier Schnitze zerteilen.

5 Auf jeden Teller fünf Kartoffelschnitze legen, das Dressing darüber träufeln und heiß servieren.

Nährwert pro Portion

- Kilokalorien 189
- Kohlenhydrate 32 g
- Eiweiß 5 g
- Fett 5 g, davon gesättigte Fettsäuren 2 g

Marinierter Lauch

Genießen Sie diesen einfachen Salat mit Senf-Kräuter-Dressing als leichte Vorspeise oder als Beilage zu kaltem Fleisch.

Vorbereitung: 20 Minuten, und 30 Minuten ziehen lassen
Kochzeit: 10 Minuten
Portionen: 4

8 schmale Stangen junger Lauch
Salz und schwarzer Pfeffer
Für die Marinade:
2 EL Olivenöl extra vergine
2 TL Weißweinessig
1 EL körniger Senf
2 EL frischer Schnittlauch, fein gehackt
2 EL frische Petersilie, fein gehackt
1 TL frischer Estragon, fein gehackt
Zum Garnieren:
4 frische Estragonstängel
Zum Servieren:
Vollkornbrot, falls gewünscht

1 In einem großen Topf Wasser mit etwas Salz aufkochen. Die Lauchstangen von oben bis zur Hälfte des weißen Schafts kreuzweise einschneiden, sodass die Stangen im unteren Teil noch zusammen sind. Den Lauch unter viel kaltem Wasser gut abbrausen, um jeglichen Schmutz zu entfernen.

2 Die Hälfte des Lauchs in das kochende Wasser geben und etwa 4–5 Minuten kochen, bis er zart ist. Mit einem Schaumlöffel herausheben und unter kaltem Wasser abschrecken. Abtropfen lassen, trockentupfen und in eine flache Schale legen. Mit dem restlichen Lauch ebenso verfahren.

3 In der Zwischenzeit Öl, Essig, Senf und Kräuter für die Marinade verrühren und abschmecken. Die Marinade über den Lauch geben und diesen darin wälzen, bis er gleichmäßig damit überzogen ist. Abdecken und bei Raumtemperatur 30 Minuten ziehen lassen, dabei ab und zu wenden.

4 Den Lauch auf Teller verteilen, bis zum Einschnitt auffächern. Mit Estragon garnieren.

Variante: Sie können auch große Lauchstangen nehmen und diese quer in Stücke schneiden.

Tipp: Man kann den Salat schon einen Tag im Voraus zubereiten und kühl stellen. Vor dem Servieren auf Raumtemperatur bringen.

Nährwert pro Portion

- Kilokalorien 81
- Kohlenhydrate 3 g
- Eiweiß 2 g
- Fett 6 g, davon gesättigte Fettsäuren 1 g

Warmer chinesischer Nudelsalat mit Gemüse

Duftender Ingwer und feines Zitronengras geben diesem herzhaften Nudelsalat seinen typisch asiatischen Geschmack.

Vorbereitung: 30 Minuten
Kochzeit: 10 Minuten
Portionen: 4

100 g lange, dünne Eiernudeln
2 TL Sonnenblumenöl
1 frische rote Chilischote, entkernt und fein gehackt
2–3 Knoblauchzehen, gehackt
2 EL Ingwer, fein gerieben
1 EL Zitronengras, sehr fein gehackt
200 g Möhren, gestiftelt
1 rote Paprikaschote, gewürfelt
1 gelbe Paprikaschote, gewürfelt
150 g Babymais, der Länge nach halbiert
100 g Zuckererbsen
250 g chinesisches Blattgemüse, in feine Streifen geschnitten
6 Frühlingszwiebeln, in feine Ringe geschnitten
4 EL Sojasauce
1 TL Sesamöl
3 EL frische Korianderblätter
25 g gesalzene Erdnüsse, fein gehackt

1 In einem Topf Wasser zum Kochen bringen und die Nudeln nach Packungsanweisung darin kochen, danach gut abgießen.
2 Das Sonnenblumenöl in einem heißen Wok oder einer großen Bratpfanne erhitzen und darin Chilischote, Knoblauch, Ingwer, Zitronengras, Möhren, Paprika, Babymais und Zuckererbsen 4–5 Minuten unter ständigem Rühren braten.
3 Chinesisches Blattgemüse, Frühlingszwiebeln, die abgetropften Nudeln, Sojasauce und Sesamöl zufügen, umrühren und bei mittlerer Hitze 1 Minute weiterbraten, bis alles gut heiß ist.
4 Koriander und Erdnüsse zugeben, nochmals gründlich umrühren und heiß servieren.

Nährwert pro Portion

- Kilokalorien 236
- Kohlenhydrate 36 g
- Eiweiß 9 g
- Fett 9 g, davon gesättigte Fettsäuren 2 g

Melonen-Gurken-Salat mit Oliven

An heißen Sommertagen ist dieser saftige, erfrischende Salat genau das Richtige.

Zubereitung: 15 Minuten
Portionen: 4

700 g Wassermelone
½ Salatgurke
40 g in Salzlake eingelegte schwarze Oliven ohne Stein, abgetropft
Für das Dressing:
25 g Feta, abgetropft und trockengetupft
3 EL fettarmer Joghurt
1 EL frischer Dill, gehackt
Salz und schwarzer Pfeffer
Zum Garnieren:
frische Dillstängel
Zum Servieren:
knuspriges Vollkornbrot, falls gewünscht

1 Das Fruchtfleisch der Melone von der Schale lösen und in mundgerechte Stücke schneiden. Die Kerne entfernen und dabei austretenden Saft auffangen.
2 Die Gurke der Länge nach durchschneiden und die Samen mit einem Teelöffel herauskratzen. Die Gurke in 2 cm breite Stücke schneiden.
3 Die Wassermelonen- und Gurkenstücke mit den Oliven in eine große Salatschüssel geben und mischen.
4 Für das Dressing den Feta in eine kleine Schüssel bröckeln, den Saft der Wassermelone und den Joghurt zufügen und gut vermengen. Dill einrühren und mit Salz und Pfeffer abschmecken.
5 Den Salat auf 4 Teller verteilen, Pfeffer darüber streuen und mit Dillstängeln garnieren. Das Dressing an die Seite geben und, falls gewünscht, mit Vollkornbrot servieren.

Variante: Wenn gerade keine Saison für Wassermelonen ist, können Sie stattdessen eine Kantalup- oder Charantais-Melone nehmen.

Nährwert pro Portion
- Kilokalorien 102
- Kohlenhydrate 16 g
- Eiweiß 4 g
- Fett 3 g, davon gesättigte Fettsäuren 1 g

Chicorée-Birnen-Salat mit Roquefort

Diese harmonische, vornehm blasse Komposition schmeckt im Winter besonders gut.

Vorbereitung: 15 Minuten
Kochzeit: 2 Minuten
Portionen: 4

25 g Walnusshälften
2 Birnen
3 Chicorée-Stauden oder 1 großer Kopf Radicchio
80 g Roquefort-Käse
Für das Dressing:
1 TL flüssiger Honig
1 TL Dijonsenf
2 EL Weißwein- oder Apfelessig

1 Die Walnüsse in einer Pfanne mit schwerem Boden ohne Fett 1–2 Minuten unter Rühren leicht anbräunen, jedoch nicht zu stark, sonst schmecken sie bitter. Die gebratenen Nüsse in eine kleine Schüssel geben und zum Abkühlen beiseite stellen.
2 Die Birnen vom Kernhaus befreien, das Fruchtfleisch würfeln und in eine Salatschüssel geben. Die äußeren Blätter von Chicorée oder Radicchio entfernen, die anderen zu den Birnen geben und damit mischen. Die Walnüsse grob hacken und beiseite stellen.
3 Für das Dressing Honig, Senf und Essig in einem Schälchen verrühren, über den Salat geben und gut vermischen.
4 Den Roquefort-Käse mit den Fingern über den Salat bröckeln. Die Walnüsse darüber streuen und servieren.

Nährwert pro Portion
- Kilokalorien 165
- Kohlenhydrate 11 g
- Eiweiß 6 g
- Fett 12 g, davon gesättigte Fettsäuren 5 g

Bunter Salat mit Brunnenkresse

Die aparte Kombination aus Tomaten, Champignons, Kiwis und Brunnenkresse schmeckt so lecker, wie sie aussieht, und passt sehr gut zu Fleisch.

Zubereitung: 20 Minuten
Portionen: 4

125 g Brunnenkresse
2 Kiwis, geschält und in dünne Scheiben geschnitten
125 g Maronenröhrlinge oder junge Champignons, in dünne Scheiben geschnitten
250 g Tomaten, in Scheiben geschnitten
Für das Dressing:
1 TL Rotweinessig
Salz und schwarzer Pfeffer
4 TL Olivenöl

1 Brunnenkresse in eine Salatschüssel geben und Kiwis, Pilze und Tomaten darauf legen.
2 Für das Dressing Essig in ein Schälchen geben, Salz und Pfeffer zufügen und gut rühren, damit sich das Salz auflöst. Öl zufügen und nochmals umrühren.
3 Das Dressing erst kurz vor dem Servieren über den Salat geben, dieses aber nicht untermengen.

Variante: Streuen Sie ein paar Schnittlauch- oder Lavendelblüten über den Salat, sofern diese gerade blühen. Ihr blasses Violett bringt noch mehr Farbe auf den Teller.

Nährwert pro Portion

- Kilokalorien 64
- Kohlenhydrate 5 g
- Eiweiß 2 g
- Fett 4 g, davon gesättigte Fettsäuren 1 g

KIWIS

Caesar-Salat mit Hühnchen

In den amerikanischen Klassiker kommen in dieser fettarmen Version statt öliger Sardellen geräuchertes Hühnchenfleisch.

Vorbereitung: 15 Minuten
Kochzeit: 8–11 Minuten
Portionen: 4

125 g Weißbrot vom Vortag, gewürfelt
300 g römischer Salat, in mundgerechte Stücke zerrupft
200 g geräucherte Hühnerbrust ohne Haut und Knochen, in Würfel geschnitten
25 g Parmesan, gerieben
Für das Dressing:
1 mittelgroßes Ei
1 Knoblauchzehe, zerdrückt
2 TL Dijonsenf
1 EL natives Olivenöl extra
ein paar Tropfen Tabascosauce, falls gewünscht
1/2 TL Worcestersauce
4 EL fettarmer Joghurt
Salz und schwarzer Pfeffer

1 In einem Kessel Wasser zum Kochen bringen. Den Backofen auf 200 °C (Gas: Stufe 3) vorheizen.
2 Die Brotwürfel auf einem Backblech 5–8 Minuten backen, bis sie goldbraun und schön knusprig sind. Danach in eine große Salatschüssel geben und abkühlen lassen.
3 Für das Dressing das Ei 3 Minuten kochen und danach sofort abschrecken.
4 Das Ei schälen und mit Knoblauch, Senf, Öl, Tabascosauce, falls gewünscht, Worcestersauce und Joghurt in einer Küchenmaschine zu einer geschmeidigen Sauce verarbeiten und mit Salz und Pfeffer abschmecken.
5 Salat und Hühnchenfleisch zu den Brotwürfeln geben. Dressing und Käse zufügen und gut wenden. Sofort servieren.
Variante: Wenn Sie kein geräuchertes Hühnchenfleisch bekommen, können Sie auch gegrilltes nehmen.

Nährwert pro Portion

- Kilokalorien 237
- Kohlenhydrate 20 g
- Eiweiß 22 g
- Fett 8 g, davon gesättigte Fettsäuren 3 g

CAESAR-SALAT MIT HÜHNCHEN

Salat mit Putenstreifen und Orangen

Dieser fruchtige Salat mit warmen Putenstreifen schmeckt der ganzen Familie. Servieren Sie ihn als Vorspeise oder mit Ofenkartoffeln als leichte Hauptmahlzeit.

Vorbereitung: 15 Minuten, und 15 Minuten zum Ziehen
Kochzeit: 15–25 Minuten
Portionen: 4

500 g Putenfilet
1 EL Sonnenblumenöl
4 Frühlingszwiebeln, in breite Ringe geschnitten
Salz und schwarzer Pfeffer
1 Bund Brunnenkresse, dicke Stiele entfernt
Für die Marinade:
2 große Orangen
2 TL Honig
2 TL körniger Senf
1 Schalotte, fein gehackt

SALAT MIT PUTENSTREIFEN UND ORANGEN

1 Für die Marinade eine Orange schälen und die weiße Haut vom Fruchtfleisch entfernen. Die Schnitze über einer Schüssel voneinander lösen und den Saft auffangen. Die Schnitze durchschneiden und beiseite stellen. Die zweite Orange auspressen und den Saft in die Schüssel gießen. Honig, Senf und Schalotte unterrühren.
2 Das Fleisch in feine Streifen schneiden, in die Marinade geben und darin wenden, bis alle Streifen damit überzogen sind. Zugedeckt an einem kühlen Ort 15 Minuten ziehen lassen.
3 Das Öl in einem großen beschichteten Wok oder einer Pfanne erhitzen und das Putenfleisch portionsweise je 5–6 Minuten unter ständigem Rühren goldbraun braten. Wenn die letzte Portion fertig ist, die Frühlingszwiebeln zufügen und 2 Minuten weiterbraten. Danach das bereits gebratene Fleisch zugeben, salzen und pfeffern, die restliche Marinade zugießen und aufkochen.
4 Die Brunnenkresse mit ein paar Orangenschnitzen auf den Tellern anrichten. Das Fleisch und die restlichen Schnitze darüber geben und servieren.

Variante: Wenn Sie aus dem Salat ein warmes Hauptgericht machen möchten, geben Sie die Brunnenkresse und die Orangenschnitze mit der Marinade in den erhitzten Wok. Damit die Sauce cremiger wird, rühren Sie vor dem Servieren 4 EL fettarmen Frischkäse unter.

Nährwert pro Portion

- Kilokalorien 214
- Kohlenhydrate 12 g
- Eiweiß 33 g
- Fett 4 g, davon gesättigte Fettsäuren 1 g

Nudelsalat mit Meeresfrüchten

Nährwert pro Portion
- Kilokalorien 256
- Kohlenhydrate 43 g
- Eiweiß 14 g
- Fett 1 g (keine gesättigten Fettsäuren)

Der kalte Nudelsalat mit Muscheln und Garnelen ist eine edle Vorspeise, macht aber auch bei einem stilvollen Picknick eine ausgesprochen gute Figur.

Vorbereitung: 20 Minuten, und 3–4 Stunden zum Ziehen
Kochzeit: 15 Minuten
Portionen: 4

500 g frische, lebende Muscheln
75 ml Weißwein
Saft von 1–2 Zitronen
Salz und schwarzer Pfeffer
250 g geformte Nudeln, z. B. Spiralnudeln (Fusilli) oder Schmetterlingsnudeln (Farfalle)
50 g Garnelen, frisch oder aufgetaute Tiefkühlware, geschält und gekocht
2 Knoblauchzehen, fein gehackt
50 g glatte Petersilie, fein gehackt
4 Frühlingszwiebeln, fein gehackt

1 Die Muscheln unter fließendem Wasser reinigen und von den Bärten befreien. Muscheln mit beschädigten Schalen oder geöffnete Muscheln, die sich beim Antippen nicht schließen, unbedingt wegwerfen. Mit dem Wein in einen großen Topf geben, Deckel auflegen und aufkochen. 2–3 Minuten bei großer Hitze kochen, bis sich alle Muscheln geöffnet haben. Topf von der Kochstelle nehmen und die Muscheln abkühlen lassen.

2 Die Kochflüssigkeit durch ein feines Sieb in eine kleine Schüssel gießen; Muscheln, die sich nicht geöffnet haben, wegwerfen. Den Zitronensaft in die Kochflüssigkeit einrühren, mit Salz und Pfeffer abschmecken und das Dressing beiseite stellen.

3 Einen großen Topf mit Wasser zum Kochen bringen, leicht salzen, die Nudeln zugeben und nach Packungsanweisung kochen. Abgießen und in eine große Schüssel geben. Etwas Dressing darüber gießen und die Nudeln darin wenden.

4 Die Garnelen bei Bedarf halbieren. Muscheln, Garnelen, Knoblauch, Petersilie und Frühlingszwiebeln zu den Nudeln geben und gut vermischen.

5 Das restliche Dressing über den Nudelsalat geben und gut wenden. Bedecken und ein paar Stunden kühl stellen. Vor dem Servieren auf Raumtemperatur bringen und nochmals abschmecken.

Variante: Muscheln gehören unbedingt in diesen Salat, die Garnelen aber können Sie durch Jakobsmuscheln oder Tintenfisch ersetzen.

Bulgursalat mit Fisch und Zitronendressing

Orange Roughy, ein Tiefseefisch aus Neuseeland, ist bei uns eher selten erhältlich. Doch auch jeder andere Fisch mit festem weißem Fleisch eignet sich für den Salat.

Vorbereitung: 20 Minuten, 45 Minuten zum Ziehen und 1–2 Stunden zum Kühlen
Kochzeit: 15 Minuten
Portionen: 4–6

200 g Bulgur
300 g Orange-Roughy-Filet
½ Zitrone, in dünne Scheiben geschnitten
2 frische Petersilienstängel
5 schwarze Pfefferkörner
150 g Salatgurke, gewürfelt
100 g Frühlingszwiebeln, in feine Ringe geschnitten
250 g Kirschtomaten, halbiert
3 EL Koriander, gehackt, falls gewünscht
3 EL frische Minze, gehackt
3 EL Petersilie, gehackt
Für das Dressing:
geriebene Schale von ½ Zitrone
2 EL Zitronensaft
2 EL Rotweinessig
2 EL Olivenöl
1 TL Dijonsenf
1 Knoblauchzehe, zerdrückt
Salz und schwarzer Pfeffer
Zum Garnieren:
frische Minze oder Petersilie

1 In einem Kessel Wasser zum Kochen bringen. Den Bulgur in eine große, hitzebeständige Schüssel geben, 600 ml kochendes Wasser darüber gießen und etwa 45 Minuten ziehen lassen, bis der Bulgur weich ist und fast das gesamte Wasser aufgesogen hat.

2 In der Zwischenzeit die Fischfilets in eine große Pfanne legen und Zitronenscheiben, Petersilienstängel und Pfefferkörner zugeben. Mit kaltem Wasser aufgießen, bis die Filets gerade damit bedeckt sind, und aufkochen. Die Hitze herunterschalten und mit Deckel etwa 5 Minuten köcheln lassen, bis der Fisch undurchsichtig geworden ist und sich leicht zerteilen lässt.

3 Den Fisch aus der Kochflüssigkeit nehmen, abkühlen lassen und in mundgerechte Stücke zerteilen.

4 Den Bulgur durch ein Sieb abgießen und alle Flüssigkeit herauspressen. In eine große Salatschüssel geben und Gurken, Frühlingszwiebeln, Kirschtomaten und gehackte Kräuter zugeben. Dann den Fisch ganz vorsichtig untermischen, damit er nicht zerfällt.

5 Alle Zutaten für das Dressing verrühren. Das Dressing über den Salat geben und diesen vorsichtig darin wenden.

6 Bedecken und 1–2 Stunden zum Ziehen in den Kühlschrank stellen. Vor dem Servieren abschmecken und mit Minze oder Petersilie garnieren.

Variante: Sie können Orange Roughy durch jeden anderen Fisch mit festem, weißem Fleisch oder in Lake eingelegten Thunfisch ersetzen. Letzteren gut abtropfen lassen und in kleine Stücke teilen.

Nährwert pro Portion, bei 4 Portionen

- Kilokalorien 347
- Kohlenhydrate 42 g
- Eiweiß 17 g
- Fett 12 g, davon gesättigte Fettsäuren 1 g

Fisch und Meeresfrüchte

Jakobsmuscheln in Orangen-Tomaten-Sauce

Die einfache, fruchtig-frische Sauce passt hervorragend zu den delikaten Jakobsmuscheln.

Vorbereitung: 25 Minuten
Kochzeit: 10 Minuten
Portionen: 2

10–14 Muscheln, insgesamt etwa 250 g
Für die Sauce:
225 g Tomaten
50 ml Fischbrühe
Saft von 1 Orange
2 EL trockener Weißwein
1 TL Weißweinessig
1/2 TL Zucker
schwarzer Pfeffer, frisch gemahlen
1 EL Olivenöl
Olivenöl zum Anbraten
Zum Garnieren:
ein paar frische Basilikumstängel

1 Für die Sauce die Tomaten am Stielansatz einritzen, mit kochendem Wasser übergießen, nach 1–2 Minuten die Tomaten herausnehmen, enthäuten, entkernen und in Stücke schneiden.
2 Die Tomatenstücke, Fischbrühe, Orangensaft, Weißwein, Essig, Zucker und Pfeffer fein pürieren.
3 Das Gemisch in einen Topf geben, aufkochen und 5 Minuten köcheln lassen, bis es eingedickt ist. Öl unterrühren, bis eine glänzende Sauce entstanden ist. Die Sauce warm stellen.
4 Eine Grillpfanne mit Öl einreiben und erhitzen. Sobald das Öl heiß ist, das weiße Muschelfleisch hineingeben und in 2 Minuten kurz anbraten, wenden und nochmals 30 Sekunden braten. Muschelfleisch aus der Pfanne nehmen, in eine vorgewärmte Schüssel geben und 1 Minute ruhen lassen.
5 Die Sauce auf zwei Teller geben und die Muscheln darauf verteilen. Vor dem Servieren mit Basilikum garnieren.

Serviervorschlag: Dazu passt geschmorter Fenchel (Rezept S. 234) oder gefüllte Paprika mit Kräuterreis (Rezept S. 222).

Nährwert pro Portion
- Kilokalorien 257
- Kohlenhydrate 11 g
- Eiweiß 30 g
- Fett 9 g, davon gesättigte Fettsäuren 2 g

Muscheltopf mit Fenchel und Wermut

Fenchelgemüse und Wermut ergeben in Verbindung mit frischen Miesmuscheln einen ganz besonderen Genuss.

Vorbereitung: 20 Minuten
Kochzeit: 15 Minuten
Portionen: 4

2 kg frische Miesmuscheln
1 große Fenchelknolle
25 g Butter
150 g Zwiebeln, gehackt
1 Knoblauchzehe, zerdrückt
200 ml trockener Wermut
1 EL frische Petersilie, gehackt
schwarzer Pfeffer

1 Die Muscheln gründlich abbürsten, entbarten und mehrmals waschen. Alle beschädigten Muscheln und solche, die sich beim Antippen nicht schließen, aussortieren.
2 Fenchel grob würfeln und das Fenchelkraut fein hacken. Butter in einem großen Topf zerlassen, Fenchelwürfel, Zwiebeln und Knoblauch zugeben und bei geschlossenem Deckel in etwa 10 Minuten weich garen.
3 Wermut, Petersilie, Fenchelkraut und schwarzen Pfeffer unterrühren und aufkochen. Muscheln zugeben und bei geschlossenem Deckel 4–5 Minuten kochen lassen, dabei den Topf gelegentlich rütteln, bis alle Muscheln offen sind. Geschlossene Muscheln aussortieren.
4 Die Muscheln auf vier Portionsschüsseln verteilen und vor dem Servieren mit dem Muschelsud übergießen.

Serviervorschlag: Dazu reichlich Baguette zum Auftunken der Flüssigkeit reichen.

Nährwert pro Portion
- Kilokalorien 243
- Kohlenhydrate 10 g
- Eiweiß 24 g
- Fett 9 g, davon gesättigte Fettsäuren 4 g

Gegrillte Garnelen mit Apfel-Fenchel-Dressing

Saftige Garnelen, scharfe Sauce – eine gute Kombination.

Vorbereitung: 30 Minuten
Kochzeit: 4 Minuten
Portionen: 4

600 g Garnelenschwänze, z. B. Riesengarnelen
1 EL Olivenöl
Salz und schwarzer Pfeffer
Für das Dressing:
1 TL Fenchelsamen
2 EL Zitronensaft
2 EL Apfelsaft
50 g Fenchel, in feine Scheiben geschnitten
1 Knoblauchzehe, zerdrückt
1 EL Olivenöl extra vergine
Zum Garnieren:
etwas frischer Schnittlauch

1 Die Garnelen schälen, die letzten Schalenteile am Schwanzende nicht entfernen. Mit einem scharfen Messer die Schwänze am Rücken aufschlitzen und den schwarzen Darm entfernen. Die Garnelen waschen und mit Küchenpapier trockentupfen.

2 Ein Pfännchen mit Antihaftbeschichtung auf mittlerer Hitze heiß werden lassen und die Fenchelsamen 1–2 Minuten rösten, anschließend mit einer Gewürzmühle oder im Mörser fein zerstoßen. Mit 1 EL Zitronensaft und den anderen Zutaten für das Dressing verrühren. Das Dressing mit dem restlichen Zitronensaft abschmecken.

3 Den Grill auf mittlerer Hitze heiß werden lassen. Die Garnelenschwänze in das Öl legen, salzen und pfeffern, dann etwa 2 Minuten grillen, bis das Krabbenfleisch rosa wird.

4 Die Garnelenschwänze auf vier Teller verteilen, mit dem Dressing übergießen und mit Schnittlauchröllchen garnieren. Heiß oder lauwarm servieren.

Variante: Sie können die Garnelen auch auf Spießen grillen oder in einer gusseisernen Grillpfanne braten.

Serviervorschlag: Dazu passt gekochter Reis oder Salzkartoffeln.

Nährwert pro Portion

- Kilokalorien 149
- Kohlenhydrate 1 g
- Eiweiß 22 g
- Fett 6 g, davon gesättigte Fettsäuren 1 g

Meeresfrüchte süßsauer in Knusperhülle

Knusprige Päckchen mit einer cremigen Füllung aus Meeresfrüchten kontrastieren wunderbar mit der Ingwer-Ananas-Sauce.

Vorbereitung: 40 Minuten
Kochzeit: 25–30 Minuten
Portionen: 4

150 g Garnelen, Tiefkühlware aufgetaut, gekocht und geschält
2 EL Schnittlauch, gehackt
100 g frisches Krebsfleisch oder Krebsfleisch aus der Dose (Crabmeat), abgegossen
1 ½ EL Crème fraîche
schwarzer Pfeffer
8 Blätter Filoteig, jeweils etwa 18 × 31 cm groß
1 EL Olivenöl
Für die Sauce:
25 g Ingwer in Sirup eingelegt, fein geschnitten
1 EL des Ingwersirups
2 kleine Ananasringe aus der Dose, abgetropft und fein geschnitten
1 gehäufter EL brauner Zucker
1 Prise Cayennepfeffer
1 EL gewürzter Reisessig, Weißweinessig oder Apfelessig
1 ½ TL Pfeilwurzmehl
Zum Garnieren:
einige Blätter Brunnenkresse und frischer Schnittlauch

1 Backofen auf 220 °C (Gas: Stufe 4) vorheizen. Garnelen in große Stücke schneiden und in einer Schüssel mit Schnittlauch, Krebsfleisch und Crème fraîche verrühren. Mit reichlich Pfeffer würzen.

2 Ein Teigblatt mit etwas Öl einreiben. Ein zweites Blatt darauf legen und ebenfalls mit Öl bestreichen. Die Blätter längs durchschneiden, sodass zwei schmale Streifen entstehen.

3 Das Garnelen-Krebs-Gemisch in acht Portionen aufteilen. Eine Portion auf das Ende eines doppellagigen Teigstreifens legen und den Teig im rechten Winkel darüber klappen, sodass ein dreieckiges Päckchen über der Füllung entsteht. Das Päckchen entlang der gesamten Länge des Teigstreifens in Dreiecken nach oben klappen, sodass die Füllung von vielen Teigschichten eingeschlossen wird und ein dickes Päckchen entsteht.

4 Sieben weitere Päckchen nach der gleichen Methode anfertigen, dabei immer eine Portion der Füllung und einen doppellagigen Teigstreifen verwenden. Die Päckchen auf ein Backblech legen, mit dem restlichen Öl einstreichen und auf der mittleren Einschubhöhe des Ofens 20–25 Minuten backen, bis der Teig knusprig und goldbraun ist.

5 Währenddessen die Sauce vorbereiten. Alle Zutaten bis auf das Pfeilwurzmehl in einen Topf geben und mit 150 ml Wasser bei mittlerer Hitze unter ständigem Rühren aufkochen, dann auf kleiner Flamme 5 Minuten köcheln lassen.

6 Pfeilwurzmehl mit 2 TL kaltem Wasser glatt rühren und in die Sauce einrühren. Unter ständigem rühren aufkochen, bis die Sauce eindickt und klar wird. Die Hitze verringern und warm halten.

7 Vor dem Servieren auf jedem Teller zwei Meeresfrüchtepäckchen mit Brunnenkresse und Schnittlauch garnieren. Die Sauce in vier kleine Schüsselchen füllen und dazureichen.

Serviervorschlag: Dazu passen verschiedene Gemüse der Saison.

Nährwert pro Portion

- Kilokalorien 269
- Kohlenhydrate 34 g
- Eiweiß 17 g
- Fett 8 g, davon gesättigte Fettsäuren 2 g

Fischsalat auf vietnamesische Art

Gebratener Reis und Erdnüsse sind knusprige Zutaten, die hervorragend zu den marinierten Wittlingsfilets in einer kräftigen Reisessigsauce passen.

Vorbereitung: 20 Minuten, und 1 Stunde zum Marinieren
Kochzeit: 5–7 Minuten
Portionen: 4

500 g Wittlingsfilet
½ l Reisessig oder Weißweinessig
250 g Zwiebeln, in feine Scheiben geschnitten
1 EL Zucker
1 TL Salz
2 EL frisch geschälte Erdnüsse ohne Haut
2 EL weißer Reis
1 ½ EL frische Minze, fein gehackt
1 frische rote Chilischote, entkernt und fein gehackt
Zum Garnieren:
gehackte frische Minze und nach Belieben in dünne Streifen geschnittene Chilischote

1 Alle Gräten aus den Fischfilets entfernen. Die Filets quer halbieren und in lange schmale Streifen schneiden. In eine große Schüssel geben und mit 300 ml Reisessig oder Weißweinessig übergießen, sodass die Fischstreifen komplett bedeckt sind. Den Fisch eine Stunde im Essig marinieren.
2 Die Zwiebeln in eine Schüssel geben, Zucker, Salz und den restlichen Essig dazugeben. Gut umrühren, bis sich Zucker und Salz aufgelöst haben, dann 30 Minuten durchziehen lassen.
3 Inzwischen die Erdnüsse im Mörser fein zerstoßen und in einer Pfanne mit Antihaftbeschichtung und schwerem Boden bei geringer Hitze 2–3 Minuten rösten, bis sie rundum braun sind. Aus der Pfanne nehmen und beiseite stellen.
4 Den Reis in die Pfanne geben und 3–4 Minuten anbraten, bis alle Reiskörner goldbraun sind, dann im Mörser fein zerstoßen.
5 Den Fisch und die Zwiebeln aus der Marinade nehmen und mit Küchenpapier trockentupfen. In eine große Schüssel geben und mit Minze und Chilischote vorsichtig mischen, dann die gerösteten Erdnüsse und den Reis darüber streuen und nochmals gut umrühren. Je nach Geschmack mit Minze und Chilischote garnieren.

Serviervorschlag: Laden Sie Gäste zu einem asiatischen Festessen ein und servieren Sie außer diesem Gericht chinesisches Ratatouille (Rezept S. 84), grünen Gemüsesalat mit Ingwer und Knoblauch (Rezept S. 85) und Indische Reisnudeln mit Chilischoten (Rezept S. 212).

Nährwert pro Portion

- Kilokalorien 240
- Kohlenhydrate 19 g
- Eiweiß 27 g
- Fett 4 g, davon gesättigte Fettsäuren 1 g

ROTE CHILISCHOTE

Seeteufel-Garnelen-Spieße mit Tomatensalsa

Gegrillte Spieße mit frischer mexikanischer Sauce sind ein typisches Gericht von der amerikanischen Westküste.

Vorbereitung: 40 Minuten, und 1 Stunde marinieren
Kochzeit: 6–8 Minuten
Portionen: 4

700 g Seeteufelfilet
4 Riesengarnelen oder 8–12 kleinere Garnelen, roh, zusammen etwa 100 g
1 Knoblauchzehe, zerdrückt
1 TL geriebener Ingwer
1 grüne Chilischote, entkernt und fein gehackt
1 EL Sonnenblumen- oder Erdnussöl
Salz und schwarzer Pfeffer

Für die Salsa:
500 g Strauchtomaten
2 TL Koriandersamen
1 grüne Chilischote, entkernt und fein gehackt
1 Knoblauchzehe, zerdrückt
1 Stängel Zitronengras, äußere Blätter entfernt, in feine Scheiben geschnitten
Saft von 1 Limette

Zum Garnieren:
unbehandelte Limetten, geviertelt

1 Fischfilet mit kaltem Wasser waschen, mit Küchenpapier trockentupfen und in 8–12 gleich große Würfel schneiden.
2 Garnelen schälen, dabei die letzten Schalenteile am Schwanzende möglichst nicht entfernen. Mit einem scharfen Messer den Rücken aufschlitzen und den schwarzen Darm entfernen. Die Garnelenschwänze waschen und mit Küchenpapier trockentupfen.
3 Knoblauch, Ingwer und Chilischote mit Öl in einer großen Schüssel verrühren. Fischwürfel und Garnelen dazugeben und gut umrühren. Die Schüssel mit Klarsichtfolie bedecken und 1 Stunde kalt stellen. Holzspieße 1/2 Stunde vor Gebrauch in kaltes Wasser legen.

4 Inzwischen die Sauce vorbereiten. Tomaten mit kochendem Wasser übergießen, enthäuten, entkernen und das Fleisch klein schneiden, sodass ein Püree entsteht, in dem sich noch Stücke befinden. Dies gelingt nur von Hand, nicht mit der Küchenmaschine.

5 Die Koriandersamen in einer Pfanne mit schwerem Boden ein paar Sekunden lang rösten, bis sie ihr Aroma freigeben. Die Samen im Mörser zerstoßen und zu den Tomaten geben. Chilischote, Knoblauch, Zitronengras und Limettensaft unterrühren und kräftig abschmecken. Zugedeckt 1/2 Stunde oder länger kalt stellen.

6 Wenn der Fisch gut durchgezogen ist, den Grill auf mittlerer Stufe vorheizen. Fischwürfel und Garnelen abwechselnd auf die Spieße stecken und 3–4 Minuten von jeder Seite grillen, bis die Garnelen fest und rosa werden, aber noch nicht zerfallen. Die Spieße mit Salz und Pfeffer würzen und mit Limettenvierteln und der Tomatensalsa servieren.

Variante: Über Holzkohle gegrillt erhalten die Spieße einen rauchigen Geschmack. Oder braten Sie sie bei mittlerer Hitze in einer gusseisernen Grillpfanne.

Serviervorschlag: Als herzhafte Beilage zu den Spießen eignen sich Glasnudeln mit chinesischem Blattgemüse (Rezept S. 213) oder Kardamomreis (Rezept S. 224).

Nährwert pro Portion

- Kilokalorien 167
- Kohlenhydrate 4 g
- Eiweiß 29 g
- Fett 4 g, davon gesättigte Fettsäuren 1 g

Gefüllter Tintenfisch auf italienische Art

Langsames Garen garantiert, dass der Tintenfisch zart bleibt und nicht austrocknet.

Vorbereitung: 25 bis 45 Minuten
Kochzeit: 30–45 Minuten
Portionen: 4

8 getrocknete Tomaten, ohne Öl
1 großer Tintenfisch oder 8 kleinere Exemplare, insgesamt etwa 300 g, mit Tentakeln
2 EL Kapern, fein gehackt
75 g Weißbrot, gewürfelt
2 EL gehackte, frische Kräuter, z. B. Basilikum, Oregano, Petersilie oder Salbei
Salz und schwarzer Pfeffer
1 Eiweiß
1/2 EL Olivenöl
Zum Garnieren:
Balsamessig, Zitronensaft und Olivenöl
Zum Servieren:
gemischter Salat mit Kirschtomaten

1 Die getrockneten Tomaten in eine kleine Schüssel legen und mit heißem Wasser übergießen. 20 Minuten einweichen lassen.

2 Den Backofen auf 180 °C (Gas: Stufe 2–3) vorheizen. Den Tintenfisch waschen und mit Küchenpapier trockentupfen.

3 Für die Füllung die Tentakel abschneiden, harte Teile entfernen und etwa ein Drittel fein würfeln (der Rest kann anderweitig verwendet werden). In einer Schüssel mit den Kapern mischen.

4 Die Tomaten abgießen und trockentupfen. Tomaten fein würfeln und zusammen mit Brotwürfeln und Kräutern zu den Tentakelwürfeln geben. Gut mischen, mit Salz und Pfeffer würzen und das Eiweiß zum Binden zugeben.

5 Die Füllung mit einem Löffel in die Tintenfischbeutel füllen, die Füllung muss dabei immer wieder mit dem Löffel fest zusammengedrückt werden. Die Öffnung des Beutels mit einem Zahnstocher oder einer Rouladennadel verschließen. Ein Backblech dünn mit Öl bestreichen und die gefüllten Tintenfische darauf legen. Wenn nur ein großer Tintenfisch zubereitet wird, 45 Minuten backen, bei mehreren kleinen 30 Minuten, bis sie goldbraun werden.

6 Vor dem Servieren die Tintenfische in 1 cm dicke Scheiben schneiden, auf einem Teller anrichten und mit Balsamessig, Limettensaft und Olivenöl beträufeln. Reichen Sie dazu einen gemischten Salat und Kirschtomaten.

Serviervorschlag: Sie erhalten eine sättigende Mahlzeit, wenn Sie als Beilage die Spinat-Pilz-Platte mit knusprigen Croûtons (Rezept S. 230) oder Salat aus gegrilltem Gemüse (Rezept S. 232) servieren.

Nährwert pro Portion

- Kilokalorien 159
- Kohlenhydrate 17 g
- Eiweiß 15 g
- Fett 4 g, davon gesättigte Fettsäuren 1 g

Schwarzer Schwertfisch mit warmer Ananassalsa

Nährwert pro Portion
- Kilokalorien 276
- Kohlenhydrate 21 g
- Eiweiß 24 g
- Fett 11 g, davon gesättigte Fettsäuren 2 g

Die süße, fruchtige Sauce mit frischer Ananas macht aus dem würzig marinierten Schwertfischsteak eine karibisch anmutende Delikatesse.

Vorbereitung: 20 Minuten
Kochzeit: 15 Minuten
Portionen: 4

1 TL Cayennepfeffer
1 EL Knoblauchgranulat
1 EL Zwiebelgranulat
1 TL Oregano
2 EL Paprikapulver
1 TL Thymian, getrocknet
Salz und schwarzer Pfeffer
1 Prise weißer Pfeffer
1 ½ EL Sonnenblumenöl und Öl zum Braten
4 Schwertfischsteaks, jeweils 125 g
Für die Salsa:
100 ml Sake oder trockener Sherry
1 EL Reisessig oder Weißweinessig
1 grüne Chilischote
1 EL Rohrzucker
10–12 Safranfäden
500 g frische Ananas
Zum Garnieren:
frische Basilikumblätter

1 Für die Salsa Sake oder Sherry und Essig in einen rostfreien Topf geben. Die Chilischote halbieren und zusammen mit Zucker und Safran in den Topf geben. Auf kleiner Hitze erwärmen.
2 Die Ananas schälen und alle schwarzen Stellen entfernen, in 2 cm dicke Scheiben schneiden, den Mittelstrunk herausschneiden und das Fruchtfleisch würfeln. Sobald der Sirup kocht, die Ananas zugeben und aufkochen. Den Topf vom Herd nehmen und die Ananas weich ziehen lassen.
3 Cayennepfeffer, Knoblauch- und Zwiebelgranulat, Oregano, Paprika und Thymian vermischen. Schwarzen und weißen Pfeffer zugeben und nach Belieben eine Prise Salz. 1 ½ EL Öl unterrühren, sodass aus den Gewürzen eine Paste wird.
4 Die Schwertfischsteaks häuten und mit der Paste einreiben. Die Ananassalsa vorsichtig erwärmen.
5 Etwas Öl in einer gusseisernen Grillpfanne oder einer antihaftbeschichteten Pfanne mit schwerem Boden über großer Hitze heiß werden lassen. Den Fisch in das heiße Öl legen und 8–10 Minuten braten, nach der Hälfte der Zeit wenden. Der Fisch riecht sehr intensiv, wenn er in die Pfanne gelegt wird, aber dies ist wichtig für die „Schwärzung".
6 Die schwarzen Steaks heiß mit der warmen Ananassalsa servieren, mit Basilikum garnieren.

Serviervorschlag: Dazu passen Safranreis und knackiger, grüner Salat.

Gebratener Thunfisch mit schwarzen Bohnen

Frische Tomaten und Limettensaft passen wunderbar zu Thunfisch, der heiß oder kalt serviert werden kann.

Vorbereitung: 20 Minuten, über Nacht einlegen, sowie 30 Minuten zum Marinieren
Kochzeit: 1 1/4 Stunden
Portionen: 4

4 Thunfischfilets, jeweils 100 g
Für die Bohnensauce:
100 g schwarze Bohnen, getrocknet
150 g Tomaten
1/2 frische rote Chilischote, entkernt und fein gehackt
2 EL Koriander, grob gehackt
1 Knoblauchzehe, fein gehackt
1 EL Limettensaft
1 EL Olivenöl extra vergine
Salz und schwarzer Pfeffer
Zum Garnieren:
Limettenviertel

Nährwert pro Portion
- Kilokalorien 260
- Kohlenhydrate 12 g
- Eiweiß 30 g
- Fett 11 g, davon gesättigte Fettsäuren 2 g

1 Für die Bohnensauce die Bohnen waschen und über Nacht in kaltes Wasser legen.

2 Am nächsten Tag die Bohnen abgießen und waschen. In einen Topf geben und so viel Wasser zugießen, dass sie gut bedeckt sind. Aufkochen und 10 Minuten köcheln lassen, dabei Schaum abschöpfen, falls erforderlich. Bei verringerter Hitze und mit geschlossenem Deckel 1 Stunde garen lassen, bis die Bohnen weich sind, aber noch nicht zerfallen. Abgießen, kalt abbrausen und abkühlen lassen.

3 Tomaten mit kochendem Wasser übergießen und eine Minute stehen lassen. Häuten, entkernen und in Würfel schneiden, die etwa so groß sind wie die Bohnenkerne.

4 Bohnen und Tomaten in einer Schüssel mit der Chilischote, dem Koriander, Knoblauch, Limettensaft und 1 TL Olivenöl vermischen. Mit Salz und Pfeffer abschmecken und 30 Minuten ziehen lassen.

5 Die Haut und dunkles Fleisch vom Thunfisch abschneiden, mit Salz und Pfeffer würzen. Eine gusseiserne Grillpfanne oder eine Pfanne mit Antihaftbeschichtung erhitzen. In die heiße Pfanne das restliche Öl geben und die Fischfilets 1–2 Minuten auf jeder Seite kurz braten, bis sie leicht zerfallen. Alternativ kann der Thunfisch auch 2–3 Minuten auf dem Grill oder einem Grillblech gebraten werden.

6 Die Bohnensauce über den Fisch geben und heiß oder lauwarm servieren. Mit Limettenvierteln garnieren.

Variante: Schwarze Bohnen gibt es in vielen Supermärkten. Sie können auch durch Kichererbsen ersetzt werden, die ebenso zuzubereiten sind wie schwarze Bohnen. Wenn es einmal schnell gehen musss, nehmen Sie schwarze Bohnen oder Kichererbsen aus der Dose – diese müssen nur abgegossen und gewaschen werden, Schritt 1 und 2 des Rezepts entfallen dann.

Serviervorschlag: Dazu passt Brokkoli.

KNOBLAUCH UND TOMATEN

Gebackene Lachsküchlein mit Petersiliensauce

Nährwert pro Portion

- Kilokalorien 463
- Kohlenhydrate 54 g
- Eiweiß 28 g
- Fett 17 g, davon gesättigte Fettsäuren 4 g

Diese Lachsküchlein mit der delikaten, kräftigen Sauce könnten zum Lieblingsessen der gesamten Familie werden.

Vorbereitung: 15 Minuten, und 1 Stunde kalt stellen
Kochzeit: 1 Stunde
Portionen: 4

750 g Kartoffeln, geschält, in Stücke geschnitten
350 g Lachsfilet
300 ml fettarme Milch
2 EL Tomatenketchup
1 EL Sardellenöl, nach Belieben
1 EL frischer Schnittlauch oder Petersilie, gehackt
Salz und schwarzer Pfeffer
1 Ei
90 g Semmelbrösel oder Paniermehl
Für die Sauce:
25 g Weizenmehl, Type 405
25 g Diätpflanzencreme
2 EL frische Petersilie, gehackt

Fettspartipp

Wird ein fettreicher Fisch wie Lachs gebacken statt gebraten, hat das gesamte Gericht einen wesentlich geringeren Fettgehalt.

1 Salzkartoffeln aufkochen und 15 Minuten köcheln lassen, bis die Kartoffeln weich sind. Wasser abgießen, Kartoffeln zerdrücken und beiseite stellen.

2 Währenddessen die Lachsfilets in eine Pfanne legen, fettarme Milch dazugeben und 8–10 Minuten garen, bis das Fleisch eine kräftige Farbe annimmt. Den Fisch aus der Milch heben und die Milch für die Sauce aufbewahren.

3 Backofen auf 190 °C (Gas: Stufe 3) vorheizen, Lachsfilets häuten und entgräten, in kleine Stücke zerteilen und in eine Schüssel geben. Die zerdrückten Kartoffeln, Tomatenketchup, Sardellenöl (falls gewünscht) und frische Kräuter unterrühren. Mit Salz und Pfeffer abschmecken. Aus der Masse acht feste Küchlein formen. Etwa eine Stunde kalt stellen, damit sie sich besser panieren lassen, aber das ist nicht unbedingt erforderlich.

4 Das Ei in einen tiefen Teller schlagen und mit 2 EL kaltem Wasser verquirlen. Das Paniermehl in einen zweiten tiefen Teller geben. Die Lachsküchlein zuerst im Ei und dann im Paniermehl wenden, bis sie rundum mit Böseln bedeckt sind. Die panierten Küchlein auf ein mit Backpapier ausgelegtes Blech legen und 20–30 Minuten backen.

5 Währenddessen den Grill vorheizen. Für die Petersiliensauce die Milch, in der der Lachs gedünstet wurde, in einen kleinen Topf geben. Mehl und Pflanzencreme unterrühren und unter ständigem Rühren langsam aufkochen, bis die Sauce eindickt. Die Hitzezufuhr verringern und unter gelegentlichem Rühren etwa 20 Minuten köcheln lassen. Abschmecken und die Petersilie unterrühren.

6 Die Fischküchlein 5 Minuten unter den Grill legen und goldbraun backen. Je zwei Lachsküchlein auf einen Teller geben und mit der Sauce servieren. **Serviervorschlag:** Dazu passt in wenig Brühe gedünsteter Wirsing oder gebratener Kürbis mit Schalotten (Rezept S. 231).

Typisch britisch: Fish and Chips

Den typisch britischen Imbiss gibt es hier in einer fettarmen Variante: Das Geheimnis der goldbraunen Kartoffelstäbchen liegt in einer Kruste aus Eiweiß, nicht aus Fett.

Vorbereitung: 20 Minuten
Kochzeit: 40 Minuten
Portionen: 4

Für die Kartoffeln:
650 g fest kochende Kartoffeln, geschält
1 TL Öl
1 Eiweiß
Für den Fisch:
4 Filets von Kabeljau oder Schellfisch, jeweils etwa 125 g
4 TL fettarme Mayonnaise
50 g Semmelbrösel
1 EL Diät-Pflanzencreme (71 % Fett), zerlassen
1 EL Parmesan, gerieben
1 EL frischer Schnittlauch, gehackt
1 EL frische Petersilie, gehackt
Salz und schwarzer Pfeffer
Zum Garnieren:
einige Stängel glatte Petersilie und 1 unbehandelte Zitrone, die längs geviertelt ist

1 Den Backofen auf 200 °C (Gas: Stufe 3) vorheizen.
2 Die Kartoffeln in einen Topf geben, kochendes Wasser darüber gießen, bis sie bedeckt sind, und 5 Minuten kochen lassen. Das Wasser abgießen und die Kartoffeln mit Küchenpapier trocknen. Kartoffeln längs in 2 cm dicke Scheiben und diese in zwei bis drei längliche Stifte schneiden.
3 Ein antihaftbeschichtetes Backblech mit etwas Öl bestreichen. Das Eiweiß schaumig, jedoch nicht steif schlagen. Kartoffelstifte in das Eiweiß tauchen, vorsichtig überschüssiges Eiweiß abschütteln und die Kartoffeln auf das Backblech legen. 35 Minuten im Ofen backen, nach der Hälfte der Zeit wenden.
4 Inzwischen den Fisch vorbereiten. Ein weiteres antihaftbeschichtetes Backblech mit Öl einpinseln. Den Fisch mit der Hautseite nach unten auf das Backblech legen und mit 1 TL Mayonnaise bestreichen.
5 Semmelbrösel, Fett, Parmesan und Kräuter verrühren und mit Salz und Pfeffer würzen. Das Gemisch gleichmäßig über die Fischfilets verteilen, dabei leicht andrücken.
6 Den Fisch auf der oberen Einschubleiste im Backofen 10–15 Minuten backen, inzwischen werden auch die Kartoffeln knusprig. Vor dem Servieren die Fischfilets und die Kartoffeln auf vier Teller verteilen und mit Petersilie und Zitrone garnieren.

Nährwert pro Portion
- Kilokalorien 302
- Kohlenhydrate 33 g
- Eiweiß 29 g
- Fett 7 g, davon gesättigte Fettsäuren 1 g

Fisch-Biriyani

Gewürzter Kabeljau und Basmatireis bestimmen diesen traditionellen indischen Auflauf.

Vorbereitung: 20 Minuten, und mindestens 2 Stunden oder über Nacht marinieren
Kochzeit: 40–45 Minuten
Portionen: 4

500 g Kabeljaufilet
½ EL Öl
Für die Marinade:
3 EL Sonnenblumenöl
2 EL Zitronensaft
75 g Frühlingszwiebeln, gehackt
1 TL Anis, gemahlen
1 Prise Cayennepfeffer
1 TL Kreuzkümmel, gemahlen
½ TL sehr fein gehackter Ingwer
½ TL Kurkuma, gemahlen
Salz und Pfeffer

Für den Reis:
350 g Basmatireis
2 Lorbeerblätter, halbiert
1 kleine Zimtstange
15 g Butter
2 EL Koriander, frisch gehackt
Zum Garnieren:
Stängel von frischem Koriander

1 Alle Zutaten für die Marinade verrühren und mit Salz und Pfeffer abschmecken.

2 Kabeljaufilet in 5 cm große Würfel schneiden und in eine große Schüssel legen. Die Marinade dazugeben und vorsichtig umrühren, damit der Fisch ringsum mit der Marinade benetzt ist. Schüssel mit Klarsichtfolie bedecken und im Kühlschrank 2 Stunden oder über Nacht durchziehen lassen. Vor dem Kochen muss der Fisch wieder Raumtemperatur annehmen.

3 Backofen auf 150 °C (Gas Stufe 1), den Grill auf der höchsten Stufe vorheizen. Die Grillpfanne mit Aluminiumfolie auslegen und mit Öl einstreichen. Den Fisch in ein Sieb gießen, die Marinade auffangen. Die Fischwürfel in die Grillpfanne legen und die Frühlingszwiebeln beiseite stellen. Den Fisch mit der Marinade beträufeln und 3–4 Minuten grillen, bis die Fischwürfel an den Kanten braun werden. Grill abschalten und die Ecken der Folie zum Warmhalten locker über den Fisch legen.

4 Inzwischen den Reis waschen und abgießen. 600 ml Wasser in einem Topf aufkochen und Lorbeerblätter, Zimt, Butter und etwas Salz hineingeben. Reis zugeben und 3 Minuten kochen. Bei verringerter Hitze und geschlossenem Deckel 8 Minuten garen lassen, bis der Reis das gesamte Wasser aufgenommen hat. Den Topf vom Herd nehmen und 4 Minuten offen stehen lassen.

5 Den Fisch aufdecken und die Kochflüssigkeit, die sich in der Folie gesammelt hat, unter den Reis rühren. Einige Fischwürfel und die beiseite gestellten Frühlingszwiebeln in eine Kasserolle schichten, sodass sich die Fischwürfel nicht berühren. Mit gehacktem Koriander bestreuen und eine Schicht Reis darüber geben. Abwechselnd Fisch, Koriander und Reis einschichten; die oberste Schicht muss Reis sein.

6 Ein Geschirrtuch gut nass machen, auswringen und über den Reis legen. Die Kasserolle mit dem Deckel fest verschließen; falls kein passender Deckel vorhanden ist, erst eine Schicht Aluminiumfolie über das Geschirrtuch breiten und dann einen Deckel aufsetzen. Das Ganze 20–25 Minuten backen, sodass der Reis im entstehenden Dampf weitergart und sich die Aromen entwickeln. Vor dem Servieren mit Koriander garnieren.

Serviervorschlag: Dazu passt Rosenkohl nach indischer Art (Rezept S. 234).

Nährwert pro Portion

- Kilokalorien 541
- Kohlenhydrate 71 g
- Eiweiß 30 g
- Fett 15 g, davon gesättigte Fettsäuren 3 g

Seeteufel Tandoori mit scharfer Sauce

Nährwert pro Portion
- Kilokalorien 131
- Kohlenhydrate 3 g
- Eiweiß 22 g
- Fett 4 g, davon gesättigte Fettsäuren 1 g

Süßsaure Saucen passen ebenso gut zu Fisch- wie zu Fleischgerichten.

Vorbereitung: 25 Minuten, und 1 1/2 Stunden zum Marinieren
Kochzeit: 10 Minuten
Portionen: 4

500 g Seeteufel
2 TL Sonnenblumenöl
Für die Marinade:
2 EL Sahnejoghurt
2 EL Zitronensaft
1 Prise Cayennepfeffer
1 Prise Garam Masala
1 Knoblauchzehe, zerdrückt
1 TL Ingwer, fein gehackt
1 EL Paprikapulver
Salz und Pfeffer
Für die Sauce:
1/2 TL grüne Chilischoten, entkernt und fein geschnitten
1/2 TL Garam Masala
1–2 EL Zitronensaft
6 EL frische Minze, fein gehackt
1 TL Zucker

1 Die Seeteufelfilets häuten und in vier Stücke teilen.
2 Sahnejoghurt, Zitronensaft, Cayennepfeffer, Garam Masala, Knoblauch, Ingwer und Paprikapulver verrühren, mit Salz und Pfeffer abschmecken. Den Fisch mit der Mischung einreiben, zudecken und 1 1/2 Stunden kalt stellen.
3 Für die Sauce Chilischote, Garam Masala, Zitronensaft und Minze mischen und mit Salz abschmecken. Bis zum Servieren kalt stellen.
4 Eine gusseiserne Grillpfanne oder eine Pfanne mit schwerem Boden mit Öl bestreichen und auf mittlerer Flamme erhitzen. Die Fischstücke aus der Joghurtmarinade nehmen und mit den Fingern die überschüssige Marinade abstreifen. Etwa 10 Minuten braten, dabei den Fisch regelmäßig wenden, damit er gleichmäßig gart. Mit der kalten Sauce servieren.

Variante: Halbieren Sie alle angegebenen Mengen und servieren Sie das Gericht als Vorspeise mit Gurke, Zwiebel und Tomate.

Serviervorschlag: Dazu passen Langkorn- und Wildreis mit fein gehackter frischer Petersilie oder Currygemüse und eine sättigende Beilage wie Chili-Chapati oder Spinat-Chapati (Rezepte S. 291).

GARAM MASALA

Meerbarbe mit provenzalischer Sauce

Nährwert pro Portion
- Kilokalorien 227
- Kohlenhydrate 5 g
- Eiweiß 25 g
- Fett 11 g, davon gesättigte Fettsäuren 1 g

Die Meerbarbe mit ihrer rötlichen Haut wird am Mittelmeer traditionell mit Tomaten und Kräutern serviert. Paprika, schwarze Oliven und Wermut variieren dieses Rezept auf originelle Weise.

Vorbereitung: 20 Minuten
Kochzeit: 20 Minuten
Portionen: 4

4 Meerbarbenfilets mit Haut, jeweils 125 g
Salz und schwarzer Pfeffer
2 EL Olivenöl
Für die Sauce:
2 Knoblauchzehen, zerdrückt
1 kleine gelbe Paprikaschote, fein gehackt
1 Schalotte, fein gehackt
2 EL trockener Wermut
1 EL Kräuter der Provence oder Oregano, getrocknet
350 g Strauchtomaten, gehäutet und in große Stücke geschnitten
8 große schwarze Oliven, entsteint, grob gehackt
2 EL frische, glatte Petersilie, grob gehackt

1 Die Fischfilets mit Salz und Pfeffer leicht würzen und mit etwas Öl einreiben.
2 Für die Sauce 1 EL des Öls in einer Pfanne erhitzen und darin Knoblauch, Paprika und Schalotte etwa 8 Minuten weich braten.
3 Wermut unterrühren und auf die Hälfte einkochen. Getrocknete Kräuter und Tomaten zugeben und mit Salz und Pfeffer würzen. Aufkochen und auf kleiner Hitze bei geschlossenem Deckel 10 Minuten garen lassen. Kurz vor Ende der Kochzeit Oliven und Petersilie zugeben und abschmecken.
4 Inzwischen das restliche Öl in einer gusseisernen Grillpfanne oder einer antihaftbeschichteten Pfanne erhitzen. Die Fischfilets darin auf der Hautseite 4 Minuten anbraten, dann vorsichtig wenden und weitere 2–4 Minuten braten, bis sie Farbe annehmen. Die Filets können auch in einer leicht eingeölten Grillpfanne unter dem heißen Grill auf jeder Seite 4 Minuten gegrillt werden.
5 Die Sauce auf vier große Teller verteilen, die Filets mit der Haut nach oben darauf legen und heiß servieren.

Serviervorschlag: Dazu passen lange, dünne Nudeln wie Linguine, gekochte neue Kartoffeln oder Reis.

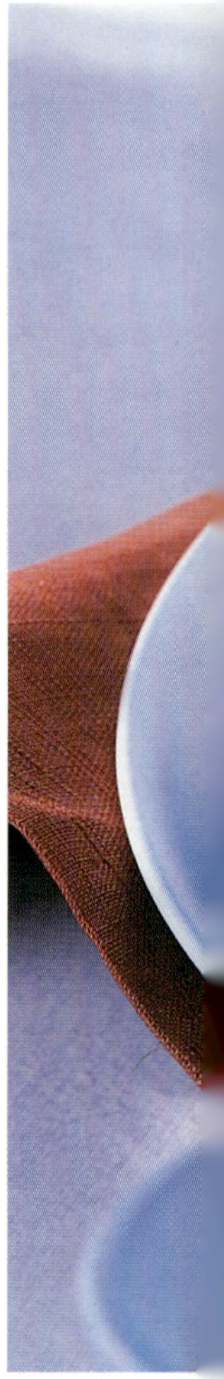

Lachs mit Mandelfüllung

Die in Wein geschmorten gefüllten Lachsfilets bereichern jedes festliche Essen. Das Gericht kann heiß oder kalt serviert werden.

Vorbereitung: 20 Minuten
Kochzeit: 30–35 Minuten
Portionen: 6

etwas Olivenöl zum Anbraten
750 g Lachsfilet, vom Mittelstück, mit Haut
1/4 l Weißwein oder Wasser
Für die Füllung:
1/4 TL Fenchelsamen
1 EL frischer Ingwer, fein gehackt
150 g Schalotte, gehackt
50 g Sardellen aus der Dose, abgetropft, trockengetupft und klein geschnitten
3 EL Mandeln, grob gehackt

2 Tropfen Mandelaroma
1 EL Kapern, abgegossen
1 EL frischer Dill, gehackt
1 EL frische Petersilie, gehackt
Saft von 1/2 Zitrone, geriebene Zitronenschale
2–3 EL Paniermehl oder Semmelbrösel
1 Eiweiß
Zum Garnieren:
Zitronenscheiben und frische Dill- und Petersilienstängel

1 Backofen auf 200 °C (Gas: Stufe 4) vorheizen. Für die Füllung Fenchelsamen, Ingwer und Schalotten in einer beschichteten Pfanne 2 Minuten bei großer Hitze rösten, dabei gut rühren, damit nichts anbrennt.

2 Die Sardellen und 4 EL Wasser in die Pfanne geben und aufkochen. Die Hitze verringern und alles 4–5 Minuten garen lassen, bis der Großteil der Flüssigkeit verdunstet ist und die Schalotten glasig werden.

3 Die Schalotten mit Mandeln, Mandelaroma, Kapern, Dill, Petersilie, Zitronenschale, Zitronensaft, Semmelbrösel oder Paniermehl und dem Eiweiß in der Küchenmaschine oder mit dem Pürierstab zu einer gleichmäßigen Masse verarbeiten.

4 Eine feuerfeste Auflaufform mit Öl einpinseln. Das Lachsstück waagrecht halbieren. Eine Hälfte mit der Haut nach unten in die Auflaufform legen, die Füllung darauf verteilen und mit der anderen Lachshälfte bedecken. Wasser und Wein zugießen, bis das untere Fischstück in Flüssigkeit liegt, die Füllung jedoch nicht nass wird.

5 Die Auflaufform mit Aluminiumfolie locker bedecken. Im Backofen 25 bis 30 Minuten garen lassen, dabei den Fisch mehrmals mit der Flüssigkeit begießen, bis er gar ist.

6 Lachs auf eine Servierplatte legen, die Haut von der obersten Schicht abziehen und das braune Fleisch entfernen. Mit Zitrone, Dill und Petersilie garnieren und servieren.

Variante: Lachs schmeckt kalt ebenfalls ausgezeichnet. Lassen Sie den Lachs auf Raumtemperatur abkühlen und ziehen Sie die Haut ab. Wickeln Sie den Fisch gut in Folie ein und stellen Sie ihn in den Kühlschrank. Garnieren Sie die Portionsteller vor dem Servieren mit fein geschnittenen Gurkenscheiben.

Serviervorschlag: Dazu passen Brokkoli und Kartoffeln.

Nährwert pro Portion

- Kilokalorien 357
- Kohlenhydrate 6 g
- Eiweiß 31 g
- Fett 21 g, davon gesättigte Fettsäuren 3 g

Leichte Fischpastete mit Pesto-Püree

Das feste Fleisch des Schellfischs eignet sich hervorragend für diese Pastete, die mit Apfelwein, Kartoffeln und Garnelen zubereitet wird.

Vorbereitung: 20 Minuten
Kochzeit: 30–35 Minuten
Portionen: 4–6

300 g weiße Schellfischfilets
300 g geräucherte Schellfischfilets
1 großes Lorbeerblatt
1/2 l fettarme Milch
Salz und schwarzer Pfeffer
800 g mehlige Kartoffeln
40 g Diät-Pflanzencreme
1–2 EL Pesto
200 g Lauch, in feine Scheiben geschnitten, oder
1 kleine Zwiebel, in feine Scheiben geschnitten
1/8 l trockener Apfelwein
25 g Weizenmehl
125 g Garnelen, aufgetaut (Tiefkühlware), gekocht und geschält
2 EL saure Sahne
2 EL Paniermehl
3–4 Tomaten, in dünne Scheiben geschnitten

1 Die Fischfilets nebeneinander in eine große Pfanne legen, Lorbeerblatt und Milch zugeben, pfeffern und bei mittlerer Hitze 6–8 Minuten pochieren, bis sich das Fleisch verfärbt und leicht zerteilen lässt.

2 Inzwischen die Kartoffeln schälen und in Stücke schneiden.

3 In einem großen Topf leicht gesalzenes Wasser aufkochen. Den Fisch aus der Pfanne nehmen, häuten und zerteilen, dabei alle Gräten entfernen. Die Milch durch ein Sieb in einen Messbecher gießen, das Lorbeerblatt entfernen. Die Milch beiseite stellen.

4 Die Kartoffeln in das Salzwasser geben, aufkochen und 10–15 Minuten köcheln lassen, bis sie weich sind.

5 Die Kartoffeln abgießen und etwas von dem Kochwasser auffangen. Kartoffeln wieder in den Topf geben und gleichmäßig zerstampfen. 1 EL Diät-Pflanzencreme unterrühren, abschmecken und das Pesto einrühren (wird das Kartoffelpüree zu trocken, 1–2 EL des Kochwassers zugeben). Das Püree beiseite stellen. Den Grill vorheizen.

6 Die restliche Diät-Pflanzencreme in einem Topf zerlassen, Lauch oder Zwiebeln unterrühren und 7 Minuten weich garen. Mit Apfelwein ablöschen und die Flüssigkeit auf die Hälfte einkochen lassen.

7 Das Mehl einrühren, 1 Minute weiterkochen lassen und nach und nach die beiseite gestellte Milch zugeben. Ständig rühren, bis die Sauce eindickt. Hitze verringern und 3 Minuten köcheln lassen, dabei gelegentlich rühren.

8 Garnelen, saure Sahne und den zerteilten Fisch zugeben und 2 Minuten erhitzen. Dabei darf das Gemisch nicht aufkochen und der Fisch nicht zerfallen.

9 Die Fischfüllung in eine ca. 20 × 30 cm große, feuerfeste Auflaufform schöpfen. Das Pesto-Kartoffelpüree auf der Fischfüllung verteilen und die Oberfläche glatt streichen. Mit Paniermehl bestreuen und mit den Tomaten garnieren.

10 Den Grill auf mittlere Hitze einstellen und die Pastete grillen, bis sie knusprig, aber noch nicht verbrannt ist. Heiß servieren.

Serviervorschlag: Dazu passen gedünsteter Wirsing und knackige Möhren.

Nährwert pro Portion, bei 4 Portionen

- Kilokalorien 526
- Kohlenhydrate 52 g
- Eiweiß 49 g
- Fett 14 g, davon gesättigte Fettsäuren 3 g

PESTO

Gebackener Fisch mit Zitronen-Tahini

Nährwert pro Portion

- Kilokalorien 263
- Kohlenhydrate 2 g
- Eiweiß 29 g
- Fett 16 g, davon gesättigte Fettsäuren 1 g

Die typische Zutat zu diesem klassischen Gericht aus dem Mittleren Osten ist Tahini, eine Sesampaste mit nussigem Geschmack. Sie wird in verschiedenen Gerichten ähnlich wie Sahne verwendet.

Vorbereitung: 5 Minuten, und 30 Minuten ziehen lassen
Kochzeit: 17 Minuten
Portionen: 4

4 Fischfilets vom Kabeljau, Schellfisch oder Heilbutt à 125 g oder 4 kleine Portionsfische, z. B. Meerbarben, ausgenommen
Salz und schwarzer Pfeffer
½ EL Olivenöl
Für die Sauce:
3 EL Tahini-Paste
3 EL Zitronensaft
Zitronenschale von ½ Zitrone, gehobelt
3 EL Magerjoghurt
1 Knoblauchzehe, fein zerdrückt
4 EL frische Petersilie, fein gehackt
Zum Garnieren:
Zitronenscheiben und frische Petersilienstängel

1 Filets auf beiden Seiten oder die ganzen Fische innen und außen mit etwas Salz bestreuen und 30 Minuten ziehen lassen.
2 Backofen auf 230 °C (Gas: Stufe 5) und den Grill vorheizen. Fisch trockentupfen, mit Öl einreiben und 3–4 Minuten auf jeder Seite fast gar grillen.
3 Inzwischen alle Saucenzutaten außer der Petersilie verrühren und 2–3 EL Wasser unterrühren, bis eine gleichmäßige Sauce entsteht. Petersilie dazugeben und gut mischen.
4 Fisch in eine feuerfeste Form legen, mit der Sauce begießen und 10 Minuten backen oder so lang, bis in der Sauce Blasen aufsteigen und sie braun wird. Mit Zitronenscheiben und einigen Petersilienstängeln garniert servieren.

Variante: Im Mittleren Osten wird dieses Gericht je nach Saison traditionell mit leuchtend roten Granatapfelsamen dekoriert.

Serviervorschlag: Dazu passt Salat aus schwarzen Oliven, Tomaten und roten Zwiebeln mit Basilikumblättern.

Fettspartipp
Verrühren Sie die Tahini-Paste mit Magerjoghurt – und der Fettgehalt dieser traditionellen Sauce wird nahezu halbiert.

Gebackener Heilbutt mit gedämpftem Paksoi

Nährwert pro Portion

- Kilokalorien 250
- Kohlenhydrate 7 g
- Eiweiß 32 g
- Fett 11 g, davon gesättigte Fettsäuren 4 g

Sojasauce und Ingwer verleihen diesem einfachen Fischgericht einen orientalischen Charakter. Als Beilage wird Paksoi mit Sesamöl serviert.

Vorbereitung: 15 Minuten, und 30 Minuten zum Marinieren
Kochzeit: 12–15 Minuten
Portionen: 4

4 Heilbuttsteaks, jeweils 125 g
Schale und Saft von 1 unbehandelten Orange
1 frische rote Chilischote, entkernt und gehackt
2 TL flüssiger Honig
1 EL Sojasauce
1 EL Reisessig oder Weißweinessig
1 Sternanis
6 kleine Paksoi-Rosetten, längs halbiert
1 TL Sesamöl
1 TL Zitronensaft
Salz und schwarzer Pfeffer
Für die Marinade:
2 Knoblauchzehen, gehackt
1 EL Ingwer, gerieben
1 EL Olivenöl

1 Den Backofen auf 200 °C (Gas: Stufe 3–4) vorheizen. Für die Marinade Knoblauch, Ingwer, Öl und Orangenschale in einer Tasse verrühren. Heilbuttsteaks damit einreiben und 30 Minuten marinieren.

2 Heilbuttsteaks in eine Auflaufform legen. Orangensaft, Chilischoten, Honig, Sojasauce und Essig verrühren und um den Fisch gießen. Sternanis zugeben. Die Form gut mit Aluminiumfolie bedecken und 12 Minuten backen, dann aus dem Ofen nehmen und den Fisch 5 Minuten ruhen lassen.

3 Inzwischen in einem Topf den Kohl 3–5 Minuten dämpfen, sodass er gerade weich wird, aber immer noch Biss hat.

4 Den Kohl abtropfen, mit Sesamöl und Zitronensaft beträufeln und mit Salz und Pfeffer abschmecken. Auf Portionsteller verteilen, Heilbuttsteaks darauf legen und mit der Sauce aus der Form begießen.

Variante: Paksoi ist ein chinesisches Gemüse mit langen grünen oder weißen Blättern. Er kann durch Mangold ersetzt werden.

Serviervorschlag: Dazu passt Duftreis.

STERNANIS

Marinierte Rotzunge in Folie gebacken

Chilischoten kontrastieren zu der cremig-kühlen Kokosnuss in diesem pakistanischen Fischgericht. Traditionell wird der Fisch in Bananenblätter gewickelt, es geht aber auch mit Papier und Aluminiumfolie.

Vorbereitung: 20 Minuten, und 1–2 Stunden oder über Nacht marinieren

Kochzeit: 30 Minuten

Portionen: 2

2 ganze Rotzungen oder thailändischen Pomfret, je 250 g, ausgenommen
Für die Marinade:
25 g ungesüßte, getrocknete Kokosnussstücke
1–2 grüne Chilischoten, entkernt und grob gehackt
1 EL frischer Koriander, gehackt
2 Knoblauchzehen, zerdrückt
1 EL Ingwer, gehackt
Saft von 1 Zitrone
Salz
Zum Garnieren:
Zitronenspalten und frische Korianderblätter

1 1/8 l Wasser aufkochen. Für die Marinade die Kokosnuss in eine kleine, hitzebeständige Schüssel geben, mit dem kochenden Wasser übergießen und 10–15 Minuten ziehen lassen.

2 Inzwischen jeweils drei Schnitte in die Rückenhaut der Fische ritzen, damit das Fischfleisch die Marinade besser aufnehmen kann. Die Fische in eine tiefe Glas- oder Porzellanschüssel legen.

3 Die gewässerte Kokosnuss mit den Chilischoten, dem Koriander, Knoblauch, Ingwer sowie Zitronensaft und etwas Salz gut pürieren.

4 Die Hälfte der Marinade über den Fisch gießen, sodass die Fische ganz damit bedeckt sind. Dann die Fische wenden und die restliche Marinade darüber gießen. Die Schüssel zugedeckt 1–2 Stunden oder über Nacht in den Kühlschrank stellen.

5 Vor dem Weiterverarbeiten müssen die Fische wieder Zimmertemperatur angenommen haben. Den Backofen auf 180 °C (Gas: Stufe 3) vorheizen.

6 Die Aluminiumfolie und das Pergamentpapier groß genug zurechtschneiden, damit jeweils ein Fisch eingepackt werden kann. Einen Fisch aus der Marinade nehmen und in die Mitte des Papiers legen. Das Papier über dem Fisch falten und die Folie darüber zusammendrücken. Die anderen Fische ebenso verpacken.

7 Die Fischpäckchen nebeneinander auf ein Backblech legen und 15 Minuten auf der mittleren Einschubschiene des Backofens backen. Die Folien öffnen und nochmals 10 Minuten backen, bis das Fleisch bei der Messerprobe leicht zerfällt.

8 Die Fische vorsichtig aus der Folie heben und auf Servierteller legen. Mit Zitronenspalten und Koriander garnieren.

Serviervorschlag: Dazu passen neue Kartoffeln und ein frischer, grüner Salat.

Nährwert pro Portion

- Kilokalorien 290
- Kohlenhydrate 2 g
- Eiweiß 45 g
- Fett 12 g, davon gesättigte Fettsäuren 7 g

Pochierter Fisch in asiatischer Brühe

Die würzige Brühe ist die Basis für eine sättigende Suppe mit kurz gekochten Fischfilets und knackigem Gemüse.

Vorbereitung: 15 Minuten
Kochzeit: 20 Minuten
Portionen: 4

500 g Filet von Kabeljau, Schellfisch oder Scholle
100 g Brokkoli, in kleine Röschen zerteilt
4 Frühlingszwiebeln, in feine Scheiben geschnitten
50 g Chinakohl, in Streifen geschnitten
100 g Möhren, grob geraspelt
½ TL Sesamöl
Für die Brühe:
300 ml Geflügelbrühe
2 EL Reiswein oder trockener Sherry
2 EL Sojasauce
1 TL feine Ingwerscheiben
2 Knoblauchzehen, zerdrückt
2 Zitronenscheiben

1 Für die Suppe Geflügelbrühe, Reiswein oder Sherry, Sojasauce, Ingwer, Knoblauch und Zitronenscheiben in einen Wok oder einen großen beschichteten Topf geben und aufkochen.

2 Messen Sie die Dicke der Fischfilets an ihrer stärksten Stelle. Den Fisch in die Brühe geben, sodass der Fisch vollständig mit der Flüssigkeit bedeckt ist. Den Fisch pro Zentimeter Dicke je 4 Minuten ziehen, jedoch nicht kochen lassen oder bis das Fleisch sich leicht zerteilen lässt.

3 Das Filet vorsichtig aus der Brühe heben, die Häute entfernen und zerkleinern. Die Fischstücke auf vier vorgewärmte tiefe Teller verteilen, bedecken und warm stellen.

4 Die Brühe aufkochen und Brokkoli, Frühlingszwiebeln, Chinakohl und Möhren nacheinander in 30-Sekunden-Abständen zugeben. Insgesamt 2–3 Minuten köcheln lassen; das Gemüse soll weich, aber noch knackig sein. Das Gemüse mit einem Schaumlöffel herausheben und auf die Teller mit dem Fisch verteilen.

5 Die Brühe 30 Sekunden kochen lassen. Die Zitronenscheiben herausnehmen und das Sesamöl einrühren. Die Brühe über Fisch und Gemüse gießen und servieren.

Nährwert pro Portion

- Kilokalorien 141
- Kohlenhydrate 3 g
- Eiweiß 26 g
- Fett 2 g (keine gesättigten Fettsäuren)

Garnelenfajitas mit Tomatensalsa

Dieses mexikanische Gericht ist genau das Richtige für ein unkompliziertes Essen mit Freunden: Jeder kann sich seine Fajitas selbst zusammenstellen.

Vorbereitung: 40 Minuten
Kochzeit: 10–12 Minuten
Portionen: 4

1 EL Sonnenblumenöl
1–2 frische rote Chilischoten, entkernt und fein gehackt
2 TL Kreuzkümmelsamen
2 Knoblauchzehen, zerdrückt
125 g rote Zwiebeln, fein gehackt
2 orangefarbene oder gelbe Paprikaschoten, fein gewürfelt
2 rote Paprikaschoten, fein gewürfelt
300 g Zucchini, gewürfelt
200 g Babymais, in 1 cm große Stücke geschnitten
8 große Weizenmehltortillas
450 g große Garnelen (Tiefkühlware aufgetaut), gekocht und geschält
2 EL frischer Koriander, gehackt
Salz und schwarzer Pfeffer
300 g fettarmer Joghurt
Für die Salsa:
500 g Fleischtomaten, gehäutet, entkernt und fein gewürfelt
75 g Zwiebeln, sehr fein gehackt
1–2 frische rote Chilischoten, entkernt und fein gehackt
1 EL frischer Koriander, fein gehackt
1 Knoblauchzehe, zerdrückt
1 EL Zitronen- oder Limettensaft
Zum Garnieren:
frische Korianderstängel oder Limettenscheiben

1 Den Backofen auf 190 °C (Gas: Stufe 3) vorheizen. Alle Zutaten für die Salsa gut verrühren und in einer Servierschüssel beiseite stellen.

2 Öl im Wok erhitzen und Chilischoten, Kreuzkümmelsamen, Knoblauch, Zwiebeln und Paprika bei großer Hitze und unter ständigem Rühren 5–6 Minuten braten, bis sie weich werden. Zucchini und Mais zugeben und weitere 4–5 Minuten rühren, bis sie weich sind.

3 Die Tortillas in Aluminiumfolie wickeln und im Backofen 5 Minuten erhitzen.

GARNELENFAJITAS MIT TOMATENSALSA

4 Die Garnelen zum Gemüse geben und unter Rühren erhitzen. Koriander unterrühren und mit Salz und Pfeffer abschmecken. Das Gemüse-Garnelen-Gemisch auf eine Servierplatte geben.

5 Zum Servieren 1 EL Joghurt auf eine warme Tortilla streichen und etwas von der Füllung sowie noch einen Löffel Salsa darauf geben. Die Tortilla aufrollen, mit etwas Salsa, Koriander und Limette garnieren und heiß servieren. Die Tortillas können mit den Fingern oder mit Messer und Gabel gegessen werden.

Nährwert pro Portion

- Kilokalorien 549
- Kohlenhydrate 83 g
- Eiweiß 37 g
- Fett 10 g, davon gesättigte Fettsäuren 3 g

GEFÜLLTE PFANNKUCHEN MIT MEERESFRÜC

Gefüllte Pfannkuchen mit Meeresfrüchten

Kräuterpfannkuchen umhüllen ein delikates Ragout aus Seeteufel und Meeresfrüchten.

Vorbereitung: 20 Minuten, und 20 Minuten ruhen lassen
Kochzeit: 20 Minuten
Portionen: 4

Für den Pfannkuchenteig:
125 g Weizenmehl
1 Eiweiß
300 ml fettarme Milch
2 EL Schnittlauchröllchen
Salz und schwarzer Pfeffer
1 EL Öl zum Braten
Für die Füllung:
50 g Zwiebeln, in feine Ringe geschnitten
100 ml Fischbrühe
350 g Seeteufelfilet
150 g kleine Kammmuscheln
2 TL feine Speisestärke
125 g Frischkäse, fettarm
125 g große Garnelen (Tiefkühlware aufgetaut), gekocht, geschält
2 TL körniger Senf
1 Prise Muskatnuss, frisch gerieben
Zum Garnieren:
frischer Schnittlauch

1 Für den Teig Mehl, Eiweiß, Schnittlauch, Milch, Salz und Pfeffer in der Küchenmaschine oder mit dem Handrührer glatt rühren, bis der Teig Blasen schlägt. Teig 20 Minuten ruhen lassen.
2 Eine kleine beschichtete Pfanne über mittlerer Hitze heiß werden lassen und mit etwas Öl einstreichen. Wenig Teig in die Pfanne geben, sodass der Boden gerade bedeckt ist. Den Pfannkuchen auf beiden Seiten goldbraun backen, auf einen flachen Teller gleiten lassen und mit Küchenpapier abdecken, um ihn warm zu halten. Aus dem Teig sieben weitere Pfannkuchen backen, dabei nur Öl in die Pfanne geben, wenn es erforderlich wird.
3 Für die Füllung Zwiebeln und Fischbrühe in einem Topf unter Rühren auf die Hälfte einkochen lassen.
4 Graue Hautstücke vom Seeteufelfilet entfernen und das Fleisch in mundgerechte Stücke zerteilen. Das Muschelfleisch säubern. Mehl in eine Schüssel geben und die Fischwürfel und das Muschelfleisch darin wenden, bis alles gut mit Mehl bedeckt ist. Den Frischkäse unterrühren.
5 Den Seeteufel in die Brühe geben und im offenen Topf etwa 3 Minuten ziehen lassen. Dabei vorsichtig rühren, damit der Fisch nicht zerfällt.
6 Das Muschelfleisch zugeben und alles weitere 2–3 Minuten garen lassen. Dann folgen die Garnelen, die rund 1 Minute mitgegart werden, bis sie gut heiß sind. Senf und Muskat nach Belieben zugeben und mit Salz und Pfeffer abschmecken.
7 Die Meeresfrüchtefüllung auf die Pfannkuchen verteilen, die Pfannkuchen zu Tüten aufrollen. Je zwei gefüllte Pfannkuchen auf einen Portionsteller legen und mit der restlichen Sauce und Schnittlauch garnieren. Heiß servieren.

Serviervorschlag: Dazu passt geschwenktes Frühlingsgemüse (Rezept S. 232).

Nährwert pro Portion

- Kilokalorien 335
- Kohlenhydrate 35 g
- Eiweiß 38 g
- Fett 6 g, davon gesättigte Fettsäuren 1 g

Lachs mit Sardellendressing

Sardellen, Zitrone und frische Petersilie peppen das schnell zubereitete Fischgericht auf.

Vorbereitung: 10 Minuten
Kochzeit: 10 Minuten
Portionen: 4

- 4 Lachsfilets, je 100 g
- etwas Olivenöl zum Braten

Für das Dressing:

- 2 Sardellenfilets aus der Dose, abgegossen
- 1 Knoblauchzehe, zerdrückt
- Schale von 1 unbehandelten Zitrone
- 1 EL Zitronensaft
- 2 EL frische Petersilie, gehackt
- Salz und schwarzer Pfeffer
- 2 EL Olivenöl extra vergine

Zum Garnieren:

- Stängel von glatter Petersilie

1 Für das Dressing die Sardellenfilets trockentupfen und in kleine Stückchen schneiden. Mit Knoblauch, Zitronenschale, Zitronensaft und Petersilie in eine Schüssel geben. Salzen und pfeffern und das Olivenöl zugeben. Wenn die Sardellen schon sehr salzig sind, kein Salz hinzugeben.

2 Eine gusseiserne Grillpfanne oder eine große beschichtete Pfanne auf mittlerer Flamme erhitzen. Die Pfanne mit Öl einstreichen. Die Fischfilets auf beiden Seiten mit Salz und Pfeffer würzen.

3 In die sehr heiße Pfanne den Lachs mit der Hautseite nach oben legen und 6 Minuten braten, wenden und weitere 4 Minuten auf der anderen Seite braten, bis das Fleisch Farbe annimmt.

4 Lachsfilets auf vier vorgewärmten Tellern anrichten, das Dressing darüber geben und jede Portion mit einem Petersilienstängel garnieren. Den Lachs heiß oder bei Zimmertemperatur servieren.

Serviervorschlag: Dazu passen junge Kartoffeln und grüner Salat mit einer leichten Zitronensauce.

Nährwert pro Portion

- Kilokalorien 261
- Kohlenhydrate 1 g
- Eiweiß 15 g
- Fett 22 g, davon gesättigte Fettsäuren 9 g

Thunfisch mit Limettenmarinade

Saurer Limettensaft und süßer Rohrzucker ergeben eine intensiv schmeckende Marinade.

Vorbereitung: 10 Minuten, und 1/2–12 Stunden zum Marinieren
Kochzeit: 5–6 Minuten
Portionen: 4

- 500 g Thunfischsteaks

Für die Marinade:

- 1 TL Koriander, fein gehackt
- geriebene Schale und Saft von
- 2 unbehandelten Limetten
- 4 TL brauner Rohrzucker
- 1 EL Olivenöl
- Salz und schwarzer Pfeffer

Zum Garnieren:

- Limettenspalten und Korianderblätter

1 Thunfischsteaks in 2,5 cm große Würfel schneiden.

2 Alle Zutaten für die Marinade in einer großen Porzellan- oder Glasschüssel verrühren. Die Thunfischwürfel vorsichtig einrühren, bedecken und den Fisch im Kühlschrank mindestens 30 Minuten oder bis zu 12 Stunden marinieren.

3 Am Ende der Marinierzeit den Grill auf höchster Stufe vorheizen. Die Thunfischwürfel aus der Marinade nehmen und auf 8 Spieße stecken.

4 Die Spieße 5–6 Minuten grillen, dabei mehrmals mit der restlichen Marinade begießen und häufig wenden, damit der Fisch gleichmäßig gart. Mit Zitronenspalten und Koriander garnieren und heiß servieren.

Tipp: Wenn Sie Spieße aus Bambus oder Holz verwenden, legen Sie diese eine halbe Stunde vor der Verwendung in kaltes Wasser.

Serviervorschlag: Dazu passt Safranreis.

Nährwert pro Portion

- Kilokalorien 219
- Kohlenhydrate 6 g
- Eiweiß 30 g
- Fett 9 g, davon gesättigte Fettsäuren 2 g

Kabeljau mit Meerrettichkruste

Die herzhaft gewürzten Fischfilets werden auf einem Zitronenbett gebacken.

Vorbereitung: 10 Minuten
Kochzeit: 15–20 Minuten
Portionen: 4

- 2 unbehandelte Zitronen
- 75 g Vollkorn-Paniermehl oder Vollkornsemmelbrösel
- 2 EL Meerrettich, frisch gerieben, oder ersatzweise aus dem Glas
- 3 EL Petersilie, gehackt
- 2 Frühlingszwiebeln, fein geschnitten
- Salz und schwarzer Pfeffer
- 4 Kabeljaufilets mit Haut, je 125 g

Zum Garnieren:

- Paprikapulver

Fettspartipp

Verwenden Sie weder Sahnemeerrettich noch Meerrettichcreme zum Kabeljau, da sie versteckte Fette enthalten. Statt frischem Meerrettich kann auch frischer Ingwer genommen werden.

THUNFISCH MIT LIMETTENMARINADE

1 Den Backofen auf 220 °C (Gas: Stufe 4) vorheizen. Die Schale einer Zitrone in eine Schüssel schaben, mit Paniermehl, Meerrettich, Petersilie und Frühlingszwiebeln vermengen und scharf würzen. Die geschälte Zitrone auspressen und den Saft unterrühren.

2 Die andere Zitrone in Scheiben schneiden und damit eine Auflaufform auslegen. Den Kabeljau mit der Hautseite nach unten darauf legen, die Meerrettichmischung auf den Kabeljaufilets verteilen und leicht eindrücken.

3 Alles 15–20 Minuten im Ofen backen. Mit Paprikapulver bestreut servieren.

Serviervorschlag: Dazu passt Spargel.

Nährwert pro Portion

- Kilokalorien 177
- Kohlenhydrate 16 g
- Eiweiß 26 g
- Fett 1 g (keine gesättigten Fettsäuren)

LACHS MIT SARDELLEN-DRESSING

KABELJAU MIT MEERRETTICHKRUSTE

Schmortopf mit Mittelmeerfischen

Nährwert pro Portion

- Kilokalorien 232
- Kohlenhydrate 9 g
- Eiweiß 31 g
- Fett 8 g, davon gesättigte Fettsäuren 2 g

Herzhafte Fischsteaks, in Knoblauch, Tomaten und Kräutern gebacken, duften herrlich nach mediterraner Küche.

Vorbereitung: 20 Minuten
Kochzeit: 20–25 Minuten
Portionen: 4

2 TL Olivenöl
1 EL trockener Weißwein oder Fischbrühe
2 Stangen Sellerie, in feine Scheiben geschnitten
1 Knoblauchzehe, in feine Scheiben geschnitten
150 g rote Zwiebeln, in feine Ringe geschnitten
600 g Strauchtomaten
1 unbehandelte Zitrone, in dünne Scheiben geschnitten
1 EL Tomatenmark
1 TL Zucker (nach Belieben, kann auch entfallen)
4 Fischsteaks von Schwertfisch oder Thunfisch, je 125 g
3 Stängel Rosmarin
3 EL Oregano, gehackt, oder 1 EL getrockneter Oregano
Salz und schwarzer Pfeffer
Zum Garnieren:
Stängel von Rosmarin und gehackter Oregano

1 Öl und Wein oder Brühe in einer feuerfesten Kasserolle erhitzen, Sellerie, Knoblauch und Zwiebeln zugeben und 5–6 Minuten unter häufigem Rühren braten, bis das Gemüse weich ist.

2 Tomaten in große Stücke schneiden (nach Belieben vorher enthäuten) und Tomatenstücke, Zitrone, Tomatenmark und Zucker (wenn die Tomaten sehr sauer sind) in die Kasserolle geben. Aufkochen und unter gelegentlichem Rühren 2–3 Minuten garen bis die Tomaten weich werden.

3 Den Fisch auf das Gemüse legen; mit Rosmarin spicken, mit Oregano bestreuen und mit Salz und Pfeffer würzen.

4 Deckel auf die Kasserolle aufsetzen und etwa 10–15 Minuten garen, bis die Fischsteaks gerade gar werden. Zwischendurch den Fisch mehrmals mit etwas Kochflüssigkeit begießen. Mit gehacktem Oregano und einem Rosmarinzweig garnieren und servieren.

Tipp: Sie können das Olivenöl auch weglassen, aber schon ein kleiner Tropfen unterstreicht das mediterrane Aroma des Gerichts.

Serviervorschlag: Dazu passt Reis oder Ciabatta und ein grüner Salat. Oder eine warme Gemüsebeilage wie gerösteter Spargel (Rezept S. 76) oder geschmorter Fenchel (Rezept S. 234).

Gebackener Wolfsbarsch mit Fenchel in Weißwein

Nährwert pro Portion

- Kilokalorien 162
- Kohlenhydrate 1 g
- Eiweiß 25 g
- Fett 4 g, davon gesättigte Fettsäuren 1 g

Dieser außergewöhnliche Fisch, der auch als Seewolf oder Loup de mer im Handel ist, wird besonders delikat, wenn er auf einem Bett aus Fenchel, mit Kapern, Oliven und Weißwein geschmort wird.

Vorbereitung: 15 Minuten
Kochzeit: 20 Minuten
Portionen: 4

125 g Fenchel
2 Schalotten, in feine Scheiben geschnitten
4 Wolfsbarschfilets, jeweils 125 g
Salz und schwarzer Pfeffer
1 unbehandelte Limette
1–2 EL Kapern
1 Knoblauchzehe, zerdrückt
6 schwarze Oliven, entsteint und fein gewürfelt
1 Prise Paprikapulver
150 ml trockener Weißwein

1 Den Backofen auf 220 °C (Gas: Stufe 4) vorheizen. Den Fenchel in feine Scheiben schneiden und das Fenchelkraut zum Garnieren beiseite legen. Fenchel in eine Auflaufform geben, die Schalotten zufügen und den Fisch darauf legen. Salzen und pfeffern.

2 Ein paar Streifen der Limette abhobeln und zum Garnieren beiseite legen. Die restliche Schale der Limette über den Fisch hobeln. Kapern, Knoblauch, Oliven, Paprikapulver ebenfalls über den Fisch streuen und den Wein zugießen.

3 Die Auflaufform mit einem Deckel oder mit Aluminiumfolie verschließen und 20 Minuten backen, oder bis der Fisch Farbe annimmt und leicht zerfällt. Mit Fenchelkraut, Limettenschale und Paprikapulver garnieren und heiß servieren.

Variante: Wenn Sie keinen Wolfsbarsch bekommen, können Sie auch Meeräsche nehmen.

Serviervorschlag: Dazu passen neue Kartoffeln und eine Gemüseplatte mit Möhren, Blumenkohl, Zuckererbsen und Mais.

Forelle im Apfelbett

Nährwert pro Portion

- Kilokalorien 397
- Kohlenhydrate 9 g
- Eiweiß 50 g
- Fett 16 g, davon gesättigte Fettsäuren 4 g

Äpfel, feine Gemüse und herber Apfelwein sind eine festliche Beilage zu der Regenbogenforelle.

Vorbereitung: 10 Minuten
Kochzeit: 30 Minuten
Portionen: 4

150 g Fenchel, in Streifen geschnitten
125 g Lauch, in feine Ringe geschnitten
2 saure Tafeläpfel, geschält, ohne Kerngehäuse und gewürfelt
4 Regenbogenforellen, je 250 g
Salz und schwarzer Pfeffer
1/4 l trockener Apfelwein
4 EL saure Sahne
Zum Garnieren:
gehackte Petersilie, Schnittlauchröllchen, Kerbelstängel und nach Belieben Zitronenspalten

1 Den Backofen auf 190 °C (Gas: Stufe 3) vorheizen.

2 Fenchel, Lauch und Apfelwürfel in eine große Auflaufform geben. Die Forellen kräftig innen und außen würzen, auf das Gemüse legen und den Apfelwein dazugießen. Die Auflaufform mit einem Deckel oder mit Aluminiumfolie verschließen und etwa 15–20 Minuten backen, bis der Fisch gerade gar ist und sich leicht zerteilen lässt.

3 Die Fische auf eine vorgewärmte Servierplatte legen und zum Warmhalten mit Aluminiumfolie bedecken.

4 Das Gemüse und die Flüssigkeit aus der Auflaufform in einen Topf geben und aufkochen. Bei reduzierter Hitze 5 Minuten einkochen lassen, bis die Flüssigkeit etwas eindickt. Abschmecken und die saure Sahne unterrühren.

5 Die Forelle mit Kräutern garnieren und mit dem Gemüse und der Sauce auf dem Teller servieren. Nach Belieben Zitronenviertel dazulegen.

Serviervorschlag: Dazu passen Möhren und Kartoffelpüree.

Meeresfrüchtetopf mit Safran und Gemüse

Diese Mischung aus amerikanischem und europäischem Fischtopf ist mit ihrem Safranaroma genau das Richtige für besondere Anlässe.

Vorbereitung: 15 Minuten
Kochzeit: 30–35 Minuten
Portionen: 4

1 EL Olivenöl
150 g Möhren, in dicke Scheiben geschnitten
2 Stangen Sellerie, geschnitten
150 g Zwiebeln, in Scheiben geschnitten
1 Knoblauchzehe, zerdrückt
350 g neue Kartoffeln, größere Kartoffeln halbiert
300 ml Gemüse- oder Fischbrühe
10–12 Safranfäden
500 g Kabeljau, Schellfisch oder Lachs
150 g grüne Bohnen, halbiert
1/8 l trockener Weißwein
1 EL Stärkemehl
1 EL fettarme Milch
125 g Garnelen (Tiefkühlware aufgetaut), gekocht und geschält
Salz und schwarzer Pfeffer
2 EL Kräuter, gehackt, z. B. Schnittlauch, Petersilie, Estragon oder Thymian

1 Das Öl in einer großen, feuerfesten Kasserolle erhitzen. Möhren, Sellerie und Zwiebeln zugeben, den Deckel schließen und das Gemüse bei kleiner Hitze 5 Minuten dünsten.
2 Den Knoblauch und die Kartoffeln zugeben und im offenen Topf 5 Minuten anbraten, dabei gelegentlich umrühren.
3 Die Brühe zugießen und den Safran einrühren. Den Deckel wieder schließen und 10 Minuten köcheln lassen, damit das Gemüse weich wird.
4 Inzwischen den Fisch häuten, die Gräten entfernen und die Filets in 4 cm große Würfel schneiden. Mit den Bohnen und dem Wein in die Kasserolle geben und zugedeckt 7 Minuten köcheln lassen.
5 Stärkemehl mit der Milch verrühren, vorsichtig in die Kasserolle rühren. Gleichzeitig die Garnelen zugeben. Die Sauce einmal aufkochen, damit sie bindet. Dabei darf der Fisch nicht zerfallen, aber die Garnelen müssen gut erhitzt werden. Salzen und pfeffern, die Kräuter einrühren und servieren.

Serviervorschlag: Dazu passt Reis oder Baguette zum Auftunken der leckeren Sauce.

Nährwert pro Portion
- Kilokalorien 281
- Kohlenhydrate 23 g
- Eiweiß 33 g
- Fett 5 g, davon gesättigte Fettsäuren 1 g

Wild und Geflügel

Hähnchen mit Spargel in Weißweinsauce

Nährwert pro Portion
- Kilokalorien 224
- Kohlenhydrate 15 g
- Eiweiß 33 g
- Fett 2 g (keine gesättigten Fettsäuren)

Bei diesem Geflügelgericht zeigt sich, dass erlesene Zutaten nur einfache Zubereitungsmethoden erfordern, damit eine köstliche Mahlzeit entsteht.

Vorbereitung: 5 Minuten
Kochzeit: 25 Minuten
Portionen: 4

4 Hähnchenbrustfilets, jeweils etwa 125 g
1 Lorbeerblatt
2 Schalotten, fein gehackt
150 ml Hühnerbrühe
1/8 l trockener Weißwein
250 g Spargel, in 7,5 cm lange Stücke geschnitten
2 EL Stärkemehl
150 ml Magermilch
Salz und schwarzer Pfeffer
Zum Garnieren:
Stängel von glatter Petersilie

1 Die Hähnchenfilets nebeneinander in eine große Bratpfanne legen. Das Lorbeerblatt, die Schalotten sowie die Hühnerbrühe und den Wein zugeben und zum Kochen bringen. Dann die Hitze reduzieren und bei geschlossenem Deckel 20 Minuten köcheln lassen. Die Hähnchenfilets nach 10 Minuten umdrehen.

2 Inzwischen den Spargel in leicht gesalzenem Wasser 4–5 Minuten bissfest kochen. Abtropfen lassen und unter fließend kaltem Wasser abschrecken, dann erneut gut abtropfen lassen und beiseite stellen.

3 Das Geflügel aus der Pfanne nehmen und warm stellen. Stärke und Milch in einem hohen Gefäß mischen. Die heiße Kochflüssigkeit abgießen und unter die Milch-Stärke-Mischung rühren. Diese Sauce in die Pfanne zurückgießen und aufkochen. Dabei ständig weiterrühren, bis sie eindickt. Mit Salz und Pfeffer abschmecken.

4 Den Spargel in die Sauce geben und eine Minute erhitzen. Die Hähnchenfilets anrichten, die Sauce und den Spargel darüber geben, pfeffern und mit Petersilie garnieren.

Serviervorschlag: Dazu passen neue Kartoffeln und pürierte Möhren.

Gegrilltes Hähnchenfilet mit frischer Mangosauce

Nährwert pro Portion

- Kilokalorien 185
- Kohlenhydrate 11 g
- Eiweiß 31 g
- Fett 2 g, davon gesättigte Fettsäuren 1 g

Süße Mangos, scharf gewürzt, ergeben ein köstliches Dressing für das Hähnchenfilet, das in Minutenschnelle zubereitet ist.

Vorbereitung: 10 Minuten, und 1 Stunde Kühlzeit
Kochzeit: 8 Minuten
Portionen: 4

4 Hähnchenbrustfilets, jeweils etwa 125 g
etwas Pflanzenöl zum Einpinseln
Für die Sauce:
2 große, saftige Mangos
Saft von 1 Limette
1 grüne Chilischote, entkernt und fein gehackt
2 EL frischer Koriander, gehackt
1/2 EL Ingwer, gerieben
Salz und schwarzer Pfeffer
Zum Garnieren:
frische Korianderstängel und frischer Schnittlauch

1 Zuerst sollte die Sauce zubereitet werden, damit sie genug Zeit zum Abkühlen hat. Die Mangos über einer Schüssel schälen, damit kein Saft verloren geht. Das Fruchtfleisch vom Kern schneiden, in 5 mm große Stücke würfeln und in die Schüssel zum Mangosaft geben. Den Limettensaft zufügen.

2 Chilischoten, Koriander und Ingwer unter die Mangostückchen rühren. Mit Salz und Pfeffer abschmecken, dann die Schüssel bedecken und mindestens eine Stunde kalt stellen, damit sich das Aroma entfalten kann.

3 Die Hähnchenfilets einzeln zwischen zwei Lagen Klarsichtfolie legen und mit dem Fleischklopfer oder der Teigrolle leicht flach klopfen.

4 Eine gusseiserne Grillpfanne oder eine beschichtete Bratpfanne erhitzen. Die Hähnchenfilets rundum mit Öl einpinseln, dann auf jeder Seite 4 Minuten grillen oder braten. Sie sind gar, wenn beim Schnitt mit dem Messer nur noch klarer Fleischsaft austritt. Mit der gekühlten Mangosauce heiß servieren.

Serviervorschlag: Dazu passt gemischter grüner Salat oder gerösteter Spargel mit karamellisiertem Schalottendressing (Rezept S. 76).

Gebratene Stubenküken mit Zitrone und Paprika

Diese mit Zitrone gefüllten und mit Paprika gewürzten Stubenküken ergeben warm oder kalt mit Salat ein leichtes Essen.

Vorbereitung: 5 Minuten
Kochzeit: 45–50 Minuten
Portionen: 4

4 ofenfertige Küken, jeweils etwa 400 g
2 unbehandelte Zitronen, halbiert
1 Knoblauchzehe, zerdrückt
2 EL Olivenöl
2 TL Paprikapulver
Salz und schwarzer Pfeffer
Zum Garnieren:
Lorbeerblätter und frische Thymianstängel

1 Den Backofen auf 220 °C (Gas: Stufe 4) vorheizen. Je ein Küken mit dem Saft von 1/2 Zitrone einreiben und die ausgepresste Zitronenhälfte in den Vogel drücken. Die Küken mit der Brustseite nach oben nebeneinander in eine Bratenpfanne legen.

2 Jeden Vogel mit etwas Knoblauch einreiben, mit Olivenöl bestreichen und mit Paprika, Salz und Pfeffer würzen.

3 Die Stubenküken im Backofen auf mittlerer Einschubleiste 15 Minuten braten, umdrehen und nochmals 15 Minuten braten. Zum Schluss die Küken senkrecht stellen, großzügig mit dem Bratensaft bestreichen und weitere 15–20 Minuten braten. Die Küken sind gar, wenn beim Einstechen an der dicksten Stelle der Schenkel nur klarer Fleischsaft austritt.

4 Die Stubenküken aus dem Backofen nehmen, die Zitronen entfernen und das Geflügel an einem warmen Ort 5 Minuten ruhen lassen.

5 In der Zwischenzeit vom Bratensaft überschüssiges Fett abschöpfen, den dunklen Bratensaft in ein Gefäß geben und separat servieren. Die Küken zum Servieren mit Lorbeerblättern und Thymian garnieren.

Serviervorschlag: Warm mit einer Auswahl an kurz gebratenem oder gekochtem Gemüse oder kalt mit knusprigem Weißbrot und einem Salat aus Blattsalaten, Gurken, Frühlingszwiebeln und fein gehackter glatter Petersilie servieren.

Nährwert pro Portion
- Kilokalorien 285
- Kohlenhydrate 1 g
- Eiweiß 47 g
- Fett 10 g, davon gesättigte Fettsäuren 2 g

Schmorhähnchen in Joghurt-Kokosnuss-Sauce

Diesem delikaten Gericht geben geröstete Gewürze und Kokosnuss in der Joghurtsauce eine pikante Schärfe.

Vorbereitung: 20 Minuten
Kochzeit: 45 Minuten
Portionen: 4

8 Hähnchenschlegel, zusammen etwa 700 g
175 g Zwiebeln, fein gehackt
2 TL Knoblauchpaste oder Knoblauch, zerdrückt
2 TL Ingwerpulver oder Ingwer, gerieben
½ TL Kurkuma, gemahlen
50 g fettarmer Naturjoghurt
2 TL Koriandersamen
1 TL Kreuzkümmelsamen
1 getrocknete rote Chilischote, gehackt, oder ¼ rote Paprikaschote, entkernt und in Streifen geschnitten
2,5 cm Zimtstange, halbiert
Salz
40 g Kokosmilchpulver
1 EL Sonnenblumenöl
5–6 große Knoblauchzehen, in feine Scheiben geschnitten
1 frische rote Chilischote, entkernt und in Streifen geschnitten
2 EL frischer Koriander, fein gehackt
1 EL Zitronensaft
Zum Garnieren:
Stängel von frischem Koriander

1 Von den Schlegeln die Haut und alles Fett entfernen und mit Zwiebeln, Knoblauch, Ingwer, Kurkuma und Joghurt in einen Bräter geben. Alles gut miteinander verrühren und bei mittlerer Hitze aufkochen. Die Hitze reduzieren und das Fleisch 20 Minuten bei geschlossenem Deckel garen lassen. Gelegentlich umrühren.

2 Inzwischen eine kleine Bratpfanne erhitzen und Koriander- und Kreuzkümmelsamen, getrocknete Chilischote oder roten Paprika sowie die Zimtstange unter ständigem Rühren etwa eine Minute rösten, bis die Gewürze Aroma entfalten. Die Temperatur reduzieren und einige Sekunden weiterrühren, dann alles zum Abkühlen in ein kleines Gefäß geben. Die abgekühlten Gewürze in einer Gewürzmühle mahlen oder im Mörser zerreiben.

3 Wenn das Hähnchenfleisch 20 Minuten gegart wurde, die Hitzezufuhr steigern, den Deckel entfernen und unter ständigem Rühren die Sauce eindicken lassen. Inzwischen Wasser in einem anderen Topf zum Kochen bringen.

4 Die gerösteten Gewürze und eine Prise Salz zum Geflügel geben, dann die Hitze reduzieren und unter Rühren 3–4 Minuten garen lassen.

5 Das Kokosmilchpulver mit 300 ml kochendem Wasser mischen, dann zu den Schlegeln geben und alles 6–8 Minuten unter gelegentlichem Rühren weiterköcheln lassen, bis das Fleisch gar ist.

6 Inzwischen in einem kleinen Topf den Knoblauch auf kleiner Hitze in dem Öl bräunen. Die frische Chilischote zufügen und nach 30 Sekunden alles zum Geflügel geben.

7 Etwas gehackten Koriander zurückbehalten und den Rest mit dem Zitronensaft zum Geflügel geben. Den Topf vom Herd nehmen, das Gericht mit dem zurückbehaltenen Koriander bestreuen und mit Korianderstängeln garniert servieren.

Variante: Anstelle von Hähnchenschlegeln kann man auch ausgelöstes Hähnchenfleisch nehmen, das allerdings weniger aromatisch schmeckt. Bei ausgelöstem Fleisch ist die Garzeit um 15 Minuten kürzer.

Serviervorschläge: Dazu passen indisches Brot wie Naan, Chapatis oder gekochter Langkornreis und Rosenkohl nach indischer Art (Rezept S. 234).

Nährwert pro Portion
- Kilokalorien 373
- Kohlenhydrate 10 g
- Eiweiß 36 g
- Fett 22 g, davon gesättigte Fettsäuren 9 g

Stubenküken mit Frucht-Gemüse-Füllung

Nährwert pro Portion
- Kilokalorien 302
- Kohlenhydrate 20 g
- Eiweiß 28 g
- Fett 14 g, davon gesättigte Fettsäuren 6 g

Am Hof der Maharadschas zählten diese würzig gefüllten marinierten Stubenküken zu den Standardgerichten, die ein guter Koch im Repertoire hatte.

Vorbereitung: 1 Stunde, und über Nacht marinieren
Kochzeit: 55 Minuten
Portionen: 4

2 küchenfertige Stubenküken, jeweils 400 g
1 EL Butter
Für die Marinade:
1 ½ EL Curry, mild
2 TL Knoblauchpaste oder zerdrückter Knoblauch
2 TL Ingwercreme oder geraspelter Ingwer
75 g Naturjoghurt
Salz und schwarzer Pfeffer
2 TL weißer Mohn
2 TL Sesam

Für die Füllung:
1 EL Butter
1 grüne Chilischote, entkernt und gehackt
1 TL Ingwer, gerieben
50 g Zwiebeln, fein gehackt
25 g Semmelbrösel
50 g getrocknete Aprikosen, gehackt
25 g Rosinen
50 g Maiskörner aus der Dose, abgetropft, oder Tiefkühlware, aufgetaut
1 EL frischer Koriander, gehackt
1 EL Quark
50 g kleine Champignons, fein gehackt
Zum Garnieren:
einige Stängel frischer Koriander

1 Die Stubenküken enthäuten. Dazu ein Tuch zuhilfe nehmen, weil die Haut schwer zu packen ist.
2 Für die Marinade den Curry mit Knoblauch, Ingwer und Joghurt in einer großen Schüssel mischen und

mit Salz abschmecken. Die Mohn- und Sesamsamen in einer Gewürzmühle mahlen oder im Mörser zerreiben und in die Marinade geben.

3 Das Geflügel in die Schüssel geben, innen und außen mit der Marinade einreiben. Bedecken und über Nacht im Kühlschrank durchziehen lassen.

4 Am nächsten Tag die Küken auf Raumtemperatur bringen. Den Backofen auf 190 °C (Gas: Stufe 3) vorheizen.

5 Für die Füllung die Hälfte der Butter bei mittlerer Hitze zerlassen und darin die Chilischote, den Ingwer und die Zwiebeln 3–4 Minuten anschwitzen.

6 Die Semmelbrösel mit den Aprikosen, den Rosinen und dem Mais zur Zwiebelmischung geben und 5 Minuten unter Rühren braten, dann Koriander, Quark, Pilze einrühren und mit Salz und Pfeffer abschmecken. Von der Kochstelle nehmen und vollständig abkühlen lassen.

7 Die Füllung fest in die Küken drücken. Die Schlegel mit einem Bindfaden zusammenbinden.

8 In einer feuerfesten Kasserolle die restliche Butter bei mittlerer Hitze schmelzen und die Stubenküken rundum anbraten, bis sie gleichmäßig hellbraun sind. Den Deckel auflegen oder die Kasserolle mit Aluminiumfolie bedecken; die Folie darf die Stubenküken nicht berühren. Im Backofen 20 Minuten braten.

9 Die Kasserolle öffnen und 100 ml warmes Wasser zufügen, aber nicht über die Vögel gießen. Weitere 20 Minuten garen und mehrfach begießen. Die Servierteller vorwärmen.

10 Die Stubenküken auf ein Brett legen und mit der Geflügelschere oder einem Tranchiermesser der Länge nach halbieren. Auf jedem Teller eine Hälfte anrichten und mit der Garflüssigkeit begießen (die Flüssigkeit wird aufgesaugt, wenn die Stubenküken richtig heiß sind). Mit Stängeln von Koriander garnieren und servieren.

Serviervorschlag: Dazu Pilaw- oder Kardamomreis (Rezept S. 224) und Salat servieren.

Hähnchensalat mit Kräuter-Tomaten-Sauce

Die cremig-milde Sauce passt hervorragend zum saftigen Geflügelfleisch – und das Gericht ist einfach und schnell zubereitet, etwa wenn Gäste kommen.

Vorbereitung: 5–10 Minuten und 15–20 Minuten zum Abkühlen
Kochzeit: 20–25 Minuten
Portionen: 4

4 Hähnchenbrustfilets, jeweils etwa 125 g
1 unbehandelte Zitrone
1 Lorbeerblatt, gerebelt, oder 1 Bouquet garni
1 TL schwarze Pfefferkörner
100 ml trockener Weißwein oder 75 ml trockener Sherry
Für die Sauce:
3–4 EL gehackte Kräuter, z. B. Basilikum, Kerbel, Dill, Oregano und Petersilie
4 TL Tomatenmark
225 g Sahnejoghurt
Salz und schwarzer Pfeffer
Zum Garnieren:
ein paar Stängel frischer Kerbel
Zum Servieren:
gemischter Blattsalat und Radieschen

1 Die Filets nebeneinander in einen Topf oder eine Kasserolle legen. Zwei Scheiben Zitrone abschneiden und mit dem Lorbeerblatt oder der Kräutermischung, den Pfefferkörnern und dem Weißwein oder Sherry zufügen.

2 Das Gefügelfleisch mit Wasser übergießen, bis die Filets ganz bedeckt sind, und alles zum Kochen bringen. Die Hitze reduzieren und das Hähnchen in 20–25 Minuten garen lassen. Es ist fertig, wenn beim Einstich mit einem Messer an der dicksten Stelle nur klarer Fleischsaft austritt.

3 Inzwischen für die Sauce die Kräuter, das Tomatenmark und den Joghurt in einer Schüssel mischen. Den Saft aus der restlichen Zitrone auspressen und tropfenweise zufügen, bis die Sauce die gewünschte Säure und Konsistenz hat. Abschmecken und bis zum Servieren kalt stellen.

4 Das Geflügelfleisch aus der Kochflüssigkeit nehmen, mit Küchenpapier abtrocknen und 15–20 Minuten abkühlen lassen, dann kalt stellen, falls es nicht sofort serviert wird.

5 Zum Servieren die kalten Filets in Streifen schneiden und auf gemischtem Salat anrichten. Die Sauce darüber geben, mit Kerbelstängeln bestreuen und servieren.

Tipp: Die gesiebte Garflüssigkeit als Hühnerbrühe für andere Rezepte nutzen. Abkühlen lassen, dann in den Kühlschrank stellen und alles Fett abschöpfen. Hält sich im Kühlschrank bis zu 2 Tage oder im Gefrierschrank bis zu 3 Monate.

Nährwert pro Portion

- Kilokalorien 240
- Kohlenhydrate 3 g
- Eiweiß 32 g
- Fett 9 g, davon gesättigte Fettsäuren 4 g

Fettspartipp

Pochieren ist eine effektive Zubereitungsmethode für fettarmes Kochen, bei der das Fleisch zart und saftig bleibt. Pochiertes Fleisch eignet sich besonders gut für kalte Gerichte.

Hähncheneintopf mit Frühlingsgemüse

Junges Frühlingsgemüse verfeinert diesen einfachen Eintopf köstlich.

Vorbereitung: 10 Minuten
Kochzeit: 25 Minuten
Portionen: 4

4 Hähnchenbrustfilets, jeweils etwa 125 g
900 ml Hühnerbrühe
3 EL trockener Sherry oder trockener Weißwein
1 Bouquet garni
gut 600 g gemischtes Gemüse, z.B. Spargel, Babymais, Brokkoli, Möhren, Blumenkohl, Lauch und Wirsing
Zum Garnieren:
gehackte Petersilie

1 Die Hähnchenbrustfilets, die Brühe, den Sherry oder Wein und das Bouquet garni in eine große Kasserolle oder einen Topf geben und auf großer Hitze zum Kochen bringen, dann die Hitzezufuhr verringern, den Deckel auflegen die Filets mindestens 20 Minuten leise köcheln lassen. Schaum abschöpfen, falls erforderlich.

2 In der Zwischenzeit das Gemüse putzen und in mundgerechte Stücke schneiden.

3 Nach 20 Minuten das Gemüse in den Topf geben, erneut verschließen und 5 Minuten kochen, bis das Gemüse zart und das Hähnchen gar ist, d. h., beim Fleisch tritt nur noch klarer Fleischsaft aus, wenn man eine Gabel einsticht.

4 Die Kräutermischung herausnehmen. Die Brühe und das Gemüse in große Suppenteller geben und die Hähnchenbrust darauf legen, im Ganzen oder in Scheiben geschnitten. Mit Petersilie bestreuen und servieren.

Nährwert pro Portion

- Kilokalorien 227
- Kohlenhydrate 6 g
- Eiweiß 37 g
- Fett 5 g, davon gesättigte Fettsäuren 1 g

Gegrilltes Hähnchenfilet mit Balsamessig

Das feine Brustfilet mit der süßsauren Sauce ist schnell zubereitet und ideal für eilige Köche.

Vorbereitung: 5 Minuten
Kochzeit: 10–12 Minuten
Portionen: 4

4 Hähnchenbrustfilets, jeweils etwa 125 g
1 EL zerlassene Butter
1 Knoblauchzehe, zerdrückt
Salz und schwarzer Pfeffer
2 TL flüssiger Honig
1 EL Zitronensaft
1 EL Balsamessig
Zum Garnieren:
frische glatte Petersilie

1 Den Grill auf mittlerer Stufe vorheizen. Die Filets zwischen Klarsichtfolie legen und mit einer Teigrolle auf gleiche Stärke drücken. Mit der Butter einpinseln und in eine Auflaufform geben.

2 Das Fleisch mit dem Knoblauch bestreuen, salzen und pfeffern, mit Zitronensaft beträufeln und mit dem Honig bestreichen.

3 Die Auflaufform in den Grill schieben und die Filets 5–6 Minuten goldbraun grillen, dann herausnehmen und mit dem Balsamessig beträufeln. Umdrehen, mit dem Bratensaft einpinseln und weitere 5–6 Minuten grillen, bis beim Einritzen mit dem Messer nur noch klarer Fleischsaft austritt.

4 Die Hähnchenfilets zum Servieren auf Teller legen, mit dem Bratensaft beträufeln und mit Petersilie garnieren.

Serviervorschlag: Dazu passen überbackene Tomaten und Baguette.

Nährwert pro Portion

- Kilokalorien 226
- Kohlenhydrate 3 g
- Eiweiß 40 g
- Fett 6 g, davon gesättigte Fettsäuren 3 g

Hähnchenbrust mit Traubensauce

Nährwert pro Portion
- Kilokalorien 368
- Kohlenhydrate 43 g
- Eiweiß 29 g
- Fett 10 g, davon gesättigte Fettsäuren 2 g

Dieses Gericht schätzen Gäste – und Gastgeber, denn es macht wenig Arbeit. Die Finesse steuern die weißen Weintrauben mit ihrem frischen Aroma bei.

Vorbereitung: 35 Minuten
Kochzeit: 50 Minuten
Portionen: 4

1 kg große weiße Weintrauben
geriebene Schale und Saft von 1 unbehandelten Zitrone
4 Hähnchenbrustfilets, jeweils etwa 125 g
Salz und schwarzer Pfeffer
2 EL Olivenöl
1 Knoblauchzehe, zerdrückt
4 Schalotten, in feine Ringe geschnitten
1 EL Weißmehl
4 EL gehackte frische Petersilie
Zum Garnieren:
ein paar Stängel frische Petersilie

1 Die Trauben vom Stängel zupfen und 200 g beiseite legen. Den Rest mit etwa 3 EL Wasser in einen Kochtopf geben. Mit geschlossenem Deckel auf kleiner Hitze etwa 20 Minuten köcheln lassen, bis sie weich werden und aufplatzen. Die Trauben mit einem Kartoffelstampfer zerquetschen, dann zugedeckt weitere 10 Minuten köcheln lassen. Durch ein Sieb streichen und knapp 3/8 l beiseite stellen.

2 Inzwischen die ganzen Trauben mit kochendem Wasser übergießen und kurz (etwa 15 Sekunden) stehen lassen. Abtropfen, schälen, halbieren, entkernen und in der halben Menge Zitronensaft wenden.

3 Die Brustfilets in 2,5 cm dicke Stücke schneiden und würzen. Öl in einem Topf bei mittlerer Temperatur erhitzen. Die Hälfte des Fleischs zufügen und rasch anbraten. Herausnehmen, die andere Hälfte braten und das Fleisch beiseite stellen.

4 Knoblauch und Schalotten in den Topf geben und auf kleiner Hitze 3 Minuten anschwitzen. Mit dem Mehl bestäuben und 1 Minute unter Rühren garen. Die geriebene Zitronenschale, den restlichen Zitronensaft und den Traubensaft einrühren, aufkochen und 2 Minuten köcheln.

5 Die Hitze wieder verringern und die Hähnchenteile mit dem Bratensaft in den Topf geben. Salzen und pfeffern und noch etwa 7 Minuten köcheln lassen, bis das Fleisch gar ist.

6 Die halbierten Trauben, den Traubensaft und die gehackte Petersilie zugeben und nochmals abschmecken. Garniert mit Petersilienstängeln heiß servieren.

Serviervorschlag: Dazu passen Kartoffelpüree, Brokkoli und Möhren.

HÄHNCHENBRUST MIT TRAUBENSAUCE

ÜBERBACKENES GEFLÜGELRAGOUT MIT BROKKOLI UND NUDELN

Überbackenes Geflügelragout mit Brokkoli und Nudeln

Hähnchenreste eignen sich vorzüglich für dieses Essen, das in 30 Minuten auf dem Tisch steht.

Vorbereitung: 5 Minuten
Kochzeit: 20 Minuten
Portionen: 4

175 g Nudeln, z. B. Fusilli oder Farfalle
Salz und schwarzer Pfeffer
250 g Brokkoliröschen
2 Stangen Sellerie, in dünne Scheiben geschnitten
300 g Tomatensuppe aus der Dose
200 ml Magermilch
350 g gekochtes Fleisch vom Suppenhuhn
25 g frische Semmelbrösel
1/4 TL Kräuter der Provence, getrocknet, oder Mischkräuter, getrocknet

1 In einem großen Topf Wasser aufkochen. Salz und Nudeln zufügen und nach Packungsangaben kochen. Abtropfen und beiseite stellen.

2 Inzwischen den Brokkoli und den Sellerie etwa 5 Minuten in Salzwasser kochen, bis der Brokkoli gerade weich wird. Abtropfen lassen, mit kaltem Wasser abschrecken, nochmals abtropfen lassen und beiseite stellen.

3 Den Backofen auf mittlerer Stufe vorheizen. Die Suppe mit der Milch erhitzen und unter Rühren aufkochen.

4 Vom Fleisch sorgfältig alles Fett entfernen und das Fleisch in mundgerechte Stücke schneiden. Diese zusammen mit dem Brokkoli, dem Sellerie und den Nudeln in die Tomatensuppenmischung geben und nochmals 5 Minuten erhitzen. Nach Geschmack würzen.

5 Das Geflügel-Nudel-Ragout in vier kleine oder eine große, etwa 2 l fassende Auflaufform geben. Mit den Semmelbröseln und den Kräutern gleichmäßig bestreuen, dann im Backofen überbacken, bis die Sauce Blasen wirft und die Brösel knusprig und goldbraun sind. Heiß servieren.

Variante: Der Brokkoli kann auch durch Zucchinischeiben oder Blumenkohlröschen ersetzt werden.

Nährwert pro Portion

- Kilokalorien 419
- Kohlenhydrate 57 g
- Eiweiß 38 g
- Fett 4 g, davon gesättigte Fettsäuren 1 g

Hühnerbrust auf marokkanische Art mit Couscous

Nährwert pro Portion
- Kilokalorien 361
- Kohlenhydrate 32 g
- Eiweiß 31 g
- Fett 13 g, davon gesättigte Fettsäuren 2 g

Chermoula, eine nordafrikanische Gewürzmischung, gibt diesem Hähnchen, das auf einem milden, fruchtigen Salat serviert wird, ein würziges Aroma.

Vorbereitung: 15 Minuten, und 2 Stunden zum Marinieren
Kochzeit: 6–8 Minuten
Portionen: 4

4 Hähnchenbrustfilets, jeweils etwa 125 g
Für die Marinade:
2 EL Olivenöl extra vergine
1 Prise Cayennepfeffer
1 EL Koriander, gehackt
½ TL Koriander, gemahlen
½ TL Kreuzkümmel, gemahlen
1 Knoblauchzehe, zerdrückt
Saft von 1 Zitrone
1 TL Paprikapulver
2 EL Petersilie, gehackt
Salz und schwarzer Pfeffer
Für den Couscous:
175 g Couscous
25 g getrocknete Pfirsiche oder Aprikosen, fein gehackt
25 g Rosinen
175 g Tomaten, gehackt
1 EL frischer Koriander, gehackt
1 TL Olivenöl
Zum Garnieren:
ein paar Stängel frischer Koriander

1 Für die Marinade Olivenöl, Cayennepfeffer, frischen und gemahlenen Koriander, Kreuzkümmel, Knoblauch, Zitronensaft, Paprika und Petersilie in ein flaches Gefäß geben und zu einer glatten Mischung verrühren. Mit Salz und Pfeffer würzen.

2 Einige tiefe Taschen seitlich in jedes Filet schneiden. Das Fleisch in der Marinade wenden und die Marinade in die Taschen reiben. Zugedeckt 2 Stunden kühl stellen.

3 Wasser aufkochen. Den Couscous in einen Topf geben und 300 ml kochendes Wasser darüber gießen. Zugedeckt 5 Minuten quellen lassen.

4 Inzwischen Pfirsiche oder Aprikosen, Rosinen, Tomaten, Koriander und Olivenöl zum Couscous geben. Nach Belieben würzen und beiseite stellen.

5 Den Grill auf mittlerer Stufe vorheizen. Die Filets auf jeder Seite 3–4 Minuten grillen. Sie sind gar, wenn beim Einritzen mit dem Messer nur klarer Fleischsaft austritt. Das Fleisch in Scheiben schneiden, auf den Fruchtcouscous legen, mit Korianderstängeln garnieren und servieren.

Geschmortes Hühnerfilet mit Pilz-Zitronen-Sauce

Nährwert pro Portion
- Kilokalorien 180
- Kohlenhydrate 1 g
- Eiweiß 28 g
- Fett 7 g, davon gesättigte Fettsäuren 2 g

Dieses einfache Schmorgericht beweist, wie schon mit wenigen Aromen ein leckeres Essen gezaubert werden kann.

Vorbereitung: 15 Minuten
Kochzeit: 30–35 Minuten
Portionen: 4

1 EL Sonnenblumenöl
4 Hähnchenbrustfilets, jeweils etwa 125 g
Salz und schwarzer Pfeffer
Saft von 2 Zitronen
150 g Pilze, geviertelt
1/8 l Hühnerbrühe
1 EL frischer Thymian oder Majoran, gehackt
6 Frühlingszwiebeln, fein gehackt
Zum Garnieren:
ein paar Stängel frischer Thymian

1 Das Öl in einer hitzebeständigen Kasserolle erhitzen, die Brustfilets nebeneinander hineinlegen und rundum anbraten.

2 Das Fleisch salzen und pfeffern, dann Zitronensaft, Pilze und Brühe zufügen. Zugedeckt aufkochen lassen, dann die Hitzezufuhr verringern und alles 20 Minuten unter gelegentlichem Umrühren köcheln lassen, bis das Geflügelfleisch gar ist. Wenn die Flüssigkeit zu schnell verkocht, etwas Brühe oder Wasser zufügen, damit am Ende der Garzeit noch Flüssigkeit vorhanden ist.

3 Die Filets aus der Kasserolle nehmen und in einem vorgewärmten Gefäß warm stellen. Die restliche Garflüssigkeit einkochen, bis sie leicht eindickt. Den gehackten Thymian oder Majoran und die Frühlingszwiebeln einrühren, noch einmal aufkochen und mit Salz und Pfeffer abschmecken. Das Fleisch auf vier Teller verteilen, mit der Pilzsauce übergießen. Mit Thymianstängeln garnieren und servieren.

Serviervorschlag: Dazu passen neue Kartoffeln und grüne Bohnen oder frische Erbsen.

Hähnchenragout mit Tomaten und Spinat

Schlegelfleisch schmeckt kräftiger als Brustfleisch und wird in diesem Schmorgericht mit milden Gewürzen und Gemüse noch weiter verfeinert.

Vorbereitung: 15 Minuten
Kochzeit:: 30–35 Minuten
Portionen: 4

500 g ausgelöste Hähnchenschlegel ohne Haut
150 g Zwiebeln, fein gehackt
4 grüne Kardamomkapseln, aufgeschlitzt
½ TL Cayennepfeffer
5 cm Zimtstange, halbiert
2 große Knoblauchzehen, zerdrückt
2 TL Ingwer, gerieben
½ TL Kurkuma
50 g fettarmer Naturjoghurt
Salz
250 g Spinat, frisch oder aufgetaute Tiefkühlware
225 g Tomaten aus der Dose, stückig
50 g fettarmer Frischkäse
1 Prise Garam Masala

1 Alles Fett von den Hähnchenschlegeln entfernen, dann das Fleisch halbieren. Mit den Zwiebeln, Kardamom, Cayennepfeffer, Zimt, Knoblauch, Ingwer, Kurkuma, Joghurt und Salz in einen Topf geben.
2 Das Ganze bei mittlerer Hitze und unter ständigem Rühren erhitzen und unter häufigem Rühren garen, bis Saft aus den Geflügelteilen austritt. Dann die Hitze zurückschalten und alles zugedeckt 12 Minuten köcheln lassen. Gelegentlich umrühren.
3 Inzwischen die dicken Stengel vom Spinat schneiden und die Blätter hacken. Gefrorenen Blattspinat zwischen zwei Bretter legen, überschüssige Flüssigkeit auspressen und den Spinat klein schneiden.
4 Den Deckel abnehmen, die Hitze erhöhen und noch 5–6 Minuten kochen, bis die meiste Flüssigkeit verdampft und die Sauce eingedickt ist. Dabei häufig umrühren, damit nichts am Boden ansetzt.
5 Die Tomaten dazugeben und offen 1–2 Minuten weiterkochen, bis sie sich gut mit der Sauce vermischt haben.
6 Den Spinat portionsweise zugeben und gut umrühren. Sobald die erste Portion weich wird, die nächste zugeben und weiterrühren. Die Hitze herunterschalten und 5 Minuten weiterköcheln, bis beim Einstechen des Hähnchens nur noch klarer Fleischsaft austritt.
7 Dann den Frischkäse und Garam Masala dazugeben und gut untermischen. Die Zimtstange herausnehmen und das Gericht servieren.

Serviervorschlag: Dazu passen Gewürzpapadams, Pilawreis (Rezept S. 224) oder gekochter Reis und Naanbrot.

Nährwert pro Portion
- Kilokalorien 220
- Kohlenhydrate 8 g
- Eiweiß 28 g
- Fett 9 g, davon gesättigte Fettsäuren 3 g

PAPADAMS

Hähnchenbrust im Knuspermantel

Nährwert pro Portion

- Kilokalorien 310
- Kohlenhydrate 17 g
- Eiweiß 50 g
- Fett 5 g, davon gesättigte Fettsäuren 2 g

Die Hähnchenbrust wird mit leckerem, fettarmem Frischkäse und Majoran gefüllt und ganz ohne Fett gebacken.

Vorbereitung: 30–40 Minuten
Kochzeit: 20–25 Minuten
Portionen: 4

4 Hähnchenbrustfilets, jeweils etwa. 175 g
Für die Füllung:
100 g fettarmer Frischkäse
15 g frische Semmelbrösel
1 Eigelb
2 EL gehackter frischer Majoran
Salz und schwarzer Pfeffer
Für die Panade:
1 EL Mehl
1 Eiweiß
50 g feine frische Weißbrotbrösel
1 TL Paprikapulver
Zum Garnieren:
1 EL frische glatte Petersilie, gehackt, und ein paar Petersilienstängel

1 Den Backofen auf 220 °C (Gas: Stufe 4) vorheizen. Jedes Filet zwischen zwei Lagen Klarsichtfolie legen und mit einer Teigrolle flach drücken. In jedes Filet in Längsrichtung eine Tasche einschneiden.

2 Für die Füllung den Frischkäse mit den Bröseln, dem Eigelb, dem Majoran mischen, salzen und pfeffern. Die Mischung mit einem Löffel in die Taschen drücken. Jedes Filet mit Holzspießchen schließen.

3 Für die Panade das Mehl und die Semmelbrösel auf je einen Teller geben. Das Eiweiß in einem tiefen Teller leicht aufschlagen.

4 Jedes Filet im Mehl wenden und überschüssiges Mehl abklopfen. Im Eiweiß, dann in den Brotbröseln wenden und diese gut andrücken.

5 Die Filettaschen auf ein beschichtetes Backblech legen und mit Paprika bestreuen. 20–25 Minuten backen, bis sie gar sind.

6 Die Holzspießchen entfernen, die Filets mit der Petersilie garnieren und servieren.

Serviervorschlag: Dazu passen neue Kartoffeln mit Spargel oder Zuckererbsen. Für ein Essen mit Gästen empfiehlt sich auch gerösteter Spargel mit karamellisiertem Schalottendressing (Rezept S. 76).

Puten-Pilz-Spieße mit Kräutern

Nährwert pro Portion
- Kilokalorien 199
- Kohlenhydrate 13 g
- Eiweiß 34 g
- Fett 2 g, davon gesättigte Fettsäuren 1 g

Diese leichten Spieße werden mit Honig, Limettensaft und viel frischen Kräutern gewürzt – eine Bereicherung für jede sommerliche Grillparty.

Vorbereitung: 20 Minuten, und 1–2 Stunden oder über Nacht marinieren
Kochzeit: 8–10 Minuten
Portionen: 4

500 g Putenbrustfilet
1 Knoblauchzehe, zerdrückt
2 EL flüssiger Honig
fein geriebene Schale und Saft von 1 Limette
3 EL gehackte Kräuter, etwa Petersilie, Thymian, Salbei oder Estragon
150 g Magerjoghurt
300 g kleine Champignons
Salz und schwarzer Pfeffer
Zum Servieren:
Limettenspalten, unbehandelt

1. Das Putenfleisch in mundgerechte Stücke schneiden und in einer Schüssel mit Knoblauch, Honig, Limettenschale und -saft, Kräutern und Joghurt mischen, sodass das Fleisch gleichmäßig bedeckt ist. Zum Marinieren für 1–2 Stunden oder über Nacht in den Kühlschrank stellen, damit alles gut durchziehen kann.
2. Den Grill auf mittlere Hitze vorheizen. Die Pilze gleichfalls in der Marinade wenden. Die Fleischstücke und die Champignons abwechselnd auf Spieße stecken, dann nach Belieben salzen und pfeffern.
3. Die Spieße unter mehrmaligem Wenden 8–10 Minuten goldbraun grillen, bis das Fleisch gar ist. Mit Limettenspalten garnieren.
   Serviervorschlag: Dazu passen geröstetes Fladenbrot, Tsatsiki mit fettarmem Joghurt und frischer Salat.

LIMETTENSCHALE REIBEN

Putenschmorbraten mit Äpfeln und Pflaumen

Nährwert pro Portion
- Kilokalorien 410
- Kohlenhydrate 30 g
- Eiweiß 47 g
- Fett 10 g, davon gesättigte Fettsäuren 2 g

Wenn die Putenbrust sanft geschmort wird, bleibt sie saftig. Mit den Äpfeln und Pflaumen gibt der Braten ein richtiges Festtagsessen.

Vorbereitung: 25 Minuten
Kochzeit: 1 Stunde 50 Minuten
Portionen: 6

1 ½ EL Olivenöl
knapp 2 kg Putenbrustbraten
400 g Zwiebeln, geviertelt
4 Tafeläpfel, z. B. Cox Orange oder Boskop, entkernt und geviertelt
1 EL Zucker
400 g Pflaumen, halbiert und entsteint
Salz und schwarzer Pfeffer
¼ l trockener Weißwein
¼ l Puten- oder Hühnerbrühe
Zum Garnieren:
1 EL Zucker
3 Pflaumen, halbiert, entsteint und in dicke Scheiben geschnitten
2 Tafeläpfel, ohne Kernhaus, geviertelt und in dicke Scheiben geschnitten

1 Den Backofen auf 220 °C (Gas: Stufe 4) vorheizen. Das Öl in einer großen Kasserolle bei mittlerer Hitze erhitzen. Den Putenbraten hineingeben und ringsum hellbraun anbraten. Darauf achten, dass das Öl nicht verbrennt. Den Braten herausnehmen und warm stellen.
2 Die Zwiebeln und die Äpfel in die Kasserolle geben, mit dem Zucker bestreuen und 3–4 Minuten braten, bis der Zucker karamellisiert. Dann die Pflaumenhälften zugeben, salzen und mit frisch gemahlenem Pfeffer kräftig würzen.
3 Die Putenbrust mit der Hautseite auf das Obst-Gemüse-Bett legen und den Wein zugießen. Aufkochen lassen, dann die Kasserolle von der Kochstelle nehmen, verschließen und in den Backofen stellen.
4 Nach 15 Minuten den Putenbraten ausgiebig mit dem Wein einpinseln, dann den Deckel wieder auflegen und die Kasserolle in den Backofen zurückstellen. Die Temperatur auf 180 °C (Gas: Stufe 3) zurückschalten und 1–1 ¼ Stunden braten. Dabei alle 15 Minuten mit der Bratenflüssigkeit einpinseln. Die Pute ist gar, wenn bei der Garprobe mit dem Messer an der dicksten Stelle nur klarer Fleischsaft austritt.
5 In der Zwischenzeit für die Garnierung ¼ l Wasser in eine Bratpfanne geben, Zucker zufügen, unter Rühren auflösen und zum Kochen bringen. Dann die Pflaumen- und Apfelscheiben zugeben. Die Hitze herunterschalten und 2–3 Minuten köcheln lassen, bis das Obst gerade weich ist. Die Früchte herausnehmen und die Kochbrühe sirupartig eindicken. Dann das Obst wieder zurück in die Pfanne legen, alles vom Feuer nehmen und warm stellen.
6 Den fertigen Braten auf eine Servierplatte legen, bedecken und bis zur Fertigstellung der Sauce warm halten.
7 Zwiebeln, Obst und Bratensaft aus der Kasserolle pürieren, das Püree durch ein feines Sieb in einen Topf streichen. Die Brühe umrühren und kochen lassen. Abschmecken und in eine Sauciere füllen.
8 Die Obstgarnierung nochmals erhitzen, den Braten damit garnieren und mit der Sauce servieren.

Serviervorschlag: Dazu passen neue Kartoffeln und grüne Bohnen.

Putenschnitzel mit geräucherter Chili-Sauce

Nährwert pro Portion
- Kilokalorien 156
- Kohlenhydrate 4 g
- Eiweiß 33 g
- Fett 1 g (keine gesättigten Fettsäuren)

Getrocknete Chipotle-Chilischoten haben ein Aroma, das sich von dem normaler getrockneter Chilischoten abhebt. Sie verleihen dem Putengericht eine rauchige Note.

Vorbereitung: 10 Minuten, und 30 Minuten Einweichzeit
Kochzeit: 50 Minuten
Portionen: 4

6 Chipotle-Chilischoten, getrocknet
4 Knoblauchzehen, in der Schale
50 g Zwiebeln, gehackt
300 g Tomaten aus der Dose, stückig
300 ml Hühner- oder Gemüsebrühe
4 Putenschnitzel, jeweils etwa 125 g
Salz und schwarzer Pfeffer
Zum Garnieren:
ein paar Stängel frischer Thymian

1 Den Backofen auf 200 °C (Gas: Stufe 3–4) vorheizen und Wasser aufkochen. Die getrockneten Chilischoten in eine kleine, hitzebeständige Schüssel geben, mit ⅛ l kochendem Wasser übergießen und 30 Minuten einweichen.

2 Inzwischen die Knoblauchzehen auf ein Backblech legen und 10–15 Minuten rösten, bis sie weich sind. Den Knoblauch abkühlen lassen. Den Ofen jedoch nicht abschalten. Die lauwarmen Zehen schälen und hacken.

3 Ein Sieb mit einem sauberen Küchentuch oder mit Küchenpapier auslegen und das Einweichwasser von den Chilischoten in ein hohes Gefäß gießen. Die Chilischoten halbieren, entkernen, dann das Fruchtfleisch grob hacken und in das Gefäß geben. Die Pfefferschoten und das Wasser in der Küchenmaschine oder mit dem Handmixer pürieren.

4 Die Chilischotenpaste, Knoblauch, Zwiebeln, Tomaten und Brühe in eine große Kasserolle geben und gut durchmischen. Die Putenschnitzel zufügen und in die Flüssigkeit eintauchen. Gut verschließen und im Ofen 20–25 Minuten garen.

5 Die Kasserolle auf die Kochstelle stellen. Die Putenschnitzel herausnehmen und warm stellen. Die Sauce aufkochen, dann bei reduzierter Hitze 10 Minuten köcheln lassen, bis sie eindickt. Salzen und pfeffern. Reichlich Sauce über die Schnitzel gießen und mit Thymianstängeln garnieren.

Tipp: Getrocknete Chipotle-Chilischoten aus Mexiko erhalten Sie in Geschäften, die mexikanische Spezialitäten führen. Wenn Sie keine finden, können Sie einen ähnlich rauchigen Geschmack erzielen, indem Sie eine große, frische rote Chilischote über einer Gasflamme oder im Backofen (200 °C, Gas: Stufe 3–4) rösten, bis die Haut aufplatzt. In eine Schüssel legen und so lange abkühlen lassen, bis sie geschält werden kann. Dann wie ab Schritt 3 vorgehen.

Serviervorschlag: Dazu passen Spiralnudeln oder andere Nudelformen.

Puten-Rotwein-Ragout

Nährwert pro Portion

- Kilokalorien 394
- Kohlenhydrate 12 g
- Eiweiß 37 g
- Fett 8 g, davon gesättigte Fettsäuren 2 g

Mageres Fleisch und viel Gemüse ergeben ein gesundes und reichhaltiges Gericht.

Vorbereitung: 20 Minuten
Kochzeit: 1 Stunde
Portionen: 4

2 EL Mehl
Salz und schwarzer Pfeffer
500 g Putenschnitzel
2 magere Speckstreifen ohne Schwarte
2 EL Olivenöl
250 g junge Möhren
1 Stange Sellerie, in Streifen geschnitten
250 g kleine Champignons
250 g ganze Schalotten
3/4 l leichter Rotwein
600–750 ml Hühnerbrühe
4 große Knoblauchzehen, gehackt
1 großes Bouquet garni oder 4 Stängel frische Petersilie oder Thymian und 1 Lorbeerblatt, zusammengebunden
Zum Garnieren:
frische Kerbel- oder Petersilienstängel

1 Mehl, Salz und Pfeffer in eine große Plastiktüte geben. Das Putenfleisch in 2,5 cm große Würfel schneiden, in die Tüte geben und kräftig schütteln.

2 Den Speck in Streifen schneiden und in einer Kasserolle bei niedriger Hitze auslassen. Dabei häufig umrühren, dann herausnehmen und beiseite stellen.

3 1 EL Öl zum Fett von den Speckstreifen geben und darin die Pute bei mittlerer Hitze 2–3 Minuten rundum anbraten: Falls das Fleisch ansetzt, 1 EL Wasser in die Pfanne geben und rühren. Das Fleisch herausnehmen und beiseite stellen.

4 Das restliche Öl in die Kasserolle geben und darin Möhren, Sellerie, Pilze und Schalotten etwa 5 Minuten braten. Herausnehmen und beiseite stellen.

5 Die Temperatur erhöhen und den Bratensatz mit dem Wein ablöschen. Kochen, bis die Flüssigkeit um die Hälfte reduziert ist, dann die Brühe zufügen, wieder aufkochen und um ein Drittel einkochen lassen.

6 Den Speck, das Putenfleisch und das Gemüse mit dem Knoblauch und den Kräutern zurück in die Kasserolle geben. Die Temperatur zurückschalten und alles 20–30 Minuten garen, bis das Fleisch gar und die Sauce dunkel und dick ist. Das Bouquet garni entfernen und das Ragout mit frischen Kräutern garnieren und servieren.

Serviervorschlag: Dazu passen Bäckerinkartoffeln (Rezept S. 241) oder französisches Weißbrot.

Putengeschnetzeltes mit Pilzen und Meerrettich

Nährwert pro Portion

- Kilokalorien 251
- Kohlenhydrate 19 g
- Eiweiß 35 g
- Fett 4 g, davon gesättigte Fettsäuren 1 g

Die Schärfe des Meerrettichs verändert das traditionell milde Putengericht, das im Handumdrehen zubereitet ist.

Vorbereitung: 10 Minuten
Kochzeit: 20 Minuten
Portionen: 4

450 g Putenbrust
1 EL Sonnenblumenöl
75 g Zwiebeln, gehackt
225 g kleine Champignons, in Scheiben geschnitten
50 g Mehl
600 ml Magermilch
1–2 EL Meerrettich, frisch gerieben oder aus dem Glas (kein Sahnemeerrettich)
2 EL gehackte frische Petersilie oder Schnittlauch
Salz und schwarzer Pfeffer
Zum Garnieren:
Stängel von glatter Petersilie

1 Das Fleisch in 1 cm dicke Streifen schneiden.
2 1 TL Öl in einer beschichteten Bratpfanne oder im Wok erhitzen und die Zwiebeln in etwa 5 Minuten weich dünsten.
3 Die Putenstreifen mit den Händen mit einem weiteren TL Öl einreiben. Zu den Zwiebeln geben und 5 Minuten unter Rühren anbraten.
4 Die Pilze und das restliche Öl zugeben und weitere 2–3 Minuten braten.
5 Das Mehl darüber stäuben. 1 Minute braten, dann die Milch langsam einrühren und dabei den Bratensatz vom Boden lösen. Aufkochen und 1 Minute kochen, dann die Temperatur zum Weiterköcheln zurückschalten.
6 Den Meerrettich sowie die Kräuter zugeben und würzen. Weitere 5 Minuten köcheln lassen, dann mit Petersilie garnieren und servieren.

Variante: Der Meerrettich kann auch durch Senf mit ganzen Körnern ersetzt werden.

Serviervorschlag: Dazu passen gestampfte Süßkartoffeln oder Kartoffelpüree.

Köstliche Erfrischungsgetränke

Es muss nicht immer Alkohol sein und immer häufiger geben Gäste und Gastgeber alkoholfreien Getränken den Vorzug. Ganz besonders gern werden solche Drinks von Autofahrern getrunken, doch wer will schon immer nur auf Fruchtschorle oder Mineralwasser angewiesen sein? Mit diesen hier vorgestellten feinen und ungewöhnlichen Erfrischungsgetränken wird niemand etwas vermissen, und vielleicht wächst durch sie die Schar der Freunde eines fruchtigen Getränks. Eine angenehme Begleiterscheinung ist die Tatsache, dass die Mixgetränke schnell und einfach zuzubereiten sind.

Der Ingwer-Zitronengras-Cordial und der Minz Lassi sind optimale Getränke zu scharf gewürzten indischen und anderen fernöstlichen Gerichten, außerdem sind sie hervorragende Durstlöscher an heißen Sommertagen. Gleiches gilt für den Rhabarber-Drink, der vielleicht Ihr Favorit für heiße Tage wird.

Den gewürzten Traubensaft dagegen können sie im Sommer auf Eis oder heiß im Winter zum Aufwärmen servieren. Und wenn Sie ein wahrhaftes Kuschelgetränk für dunkle und nasskalte Tage suchen, dann ist das Aroma von heißem Zimt, Gewürznelken und Rosinen im nach Apfel duftenden Apfel-Zimt-Punsch genau das Richtige für Sie.

Genuss gleich löffelweise

Der Traubensaft mit Kardamom eignet sich auch hervorragend zur Zubereitung als Gelee. Dazu nur drei Beutel Gelatinepulver in den heißen, abgesiebten Saft geben, vorsichtig umrühren, bis sich alles aufgelöst hat, und dann in ein Marmeladeglas füllen. Die Mischung abkühlen lassen und, sobald sie fest ist, in den Kühlschrank stellen.

Ingwer-Zitronengras-Cordial

Dieser aromatische Fruchtcocktail passt hervorragend zu thailändischen Gerichten.

Vorbereitung: 8 Minuten
Portionen: 10

175 g eingelegter Ingwer
4 EL Ingwersirup aus dem Glas
1 EL Zitronengras, fein geschnitten
2 l kohlensäurehaltiges Mineralwasser
Eiswürfel

1 Den Ingwer, Sirup, Zitronengras und 1/8 l Mineralwasser in den Mixer geben und fein pürieren.
2 Auf die Gläser verteilen, mit Mineralwasser und Eiswürfeln nach Beleiben auffüllen und servieren.

Tipp: Zitronengras gibt es frisch in Asienläden oder im gut sortierten Supermarkt zu kaufen.

Nährwert pro Getränk
- Kilokalorien 75
- Kohlenhydrate 17 g
- Kein Eiweiß
- Kein Fett

TRAUBENSAFT MIT KARDAMOM (LINKS) UND INGWER-ZITRONENGRAS-CORDIAL

RHABARBER-DRINK UND MINZ LASSI

Traubensaft mit Kardamom

Der außergewöhnlich gewürzte Traubensaft eignet sich als kaltes oder warmes Getränk für alle Jahreszeiten.

Vorbereitung: 5 Minuten, und 2 Stunden Kühlzeit
Kochzeit: 15 Minuten
Portionen: 4

1 l roter Traubensaft
Schale und Saft von 1 großen unbehandelten Orange
1 Prise Piment, gemahlen
12 grüne Kardamomkapseln, zerdrückt
10 cm Zimtstange
6 Gewürznelken
1 EL Zucker
Zum Servieren
zerstoßenes Eis, nach Belieben oder Zimtstangen

1 Alle Zutaten in einen großen Topf geben, erwärmen und auf mittlerer Hitze 5 Minuten köcheln lassen. Die Hitzezufuhr verringern und weitere 10 Minuten sieden lassen. Den Topf vom Herd nehmen und mit dem Inhalt etwa 1 Stunde abkühlen lassen.
2 Den Saft durch ein Sieb in einen Krug gießen, erneut 1 Stunde kalt stellen oder mit zerstoßenem Eis sofort servieren.

Variante: Der Saft schmeckt auch als Heißgetränk. Dazu wie in Schritt 2 die Gewürze absieben, dann nochmals erhitzen und mit einer Zimtstange als Löffel im Glas servieren.

Nährwert pro Getränk
- Kilokalorien 145
- Kohlenhydrate 37 g
- Eiweiß 1 g
- Kein Fett

Apfel-Zimt-Punsch

Rosinen, Zimt und Gewürznelken verleihen diesem Getränk ihre Aromen – perfekt für einen eiskalten Adventsabend.

Vorbereitung: 5 Minuten, und 1 Stunde Einweichzeit
Kochzeit: 25 Minuten
Portionen: 4

10 cm Zimtstange
6 Gewürznelken
1 l ungesüßter Apfelsaft
2 EL flüssiger Honig
25 g Rosinen
1 kleiner Tafelapfel
2 EL Zitronensaft

1 Zimtstange und Gewürznelken in ein kleines Stoffsäckchen oder einen Teebeutel geben.
2 Apfelsaft, Honig und Rosinen in einem großen Topf mischen, den Gewürzbeutel zufügen und 1 Stunde stehen lassen, damit die Rosinen einweichen.
3 Den Apfel schälen, das Kernhaus entfernen und den Apfel in vier dicke Scheiben schneiden. Den Saft im Topf bei milder Hitze langsam erwärmen, die Apfelscheiben zufügen und etwa 20 Minuten ziehen lassen, bis die Äpfel anfangen weich zu werden.
4 Von der Kochstelle nehmen, den Gewürzbeutel herausnehmen und mit dem Zitronensaft mischen. Eine Apfelscheibe in jedes Glas geben und mit dem heißen Saft übergießen. Unbedingt einen Teelöffel ins Glas geben, der die Hitze aufnimmt und dadurch verhindert, dass es springt. Das Getränk sehr heiß servieren.
Variante: Wer es gerne hochprozentig mag, fügt einen Spritzer Calvados oder Weinbrand zu.

Nährwert pro Getränk

- Kilokalorien 154
- Kohlenhydrate 40 g
- Eiweiß 1 g
- Kein Fett

Rhabarber-Drink

Rhabarber verleiht diesem überraschend delikaten Getränk seine rosa Farbe.

Vorbereitung: 5 Minuten, 1 Stunde abkühlen und 45 Minuten kühlen
Kochzeit: 10 Minuten
Portionen: 4

450 g Rhabarber, in 5 cm lange Stücke geschnitten
7–8 EL Zucker
2 EL Zitronensaft
600 ml kohlensäurehaltiges Mineralwasser

1 Rhabarber, Zucker, Zitronensaft und 350 ml Wasser in einen säurebeständigen Topf geben. Bei mittlerer Hitze aufkochen lassen, die Temperatur zurückschalten und alles etwa 5 Minuten offen ziehen lassen, bis der Rhabarber zusammenfällt. Von der Kochstelle nehmen und etwa eine Stunde abkühlen lassen.
2 Den Rhabarber absieben, die Flüssigkeit zurückbehalten und das Fruchtfleisch entfernen. Den Rhabarbersaft etwa 45 Minuten kühlen lassen.
3 Jedes Glas je zur Hälfte mit dem Saft und Mineralwasser füllen.
Variante: Wer ein alkoholisches Getränk mag, gibt noch einen Schuss Pernod hinzu, der dem Ganzen einen leichten Anisgeschmack verleiht.

Nährwert pro Getränk

- Kilokalorien 146
- Kohlenhydrate 38 g
- Eiweiß 1 g
- Kein Fett

APFEL-ZIMT-PUNSCH

Minz Lassi

Das Joghurtgetränk wird zu scharfen indischen Gerichten serviert und mildert die Schärfe.

Vorbereitung: 5 Minuten
Portionen: 2

150 ml Magermilch
75 g Magermilchjoghurt
4 EL gehackte frische Minzblätter
Salz
zerstoßenes Eis

1 Milch, Joghurt, Minze und eine kleine Prise Salz im Cocktailbecher 45 Sekunden lang mixen.
2 Zwei Gläser mit zerstoßenem Eis füllen und den Lassi darüber gießen.
Variante: Für süßen Fruchtlassi nur die halbe Menge Milch verwenden und die Differenz mit gleichen Mengen Joghurt oder Obst auffüllen. Anstelle von Salz Zucker verwenden.

Nährwert pro Getränk

- Kilokalorien 48
- Kohlenhydrate 7 g
- Eiweiß 5 g
- Kein Fett

Entenbrust mit Wildreis und Trauben

Duftender Wildreis, Orangen und Balsamessig sind ideale Begleiter von gebratener Entenbrust.

Vorbereitung: 10 Minuten
Kochzeit: 45 Minuten
Portionen: 4

200 g Wildreis
Salz und schwarzer Pfeffer
25 g Pecannüsse, gehackt
4 Entenbrüste, jeweils 175 g
Öl zum Einreiben
geriebene Schale und Saft von 1 unbehandelten Orange
2 TL Balsamessig
150 g kernlose rote Weintrauben, halbiert
3 Frühlingszwiebeln, in dünne Scheiben geschnitten

1 Reis in einem Topf mit einer Prise Salz nach Packungsangaben kochen.
2 Inzwischen eine beschichtete Bratpfanne erhitzen und die Pecannüsse 2 Minuten rösten, bis sie leicht gebräunt sind, dann beiseite stellen.
3 Haut und Fett von den Entenbrüsten entfernen. Eine gusseiserne Grillpfanne oder die Bratpfanne dünn mit Öl bestreichen und auf mittlerer Hitze erwärmen. Sobald sie heiß ist, die Entenbrüste hineinlegen und auf jeder Seite 2–3 Minuten goldbraun braten. Die Temperatur zurückschalten und etwa weitere 8–10 Minuten unter gelegentlichem Wenden braten, bis bei der Garprobe mit dem Messer an der dicksten Stelle nur klarer Fleischsaft austritt.
4 Den Orangensaft mit dem Balsamessig mischen und über die Entenbrüste träufeln, dann die Pfanne vom Herd nehmen.
5 Den Reis, die Trauben und Frühlingszwiebeln zugeben und mit schwarzem Pfeffer würzen.
6 Die Reismischung auf vier Teller verteilen. Die Entenbrust in Scheiben schneiden und auf dem Reisbett anrichten. Mit Orangenschale und Pecannüssen bestreuen, die Sauce darüber geben und sofort servieren.

Serviervorschlag: Dazu passen die Spinat-Pilz-Platte mit Croûtons (Rezept S. 230) oder geschwenktes Frühlingsgemüse (Rezept S. 232).

Nährwert pro Portion
- Kilokalorien 430
- Kohlenhydrate 46 g
- Eiweiß 32 g
- Fett 14 g, davon gesättigte Fettsäuren 3 g

Fettspartipp
Ente gilt im Allgemeinen als fett. Aber dieses Fett sitzt zum größten Teil direkt unter der Haut und lässt sich mitsamt der Haut leicht entfernen. Dann wird eine Entenbrust auch bei fettarmer Ernährung zum Genuss.

ENTENBRUST MIT WILDREIS UND TRAUBEN

ENTE AUF INDISCHE ART

Ente auf indische Art

Ein beliebtes Gericht in Indien kombiniert Zwiebeln und Tomaten mit orientalischen Gewürzen. Es passt vorzüglich zu Ente.

Vorbereitung: 30 Minuten
Kochzeit: 1 ½ Stunden
Portionen: 4

500 g Zwiebeln
700 g Entenbrust
2 EL Sonnenblumenöl
2 Lorbeerblätter, gerebelt
4 grüne Kardamomkapseln, oben eingeschlitzt
5 cm Zimtstange, halbiert
4 Gewürznelken
½–1 TL Cayennepfeffer
2 TL Koriander, gemahlen
1 TL Kreuzkümmel, gemahlen
2 TL Knoblauchpaste oder Knoblauch, zerdrückt
2 TL geriebener Ingwer
1 TL Paprikapulver
½ TL Kurkuma
125 g Tomaten aus der Dose, stückig
Salz
½ TL Garam Masala
2 EL gehackter frischer Koriander
Zum Garnieren:
gehackter frischer Koriander, Gurkenscheiben und rote Zwiebeln

1 Die Hälfte der Zwiebeln schälen und grob hacken. In einem Topf mit ¼ l Wasser aufkochen und abgedeckt 10 Minuten köcheln. In der Küchenmaschine oder mit dem Stabmixer pürieren und beiseite stellen.

2 Inzwischen die restlichen Zwiebeln fein hacken. Haut und Fett von den Entenbrüsten entfernen, das Fleisch dann in 2,5 cm große Würfel schneiden.

3 Das Öl in einer Kasserolle auf mittlerer Temperatur erhitzen und die Entenbruststücke in etwa 4 Minuten hellbraun braten. Mit einem Schaumlöffel herausnehmen und zur Seite stellen.

4 Die Kasserolle vom Herd nehmen, um das Öl etwas abzukühlen. Lorbeer, Kardamom, Zimt und Nelken zugeben und 15–20 Sekunden bei milder Hitze rösten. Den Topf wieder auf den Herd stellen, die gehackten Zwiebeln zugeben und unter häufigem Rühren etwa 8 Minuten braten, bis sie gar und braun sind.

5 Cayennepfeffer, Koriander, Kreuzkümmel, Knoblauch, Ingwer, Paprika und Kurkuma einrühren und 1 Minute köcheln lassen. Dann die pürierten Zwiebeln einrühren, die Temperatur leicht erhöhen und 5 Minuten unter häufigem Rühren kochen.

6 Die Tomaten mit dem Saft zufügen und bei niedriger Temperatur weitere 5 Minuten schmoren. Dann die Entenbrust zugeben und knapp 200 ml Wasser zufügen. Abdecken, aufkochen lassen und auf kleiner Hitze rund 30 Minuten köcheln lassen. Dabei immer wieder kontrollieren und eventuell Wasser nachgießen.

7 Salzen nach Belieben und zugedeckt nochmals 20–25 Minuten unter gelegentlichem Rühren garen, bis das Entenfleisch gar ist. Die Temperatur dann erhöhen und alles 3 Minuten unter Rühren kochen, damit die Sauce eindickt.

8 Das Garam Masala und den gehackten Koriander zufügen, 1 Minute ziehen lassen, dann mit Koriander und Gurken- und Zwiebelscheiben garniert servieren.

Serviervorschlag: Dazu passt gekochter Langkornreis oder Chili-Chapatis (Rezept S. 291).

Nährwert pro Portion

- Kilokalorien 283
- Kohlenhydrate 11 g
- Eiweiß 27 g
- Fett 15 g, davon gesättigte Fettsäuren 3 g

Ente mit scharfer Pflaumensauce

Eine zarte Entenbrust, eine würzige Sauce aus säuerlichen Pflaumen – fertig ist ein köstlicher Gaumenschmaus.

Vorbereitung: 25 Minuten, und 30 Minuten oder über Nacht marinieren
Kochzeit: 10–15 Minuten
Portionen: 4

2 Barbarie-Entenbrüste, jeweils 350 g, oder 4 normale Entenbrüste, jeweils 175 g
Öl zum Einpinseln
1 Prise chinesisches Fünf-Gewürz-Pulver
Für die Sauce:
1 EL Olivenöl oder Sonnenblumenöl
150 g Zwiebeln, fein gehackt
2 große Knoblauchzehen, zerdrückt
2 grüne Chilischoten, entkernt und fein gehackt
8 rote Pflaumen, entsteint und gewürfelt
1 kleine gelbe oder rote Paprikaschote, fein gehackt
2 EL frischer Koriander, grob gehackt
Saft von 2 Limetten
Salz und schwarzer Pfeffer oder gemahlene chinesische Szechuan-Pfefferkörner
Zum Garnieren:
ein paar frische Korianderstängel

PFLAUMEN

1 Für die Sauce das Öl in einer kleinen Bratpfanne erhitzen, Zwiebeln und Knoblauch zufügen und bei großer Hitze 1–2 Minuten hellbraun braten. Herausnehmen und abkühlen lassen.

2 Chilischoten, Pflaumen, Paprika und Koriander mit dem Limettensaft mischen, nach Belieben salzen und pfeffern. Alles unter die Zwiebel-Knoblauch-Masse mischen und mindestens 30 Minuten oder über Nacht ziehen lassen, damit sich der Geschmack gut entfalten kann.

3 Haut und Fett von den Entenbrüsten entfernen und das Fleisch mehrfach einritzen.

4 Eine gusseiserne Grillpfanne oder eine beschichtete Bratpfanne dünn mit Öl einstreichen und erhitzen. Die Entenbrüste mindestens 3 Minuten auf jeder Seite braten, bis sie sich elastisch anfühlen, wenn man sie mit dem Gabelrücken nach unten drückt. Größere Stücke brauchen eine längere Garzeit, die auch davon abhängt, wie das Fleisch serviert werden soll, rosa oder durchgebraten.

5 Die Entenbrüste salzen, pfeffern und mit dem Fünf-Gewürz-Pulver würzen, dann zugedeckt 5 Minuten ruhen lassen.

6 Die Sauce auf vier flache vorgewärmte Teller verteilen. Die Entenbrüste diagonal in Scheiben schneiden und auf der Sauce anrichten. Mit Korianderstängeln garnieren.
Serviervorschlag: Dazu passen neue Kartoffeln oder Reisnudeln und gedämpfte Zuckererbsen.

Nährwert pro Portion

- Kilokalorien 269
- Kohlenhydrate 15 g
- Eiweiß 26 g
- Fett 12 g (keine gesättigten Fettsäuren)

Entenstreifen mit Orange und Honig

Die Ente wird vor dem Braten mariniert, damit das Fleisch schön saftig bleibt.

Vorbereitung: 15 Minuten, und 30 Minuten marinieren
Kochzeit: 6–8 Minuten
Portionen: 2

2 Entenbrüste, jeweils 175 g
1 TL Olivenöl
2 Frühlingszwiebeln, in 2,5-cm-Stücke zerteilt
50 g Brunnenkresse, die Stiele entfernt
Filets von 1 Orange

Für die Marinade:
1 kleine rote Chilischote, entkernt und fein gehackt
1 TL Maismehl oder feine Speisestärke
1 Knoblauchzehe, zerdrückt
1 TL freischer Ingwer, fein gerieben
geriebene Schale und Saft von 1 unbehandelten Orange
1 TL flüssiger Honig
1 TL Sesamöl
1 EL trockener Sherry oder Reiswein
1 EL dunkle Sojasauce

1 Für die Marinade alle Zutaten in einer Schüssel mischen.
2 Die Haut und alles Fett von der Entenbrust entfernen. Das Fleisch in dünne Streifen schneiden und in die Marinade geben. Gut mischen und zugedeckt mindestens 30 Minuten ziehen lassen oder bis zum Gebrauch in den Kühlschrank stellen.
3 Die Entenfleischstreifen aus der Marinade nehmen und trockentupfen. Die Marinade aufbewahren. Das Öl in einem Wok oder einer großen beschichteten Bratpfanne bei hoher Temperatur erhitzen, das Fleisch 4–5 Minuten anbräunen.
4 Die Marinade zu dem Entenfleisch geben, alles aufkochen und einkochen lassen, bis die Sauce dunkel geworden ist und sirupartig eindickt.
5 Die Frühlingszwiebeln und die entstielte Brunnenkresse zugeben, 1 Minute braten, dann die Orangenfilets zugeben und erhitzen.

Variante: Statt Brunnenkresse können Sie klein geschnittenen Chinakohl, Zucchini- und Möhrenstreifen oder jungen Spinat nehmen.

Serviervorschlag: Dazu passen Weizen- oder Reisnudeln oder Reis.

Nährwert pro Portion
- Kilokalorien 281
- Kohlenhydrate 17 g
- Eiweiß 27 g
- Fett 11 g, davon gesättigte Fettsäuren 3 g

Fasanenbrust mit Portwein

Mageres Fasanenfleisch wird in einer glänzenden roten Sauce mit vitaminreichen frischen Früchten gegart.

Vorbereitung: 15 Minuten
Kochzeit: 25–30 Minuten
Portionen: 4

4 ausgelöste Fasanenbrüste, je 150 g
1 TL Olivenöl
3 Schalotten, gehackt
200 ml roter Portwein
2 EL Rotweinessig
150 ml Fleischbrühe
1 frischer Thymianstängel
2 dunkle Feigen
100 g Johannisbeeren
1 TL Dijonsenf
Salz und schwarzer Pfeffer
Zum Garnieren:
Johannisbeeren und frische Thymianstängel

1 Haut und Fett von den Fasanenbrüsten entfernen. Eine beschichtete Bratpfanne mit Öl dünn einpinseln und auf mittlerer Temperatur erhitzen. Sobald das Öl heiß ist, die Fasanenbrüste und die Schalotten zugeben und das Fleisch auf jeder Seite 1 Minute anbraten.

2 Die Fasanenbrüste herausnehmen und beiseite stellen. Portwein und Essig zu den Schalotten geben, aufkochen und die Flüssigkeit auf die Hälfte einkochen. Brühe und Thymian zugeben und einmal aufkochen.

3 Den Fasan wieder in die Pfanne geben und das Fleisch zugedeckt in 8–10 Minuten weich köcheln. Achtung: Zu langes Garen macht das Fleisch hart.

4 In der Zwischenzeit jede Feige in acht Spalten schneiden und die Johannisbeeren von den Stängeln streifen.

5 Wenn die Fasanenbrust gar ist, d. h., wenn beim Einstechen der austretende Fleischsaft klar ist, das Fleisch aus der Pfanne nehmen und warm stellen.

6 Die Sauce aufkochen und um ein Drittel reduzieren, dann den Senf einrühren, die Feigen und Johannisbeeren zufügen und alles abschmecken. Die Fasanenbrust auf vorgewärmten Tellern mit Johannisbeeren und Thymianstängeln garnieren und mit der Sauce servieren.

Variante: Statt frischer Johannisbeeren lassen sich für die Sauce auch tiefgefrorene Früchte verwenden oder 2 EL Johannisbeergelee.

Serviervorschlag: Dazu passen große Ofenkartoffeln und grünes Gemüse wie Spinat oder Brokkoli.

Nährwert pro Portion

- Kilokalorien 304
- Kohlenhydrate 11 g
- Eiweiß 41 g
- Fett 5 g, davon gesättigte Fettsäuren 1 g

Fasanen-Puten-Terrine

Diese delikate Geflügel-Wild-Terrine erhält ihre saftige Konsistenz dadurch, dass das Fett durch Kastanienpüree ersetzt wird.

Vorbereitung: 1–2 Stunden, und 2–3 Tage Reifezeit
Kochzeit: 1 1/4 Stunden
Portionen: 6 als Hauptgericht, 12 als Vorspeise

400 g Esskastanien, tiefgefroren, vakuumverpackt oder abgetropft aus der Dose
1/2 l Geflügelbrühe
350 g Putenfilet
500 g Fasanenbrustfilet
12 große Pflaumen, entsteint
5 EL Weinbrand
1 TL Pimentkörner, gemahlen, oder 1 1/2 TL Pimentpulver
Salz und schwarzer Pfeffer
150 g Puten- oder Hühnerleber
2 Stangen Lauch, mindestens 35 cm lang
1 Ei, aufgeschlagen
1 EL Olivenöl
25 g ungesalzene Pistazienkerne, geschält

1 Die Esskastanien in der Brühe aufkochen und 20–25 Minuten köcheln lassen, bis die Kastanien gerade weich werden. Abgießen, Brühe beiseite stellen und abkühlen lassen.
2 Sämtliche Sehnen von Pute und Fasan entfernen. Den Fasan auf Schrotkugeln überprüfen, dann in lange, etwa 5 mm breite Streifen schneiden. 200 g der schönsten Streifen in eine Schüssel geben, dann die Pflaumen, 3 EL Weinbrand und die Hälfte der Pimentkörner dazugeben und würzen. Umrühren und beiseite stellen.
3 Alle Zwischenhäute und weißes Gewebe von der Leber entfernen. Das restliche Fasanenfleisch, das Putenfleisch und die Leber in der Küchenmaschine oder mit dem Stabmixer fein zerkleinern. Gut mischen, dann erneut zerkleinern und die Mischung in eine große Schüssel geben.
4 Ein Viertel der Kastanien grob hacken und beiseite stellen. Den Rest pürieren und mit dem restlichen Weinbrand und den restlichen Pimentkörnern, etwas Salz und viel Pfeffer unter das pürierte Fleisch mischen.
5 Etwa 1 l Wasser aufkochen. Die Lauchstangen auf 30 cm Länge schneiden, dann der Länge nach halbieren, die feinen Herzblätter entfernen und unter fließend kaltem Wasser gut abspülen. In eine Auflaufform oder eine große Bratpfanne in einer Schicht legen und 1–2 Minuten mit kochendem Wasser blanchieren, bis sie gerade weich werden. Unter kaltem Wasser abschrecken und die Blätter auf Küchenpapier zum Trocknen legen.
6 Den Backofen auf 180 °C (Gas: Stufe 2–3) vorheizen. Eine beschichtete Terrinenform, ca. 22 × 11 × 6 cm, leicht einölen. Die Lauchstreifen quer und überlappend in das Gefäß legen, sodass sie über den Rand der Form hängen.
7 Den Weinbrand der Fasanen-Pflaumen-Mischung abgießen und unter die Fleischmasse rühren. Das Ei, Olivenöl, Pistazienkerne und 2 EL der zurückbehaltenen Brühe von den Kastanien zufügen und gut untermischen. Die gehackten Kastanien vorsichtig einrühren, damit sie nicht zerbröseln.
8 Ein Drittel der Masse in die ausgelegte Form geben und gleichmäßig verteilen. Die Hälfte der abgetropften Pflaumen in der Mitte auflegen und mit der Hälfte der Fasanenstreifen umlegen.
9 Alles mit dem zweiten Drittel der Terrinenmischung bedecken, dann die restlichen Pflaumen und das Fasanenfleisch wie zuvor einlegen. Den Rest der Mischung gleichmäßig darüber verstreichen.
10 Wasser in einem Teekessel aufkochen. Die Terrine längs mit einer Lage passend zugeschnittener Lauchstreifen überlappend bedecken, dann die überhängenden Streifen darüber klappen.
11 Das Gefäß mit Aluminiumfolie dicht verschließen und in ein hohes Gefäß stellen. Mit kochendem Wasser bis zur halben Höhe der Terrinenform umgießen und die Terrine 1–1 1/4 Stunden im Backofen backen. Zur Garprobe einen Holzspieß in die Mitte stechen; fühlt er sich auf dem Handrücken heiß an, ist die Terrine gar.
12 Die Terrinenform auf eine Platte stellen, ein kleines Brett auf die Aluminiumfolie legen, dann mit Gewichten oder Konservendosen beschweren. 2–3 Tage kühl stellen, damit sich das Aroma entfalten kann.
13 Die Terrine 1 Stunde vor dem Servieren aus dem Kühlschrank nehmen. Die Aluminiumfolie entfernen und ausgetretene Flüssigkeit abgießen. Die Terrine mit der stumpfen Seite eines breiten Messers zwischen Form und Lauch lösen, stürzen, in Scheiben schneiden und servieren.

Variante: Die Terrine kann auch mit Ente und Fasan, Gans und Ente, nur mit Fasan oder nur mit Ente zubereitet werden.

Serviervorschlag: Als Hauptgang zusammen mit Kopfsalat und knusprigem Brot servieren oder als Vorspeise mit Gewürzgürkchen und Toastbrot.

Nährwert pro Portion, als Hauptgericht

- Kilokalorien 435
- Kohlenhydrate 33 g
- Eiweiß 46 g
- Fett 11 g, davon gesättigte Fettsäuren 2 g

Gebratene Wachteln auf Rosmarin

Ein Festessen für einen großen Anlass sind diese in Wein eingelegten Wachteln mit Bratäpfeln.

Vorbereitung: 30 Minuten, und 1 Stunde zum Marinieren
Kochzeit: 25–30 Minuten
Portionen: 2 als Hauptgericht, 4 als Vorspeise

4 küchenfertige Wachteln
1 unbehandelte Zitrone, geviertelt
4–5 verzweigte Rosmarinstängel
Für die Marinade:
300 ml trockener Weißwein
1 EL Olivenöl
1 Knoblauchzehe, zerdrückt
Salz und schwarzer Pfeffer
Für die Bratäpfel:
3 EL Weinbrand, erwärmt
75 g Korinthen
50 g eingelegter Ingwer, abgetropft und fein gehackt
2 Streifen geräuchter durchwachsener Schinkenspeck, in feine Streifen geschnitten
1 TL frischer Thymian, gehackt
4 kleine Tafeläpfel, etwa Cox Orange oder Boskop

1 Für die Marinade Wein, Olivenöl und Knoblauch in einer Schüssel mischen und nach Belieben salzen. Die Wachteln darin wenden und auch innen mit der Marinade einreiben. Zugedeckt 1 Stunde ziehen lassen, die Wachteln mehrmals wenden.

2 Inzwischen für die Bratapfelfüllung Weinbrand, Korinthen und Ingwer in einer kleinen Schüssel mischen und 30 Minuten ziehen lassen.

3 Den Backofen auf 200 °C (Gas: Stufe 3–4) vorheizen. Die Rosmarinstängel auf einem Backblech verteilen und einige Rosmarinnadeln beiseite stellen.

4 Die Speckstreifen und den Thymian in den Weinbrand rühren, salzen und pfeffern. Aus den Äpfeln das Kernhaus stechen, die Apfelschale an der dicksten Stelle der Frucht einschneiden, damit sie beim Backen nicht reißt. Die Füllung in die Äpfel drücken.

5 Die Wachteln aus der Marinade nehmen und je ein Zitronenviertel ins Innere geben. Auf das Rosmarinbett legen, mit der Marinade begießen und das Backblech lose mit Aluminiumfolie abdecken.

6 15 Minuten braten, dann die Aluminiumfolie entfernen und die Wachteln mit dem Bratensaft einpinseln. Die Hitze auf 230 °C (Gas: Stufe 5) erhöhen und die Wachteln weitere 10–15 Minuten braten, bis sie gar sind.

7 Die Wachteln und die Äpfel auf eine Servierplatte geben und warm stellen. Wenn die Äpfel nicht ganz weich sind, noch im Ofen stehen lassen, während die Sauce zubereitet wird.

8 Den Bratensaft in einen kleinen Topf geben und auf großer Hitze eindicken. Die Sauce über die Wachteln gießen und servieren.

Serviervorschlag: Ohne Beilagen als Vorspeise servieren. Für ein Hauptgericht eignen sich als Beilage Möhren und Spinat sowie Kartoffelpüree, das die Sauce aufnimmt.

Nährwert pro Portion, als Vorspeise

- Kilokalorien 414
- Kohlenhydrate 32 g
- Eiweiß 31 g
- Fett 11 g, davon gesättigte Fettsäuren 3 g

Perlhuhnfrikassee

Dieses zart pochierte Perlhuhn wird in einer scharfen Zitronen-Joghurt-Sauce serviert.

Vorbereitung: 30 Minuten, und 20 Minuten zum Abkühlen
Kochzeit: 1 Stunde 20 Minuten
Portionen: 4

1 küchenfertig vorbereitetes Perlhuhn, etwa 1,25 kg
35 g Möhren, in Scheiben geschnitten
60 g Zwiebeln, geviertelt
1 großer Petersilienstängel
8 schwarze Pfefferkörner
300 ml Hühnerbrühe
1 TL Olivenöl
250 g kleine Maronenröhrlinge, geviertelt
25 g Diät-Pflanzencreme (71 %)
25 g Weizenmehl
fein geriebene Schale von 1 unbehandelten Zitrone
2 EL Zitronensaft
150 g Vollmilchjoghurt
Salz und schwarzer Pfeffer
2 EL gehackte frische Petersilie
Zum Garnieren:
frische Petersilienstängel und nach Belieben Toast, diagonal halbiert

1 Das Perlhuhn mit Möhren, Zwiebeln, Petersilie, Pfefferkörnern und der Brühe in einen Kochtopf geben. Aufkochen und zugedeckt 45–55 Minuten auf kleiner Hitze gar köcheln. Zur Garprobe am Schenkel einstechen: das Fleisch ist fertig, wenn nur klarer Fleischsaft austritt.

2 Das Perlhuhn auf eine Platte legen und etwa 20 Minuten abkühlen lassen. Inzwischen 300 ml Brühe abmessen, gegebenenfalls bis zu dieser Menge mit Wasser auffüllen.

3 Den Backofen auf 180 °C (Gas: Stufe 3) vorheizen. Wenn das Perlhuhn kalt genug ist, sodass man es anfassen kann, die Haut abziehen, das Fleisch von den Knochen lösen und klein schneiden.

4 Das Öl in einer großen Bratpfanne erhitzen, die Pilze zugeben und 2–3 Minuten scharf braten, bis sie hellbraun sind. Von der Kochstelle nehmen und beiseite stellen.

5 Das Fett in einem Topf bei mittlerer Hitze schmelzen, zuerst das Mehl, dann langsam die Kochflüssigkeit vom Perlhuhn einrühren. Aufkochen und die Sauce unter Rühren eindicken. Alles auf kleiner Hitze 3 Minuten köcheln und gelegentlich umrühren.

6 Die Sauce von der Kochstelle nehmen und die halbe Menge der Zitronenschale, den Zitronensaft und den Joghurt einrühren. Salzen und pfeffern, dann das Geflügelfleisch und die Pilze zugeben.

7 Das Frikassee in eine Auflaufform geben, bedecken und im Backofen 25–30 Minuten erhitzen.

8 Das Frikassee nochmals umrühren, dann mit dem Rest der Zitronenschale und der gehackten Petersilie bestreuen. Mit Petersilienstängeln garnieren und nach Belieben mit Toast servieren.

Variante: Anstatt eines Perlhuhns können Sie auch ein kleines Hähnchen nehmen.

Serviervorschlag: Dazu passen Wirsinggemüse und Reis oder Pellkartoffeln.

Nährwert pro Portion

- Kilokalorien 117
- Kohlenhydrate 8 g
- Eiweiß 5 g
- Fett 8 g, davon gesättigte Fettsäuren 2 g

WIRSING

GEBRATENES REBHUHN

Gebratenes Rebhuhn

Rebhuhnfleisch schmeckt besonders gut, wenn es mit Herbstfrüchten kombiniert wird.

Vorbereitung: 10 Minuten
Kochzeit: 40 Minuten
Portionen: 4

4 küchenfertig zubereitete Rebhühner, jeweils 350 g
2 EL Olivenöl
Salz und schwarzer Pfeffer
1 Prise Muskatnuss, frisch gerieben
300 ml Hühnerbrühe
100 ml trockener Weißwein
Zum Servieren:
Brombeer- oder Johannisbeergelee

1 Den Backofen auf 220 °C (Gas: Stufe 5) vorheizen. Die Rebhühner mit Olivenöl einpinseln und mit Salz, schwarzem Pfeffer und Muskat nach Belieben würzen.
2 Das Geflügel in einen Bräter legen und im Backofen auf mittlerer Einschubleiste in etwa 30 Minuten gar braten. Das Fleisch ist fertig, wenn beim Einstechen mit einer Fleischgabel nur noch klarer Saft austritt. Die Rebhühner auf eine Servierplatte legen, warm stellen und unterdessen die Sauce fertig stellen.
3 Für die Sauce den Bräter auf dem Herd auf mittlerer Temperatur erhitzen. Den Bratensatz mit der Hühnerbrühe und dem Wein ablöschen, alles unter Rühren kräftig aufkochen und auf die Menge von 4–6 EL einkochen.
4 Etwas Bratensaft auf jeden vorgewärmten Teller geben, ein Rebhuhn darauf setzen und mit etwas Brombeer- oder Johannisbeergelee garnieren.

Serviervorschlag: Dazu passt ein gemischter Salat aus Sorten mit intensivem Eigengeschmack wie Rucola, Eichblatt- oder Feldsalat und Brot.

Nährwert pro Portion

- Kilokalorien 438
- Kohlenhydrate 8 g
- Eiweiß 59 g
- Fett 17 g, davon gesättigte Fettsäuren 4 g

Knoblauchkaninchen

Ein einfaches Kaninchen, mit Knoblauch, Kräutern und Gewürzen geschmort, wird zur Delikatesse.

Vorbereitung: 30 Minuten
Kochzeit: 1 Stunde
Portionen: 4

2 EL Olivenöl
150 g junge Möhren, am Stück, oder große Möhren, in Stangen geschnitten
1 Knoblauchknolle, ohne Außenhaut, jedoch am Stück
12 Silberzwiebeln oder kleine Schalotten
1 Lorbeerblatt
1 Rosmarinstängel
2 Salbeistängel
3 Thymianstängel
geriebene Schale von 1/2 Zitrone
3–4 Gewürznelken
gut 1/8 l trockener Weißwein
300 ml Hühnerbrühe
4 Kaninchenschlegel, jeweils 225 g
Salz und schwarzer Pfeffer
2 EL Zitronensaft
Zum Garnieren:
frische Thymianstängel

1 Das Öl in einer tiefen Bratpfanne erhitzen, Möhren, Knoblauchknolle und Zwiebeln oder Schalotten zufügen. Das Gemüse bei großer Hitze etwa 5 Minuten bräunen.
2 Inzwischen das Lorbeerblatt, Rosmarin, Salbei, Thymian und Zitronenschale zusammenbinden.

KNOBLAUCHKANINCHEN

3 Die Gewürznelken zu den Möhren geben und ein paar Sekunden mitbraten, damit sie ihr Aroma freigeben. Dann den Wein, die Brühe und die Kräuter zugeben. Aufkochen und alles wenige Minuten bei milder Hitze köcheln.
4 Die Kaninchenschlegel zufügen und alles erneut aufkochen. Würzen und zugedeckt 45 Minuten bei milder Hitze gar schmoren. Das Fleisch aus der Pfanne nehmen und warm halten.
5 Kräuter und Knoblauch herausnehmen. Temperatur erhöhen und die Sauce stark erhitzen, bis sie auf die Hälfte eingekocht ist.
6 Das Kaninchen wieder in die Sauce geben und nochmals erhitzen. Mit dem Gemüse und mit Thymian bestreut servieren.

Tipp: Wildkaninchen hat mehr Aroma und ist magerer als Hauskaninchen, aber das Fleisch ist fester und muss länger, mindestens jedoch 1 1/4 Stunden gegart werden. Die Schlegel sind kleiner, sodass möglicherweise zwei Schlegel pro Portion erforderlich sind.

Serviervorschlag: Dazu passen Nudeln oder frisches Baguette.

Nährwert pro Portion

- Kilokalorien 260
- Kohlenhydrate 6 g
- Eiweiß 30 g
- Fett 11 g, davon gesättigte Fettsäuren 3 g

REHFILET MIT FRUCHTIGER ROTWEINSAUCE

Rehfilet mit fruchtiger Rotweinsauce

Die leuchtend rote Sauce aus Rotwein und süßsauren Moosbeeren und das magere Rehfilet bringen Genuss ohne Reue.

Vorbereitung: 10 Minuten, und mehrere Stunden oder über Nacht marinieren
Kochzeit: 15–20 Minuten
Portionen: 4

4 Rehfiletsteaks, jeweils 125 g
1 Lorbeerblatt
50 g rote Zwiebeln, fein geschnitten
1/4 l Rotwein
125 g Moosbeeren, Tiefkühlware aufgetaut
2 EL Tomatenmark
4 EL Cumberlandsauce
Salz und schwarzer Pfeffer

1 Das Rehfleisch mit dem Lorbeerblatt und den Zwiebeln in eine Schüssel geben und mit dem Rotwein begießen und zugedeckt im Kühlschrank einige Stunden oder über Nacht marinieren.
2 Den Grill auf mittlere Temperatur vorheizen. Das Rehfleisch gut abtropfen lassen, die Marinade aufbewahren und das Fleisch 10–15 Minuten grillen, dabei einmal wenden, bis die Steaks ganz nach Belieben gleichmäßig rosé bis durch gegart sind.
3 Inzwischen die Marinade mit den Zwiebeln in einen kleinen Topf geben, zum Kochen bringen und 1 Minute köcheln lassen. Die Moosbeeren zufügen und 4–5 Minuten köcheln lassen, bis die Beeren aufplatzen.
4 Das Tomatenmark und die Cumberlandsauce einrühren und alles mit Salz und Pfeffer abschmecken. Den Lorbeer entfernen. Die Beeren-Rotwein-Sauce mit dem Löffel über den Steaks verteilen und sofort servieren.

Tipp: Statt Moosbeeren, die auch als Cranberries im Handel sind, eignen sich auch Preiselbeeren.

Serviervorschlag: Dazu passt Polenta oder Kartoffelbrei oder gebratener Kürbis mit Schalotten (Rezept S. 231).

(Rezept S. 231)

Nährwert pro Portion

- Kilokalorien 209
- Kohlenhydrate 9 g
- Eiweiß 28 g
- Fett 2 g, davon gesättigte Fettsäuren 1 g

Gedeckter Rehauflauf

Nährwert pro Portion, bei 4 Portionen
- Kilokalorien 476
- Kohlenhydrate 63 g
- Eiweiß 41 g
- Fett 9 g, davon gesättigte Fettsäuren 3 g

Wildfleisch wird bei der Zubereitung leicht trocken. Wenn es wie hier mit viel Gemüse zubereitet wird, bleibt es ein saftiger Genuss und schmeckt der ganzen Familie.

Vorbereitung: 25 Minuten, und 10 Minuten ruhen lassen
Kochzeit: 1 Stunde
Portionen: 4–6

1 kg Kartoffeln, geschält und gewürfelt
100 ml fettarme Milch
Muskatnuss, frisch gerieben
Salz und schwarzer Pfeffer
3 Scheiben durchwachsener Speck, klein geschnitten
500 g Rehfleisch, gehackt
150 g Möhren, grob geraspelt
1 Stangensellerie, gehackt
400 g Lauch, in Scheiben geschnitten
125 g Pilze, in Scheiben geschnitten
150 g Mais aus der Dose, abgetropft
1 TL getrocknete, gemischte Kräuter
2 EL Vollkornmehl
300 ml Brühe oder je zur Hälfte Wasser und helles Bier
2 EL Sojasauce
1 EL Worcestersauce
2 EL Semmelbrösel

1 Die Kartoffeln schälen und in einem großen Topf mit mäßig viel Wasser und einer Prise Salz weich kochen. Die Kartoffeln gut abtropfen lassen und zerstampfen. Milch und Muskat einrühren, salzen und pfeffern und beiseite stellen.
2 In einer großen beschichteten Pfanne den Speck ohne weiteren Fettzusatz hellbraun braten und das Fett auslassen. Das Rehhack zufügen und auf hoher Hitze unter Rühren braten, bis das Fleisch krümelig und braun wird.
3 Möhren, Sellerie, Lauch und Pilze zufügen, die Pfanne zudecken und das Gemüse in 5 Minuten weich schmoren. Inzwischen den Backofen auf 190 °C (Gas: Stufe 3) vorheizen.
4 Mais und Kräuter in die Pfanne geben und das Mehl einrühren. Eine weitere Minute braten, dann das Ganze mit Brühe oder Wasser-Bier-Mischung, Sojasauce und Worcestersauce ablöschen, aufkochen und würzen. Bei milder Hitze ohne Deckel 10 Minuten weiterkochen.
5 Die Mischung in eine flache, 1,5 l fassende Auflaufform umfüllen. Den Kartoffelbrei auf dem Fleisch verteilen und die Oberfläche nicht ganz glatt streichen. Mit den Semmelbröseln bestreuen und 25–30 Minuten backen, bis die Oberfläche goldbraun ist. Die Form aus dem Ofen nehmen und vor dem Servieren 10 Minuten abkühlen lassen.

Fettspartipp
Rehfleisch ist sehr mager, enthält wenig Cholesterin und eignet sich daher gut als Ersatz für Rind- und Schweinefleisch.

Fleischgerichte

Rindfleischtopf mit Petersilienklößen

Nährwert pro Portion

- Kilokalorien 385
- Kohlenhydrate 36 g
- Eiweiß 34 g
- Fett 13 g, davon gesättigte Fettsäuren 3 g

Selbst die sonst so deftigen Gerichte, die im Winter Hochsaison haben, lassen sich fettarm zubereiten.

Vorbereitung: 40 Minuten
Kochzeit: 2 Stunden 50 Minuten
Portionen: 6

1 kg Rindfleisch für Gulasch
1 EL Olivenöl
400 g Zwiebeln, geschält und in Achtel geschnitten
250 g Möhren, in Scheiben geschnitten
250 g Steckrübe, in Scheiben geschnitten
1 EL Weizenmehl
2 TL Mischkräuter, getrocknet
400 g Tomaten aus der Dose, stückig
600 ml Fleischbrühe
Salz und schwarzer Pfeffer
Für die Klöße:
175 g Weizenmehl
2 TL Backpulver
50 g Diät-Pflanzencreme (71 %)
3 EL frisch gehackte Petersilie

1 Vom Fleisch Fett, Häutchen und Sehnen abschneiden, dann in 2,5 cm große Würfel schneiden.

2 Das Öl in einer großen Kasserolle erhitzen, die Zwiebel zufügen und bei mittlerer Hitze unter gelegentlichem Rühren etwa 5 Minuten anbraten.

3 Die Zwiebeln in eine große Schüssel geben, dann die Hälfte der Fleischwürfel in die Kasserolle geben und 2–3 Minuten unter gelegentlichem Rühren bräunen. Vorsicht, dass nichts anbrennt. Das gebräunte Fleisch herausnehmen, zu den Zwiebeln geben, den Rest anbraten und ebenfalls zu den Zwiebeln geben.

4 Möhren und Rüben in die Kasserolle geben und im Bratensaft bei mittlerer Hitze 1–2 Minuten dünsten. Fleisch und Zwiebeln mit dem in der Schüssel angesammelten Bratensaft in die Kasserolle geben und Fleisch und Gemüse gleichmäßig mit dem Mehl bestauben.

5 Kräuter, Tomaten und die Brühe portionsweise zugeben und alles unter Rühren aufkochen. Die Kasserolle gut verschließen und das Fleisch 2–2¼ Stunden auf ganz kleiner Hitze weich garen. Gelegentlich umrühren. Das Gericht darf nicht kochen, sonst wird das Fleisch zäh.

6 Inzwischen die Klöße zubereiten. Das Mehl mit dem Backpulver und einer Prise Salz in eine Rührschüssel sieben und das Fett darüber geben. Die Petersilie zugeben und nach Belieben würzen. In die Mitte des Teigs eine Vertiefung drücken und mit 6 EL kaltem Wasser füllen. Mit einem Kochlöffel zu einem weichen, leicht klebrigen Teig verrühren.

7 Wenn das Fleisch gar ist, das Gericht abschmecken und die Temperatur etwas erhöhen, aber nicht zum Kochen bringen. Mit zwei Teelöffeln aus der Teigmischung 12 Klößchen formen und gleichmäßig auf dem Schmorgericht verteilen. Gut zugedeckt alles nochmals 20 Minuten garen, bis die Klöße aufgegangen und gar sind. Mit zwei Klößen pro Portion servieren.

Serviervorschlag: Dazu passen gedünstete Gemüse wie Blumenkohl oder Brokkoli, breite Bohnen, Zuckererbsen oder Wirsing.

Hackfleischtopf nach amerikanischer Art

Nährwert pro Portion

- Kilokalorien 424
- Kohlenhydrate 42 g
- Eiweiß 36 g
- Fett 14 g, davon gesättigte Fettsäuren 6 g

Zwei typisch amerikanische Gerichte – gebackene Bohnenkerne und bäuerlicher Pie mit Rinderhack – werden hier zu einer schmackhaften Mahlzeit kombiniert.

Vorbereitung: 10 Minuten
Kochzeit: 35–40 Minuten
Portionen: 4

500 g sehr mageres Rinderhackfleisch
175 g Zwiebeln, gewürfelt
1 Würfel Fleischbrühe, zerkrümelt
400 g gebackene Bohnen in Tomatensauce aus der Dose
2 TL Worcestersauce
1 EL Ahornsirup
Salz und schwarzer Pfeffer
600 g Kartoffeln, geschält und gewürfelt
60 ml saure Sahne
Zum Garnieren:
frische Thymianstängel

1 Das Fleisch und die Zwiebeln in einer großen beschichteten Bratpfanne ohne Fettzugabe 6–7 Minuten unter häufigem Rühren anbraten, bis die Flüssigkeit verdampft ist.

2 Einen großen Topf Wasser zum Kochen bringen. Den Brühwürfel, die Bohnen, die Worcestersauce und den Ahornsirup in die Bratpfanne geben und zugedeckt 10 Minuten köcheln lassen, dabei gelegentlich umrühren. Falls erforderlich etwas Wasser zugeben und mit schwarzem Pfeffer nach Belieben würzen.

3 Inzwischen die Auflage vorbereiten: Die Kartoffeln in das kochende Wasser geben und salzen, wieder aufkochen und in 15–20 Minuten weich kochen. Abtropfen lassen, die saure Sahne zugeben und die Kartoffeln zerstampfen und mit Salz und Pfeffer abschmecken.

4 Den Grill auf hohe Temperatur vorheizen. Die Fleischmischung mit dem Löffel in einer 1,5 l fassenden Auflaufform verteilen und den Kartoffelbrei darüber streichen. 4–5 Minuten überbacken, bis die Oberfläche goldbraun ist. Mit Thymianstängeln garnieren und servieren.

Serviervorschlag: Dazu passen grüne Bohnen oder Möhren.

Fettspartipp

Auch ganz mageres Rinderhack enthält noch so viel Fett, dass es ohne Fett angebraten werden kann. Falls dennoch Fett ausbrät, kann man es mit Küchenpapier aus der Pfanne aufsaugen.

Roastbeef mit dicken Bohnen und Pilzen

Saftiges frisches Gemüse ersetzt hier den Yorkshire-Pudding als Beilage zum Sonntagsbraten, der dadurch viel weniger Kilokalorien hat.

Vorbereitung: 40 Minuten
Kochzeit: 65–100 Minuten
Portionen: 4

750 g Rinderbraten aus der Oberschale
250 g dicke Bohnen, Tiefkühlware auftauen
250 g Mischpilze, z. B. Pfifferlinge, Austernpilze und Shiitakepilze
2 EL Madeira, Sherry oder Rotwein
150–200 ml Fleischbrühe
Salz und schwarzer Pfeffer

1 Den Backofen auf 180 °C (Gas: Stufe 3) vorheizen. Den Rinderbraten wiegen und die Garzeit berechnen: Soll das Fleisch noch blutig sein, rechnet man 35 Minuten pro 1 kg plus 15 Minuten, medium 45 Minuten pro 1 kg plus 20 Minuten, und ganz durch 55 Minuten pro 1 kg plus 25 Minuten. Das Fleisch in einem Bräter braten.

2 In der Zwischenzeit Wasser in einem großen Kochtopf erhitzen und die dicken Bohnen 5–10 Minuten darin weich kochen, abgießen und unter fließend kaltem Wasser abschrecken. Sobald sie kalt genug sind, die grünen inneren Kerne herausschälen. Beiseite stellen.

3 Die Pilze in Scheiben schneiden und beiseite stellen.

4 Wenn der Braten gar ist, das Roastbeef aus dem Bratgefäß nehmen und an einem warmen Ort ruhen lassen, bis die Pilze angebraten sind und die Sauce fertig ist.

5 Alles überschüssige Fett aus dem Bräter entfernen und den Bräter bei niedriger Temperatur erhitzen. Die Pilze zufügen und etwa 10 Minuten schmoren, bis sie weich sind.

6 Die Hitzezufuhr erhöhen und den Madeira, Sherry oder Wein zugeben und gut umrühren. Wenn der Alkohol fast verdampft ist, die Brühe zufügen und unter stetigem Rühren aufkochen. Dann die Temperatur zurückschalten und alles 5–10 Minuten köcheln, bis die Sauce eindickt. Abschmecken, dann die dicken Bohnen zugeben und alles nochmals erhitzen.

7 Die Bohnen-Pilz-Mischung mit dem Löffel auf einer Servierplatte verteilen und den Braten darauf legen. Das Fleisch am Tisch tranchieren und mit den Bohnen und den Pilzen servieren.

Serviervorschlag: Dazu passen Salzkartoffeln und gebratenes Gemüse mit Meerrettichsauce (Rezept S. 233).

Nährwert pro Portion
- Kilokalorien 270
- Kohlenhydrate 5 g
- Eiweiß 48 g
- Fett 6 g, davon gesättigte Fettsäuren 2 g

Provenzalische Rindfleischkasserolle

Für dieses Schmorgericht werden das Fleisch und die Gemüse langsam bei milder Hitze butterweich gegart, und alles ist durchzogen vom Aroma der Kräuter.

Vorbereitung: 20 Minuten
Kochzeit: 3 Stunden
Portionen: 4–6

600 g Rinderschmorbraten
125 g magerer Räucherspeck am Stück
175 g Möhren, zerkleinert
150 g Zwiebeln, gehackt
2 rote Paprikaschoten, gewürfelt
400 g Tomaten aus der Dose, stückig
2 Stangen Bleichsellerie, in Scheiben geschnitten
2 Knoblauchzehen, zerdrückt
2 Lorbeerblätter
2 Rosmarinstängel
4 kleine Thymianstängel
2 EL Tomatenmark
300 ml Fleischbrühe
150 ml Rotwein
4 Sardellenfilets aus der Dose, abgetropft, trockengetupft und klein geschnitten
250 g kleine Champignons
75 g schwarze Oliven, entsteint
4 EL Petersilie, gehackt
schwarzer Pfeffer

1 Den Backofen auf 150 °C (Gas: Stufe 2) vorheizen. Das Fleisch von Fett und Knorpel befreien und in 4 cm große Würfel schneiden. Den Speck vom Fett befreien und in 1 cm große Würfel schneiden.

2 Rindfleisch und Speckwürfel in eine große Kasserolle legen und Möhren, Zwiebeln, Paprika, Tomatenstücke, Sellerie, den Knoblauch, Lorbeer, Rosmarinnadeln und Thymian sowie das Tomatenmark, die Brühe und den Wein zufügen. Alles einmal aufkochen, die Kasserolle verschließen und im Backofen 2 Stunden schmoren.

3 Sardellen, Pilze, Oliven und Petersilie einrühren und etwas davon zum Garnieren zurückbehalten. Dann mit schwarzem Pfeffer nach Belieben würzen (die Sardellen enthalten genug Salz) und zugedeckt eine weitere Stunde schmoren. Nochmals abschmecken, mit der übrigen Petersilie bestreut servieren.

Serviervorschlag: Dazu passt Kartoffelbrei.

Nährwert pro Portion, bei 4 Portionen

- Kilokalorien 351
- Kohlenhydrate 14 g
- Eiweiß 39 g
- Fett 13 g, davon gesättigte Fettsäuren 4 g

KALBSSCHNITZEL MIT SHIITAKEPILZEN

Kalbsschnitzel mit Shiitakepilzen

Ingwer und Reiswein geben der Pilzsauce zu den zarten Kalbsschnitzeln eine exotische Note.

Vorbereitung: 10 Minuten
Kochzeit: 10–20 Minuten
Portionen: 4

8 magere Kalbsschnitzel, insgesamt etwa 400 g
2 EL Mehl, gewürzt mit Salz und Pfeffer
2 EL Pflanzenöl
2 Knoblauchzehen, zerdrückt
1 TL fein gehackter Ingwer
250 g Shiitakepilze, ohne Stiele und in feine Scheiben geschnitten
4 EL Sojasauce
4 EL Sake, trockener Sherry oder Wermut

1 Die Kalbsschnitzel zwischen zwei Lagen Klarsichtfolie legen und mit einer Teigrolle vorsichtig flach drücken. Leicht im gewürzten Mehl wenden, überschüssiges Mehl abklopfen und die Schnitzel nebeneinander auf ein Brett legen und beiseite stellen.

2 1 EL heißes Öl in einer großen beschichteten Bratpfanne erhitzen. Die Schnitzel darin 2–3 Minuten rasch anbraten, bis sie gebräunt sind, dann wenden und auf der anderen Seite ebenfalls 2–3 Minuten braten. Je nach Pfannengröße muss das Fleisch auf zweimal gebraten werden. Die Schnitzel auf vier vorgewärmte Teller legen und bis zum Servieren warm stellen.

3 Das restliche Öl in der Pfanne erhitzen, dann den Knoblauch und den Ingwer zufügen und 30 Sekunden anbraten. Die Pilze zufügen und 2–3 Minuten braten, Sojasauce, Sake, Sherry oder Wermut und 100 ml Wasser zufügen, aufkochen und kurz weiterköcheln, bis die Sauce eindickt. Die Pilze und die Sauce mit dem Löffel über den Schnitzeln verteilen und servieren.

Serviervorschlag: Dazu passen frisch zubereiteter Blattspinat und Reis oder Weißbrot.

Nährwert pro Portion

- Kilokalorien 204
- Kohlenhydrate 10 g
- Eiweiß 25 g
- Fett 8 g, davon gesättigte Fettsäuren 1 g

Bœuf Stroganoff

Es geht schnell und einfach, und diese Version hat obendrein halb so viel Fett wie das beliebte klassische Rezept.

Vorbereitung: 15 Minuten
Kochzeit: 20 Minuten
Portionen: 2

300 g Rinderfilet
Salz und schwarzer Pfeffer
150 g Zwiebeln, in dünne Scheiben geschnitten
125 g kleine Champignons, in dünne Scheiben geschnitten
100 ml Fleischbrühe oder halbtrockener Sherry
1 EL Worcestersauce
2 EL Weinbrand, nach Belieben
1 Knoblauchzehe, zerdrückt
4 EL Sauerrahm
2 TL Petersilie, gehackt
Zum Garnieren:
einige Stängel glatte Petersilie

1 Vom Fleisch Fett und Haut entfernen und in Streifen schneiden und pfeffern.

2 Eine große, beschichtete Pfanne mit Deckel erhitzen und die Zwiebeln und die Pilze 2–3 Minuten bei mittlerer Hitze ohne Fett anbraten.

3 Die Brühe oder Sherry und Worcestersauce zugießen, den Deckel auflegen und alles unter gelegentlichem Rütteln 5 Minuten köcheln lassen. Den Deckel abnehmen und die Flüssigkeit etwa 2 Minuten auf 4–5 EL einkochen. Gemüse herausnehmen und warm stellen.

BŒUF STROGANOFF

4 Das Rindfleisch in die Pfanne geben und 3–4 Minuten garen lassen.
5 Wenn Weinbrand zugefügt werden soll, die Hitze leicht erhöhen, damit der Pfannenboden gut heiß wird, den Weinbrand vorsichtig erwärmen, über das Fleisch gießen und entzünden. Sobald die Flammen erloschen sind, nach Wunsch den Knoblauch einrühren.
6 Die Zwiebeln und die Pilze zufügen und 2 Minuten kochen. Sauerrahm und Petersilie einrühren und alles abschmecken. Das Ganze mit Petersilienstängeln garniert servieren.
Serviervorschlag: Dazu passt eine Reis-Wildreis-Mischung.

Nährwert pro Portion

- Kilokalorien 304
- Kohlenhydrate 9 g
- Eiweiß 29 g
- Fett 17 g, davon gesättigte Fettsäuren 9 g

FILETSTEAK MIT SCHALOTTEN UND KNOBLAUCH

Filetsteak mit Schalotten und Knoblauch

Die mit der Haut gebratenen Schalotten und Knoblauchzehen haben eine milde Süße, die hervorragend zu dem gegrillten Filetsteak passt.

Vorbereitung: 10 Minuten
Kochzeit: 45–55 Minuten
Portionen: 4

500 g Schalotten
2 ganze Knoblauchknollen, ohne Wurzeln und Strunk
3 EL Olivenöl
1 TL Balsamessig
2 EL glatte Petersilie, gehackt
Salz und schwarzer Pfeffer
4 magere Filetsteaks, je 125 g
1 TL Worcestersauce

1 Den Backofen auf 200 °C (Gas: Stufe 3–4) vorheizen. Die Schalotten säubern, aber nicht häuten. Schalotten und Knoblauch in eine kleine Bratpfanne legen. Mit 1 EL Öl beträufeln und zugedeckt 30–45 Minuten schmoren, bis sie ganz weich sind.
2 Wenn die Schalotten und der Knoblauch kalt genug zum Anfassen sind, die Haut entfernen und sie in eine kleine Rührschüssel geben. Mit 1 EL Olivenöl und dem Balsamessig beträufeln, die Petersilie darüberstreuen und nach Belieben salzen und pfeffern.
3 Eine gusseiserne Grillpfanne erhitzen. Alles Fett von den Steaks schneiden und sie mit dem restlichen Olivenöl und der Worcestersauce einreiben. Nach Belieben würzen, dann auf jeder Seite 2 Minuten grillen, falls die Steaks medium sein sollen, oder etwas länger, wenn gewünscht. Mit Knoblauch und Schalotten servieren.
Serviervorschlag: Dazu passen neue Kartoffeln vom Blech mit gehacktem frischem Thymian bestreut und grünes Gemüse oder ein Salat.

Nährwert pro Portion

- Kilokalorien 291
- Kohlenhydrate 7 g
- Eiweiß 30 g
- Fett 16 g, davon gesättigte Fettsäuren 5 g

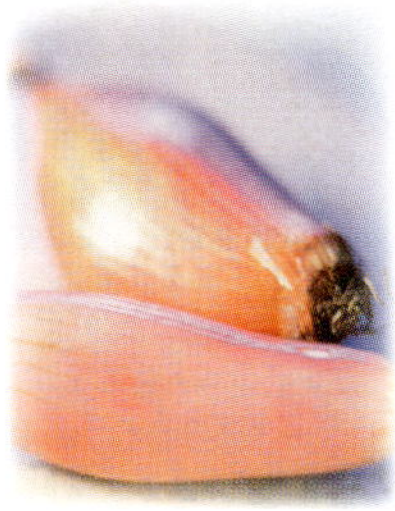

SCHALOTTEN

Hamburger für Feinschmecker

Eine ganz und gar ungewöhnliche Variante des Hamburgers stellt diese fettarme Version mit Kapern, Sardellen und sonnengetrockneten Tomaten dar. Mit Artischockenherzen wird daraus eine delikate Mahlzeit für den verwöhnten Gaumen.

Vorbereitung: 40 Minuten
Kochzeit: 10 Minuten
Portionen: 4

600 g Rump- oder Lendensteak
1 EL Kapern, abgetropft und leicht gehackt
35 g sonnengetrocknete Tomaten, fein gehackt; falls in Öl eingelegt, zuerst trockentupfen
50 g Sardellenfilets aus der Dose, abgetropft, trockengetupft und grob gehackt
2 EL Olivenöl
2 TL schwarze Pfefferkörner
400 g Artischockenherzen aus der Dose, in Wasser eingelegt und gut abgetropft
1 Knoblauchzehe, in feine Scheiben geschnitten
2 EL fein gehackte frische Petersilie
1 EL Zitronensaft
25 g schwarze Oliven, entsteint und gehackt
Zum Garnieren:
ein paar Stängel frische, glatte Petersilie

Fettspartipp
Wer das Fleisch selbst zu Hack verarbeitet, kann vor dem Zerkleinern alles Fett vom Fleisch entfernen.

1. Vom Steak Fett, Haut und Sehnen wegschneiden. Das Fleisch längs in Streifen schneiden, dann quer in kleine Würfel.
2. Damit der Saft der Steaks erhalten bleibt, sollten diese nicht in der Küchenmaschine zerkleinert, sondern besser von Hand gehackt werden. Dazu ein großes, scharfes Messer in beide Hände nehmen, locker halten und abwechselnd in rhythmischen Bewegungen nach oben und nach unten bewegen, um das Steak zu hacken. Das Fleisch mit der flachen Messerseite hochheben, wenden und weiter hacken, bis es ganz fein ist. Wer einen Fleischwolf hat, kann das Steak durchdrehen.
3. Hackfleisch, Kapern, Tomaten, Sardellen und 2 TL Olivenöl in eine große Schüssel geben und gut mischen. Auf das Salzen kann verzichtet werden, da die Sardellen genug Salz enthalten.
4. Die Mischung in vier gleich große Portionen aufteilen und jede zu einem Hamburger mit einem Durchmesser von 9–10 cm formen. Die Pfefferkörner mit einer Teigrolle oder im Mörser zerdrücken und als Panade an beide Seiten des Hamburgers drücken.
5. Jedes Artischockenherz längs in vier Stücke teilen. 1 TL des restlichen Öls in einer Bratpfanne erhitzen und den Knoblauch zufügen. Sobald das Öl anfängt zu brutzeln, den Knoblauch herausnehmen.
6. Die Artischocken in die Pfanne geben und 2–3 Minuten braten, dann Petersilie, Zitronensaft, schwarze Oliven und Knoblauch zugeben. Von der Kochstelle nehmen und warm stellen.
7. Eine gusseiserne Grillpfanne oder eine Bratpfanne mit schwerem Boden erhitzen und mit dem restlichen Öl einpinseln. Darin die Hamburger 1–2 Minuten braten, wenden und nochmals 1–2 Minuten braten. Wer möchte, kann sie auch 2–3 Minuten pro Seite unter einem heißen Backofengrill grillen. Das Steakfleisch ist mager und zart und sollte deshalb nicht zu lange gebraten werden.
8. Die Hamburger auf die Teller verteilen, die heißen Artischockenherzen mit dem Dressing darüber geben und mit Petersilienstängeln garniert servieren.
Serviervorschlag: Dazu passen getoastete Brötchen oder neue Kartoffeln und ein grüner Salat.

Nährwert pro Portion
- Kalorien 294
- Kohlenhydrate 3 g
- Eiweiß 31 g
- Fett 17 g, davon gesättigte Fettsäuren 4 g

KAPERNKNOSPEN

Fleischbällchen vom Rind und Schwein in Kapernsauce

Nährwert pro Portion

- Kilokalorien 314
- Kohlenhydrate 15 g
- Eiweiß 37 g
- Fett 9 g, davon gesättigte Fettsäuren 3 g

Mit Sardellen, Zitrone und Petersilie werden gewöhnliche Klopse verfeinert, und die Kapernsauce verleiht noch mehr delikate Würze.

Vorbereitung: 30 Minuten, und 1 Stunde Kühlzeit
Kochzeit: 30 Minuten
Portionen: 4

300 g Lenden- oder Rumpsteak
300 g Schweinefilet
50 g Sardellen aus der Dose, abgetropft, trockengetupft und fein gehackt, nach Belieben
30 g frische Semmelbrösel
1 Ei, aufgeschlagen
fein geriebene Schale von 1 unbehandelten Zitrone
6 EL Petersilie, gehackt
schwarzer Pfeffer
Für die Sauce:
gut 400 ml Hühner- oder Fleischbrühe
150 ml trockener Weißwein
150 g Vollmilchjoghurt
2 EL Weizenmehl
2 EL Kapern, abgetropft

1 Alles Fett, Sehnen und Knorpel vom Rind- und Schweinefleisch abschneiden. Das Fleisch längs in dünne Streifen schneiden, dann quer in kleine Würfel.

2 Damit der Saft des Fleisches erhalten bleibt, sollte es von Hand zerkleinert werden. Dazu ein großes, scharfes Messer in beide Hände nehmen, locker halten und abwechselnd in rhythmischen Bewegungen nach oben und nach unten bewegen, um das Steak zu hacken. Das Fleisch mit der flachen Messerseite hochheben und wenden und weiter hacken, bis es ganz fein ist.

3 In einer großen Schüssel das Hackfleisch, Sardellen falls gewünscht, Semmelbrösel, Ei, Zitronenschale und 5 EL Petersilie mischen. Nur mit Pfeffer würzen (die Sardellen enthalten viel Salz).

4 Mit den Händen die Mischung zu 20 Fleischbällchen in Walnussgröße rollen. Dann in eine Schüssel legen, mit Klarsichtfolie bedecken und 1 Stunde kühl stellen, damit sich der Geschmack entfaltet.

5 Für die Sauce die Brühe und den Wein in eine große Bratpfanne oder einen Wok gießen und aufkochen, dann die Temperatur reduzieren. Die Fleischbällchen zufügen und ohne Deckel 20 Minuten ziehen lassen. Dabei ein- oder zweimal wenden. Auf keinen Fall kochen lassen, sonst zerfallen die Bällchen. Mit dem Schaumlöffel herausnehmen, auf Küchenpapier abtrocknen und warm halten.

6 Joghurt und Mehl in eine kleine Schüssel geben und glatt rühren, dann die Mischung langsam in die köchelnde Brühe einrühren. Hitze erhöhen und so lange weiterrühren, bis die Sauce anfängt zu kochen, dann Temperatur zurückschalten, die Kapern zufügen und 3 Minuten ziehen lassen.

7 Die Sauce mit Pfeffer würzen, über die Fleischbällchen gießen, mit der restlichen Petersilie bestreuen und servieren.

Serviervorschlag: Dazu passen Reis und gemischter Salat.

Rustikaler Lamm-Gemüse-Eintopf

Nährwert pro Portion

- Kilokalorien 514
- Kohlenhydrate 64 g
- Eiweiß 36 g
- Fett 12 g, davon gesättigte Fettsäuren 1 g

Liebhaber von herzhaften Eintöpfen mit Klößen oder knusprigen Einlagen werden diese fettarme Version bestimmt mögen.

Vorbereitung: 20 Minuten
Kochzeit: 1–1 1/4 Stunden
Portionen: 4

500 g mageres Lammsteak
400 g Möhren, in dicke Scheiben geschnitten
225 g Sellerie, in dicke Scheiben geschnitten
450 g Lauch, in dicke Scheiben geschnitten
350 ml Apfelwein
350 ml Lamm- oder Hühnerbrühe
Salz und schwarzer Pfeffer
200 g Erbsen, Tiefkühlware aufgetaut
einige Stängel Rosmarin, Salbei und Thymian, zusammengebunden als Bouquet garni
Für die Einlage:
250 g Weizenmehl
3 TL Backpulver
4 EL Petersilie und Salbei, gehackt
150 g Magerquark
1–2 TL Magermilch, nach Belieben

1 Den Backofen auf 200 °C (Gas: Stufe 3–4) vorheizen. Vom Lammfleisch das Fett entfernen und das Fleisch in 2,5 cm große Würfel schneiden. Das Lamm in einer großen Kasserolle ohne Fettzugabe bei mittlerer Hitze 6–8 Minuten unter ständigem Rühren hellbraun anbraten.

2 Möhren, Sellerie und Lauch zufügen und 3–4 Minuten unter gelegentlichem Rühren dünsten.

3 Apfelwein und Brühe dazugeben, nach Belieben salzen und pfeffern und aufkochen. Alles zugedeckt bei niedriger Temperatur 20–25 Minuten köcheln lassen, bis das Gemüse weich ist.

4 In der Zwischenzeit die Einlage zubereiten. Das Mehl in eine Schüssel sieben, mit dem Backpulver mischen. Petersilie und Salbei sowie reichlich Salz und Pfeffer einrühren. Den Magerquark zugeben und die Mischung zu einem festen Teig kneten. Wenn die Masse zu trocken ist, noch 1–2 TL Magermilch zufügen. Den Teig auf eine Stärke von etwa 1,5 cm ausrollen und in 18–20 Dreiecke schneiden.

5 Die Erbsen und das Bouquet garni in die Kasserolle geben und die Dreiecke so darüber legen, dass sie die Oberfläche des Eintopfs bedecken. Die Kasserolle in den Backofen stellen und 25–30 Minuten backen, bis die Teigecken aufgegangen und goldbraun sind.

Lamm-Kartoffel-Eintopf nach griechischer Art

Nährwert pro Portion
- Kilokalorien 346
- Kohlenhydrate 27 g
- Eiweiß 29 g
- Fett 14 g, davon gesättigte Fettsäuren 5 g

Dieser leicht bekömmliche Eintopf besticht durch das frische Aroma von Zitronen und Kräutern.

Vorbereitung: 15–20 Minuten
Kochzeit: 60–70 Minuten
Portionen: 4

gut 500 g mageres Lammfleisch aus der Keule
300 g Zwiebeln, geviertelt, oder 300 g Schalotten, geschält und nicht zerteilt
500 g kleine neue Kartoffeln
1 große unbehandelte Zitrone, in 8 Spalten zerteilt
1 EL Olivenöl
12 Knoblauchzehen, geschält
je 6 Stängel Rosmarin und Thymian
Salz und schwarzer Pfeffer
200 g Cocktail- oder kleine Strauchtomaten, halbiert

1 Den Backofen auf 200 °C (Gas: Stufe 3–4) vorheizen. Alles Fett vom Lamm entfernen, das Fleisch in 2,5 cm große Würfel schneiden und mit den Zwiebeln oder Schalotten und den längs halbierten Kartoffeln in eine große Bratenpfanne geben.

2 Den Saft von vier Zitronenspalten auspressen, mit dem Öl mischen und über das Fleisch und das Gemüse träufeln. Alle acht Zitronenspalten, den Knoblauch und die Hälfte der Kräuter unter das Gericht rühren und alles nach Belieben salzen und pfeffern. Die Form mit Aluminiumfolie dicht verschließen und im Backofen 45 Minuten garen.

3 Die Folie und die Kräuter entfernen, dann die Backofentemperatur auf 220 °C erhöhen. Die Tomaten und die restlichen Kräuter zufügen und nochmals 15–20 Minuten braten, bis das Fleisch und das Gemüse gebräunt und weich sind.

4 Lamm und Gemüse auf vier Teller verteilen, den Bratensaft darüber geben und heiß servieren.

THYMIAN

GLASIERTES LAMMFILET MIT KRÄUTER-JOGHURT-SAUCE

Gebratenes Lamm mit Schwarzer-Bohnen-Sauce

Die chinesische Schwarze-Bohnen-Sauce aus schwarzen Sojabohnen gibt dem Gericht ein besonderes Aroma.

Vorbereitung: 10 Minuten
Kochzeit: 25 Minuten
Portionen: 4

400 g mageres Lammfleisch vom Nacken oder aus der Keule
2 EL Nuss- oder Olivenöl
100 g Möhren, in streichholzlange Stifte geschnitten
1 frische rote Chilischote, entkernt und in Streifen geschnitten
4 Knoblauchzehen, in Scheiben geschnitten
1 EL Ingwer, fein gerieben
100 g Shiitakepilze, große Pilze zerteilt
2 EL dunkle Sojasauce
1 EL Tomatenmark
300 ml Lamm- oder Hühnerbrühe oder trockener Weißwein
2 EL küchenfertige Schwarze-Bohnen-Sauce
Zum Garnieren:
frisch gehackter Koriander

1 Alles Fett vom Lammfleisch entfernen und das Fleisch gegen die Maserung in 5 mm dicke Scheiben, dann mit der Maserung in 5 mm breite Streifen schneiden.

2 1 EL Öl in einem Wok oder einer schweren Bratpfanne erhitzen und sobald es heiß ist, das Fleisch zugeben und 1–2 Minuten unter Rühren leicht bräunen. Das Lammfleisch herausnehmen und warm halten. Bei einem kleinen Wok oder einer kleinen Pfanne das Fleisch in zwei Portionen braten, damit es nicht zu viel Wasser zieht.

3 Wok oder Pfanne mit Küchenpapier auswischen und das restliche Öl zufügen. Sobald es sehr heiß ist, Möhren, Schalotten, Chilischote, Knoblauch und Ingwer zufügen und 3–4 Minuten unter Rühren braten, bis sie Farbe annehmen. Die Pilze zufügen und nochmals 2–3 Minuten braten.

4 Sojasauce, Tomatenmark, Brühe oder Wein und Schwarze-Bohnen-Sauce zufügen. Die Mischung aufkochen und dann 10 Minuten köcheln lassen.

5 Die Temperatur erhöhen, die Sauce bei starker Hitze einkochen, dann das Fleisch zufügen und 1 Minute erhitzen. Mit dem Koriander bestreuen und servieren.

Variation: Anstelle von Lamm eignen sich auch Huhn, mageres Entenfleisch oder Fisch sehr gut.

Serviervorschlag: Dazu passen Reisnudeln oder Reis und grüne Bohnen in Sojasauce (Rezept S. 235).

Nährwert pro Portion

- Kilokalorien 266
- Kohlenhydrate 5 g
- Eiweiß 20 g
- Fett 18 g, davon gesättigte Fettsäuren 6 g

Glasiertes Lammfilet mit Kräuter-Joghurt-Sauce

Die feine leichte Kräutersauce umschmeichelt Lammfilet und Gemüse und verspricht Genuss ohne Reue.

Vorbereitung: 20 Minuten
Kochzeit: 20 Minuten
Portionen: 4

gut 600 g kleine neue Kartoffeln, der Länge nach halbiert
250 g grüne Bohnen, halbiert
400 g mageres Lammfilet vom Nacken, am Stück
1 EL Senfpulver
1 EL brauner Zucker
175 g Tomaten
Für die Sauce:
1 EL flüssiger Honig
1 EL Dijonsenf
150 g fettarmer Naturjoghurt
2 Knoblauchzehen, gehackt
2 EL Kapern, abgetropft und gehackt
12 Basilikumblätter, in Streifen geschnitten
3 EL Petersilie, gehackt
1 EL Rotwein oder Sherryessig
Salz und schwarzer Pfeffer

1 Zuerst die Sauce zubereiten. Dazu in einer kleinen Schüssel Honig, Senf und Joghurt mischen. Knoblauch, Kapern sowie Basilikum und Petersilie unterrühren. Den Wein oder Essig zufügen und einrühren und mit Salz und Pfeffer abschmecken. Mit Klarsichtfolie bedecken und kühl stellen.

2 Wasser in einem Kochtopf aufkochen, die Kartoffeln zugeben und mit einer Prise Salz in 15–20 Minuten weich kochen. In den letzten 10 Minuten die Bohnen zufügen.

3 Inzwischen den Grill auf höchste Temperatur vorheizen und einen Kessel Wasser aufsetzen. Vom Lammfilet Fett und Haut entfernen. Senfpulver und Zucker mischen und das Fleisch damit einreiben, dann etwa 5 Minuten auf jeder Seite grillen.

4 Die Tomaten mit dem kochenden Wasser überbrühen, 1 Minute stehen lassen, dann die Haut abziehen, die Kerne entfernen und das Fruchtfleisch in kleine Stücke schneiden.

5 Sobald das Gemüse weich wird, abgießen, gut abtropfen lassen und mit den Tomaten mischen.

6 Die Kartoffeln und die Bohnen auf vier Teller verteilen. Das Lamm in dünne Scheiben schneiden und auf dem Gemüse anrichten. Etwas Sauce mit dem Löffel auf dem Lamm verteilen und den Rest dazureichen.

Nährwert pro Portion

- Kilokalorien 402
- Kohlenhydrate 39 g
- Eiweiß 27 g
- Fett 16 g, davon gesättigte Fettsäuren 7 g

GEBRATENES LAMM MIT SCHWARZER-BOHNEN-SAUCE

Gedünstetes Lamm mit Kräutersauce

Zartes junges Lamm mit pikanter Sauce stellt eine leicht bekömmliche Alternative für den Sonntagsbraten dar.

Vorbereitung: 15 Minuten
Kochzeit: etwa 1 Stunde, je nach Gewicht
Portionen: 4–6

1 kleine Lammkeule, ca. 1 kg, ohne Knochen
2 Lorbeerblätter
2 Gewürznelken
1 kleine Möhre, geschält
1 kleine Zwiebel, geschält
1 TL schwarze Pfefferkörner
Für die Sauce:
15 g frische Minze
15 g frische Petersilie
geriebene Schale und Saft von 1 unbehandelten Zitrone
1 EL Olivenöl
1 EL Kapern, abgetropft
1 TL Dijonsenf
1 kleine Knoblauchzehe, zerdrückt
Salz und Pfeffer
Zum Garnieren:
Lorbeerblätter

1 Alles Fett und die Haut von der Keule entfernen und das Fleisch wiegen, um die Garzeit zu bestimmen: Man rechnet mit 35 Minuten pro Kilogramm.
2 Das Lamm mit 3/4 l Wasser, Lorbeer, Gewürznelken, Möhre, Zwiebel und Pfefferkörnern in einem Suppentopf langsam zum Kochen bringen, dann die Temperatur reduzieren, sodass die Flüssigkeit nur noch leicht siedet. Die Garzeit erst ab diesem Zeitpunkt rechnen. Eventuell Schaum abschöpfen.
3 Das Lamm aus der Brühe nehmen und an einem warmen Ort ruhen lassen. Die Brühe auf die Hälfte einkochen.
4 Inzwischen die Sauce zubereiten. Die Minzeblätter von den Stängeln streifen. Die Petersilie (zarte Stängel und Blätter) zusammen mit den Minzeblättern, Zitronenschale und -saft, Öl, Kapern, Senf und Knoblauch so lange mit dem Pürierstab zerkleinern, bis die Blätter gerade fein gehackt sind.
5 6 EL der reduzierten Brühe unter die gemixte Mischung rühren, bis eine glatte Sauce entsteht. Abschmecken und bei milder Temperatur wieder erhitzen. Die restliche Brühe kann zur späteren Verwendung tiefgefroren werden.
6 Das Lammfleisch in Scheiben schneiden, mit einem Lorbeerblatt garnieren und mit der Sauce servieren.

Serviervorschlag: Dazu passt gebratener Kürbis mit Schalotten (Rezept S. 231) oder Salat aus gegrilltem Gemüse (Rezept S. 232).

Nährwert pro Portion, bei 4 Portionen
- Kilokalorien 333
- Kohlenhydrate 2 g
- Eiweiß 39 g
- Fett 19 g, davon gesättigte Fettsäuren 8 g

Lammrollbraten mit Mais-Aprikosen-Füllung

Üppige, dicke Scheiben Lammbraten mit einer süßen, duftenden Füllung gebacken, ergeben ein herzhaftes Hauptgericht.

Vorbereitung: 20 Minuten
Kochzeit: 1 Stunde
Portionen: 4

700 g magere Lammschulter, ausgelöst
Salz und schwarzer Pfeffer
75 g verzehrfertige, getrocknete Aprikosen
125 g Vollkornsemmelbrösel oder gewöhnliche Semmelbrösel
175 g Mais, aus der Dose abtropfen lassen, tiefgefrorenen Mais auftauen
2 EL Schnittlauchröllchen
1 Eiweiß
1 EL Dijonsenf
Zum Garnieren:
frischer Schnittlauch

1 Den Backofen auf 200 °C (Gas: Stufe 3–4) vorheizen. Falls das ausgelöste Lammfleisch bereits aufgerollt war, alle Fäden entfernen und wieder aufklappen. Häute und alles überschüssige Fett entfernen. Das Fleisch mit der Hautseite nach unten flach auf ein Küchenbrett legen und mit Salz und Pfeffer würzen.

2 Die Aprikosen grob hacken und mit Semmelbröseln, Mais, Schnittlauch, Eiweiß und Senf mischen. Gut würzen, die Mischung auf dem Fleisch verteilen und festdrücken.

3 Das Fleisch zu einem festen Zylinder aufrollen. Mit feinem Küchengarn in Abständen von 2,5 cm zusammenbinden, dann mit der Nahtstelle nach unten auf einen Rost über die Fettpfanne legen. Etwa 1 Stunde braten, bis der Braten goldbraun ist. Den Braten in dicke Scheiben schneiden und heiß mit Schnittlauch garniert servieren.

Serviervorschlag: Dazu passen gedünstete grüne Bohnen und neue Kartoffeln.

Nährwert pro Portion

- Kalorien 449
- Kohlenhydrate 37 g
- Eiweiß 41 g
- Fett 16 g, davon gesättigte Fettsäuren 7 g

Lammtaler mit Feigen-Kumquat-Sauce

Zarte Lammfleischstücke mit einem Pesto aus Knoblauch und Kräutern werden mit einer fruchtigen Sauce serviert.

Vorbereitung: 45 Minuten
Kochzeit: 25 Minuten
Portionen: 4

2 Knoblauchzehen
2 EL frisches Basilikum, fein gehackt
2 EL glatte Petersilie, fein gehackt
Salz und schwarzer Pfeffer
1 kg feines mageres Lammfleisch, ausgelöst (z. B. aus der Keule oder vom Nacken)
Muskatnuss, gerieben
8 große Stängel frischer Rosmarin
2 TL Olivenöl
Für die Sauce:
100 g Feigen, getrocknet
100 g Kumquats, in dünne Scheiben geschnitten und ohne Samen
125 ml trockener Weißwein
300 ml Hühnerbrühe

1 Für die Kräuterpaste Knoblauch, Basilikum, Petersilie mit wenig Salz fest zu einem fettarmen Pesto zerdrücken.

2 Vom Lammfleisch Fett und Hautreste entfernen. Das Fleisch mit der Hautseite nach unten legen, mit schwarzem Pfeffer und geriebener Muskatnuss nach Belieben würzen und die Kräuterpaste darüber streichen. Am dicken Ende beginnend alles zu einem festen Zylinder aufrollen. Mit feinem Küchengarn in Abständen von 2,5 cm fest zusammenbinden. Dann in der Mitte zwischen jeder Bindung zu insgesamt acht Talern schneiden.

3 Einen Rosmarinstängel durch jeden Taler stecken, dann die Fleischstücke auf beiden Seiten mit Öl einstreichen. Zudecken und beiseite stellen, bis die Sauce zubereitet ist.

4 Alle Stängel von den Feigen entfernen, die Stängel halbieren und alles mit den Kumquats, dem Wein und der Brühe in einen Topf geben. Aufkochen, dann zugedeckt bei milder Hitze 10 Minuten köcheln. Den Deckel abnehmen, die Temperatur allmählich erhöhen und die Sauce etwa 3–4 Minuten einkochen, bis sie eine dickflüssige Konsistenz hat. Den Deckel wieder schließen und die Sauce bei niedriger Temperatur warm halten.

5 Eine gusseiserne Grillpfanne oder eine beschichtete Bratpfanne sehr stark erhitzen, die Taler einlegen und 3–4 Minuten auf jeder Seite braten. Das Fleisch kann auch im Grill oder auf dem Holzkohlengrill zubereitet werden. Dann verlängert sich die Garzeit um etwa 1 Minute.

6 Den Faden vor dem Servieren von den Talern entfernen und diese mit der Sauce servieren.

Serviervorschlag: Dazu passen Kartoffeln und grünes Gemüse wie z. B. Brokkoli oder Bohnen.

Nährwert pro Portion

- Kilokalorien 337
- Kohlenhydrate 15 g
- Eiweiß 32 g
- Fett 15 g, davon gesättigte Fettsäuren 6 g

Lammhack auf indische Art

Nährwert pro Portion, mit 1 Chapati
- Kilokalorien 368
- Kohlenhydrate 33 g
- Eiweiß 36 g
- Fett 13 g, gesättigte Fettsäuren nur in Spuren

Bei der indischen Version von gefüllten Pfannkuchen wird Lammhack vor der Zubereitung in einer verführerisch duftenden Kräuter-Gewürz-Mischung mariniert.

Vorbereitung: 5–10 Minuten, und 1–2 Stunden oder über Nacht marinieren
Kochzeit: 30 Minuten
Portionen: 4

500 g besonders mageres Lammhack
4 Chapatis
je 1 EL gehackte Gurke, rote Zwiebel und Tomate
4 EL magerer Frischkäse
2 TL Paprikapulver
Für die Marinade:
125 g magerer Naturjoghurt
175 g Zwiebeln, gehackt
2 EL Ingwer, gehackt
8 Knoblauchzehen, gehackt
2 grüne Chilischoten, entkernt und gehackt
6 Stängel frischer Koriander, mit den feinen Stängeln
6–8 frische Minzeblätter oder ½ TL getrocknete Minze
½ TL Kurkuma
Salz
1½ EL Kreuzkümmel, gemahlen
1½ EL Koriander, gemahlen
1 TL Garam Masala

1 Alle Zutaten für die Marinade zu einem glatten Püree verarbeiten.

2 Das Lammhack in eine Rührschüssel geben, die Marinade zufügen und alles sorgfältig vermischen. Bedecken und 1–2 Stunden oder über Nacht im Kühlschrank ziehen lassen, damit sich das Aroma entwickeln kann. Das Fleisch vor dem Garen auf Raumtemperatur bringen.

3 Den Backofen auf 200 °C (Gas: Stufe 3–4) vorheizen. Das Fleisch gleichmäßig in einer 25 x 20 cm großen Auflaufform verteilen und in der oberen Hälfte des Ofens 10 Minuten braten.

4 Das Gefäß aus dem Ofen nehmen und das Hackfleisch mit einer Gabel zu mundgerechten Stücken zerkrümeln, dann sorgfältig durchrühren, damit sämtlicher Bratensaft aufgenommen wird. Wieder in den Ofen stellen und weitere 15–20 Minuten braten, dabei einmal umrühren, bis das Fleisch leicht gebräunt und der meiste Bratensaft verdampft ist. Dann ein letztes Mal umrühren, um den gesamten Restsaft aufzunehmen.

5 Das Lammfleisch gleichmäßig auf die Chapatis verteilen, dann etwas von dem zerkleinerten Salatgemüse und etwas Frischkäse zugeben. Garniert mit etwas Paprikapulver und ein paar Minzestängeln servieren.

Geschmortes Lamm nach indischer Art

Nährwert pro Portion
- Kilokalorien 292
- Kohlenhydrate 9 g
- Eiweiß 28 g
- Fett 17 g, davon gesättigte Fettsäuren 4 g

Wenn Fleisch langsam auf kleiner Hitze gegart wird, bleibt es saftig und bewahrt sein Aroma, das bei diesem Lammgericht von den milden Gewürzen unterstützt wird.

Vorbereitung: 35 Minuten
Kochzeit: 1 Stunde 10 Minuten
Portionen: 4

75 g Naturjoghurt
½–1 TL Cayennepfeffer
2 TL Koriandersamen, gemahlen
1 ½ TL Kreuzkümmelsamen, gemahlen
2 TL Ingwerpaste oder frischer Ingwer, gerieben
2 TL Knoblauchpaste oder frischer Knoblauch, zerdrückt
1 TL Paprikapulver
½ TL Kurkuma, gemahlen
550 g Lammfilet oder Fleisch aus der Keule
300 g Zwiebeln, fein gehackt
1 ½ EL Tomatenmark
Salz
25 g ungesalzene Butter
2 Lorbeerblätter, gerebelt
2 grüne Kardamomkapseln, oben eingeschlitzt
5 cm Zimtstange, halbiert
4 ganze Gewürznelken
½ TL frisch gemahlene Muskatnuss
2 EL gehackter frischer Koriander

1 Joghurt mit Cayenne, Koriander, Kreuzkümmel, Ingwer, Knoblauch, Paprika und Kurkuma vermischen.
2 Alles Fett vom Lammfleisch abschneiden und das Fleisch in 5 cm große Würfel schneiden. Mit den Zwiebeln in einen beschichteten Kochtopf geben und bei mittlerer Hitze unter Rühren anbraten.
3 Die Joghurtmischung zufügen, die Temperatur stark zurückschalten, Deckel auflegen und alles etwa 30 Minuten unter häufigem Rühren kochen, bis der ganze Fleischsaft ausgetreten ist.
4 Deckel abnehmen, auf mittlere Temperatur hochschalten und 5–6 Minuten unter häufigem Rühren kochen, bis die Sauce eindickt.
5 Wasser in einem Kessel aufkochen. Das Tomatenmark, etwas Salz und 15 g Butter zum Lamm geben. Die Hitze wieder verringern und alles offen 3–4 Minuten unter häufigem Rühren kochen. Dann 350 ml kochendes Wasser zufügen und zugedeckt 15 Minuten köcheln.
6 In einem kleinen Topf die restliche Butter bei niedriger Temperatur schmelzen lassen, Lorbeerblätter, Kardamom, Zimt und Gewürznelken zufügen und 35–40 Sekunden anbraten. Muskatnuss zufügen, einmal umrühren und alles über das Fleisch geben. Gut mischen, Deckel auflegen und weitere 10 Minuten kochen. Gehackten Koriander unterrühren und servieren.

Serviervorschlag: Dazu passt Kardamomreis (Rezept S. 224).

Auberginenschiffchen mit Lamm und Reis

Die mit Lamm und Reis gefüllten Auberginen verströmen ein köstliches Aroma.

Vorbereitung: 15 Minuten
Kochzeit: 45 Minuten
Portionen: 4

2 mittelgroße Auberginen, jeweils etwa 300 g
250 g mageres Lammfleisch, gehackt
1 EL Olivenöl
2 Knoblauchzehen, zerdrückt
150 g Zwiebeln, gehackt
1 TL Koriandersamen, gemahlen
½ TL Kreuzkümmelsamen, gemahlen
100 g Langkornreis
300 ml Brühe oder Wasser
Salz und schwarzer Pfeffer
1 EL frischer Dill, gehackt
2 EL frische Petersilie, gehackt
Zum Garnieren:
gehackte frische Minze und Petersilie
Zum Servieren:
fettarmer Joghurt nach Belieben

1 In einem großen Topf leicht gesalzenes Wasser zum Kochen bringen. Inzwischen die Auberginen längs halbieren, das Fruchtfleisch bis auf einen kleinen Rand herausschneiden, dabei die Haut nicht verletzen. Das Fruchtfleisch in 1 cm große Würfel schneiden.

2 Die Auberginenhälften in das kochende Wasser geben und 2–3 Minuten ziehen lassen, bis sie weich sind. Dann herausnehmen, mit der Schnittseite nach unten auf Küchenpapier abtropfen lassen.

3 Eine beschichtete Bratpfanne erhitzen und das Lammhack ohne Fettzugabe unter ständigem Rühren anbraten, bis es braun und krümelig ist. Das Fleisch herausnehmen, den Bratensaft ablaufen lassen und die Pfanne mit Küchenpapier auswischen.

4 Den Backofen auf 180 °C (Gas: Stufe 3) vorheizen. Öl und 2 EL Wasser in die Bratpfanne geben und die Auberginenwürfel mit Knoblauch und Zwiebeln in etwa 5 Minuten weich braten. Das Fleisch wieder zugeben, Koriander, Kreuzkümmel und Reis zufügen und unter Rühren 1 Minute kochen.

5 Brühe oder Wasser einrühren, nach Geschmack würzen und zum Kochen bringen, dann die Temperatur zurückschalten und zugedeckt 10–15 Minuten köcheln lassen, bis der Reis die Flüssigkeit aufgenommen hat. Dill und Petersilie einrühren und vom Herd nehmen.

6 Die Auberginenhälften in eine flache Auflaufform setzen und die Füllung einfüllen. Alles in 15–20 Minuten hellbraun überbacken. Die Auberginen heiß servieren, mit Petersilie und Minze oder mit einem Klecks Joghurt garnieren.

Serviervorschlag: Dazu passt der marokkanische Möhrendip (Rezept S. 72) und marinierter Lauch (Rezept S. 90).

Nährwert pro Portion
- Kilokalorien 249
- Kohlenhydrate 27 g
- Eiweiß 17 g
- Fett 8 g, davon gesättigte Fettsäuren 1 g

Marokkanisches Lammragout mit Couscous

Dieses sättigende Gericht aus Lamm, Obst und Gemüse, serviert mit lockerem Couscous, heißt in Marokko Tagine.

Vorbereitung: 35 Minuten
Kochzeit: 2 Stunden
Portionen: 6

800 g mageres Lammsteak aus der Keule
125 g Zwiebeln, gehackt
2 Knoblauchzehen, gehackt
½ TL Cayennepfeffer
1 kleine Zimtstange, halbiert
1 TL Paprikapulver
10–12 Safranfäden
Salz und schwarzer Pfeffer
125 g getrocknete Aprikosen, geviertelt
175 g Möhren, gewürfelt
100 g Zucchini, gewürfelt
350 g Tomaten, gehackt
2 EL frischer Koriander, gehackt
300 g Couscous
Zum Garnieren:
je 1 EL gehackter frischer Koriander und Petersilie

1 Vom Fleisch das Fett und Hautreste abschneiden und das Lammfleisch in 2,5 cm große Würfel zerteilen. Mit Zwiebeln, Knoblauch, Cayennepfeffer, Zimt, Paprika und Safran in einen großen Kochtopf oder unten in einen Nudeltopf mit Einsatz geben, nach Belieben mit Salz und Pfeffer würzen und so viel Wasser zufügen, dass alles bedeckt ist. Zum Kochen bringen, dann den Deckel auflegen, die Temperatur herunterschalten und 1 ½ Stunden köcheln lassen.

2 Aprikosen, Möhren, Zucchini, Tomaten und Koriander in den Topf geben und zugedeckt weitere 15 Minuten garen.

3 In der Zwischenzeit den Couscous in eine Schüssel geben, so viel kaltes Wasser zufügen, dass er gerade bedeckt ist, und 5 Minuten quellen lassen.

4 Den Couscous in den feinen Siebeinsatz des Nudeltopfs oder, falls ein normaler Kochtopf verwendet wird, in einen Siebeinsatz geben und über dem Fleisch 15 Minuten garen lassen, bis er warm, locker und weich ist. Nach Belieben salzen.

5 Zum Servieren den Couscous mit einem Löffel auf eine Servierplatte geben, das Lamm und das Gemüse mit einem Schaumlöffel aus dem Topf heben und auf den Couscous legen und mit gehacktem Koriander und Petersilie bestreuen. Die Brühe in eine Kanne oder eine Schüssel geben und separat servieren, sodass sich bei Tisch jeder nach Belieben selbst bedienen kann.

Nährwert pro Portion

- Kilokalorien 381
- Kohlenhydrate 41 g
- Eiweiß 32 g
- Fett 11 g, gesättigte Fettsäuren nur in Spuren enthalten

SAFRANFÄDEN

SCHINKEN IN APFELWEIN

Gegrilltes Schweinefilet mit kleinen Bratäpfeln

Das kurz gebratene Filet erhält eine süß-herbe Note durch die Zugabe von Äpfeln, Zitrone und Rosmarin.

Vorbereitung: 30 Minuten, und 1 Stunde oder über Nacht marinieren
Kochzeit: 25 Minuten
Portionen: 4

500 g Schweinefilet
4 Tafeläpfel, z. B. Cox Orange
4 Stängel frischer Rosmarin
4 TL brauner Zucker, nach Belieben
Für die Marinade:
1 Stängel frischer Rosmarin
1 Knoblauchzehe, zerdrückt
geriebene Schale von 1 unbehandelten Zitrone
2 EL Olivenöl
Salz und schwarzer Pfeffer
Zum Garnieren:
einige Stängel frischer Rosmarin

1 Vom Filet das Fett entfernen, das Fleisch in 1 cm dicke Medaillons schneiden und in eine Rührschüssel legen.

2 Für die Marinade die Blätter von den Rosmarinstängeln abzupfen, grob hacken und mit Knoblauch, Zitronenschale, Olivenöl und Pfeffer zum Filet geben. Bedecken und mindestens 1 Stunde oder besser noch über Nacht kühl stellen, damit die Marinade gut in das Fleisch einziehen kann.

3 Den Backofen auf 180 °C (Gas: Stufe 3) vorheizen. 30 Minuten vor dem Servieren das Kernhaus aus den Äpfeln schneiden und die Schale an der dicksten Stelle jeder Frucht rundum einschneiden, damit sich die Äpfel beim Braten ausdehnen können. Einen Rosmarinstängel in jeden Apfel stecken, eventuell mit 1 TL Zucker, falls gewünscht. Die Äpfel etwa 25 Minuten backen, bis sie gerade weich sind.

4 In der Zwischenzeit eine gusseiserne Grillpfanne oder eine beschichtete Bratpfanne auf mittlere Temperatur erhitzen. Die Medaillons aus der Marinade nehmen, salzen und auf jeder Seite 2–4 Minuten braten, bis sie gebräunt sind. Mit den Backäpfeln servieren und mit Rosmarinstängeln garnieren.

Variante: Für eine einfache Sauce etwas Hühner- oder Fleischbrühe einkochen. Oder den Bratenfond in der Grill- oder Bratpfanne mit etwas trockenem Apfelwein ablöschen.

Serviervorschlag: Dazu passen gedünstete Zucchini und gekochter Reis.

Nährwert pro Portion

- Kilokalorien 247
- Kohlenhydrate 15 g
- Eiweiß 25 g
- Fett 10 g, davon gesättigte Fettsäuren 2 g

Schinken in Apfelwein

Gedünsteter Schinken bleibt auch ohne Fettzugabe saftig. Bei diesem köstlichen Gericht wird der Schinken mit verschiedenen Gemüsen serviert.

Vorbereitung: 10 Minuten, und 15 Minuten Ruhezeit
Kochzeit: 80 Minuten
Portionen: 6

1 kg Vorderschinken
1 l trockener Apfelwein
4 Gewürznelken
1 mittelgroße Zwiebel, halbiert
1 Bouquet garni
75 g Möhren, in Scheiben geschnitten
1 Stange Sellerie, in Scheiben geschnitten
6 Wacholderbeeren
6 schwarze Pfefferkörner

1 Den Schinken in einen großen Kochtopf legen, mit Wasser bedecken und zum Kochen bringen, dann abtropfen und allen Schaum vom Fleisch abspülen. Den Kochtopf auswischen.
2 Den Braten wieder in den Topf legen und den Apfelwein zufügen. Je zwei Gewürznelken in jede Zwiebelhälfte stecken, dann mit dem Bouquet garni, Möhren, Sellerie, Wacholderbeeren und Pfefferkörnern zum Schinken geben. So viel Wasser zugießen, dass der Schinken bedeckt ist, und alles aufkochen. Dann die Temperatur reduzieren und den Schinken 1 1/4 Stunden köcheln lassen. Keinesfalls länger garen, sonst wird der Schinken zäh und trocknet aus.
3 Das Fleisch aus dem Topf nehmen, die Kochflüssigkeit, die Gewürze und die Kräuter entfernen und den Schinken 15 Minuten ruhen lassen.
4 Alles Fett vom Braten entfernen, dann in Scheiben schneiden und servieren.

Variante: Soll der Schinken kalt serviert werden, lässt man ihn in der Kochflüssigkeit abkühlen und schneidet ihn erst danach in Scheiben. So bleibt das Fleisch saftig. Dann muss allerdings eine längere Zubereitungszeit eingerechnet werden.
Serviervorschlag: Dazu passen Kartoffelbrei und eine Auswahl gedünsteter Gemüse.

Nährwert pro Portion

- Kilokalorien 276
- Kohlenhydrate 7 g
- Eiweiß 24 g
- Fett 12 g, davon gesättigte Fettsäuren 4 g

GEGRILLTES SCHWEINEFILET MIT KLEINEN BRATÄPFELN

Schweinefleisch mit Kokossauce

In diesem Rezept werden saftige Schweinefleischstücke zuerst mariniert, dann gebraten und schließlich in einer Zitronen-Kokosnuss-Brühe gegart.

Vorbereitung: 20 Minuten, und 3–4 Stunden oder über Nacht marinieren
Kochzeit: 45 Minuten
Portionen: 4

600 g Schweinesteak ohne Knochen
40 g Kokosmilchpulver oder 250 ml Kokosmilch aus der Dose
2 Stängel Zitronengras, mit einer Teigrolle zerdrückt
Salz
1–2 grüne Chilischoten, entkernt und in streichholzgroße Stücke geschnitten
2 EL frischer Koriander, gehackt
Für die Marinade:
50 ml fettarmer Joghurt
125 g Zwiebeln, in dünne Scheiben geschnitten
1/2 TL Cayennepfeffer
1 1/2 TL Koriandersamen, gemahlen
1/2 TL Garam Masala
2 große Knoblauchzehen, zerdrückt
2 TL Ingwer, gerieben
1/2 TL Kurkuma, gemahlen

ZITRONENGRAS

1 Vom Schweinefleisch die Schwarte und das Fett entfernen, das Fleisch in 5 cm große Würfel schneiden und in eine große Rührschüssel legen.
2 Alle Zutaten für die Marinade vermischen, dann die Mischung über die Fleischstücke geben und zugedeckt 3–4 Stunden oder über Nacht in den Kühlschrank stellen. Vor der Zubereitung alles wieder auf Raumtemperatur bringen.
3 Den Backofen auf 200 °C (Gas: Stufe 3–4) vorheizen. Das marinierte Fleisch gleichmäßig in einer Auflaufform verteilen und auf der mittleren Einschubschiene etwa 30 Minuten braten, bis die Zwiebeln und die Fleischstücke gebräunt sind.
4 Das Kokosmilchpulver mit 1/4 l heißem Wasser mischen. Die Fleischmischung in einen Kochtopf geben, die Kokosmilch darüber gießen, Zitronengras zufügen und nach Belieben salzen. Alles erhitzen, bis die Flüssigkeit leicht kocht, und zugedeckt 10–12 Minuten kochen.
5 Die gehackte Chilischote und den Koriander einrühren und etwas zum Garnieren zurückbehalten. Zitronengras entfernen und das Gericht servieren.
Serviervorschlag: Mit gekochtem Reis servieren.

Nährwert pro Portion

- Kilokalorien 198
- Kohlenhydrate 7 g
- Eiweiß 30 g
- Fett 6 g, davon gesättigte Fettsäuren 2 g

Schweinebraten auf chinesische Art

Eine Hoisin-Soja-Marinade verleiht dem Schweinebraten eine schöne Farbe und ein typisch chinesisches Aroma.

Vorbereitung: 10 Minuten, und 2 Stunden marinieren
Kochzeit: 25 Minuten
Portionen: 4–6

2 Schweinefilets, pro Stück etwa 350 g
1 TL chinesisches Fünf-Gewürz-Pulver
2 Knoblauchzehen, zerdrückt
75 g Zucker
1/8 l Hoisin-Sauce
3 EL Sojasauce
2 EL chinesischer Reiswein, Sake oder trockener Sherry

1 Alles Fett vom Filet wegschneiden. Das Fleisch rundum mit dem Fünf-Gewürz-Pulver und anschließend mit der zerdrückten Knoblauchzehe einreiben. Das gewürzte Schweinefilet in eine Porzellan- oder Glasschüssel legen.
2 Zucker, Hoisinsauce, Sojasauce und Reiswein, Sake oder Sherry mischen und über das Schweinefilet geben. Dabei darauf achten, dass alles gleichmäßig verteilt ist. Bedecken und das Fleisch 2 Stunden im Kühlschrank marinieren lassen.
3 Den Backofen auf 200 °C (Gas: Stufe 3–4) vorheizen. Etwa 2,5 cm Wasser in eine Bratenpfanne geben, in den Backofen stellen. Das marinierte Filet auf einem Rost über die Bratenpfanne legen und 25 Minuten braten. Das Fleisch häufig mit der Marinade einpinseln und einmal wenden.
4 Das Fleisch aus dem Ofen nehmen und 15 Minuten ruhen lassen, dann in Scheiben aufschneiden.

Variante: Solange das Fleisch ruht, die in der Bratenpfanne zurückgebliebene Marinade mit dem Fleischsaft in einem Kochtopf 10 Minuten einkochen lassen und daraus eine Sauce zubereiten.

Serviervorschlag: Dazu passen Streifen von Möhren, Zucchini und Frühlingszwiebeln, mit etwas Austernsauce in Hühnerbrühe gegart und gemischt mit Mie-Nudeln.

Nährwert pro Portion, bei 4 Portionen

- Kilokalorien 347
- Kohlenhydrate 33 g
- Eiweiß 37 g
- Fett 7 g, davon gesättigte Fettsäuren 2 g

Schweinefleisch-Tortillas

Dieses aus Mexiko stammende Gericht kombiniert würziges Schweinefleisch mit dicken Bohnen, die zusammen in weiche Tortillas eingewickelt werden.

Vorbereitung: 15 Minuten, und 30 Minuten Marinierzeit
Kochzeit: 20 Minuten
Portionen: 4

450 g Schweinefilet
1 TL Koriandersamen, gemahlen
1 kleine rote Chilischote, entkernt und gehackt
1 Knoblauchzehe, zerdrückt
4 EL Limettensaft
2 TL Sonnenblumenöl
75 g Zwiebeln, in dünne Scheiben geschnitten
400 g rote Kidneybohnen aus der Dose, abgespült und abgetropft
150 g Fleischtomaten, enthäutet, entkernt und gewürfelt
Salz und schwarzer Pfeffer
8 Mehltortillas
Zum Servieren:
4 EL fettarmer Joghurt
2 EL frische Minze oder Petersilie, gehackt
2 unbehandelte Limetten, in Spalten geschnitten

1 Vom Filet das sichtbare Fett entfernen, das Fleisch in dünne Streifen schneiden und mit dem Koriander in eine Schüssel geben. Die Chilischote, Knoblauch und Limettensaft zufügen, gut vermischen, damit das Fleisch gleichmäßig benetzt ist, dann zugedeckt 30 Minuten durchziehen lassen.
2 Das Öl in einer schweren Bratpfanne oder in einem Wok erhitzen und die Zwiebeln bei mittlerer Temperatur 3–4 Minuten unter Rühren hellbraun anschwitzen. Das Schweinefleisch zufügen und etwa 10 Minuten unter häufigem Rühren braten.
3 Die Kidneybohnen und die Tomaten in die Pfanne geben, gut würzen und 3–4 Minuten köcheln lassen, bis die Tomaten weich sind.
4 Die Tortillas nach Packungsanleitung erhitzen, dabei einmal umdrehen.
5 Die Schweinefleischmischung auf die Tortillas verteilen. Auf jede Mischung einen Klecks Joghurt und Minze oder Petersilie geben und die Tortillas zuklappen. Mit Limettenspalten servieren.

Nährwert pro Portion
- Kilokalorien 528
- Kohlenhydrate 79 g
- Eiweiß 41 g
- Fett 8 g, davon gesättigte Fettsäuren 1 g

Schweinerouladen, scharf gefüllt, mit Raita

Nährwert pro Portion
- Kilokalorien 154
- Kohlenhydrate 7 g
- Eiweiß 23 g
- Fett 4 g, gesättigte Fettsäuren in Spuren enthalten

Gurken und Joghurt bilden einen mildernden Kontrast zu dem Fleisch mit der scharfen Ingwerfüllung.

Vorbereitung: 15 Minuten, und 10 Minuten Ruhezeit
Kochzeit: 10 Minuten
Portionen: 4

4 Schweineschnitzel, jeweils etwa 100 g
1 grüne Chilischote, entkernt und grob gehackt
1 Schalotte oder 35 g Zwiebeln, grob gehackt
2 EL frischer Koriander, gehackt
1 EL Ingwer, grob gehackt
50 ml Apfelsaft oder anderer naturbelassener Fruchtsaft
50 ml helle Sojasauce
Für die Raita:
10 cm Gurke, geschält, entkernt und gewürfelt
Salz
150 g fettarmer Joghurt
2 EL fein gehackte rote Paprikaschote
2 Frühlingszwiebeln, gehackt

1 Für die Raita die gewürfelte Gurke in ein Sieb legen, großzügig mit Salz bestreuen und 10 Minuten stehen lassen, damit die Flüssigkeit abfließen kann. Unter kaltem Wasser abspülen und trockentupfen. Mit den anderen Raita-Zutaten vermischen und kalt stellen, bis das Schweinefleisch gebraten wird, allerdings nicht länger als 30 Minuten, weil sich sonst wieder Flüssigkeit absetzt.

2 Jedes Schnitzel zwischen zwei Lagen Klarsichtfolie legen, mit einer Teigrolle auf 5 mm Stärke flach drücken und halbieren.

3 Chilischote, Schalotte oder Zwiebeln, Koriander und Ingwer zu einer groben Paste pürieren und gleichmäßig auf den Schnitzelhälften verteilen.

4 Jedes Fleischstück aufrollen und mit Holzspießchen feststecken. Eine Bratpfanne oder einen Wok stark erhitzen und die Rouladen ohne Fettzugabe etwa 4 Minuten unter häufigem Wenden anbraten.

5 Den Fruchtsaft und die Sojasauce in die Pfanne geben und etwa 5 Minuten bei starker Hitze kochen, bis fast die ganze Flüssigkeit verdampft ist. Dabei die Rouladen ein- bis zweimal drehen, um sie zu glasieren. Heiß servieren und die kalte Raita dazureichen.

Serviervorschlag: Dazu passen Reis und chinesischer Ratatouillesalat (Rezept S. 84).

Crespelli mit Schweinefleisch-Pilz-Füllung

Nährwert pro Portion

- Kilokalorien 373
- Kohlenhydrate 42 g
- Eiweiß 32 g
- Fett 10 g, davon gesättigte Fettsäuren 2 g

Pfannkuchen schmecken so gut, dass sie nicht nur süß serviert werden sollten. Diese pikante italienische Variante der gefüllten Pfannkuchen verdient es, öfter auf den Tisch zu kommen.

Vorbereitung: 30 Minuten
Kochzeit: 1 Stunde
Portionen: 4

350 g besonders mageres Schweinehack
125 g Lauch, in dünne Scheiben geschnitten
125 g Pilze, gehackt
1 Prise Cayennepfeffer
1/2 TL getrockneter Salbei
etwas Pflanzenöl zum Einfetten
1 EL Stärkemehl
1 Prise Senfpulver
300 ml Magermilch
Salz und schwarzer Pfeffer

Für den Teig:
125 g Weizenmehl
1 Ei
300 ml Magermilch
2 TL Pflanzenöl zum Backen
Für den Belag:
3–4 Tomaten, in dicke Scheiben geschnitten
15 g Parmesan, fein gerieben
Zum Garnieren:
gehackte frische, glatte Petersilie und etwas frisch geriebener Parmesan, nach Belieben

1 Zunächst den Teig zubereiten. Dazu Mehl, Ei, Milch und eine Prise Salz in der Küchenmaschine oder mit dem Handrührgerät zu einem glatten Teig verrühren. Den Teig beiseite stellen, während das Fleisch angebraten wird.

2 Den Backofen auf 190 °C (Gas: Stufe 3) vorheizen. Für die Füllung das Schweinehack in einer beschichteten Pfanne ohne Fettzugabe bei mittlerer Temperatur anbraten, bis es gebräunt und krümelig ist. Lauch, Pilze, Cayennepfeffer und Salbei zufügen. Zugedeckt alles unter gelegentlichem Umrühren 15 Minuten auf kleiner Hitze garen lassen. Falls zu viel Flüssigkeit verkocht, etwas Wasser zufügen.

3 Für die Pfannkuchen eine kleine beschichtete Bratpfanne auf mittlere Temperatur erhitzen und mit wenig Pflanzenöl einstreichen. 2 EL Teig in die heiße Pfanne geben und diese schnell schwenken, bis sich eine dünne Teigschicht auf dem Boden verteilt hat. Sobald der Pfannkuchen fest wird, wenden und weitere 30 Sekunden backen. Aus der Pfanne nehmen und unter einem sauberen Küchentuch warm halten. Die anderen Pfannkuchen auf die gleiche Weise zubereiten und die Pfanne gegebenenfalls nochmals nachfetten.

4 Für die Füllung das Stärkemehl und den Senf mit 2 EL Milch verrühren. Die restliche Milch in einem großen Topf aufkochen, die Stärkemehlmischung schnell einrühren und so lange kochen, bis sie andickt. Nach Belieben würzen.

5 Das Schweinefleisch ohne den Bratensaft in die Sauce einrühren und eventuell nachwürzen.

6 Auf die Pfannkuchen je einen Streifen der Füllung geben. Dann aufrollen und mit der Nahtseite nach unten dicht nebeneinander in eine leicht geölte, flache Auflaufform legen. Die Tomatenscheiben darüber legen und alles mit dem Käse bestreuen.

7 Die Pfannkuchen 15–20 Minuten überbacken, bis die Tomaten weich und die Pfannkuchenränder knusprig sind. Mit etwas gehackter Petersilie und, falls gewünscht, mit Parmesan servieren.

Serviervorschlag: Dazu passt Rosenkohl nach indischer Art (Rezept S. 234) oder gemischter Blattsalat.

Glasierte Schweinefleischspieße

Nährwert pro Portion
- Kilokalorien 277
- Kohlenhydrate 20 g
- Eiweiß 36 g
- Fett 7 g, gesättigte Fettsäuren in Spuren enthalten

Das köstliche, in Orangenmarmelade eingelegte Schweinefleisch mit Aprikosen könnte zum großen Favoriten der nächsten Grillparty werden.

Vorbereitung: 15 Minuten, und 30 Minuten oder über Nacht marinieren
Kochzeit: 20 Minuten
Portionen: 4

600 g besonders mageres Schweinefleisch
12 getrocknete Aprikosen
2 kleine Zucchini, etwa. 125 g, in dicke Scheiben geschnitten
2 kleine rote oder weiße Zwiebeln, etwa 125 g, geviertelt
Für die Marinade:
4 EL Orangenmarmelade
30 ml Orangensaft oder Sherry
2 EL grober Senf
½ TL Ingwer, gerieben
½ TL getrockneter Thymian oder Oregano

1 Für die Marinade die Marmelade in einem kleinen Topf bei milder Hitze 1–2 Minuten erwärmen. Die restlichen Zutaten für die Marinade zugeben und abkühlen lassen.

2 Vom Schweinefleisch alles Fett entfernen und das Fleisch in 4 cm große Würfel schneiden. In eine große Schüssel legen, die Marinade darüber gießen und umrühren. Bedecken und 30 Minuten bei Raumtemperatur oder über Nacht im Kühlschrank ziehen lassen, damit das Fleisch das Aroma aufnimmt, dann wieder auf Raumtemperatur bringen.

3 Den Grill auf mittlere Temperatur vorheizen. Fleischwürfel, Aprikosen, Zucchini und Zwiebeln abwechselnd auf vier Metallspieße stecken. Die Spieße 12–15 Minuten grillen, dabei wenden und mit der zurückbehaltenen Marinade einpinseln. Das Fleisch ist gar, wenn beim Einstechen der Fleischwürfel nur klarer Fleischsaft austritt.

Variante: Die restliche Marinade und den Bratensaft vom Grillen zu einer heißen Sauce aufkochen. Oder je 1 EL gehackte frische Korianderblätter und Frühlingszwiebeln in 150 g magerem Naturjoghurt zu einer kalten Sauce vermischen.

Serviervorschlag: Dazu passen Reis und fruchtiger Rosenkohlsalat (Rezept S. 84) oder andere Salate nach Belieben.

GETROCKNETE APRIKOSEN

Fleischbällchen mit Apfelweinsauce

Die mit Ingwer gewürzten Fleischbällchen in aromatischer Sauce aus Apfelwein und gerösteten Gewürzen sind ein Essen, dem keiner widerstehen kann.

Vorbereitung: 25 Minuten
Kochzeit: 1–1 1/4 Stunden
Portionen: 4

1 große, dicke Scheibe Weißbrot ohne Rinde
100 ml Magermilch
500 g mageres Schweinehack
1–2 grüne Chilischoten, entkernt und fein gehackt
2 EL frischer Koriander, gehackt
1 EL Ingwergranulat
Salz
2 EL Sonnenblumenöl
Für die Sauce:
2 kleine Zimtstangen, halbiert
2 Knoblauchzehen, zerdrückt
1 TL Ingwergranulat
275 g Zwiebeln, fein gehackt
1 TL Paprikapulver
1/2 TL gemahlener Kurkuma
250 ml trockener Apfelwein
2 TL Koriandersamen
1/2 TL Kreuzkümmelsamen
6 schwarze Pfefferkörner
30 g saure Sahne
Zum Garnieren:
frische Korianderstängel

1 Die Brotscheibe in einen flachen Teller legen und mit der Milch begießen. 1–2 Minuten ziehen lassen, dann die Milch so gut wie möglich auspressen.

2 Das Schweinefleisch mit den Chilischoten, der Hälfte des Korianders, dem Ingwer und einer Prise Salz in eine Rührschüssel geben. Das Brot zufügen und die Mischung 1–2 Minuten verkneten. 16 Bällchen formen, die etwas größer als eine Walnuss sind.

3 In einem beschichteten Topf das Öl bei mittlerer Temperatur erhitzen, die Hälfte der Fleischbällchen zufügen und 2–3 Minuten unter Rühren braten, bis sie gebräunt sind. Die Fleischbällchen herausnehmen, warm halten und die restlichen Fleischbällchen anbraten. Zu der ersten Portion geben und alles warm halten.

4 Den Topf von der Kochstelle nehmen und die Zimtstangen in das im Topf zurückgebliebene Öl geben. 20–25 Sekunden anschwitzen, dann den Topf wieder auf die Kochstelle zurückstellen und Knoblauch, Ingwer und Zwiebeln zufügen. Auf mittlerer bis kleiner Hitze 8–9 Minuten unter häufigem Rühren garen, bis die Zwiebeln weich sind.

5 Paprika und Kurkuma einrühren und weitere 1–2 Minuten braten, dann den Apfelwein, etwas Salz und die Fleischbällchen zufügen. Die Flüssigkeit zum Sieden bringen und alles zugedeckt auf kleiner Hitze 15 Minuten garen.

6 Inzwischen eine kleine Pfanne mit schwerem Boden auf mittlere Temperatur erhitzen. Koriander- und Kreuzkümmelsamen sowie die Pfefferkörner ohne Fettzugabe 30 Sekunden unter Rühren rösten, bis sie ihr Aroma freigeben. Aus der Pfanne nehmen und abkühlen lassen, dann die Gewürze in einer Gewürzmühle oder im Mörser sorgfältig zerkleinern.

7 Die Gewürzmischung zum Fleisch geben, bedecken und weitere 25–30 Minuten bei milder Hitze garen.

8 Die Zimtstangen herausnehmen und die saure Sahne und den restlichen gehackten Koriander einrühren. Mit Korianderstängeln garniert servieren.

Serviervorschlag: Dazu passen Kurkumareis (Rezept S. 224) und gemischter Salat.

Nährwert pro Portion

- Kilokalorien 315
- Kohlenhydrate 14 g
- Eiweiß 31 g
- Fett 14 g, davon gesättigte Fettsäuren 5 g

Nudeln und Getreide

Fettspartipp
Lammfilet ist so zart, dass zum raschen Anbraten bei starker Hitze nur ganz wenig Fett erforderlich ist.

Pikante Nudeln mit Lammfleisch

Nährwert pro Portion
- Kalorien 559
- Kohlenhydrate 69 g
- Eiweiß 34 g
- Fett 17 g, davon 5 g gesättigte Fettsäuren

Lange, dünne Nudeln, raffiniert nach thailändischer Art gewürzt, sind die perfekte Beilage zu kurz gebratenem zartem Lammfleisch.

Vorbereitung: 10 Minuten
Kochzeit: 10–15 Minuten
Portionen: 2

250 g frische gemischte Spinat-, Tomaten- und Eiertagliolini oder andere lange dünne Nudeln
½ EL Olivenöl
200 g Lammfilet, in dünne Scheiben geschnitten
2–3 TL Sesamöl
4 EL frischer Koriander, gehackt
2 EL frische Petersilie, gehackt
2 frische, milde rote Chilischoten, entkernt und fein gehackt
2 milde grüne Chilischoten, entkernt und fein gehackt
1 Knoblauchzehe, zerdrückt
Saft von ½ Zitrone
Salz und schwarzer Pfeffer
Tabascosauce nach Belieben

1 Wasser in einem großen Topf zum Kochen bringen, salzen, die Nudeln hineingeben und laut Packungsanleitung bissfest kochen.
2 In der Zwischenzeit eine große beschichtete Bratpfanne stark erhitzen und das Olivenöl mit einem Pinsel verteilen. Das Fleisch 1–2 Minuten scharf anbraten, bis es rundum gebräunt ist. Auf einen Teller legen, mit Sesamöl beträufeln und warm halten.
3 Die Nudeln abgießen und mit Koriander, Petersilie, Chilischoten, Knoblauch, Zitronensaft, einer Prise Salz und viel frisch gemahlenem schwarzem Pfeffer vermischen. Nach Belieben etwas Tabascosauce und noch ein paar Tropfen Sesamöl zufügen.
4 Die Gewürznudeln in tiefe Teller füllen, die Lammscheiben darauf legen und servieren.

CHILISCHOTEN

Tagliatelle alla carbonara

Nährwert pro Portion

- Kilokalorien 588
- Kohlenhydrate 84 g
- Eiweiß 24 g
- Fett 16 g, davon gesättigte Fettsäuren 6 g

Dass für diese fettarme Version des beliebten italienischen Nudelgerichts mit Speck und Eiern statt Sahne Sojacreme verwendet wird, tut seinem delikaten Geschmack keinen Abbruch.

Vorbereitung: 10 Minuten
Kochzeit: 15–20 Minuten
Portionen: 2

1 Knoblauchzehe, zerdrückt
1 Schalotte, fein gehackt
2 EL trockener Weißwein
200 g getrocknete Tagliatelle oder Fettuccine
Salz und schwarzer Pfeffer
50 g durchwachsener Räucherspeck ohne Schwarte
2 EL Sojacreme (rund 17 % Fett)
2 Eier
1 EL Parmesan, frisch gerieben
1 EL frische Petersilie, gehackt

Fettspartipp
Statt der üblicherweise für dieses Gericht verwendeten süßen Sahne sorgt hier Weißwein für einen feinen Geschmack.

1. Knoblauch, Schalotte und Wein in einem beschichteten Topf bei hoher Temperatur 2–3 Minuten garen, bis der Wein verdampft ist.
2. In einem großen Topf Wasser zum Kochen bringen, leicht salzen, dann die Nudeln zufügen und laut Packungsanweisung al dente kochen.
3. Inzwischen den Speck in dünne Streifen schneiden und zu Schalotten und Knoblauch geben. Bei großer Hitze 2–3 Minuten schwenken, bis der Speck gar und knusprig ist.
4. In einer kleinen Schüssel Sojacreme, Eier, Parmesan und Petersilie vermischen und abschmecken.
5. Die Nudeln abgießen und abtropfen lassen, in den Topf zurückgeben, die Speck-Schalotten-Knoblauch-Mischung unterrühren und 1 Minute erhitzen.
6. Den Topf von der Kochstelle nehmen und die Sojacreme-Ei-Masse einrühren. Falls die Hitze nicht mehr ausreicht, die Masse leicht zum Stocken zu bringen, alles auf dem Herd bei geringer Hitze 1–2 Minuten unter ständigem Rühren garen, bis eine dicke, cremige Sauce entstanden ist. In tiefen Tellern anrichten und servieren.

Variante: Statt Speck hauchdünnen geräucherten Schinken nehmen, der weniger Fett enthält. Vegetarier können den Speck durch in Scheiben geschnittene Champignons ersetzen.

Auberginen-Lasagne

Auberginen sind eine ideale Füllung für diese köstliche vegetarische Lasagne, die Sie auch gut am Vortag zubereiten können.

Vorbereitung: 30 Minuten, und 30–40 Minuten Zeit zum Ziehen
Kochzeit: 1 1/2 Stunden–1 3/4 Stunden
Portionen: 4

Nährwert pro Portion
- Kilokalorien 313
- Kohlenhydrate 33 g
- Eiweiß 14 g
- Fett 15 g, davon gesättigte Fettsäuren 4 g

600 g Auberginen, in 5 mm dicke Scheiben geschnitten
Salz und schwarzer Pfeffer
9–12 grüne Lasagneblätter
Olivenöl zum Einfetten
25 g Parmesan, gerieben
Für die Béchamelsauce:
600 ml Magermilch
35 g Möhren, in Scheiben geschnitten
1 Schalotte, in dünne Scheiben geschnitten
1 Lorbeerblatt
1 Gewürznelke
1 großer Stängel frische glatte Petersilie
12 schwarze Pfefferkörner
35 g Diät-Pflanzencreme (71 % Fett)
35 g Weißmehl
Muskatnuss zum Reiben
Für die Tomatensauce:
1 EL Olivenöl
250 g Zwiebeln, fein gehackt
1 Knoblauchzehe, zerdrückt
800 g Dosentomaten
1 TL getrockneter Oregano
4–6 EL frisches Basilikum, fein gerebelt

Fettspartipp
Wenn Sie die Auberginen dämpfen statt braten, sparen Sie eine Menge Fett ein, denn die Früchte saugen sich beim Braten regelrecht mit Fett voll.

1 Zuerst die Béchamelsauce zubereiten. Die Milch in einen Topf gießen, Möhren, Schalotte, Lorbeerblatt, Gewürznelke, Petersilie und Pfefferkörner zufügen und zum Kochen bringen. Den Topf von der Kochstelle nehmen, zudecken und den Inhalt 30–40 Minuten ziehen lassen.

2 Inzwischen die Tomatensauce kochen. Das Olivenöl in einem großen Topf auf mittlerer Flamme erhitzen, Zwiebeln zufügen und 6–8 Minuten glasig braten.

3 Knoblauch zufügen und weitere 1–2 Minuten braten. Tomaten und Oregano zufügen und zum Kochen bringen, dann ohne Deckel etwa 45 Minuten unter häufigem Rühren auf kleiner Flamme weiterkochen, bis die Sauce um rund ein Drittel reduziert ist. Würzen und abschmecken.

4 Inzwischen die Auberginen portionsweise (so, dass die Scheiben nicht übereinander liegen) 4–5 Minuten dämpfen, bis sie weich sind. Zur Seite stellen.

5 Während die Auberginen garen, einen großen Topf Wasser zum Kochen bringen und jeweils ein paar Lasagneblätter in etwa 8 Minuten bissfest kochen. Unter kaltem Wasser abspülen, gut abtropfen lassen und zur Seite stellen.

6 Zur Fertigstellung der Béchamelsauce die Milch durch ein Sieb seihen. Die Pflanzencreme in einem Topf schmelzen, das Mehl einrühren und 1 Minute anschwitzen. Dann die Milch langsam unter die Mehlschwitze rühren und unter ständigem Rühren aufkochen, bis die Sauce schön dick wird. 3 Minuten weiterköcheln lassen, mit Salz, Pfeffer und frisch geriebener Muskatnuss abschmecken.

7 Mittlerweile den Backofen auf 180 °C (Gasofen Stufe 4) vorheizen. Eine etwa 25×20 cm große und 5 cm hohe Auflaufform leicht mit Öl einfetten.

8 Ein Drittel der Lasagneblätter auf den Boden der Form legen, die Hälfte der Tomatensauce darüber gießen und mit der Hälfte des Basilikums bestreuen. Die Hälfte der Auberginen in einer Schicht darauf legen und darüber ein Drittel der Béchamelsauce verteilen. Die Zutaten nochmals in derselben Reihenfolge in die Form schichten. Zuletzt mit Lasagneblättern und der restlichen Béchamelsauce bedecken und mit Parmesan bestreuen.

9 Die Lasagne 35–40 Minuten goldbraun backen, bis sie Blasen wirft. Sofort servieren.

Variante: Die Lasagne können Sie schon einen Tag vor dem Backen vorbereiten. Dazu alle Zutaten in die Form schichten, mit Folie bedecken und in den Kühlschrank stellen.

Nudeln mit Bohnen

Nahrhaft und sättigend ist dieser eiweißreiche italienische Eintopf, der in seiner Heimat im Friaul und in Venetien Pasta e fagioli genannt wird.

Vorbereitung: 25 Minuten
Kochzeit: 50–55 Minuten
Portionen: 6

2 EL Olivenöl
75 g Möhren, gewürfelt
1 Stange Sellerie, gehackt
3 Knoblauchzehen, zerdrückt
50 g Zwiebeln, gehackt
1 EL frischer Rosmarin, gehackt
400 g Borlotti- oder Pinto-(Wachtel-)Bohnen aus der Dose, abgespült und abgetropft
600 ml passierte Tomaten
300 ml Gemüsebrühe
1 TL Zucker
125 g kurze Nudeln, z. B. Muscheln
2 EL frische Petersilie, gehackt
Salz und schwarzer Pfeffer
Zum Garnieren:
ein paar frische Stängel Rosmarin
Zum Servieren:
25 g Parmesan, gerieben

1. Das Öl in einer feuerfesten Kasserolle erhitzen und darin Möhren, Sellerie, Knoblauch, Zwiebeln und Rosmarin 10 Minuten bei milder Hitze anbraten, bis sie weich, aber nicht braun sind.
2. Bohnen, Tomaten, Gemüsebrühe und Zucker einrühren und das Ganze zum Kochen bringen. Dann bedecken, die Temperatur drosseln und rund 25 Minuten bei milder Hitze köcheln lassen, bis das Gemüse weich ist.
3. Nudeln und Petersilie zufügen und nach Geschmack würzen, dann zugedeckt weitere 10–15 Minuten bei milder Hitze köcheln, bis die Nudeln bissfest sind. Rosmarinblättchen und Parmesan darüber streuen und servieren.

Nährwert pro Portion

- Kilokalorien 228
- Kohlenhydrate 35 g
- Eiweiß 9 g
- Fett 6 g, davon gesättigte Fettsäuren 1 g

Tagliatelle mit Sommergemüse

Nährwert pro Portion

- Kilokalorien 211
- Kohlenhydrate 34 g
- Eiweiß 9 g
- Fett 5 g, davon 1 g gesättigte Fettsäuren

Für dieses leichte, delikate Nudelgericht mit Zitrone, Estragon und Knoblauch sollten Sie nur ganz frisches Gemüse auswählen.

Vorbereitung: 15 Minuten
Kochzeit: 15–20 Minuten
Portionen: 4

250 g dünner grüner Spargel
150 g grüne Bohnen
200 g kleine Zucchini
150 g junger Lauch
500 g frische Eiertagliatelle oder andere lange Nudeln
1 EL Olivenöl
1 Knoblauchzehe, fein gehackt
etwa 4 EL Zitronensaft
2 TL frischer Estragon, gehackt
Salz und schwarzer Pfeffer
2–3 EL frische glatte Petersilie, fein gehackt

1 In zwei Töpfen Wasser zum Kochen bringen. Die holzigen Enden des Spargels abschneiden und die Stangen in 2,5 cm lange Stücke schneiden. Die Spitzen der grünen Bohnen abschneiden und die Bohnen halbieren. Die Zucchini in dünne Scheiben schneiden. Den Lauch putzen, längs vierteln und in 1 cm dicke Streifen schneiden.

2 Spargel und Bohnen in einen Topf mit kochendem Wasser geben und etwa 4 Minuten kochen, bis sie gerade weich sind. Abgießen, unter kaltem Wasser abschrecken und zur Seite stellen.

3 Die Nudeln im zweiten Topf im kochenden Wasser laut Packungsanleitung kochen.

4 In der Zwischenzeit das Olivenöl in einem Wok oder einer schweren beschichteten Pfanne bei mittlerer Flamme erhitzen. Knoblauch zufügen und 30 Sekunden unter Rühren anbraten, dann die Zucchini und den Lauch dazugeben und etwa 3 Minuten rühren, bis das Gemüse gar, aber nicht zu weich ist.

5 Spargel und Bohnen ebenfalls hineingeben und 1 Minute rühren, dann Zitronensaft und Estragon untermischen. Von der Kochstelle nehmen und nach Geschmack salzen und pfeffern.

6 Die Nudeln abgießen und etwas Kochwasser aufbewahren. Die Nudeln mit dem Gemüse vermischen und falls nötig mit etwas Kochwasser befeuchten. Mit Petersilie und frisch gemahlenem schwarzem Pfeffer bestreuen und servieren.

Nudeln in Tomatensauce nach katalanischer Art

In Katalonien reicht man Nudeln mit frischer Tomatensauce zu Fleisch oder Fisch. Vielleicht bekommen Sie beim Essen ja Lust auf eine Reise nach Spanien!

Vorbereitung: 20 Minuten
Kochzeit: 30 Minuten
Portionen: 4

Nährwert pro Portion

- Kilokalorien 280
- Kohlenhydrate 55 g
- Eiweiß 7 g
- Fett 4 g, davon gesättigte Fettsäuren 1 g

500 g Tomaten, gehackt
1 Knolle Knoblauch, die Zehen getrennt und geschält
150 g Zwiebeln, gehackt
1 Streifen Orangenschale, ca. 5 cm lang
2 Lorbeerblätter und 2 Stängel frischer Thymian, gebündelt
10–12 Safranfäden
600 ml Gemüsebrühe
1 Prise Zucker
1 EL Olivenöl
225 g Vermicelli, in Stücke gebrochen
Salz und schwarzer Pfeffer
Zum Garnieren:
frische Basilikumstängel

1 Die Tomaten mit Knoblauch, Zwiebeln, Orangenschale, Kräutern, Safran, Brühe und Zucker in einem Kochtopf aufkochen. Zudecken, die Hitze drosseln und 20 Minuten bei milder Hitze köcheln lassen.

2 Kräuter und Orangenschale entfernen. Brühe in der Küchenmaschine oder mit dem Handmixer pürieren.

3 Die Sauce wieder in den Topf geben, Öl, Vermicelli sowie etwas Salz und Pfeffer einrühren. Aufkochen, dann bei milder Hitze ohne Deckel etwa 8 bis 10 Minuten unter gelegentlichem Umrühren weiterköcheln lassen, bis die Nudeln weich sind und die Brühe dick geworden ist. Abschmecken und mit Basilikum garniert servieren.

Pappardelle mit Auberginensauce

Westliche und östliche Küche gehen in diesem Gericht aus italienischen Nudeln und einer exotischen Auberginensauce eine köstliche Verbindung ein.

Vorbereitung: 10 Minuten
Kochzeit: 30 Minuten
Portionen: 4

1 EL Oliven- oder Erdnussöl
1–2 frische rote Chilischoten, entkernt und grob gehackt
4 Knoblauchzehen, grob gehackt
100 g Zwiebeln, gehackt
1 rote Paprikaschote, grob gehackt
600 g Babyauberginen, der Länge nach halbiert und in Scheiben geschnitten
2 EL Zitronensaft
3 EL dunkle Sojasauce
300 ml Gemüse- oder Hühnerbrühe
2 TL Tomatenmark
Salz
400 g Pappardelle oder andere breite Nudeln
3 EL frischer Koriander oder frische Petersilie, gehackt
Zum Garnieren:
frische glatte Petersilie, gehackt

1. Das Öl in einer großen Bratpfanne stark erhitzen, Chilischoten, Knoblauch, Zwiebeln und Paprika zugeben und 3–4 Minuten unter ständigem Rühren braten, bis die Zwiebeln leicht braun werden.
2. Die Auberginen dazugeben und 3 bis 4 Minuten braten, dabei weiterrühren.
3. Zitronensaft, Sojasauce, Brühe, Tomatenmark und Salz nach Geschmack unter das Gemüse rühren. Aufkochen, dann die Hitze drosseln und auf kleiner Flamme 20 Minuten weiterköcheln lassen. Temperatur erhöhen und 3–4 Minuten kochen, bis die Flüssigkeit größtenteils verdampft ist.
4. In der Zwischenzeit in einem großen Topf Salzwasser zum Kochen bringen, die Nudeln nach Packungsanleitung bissfest kochen.
5. Die Nudeln abgießen und auf vier Teller geben. Koriander oder Petersilie unter das Gemüse rühren, dann das Gemüse mit dem Löffel über die Nudeln verteilen, mit gehackter Petersilie bestreuen und servieren.

Nährwert pro Portion

- Kilokalorien 425
- Kohlenhydrate 84 g
- Eiweiß 16 g
- Fett 5 g, davon 1 g gesättigte Fettsäuren

PAPPARDELLE

Sobanudeln mit Linsen und Gemüse

Sobanudeln sind japanische Buchweizennudeln, die in Asienläden erhältlich sind. Mit ihrem nussigen Geschmack passen sie sehr gut zu Linsen und Gemüse.

Vorbereitung: 15 Minuten, und 12 Stunden Einweichzeit
Kochzeit: 20–30 Minuten
Portionen: 4

125 g kleine braune Linsen
1 Lorbeerblatt
2 TL Olivenöl
3 Knoblauchzehen, gehackt
100 g rote Zwiebeln, gehackt
75 g Möhren, fein gewürfelt
1 Stange Sellerie, fein gehackt
2 TL Dijonsenf
2 EL trockener Sherry
Salz und schwarzer Pfeffer
150 g frischer Blattspinat, grob zerkleinert
250 g getrocknete Sobanudeln
2 EL frische Petersilie, gehackt

1 Die Linsen über Nacht einweichen. Mit dem Lorbeerblatt in einen Kochtopf geben, kaltes Wasser zugießen, bis sie bedeckt sind, und aufkochen. Dann die Hitze drosseln und die Linsen bei milder Hitze 10–15 Minuten köcheln lassen, bis sie weich sind. Abgießen und beiseite stellen.

2 In der Zwischenzeit das Olivenöl in einem beschichteten Topf auf sehr kleiner Flamme erhitzen. Knoblauch und Zwiebeln hineingeben, den Deckel auflegen und in 7–10 Minuten glasig dünsten. Mittlerweile in einem großen Topf Wasser für die Nudeln aufkochen.

3 Die abgetropften Linsen sowie Möhren, Sellerie, Senf und Sherry zu den Zwiebeln geben, mit Salz und Pfeffer würzen und verrühren. Auf mittlerer Flamme zugedeckt 2 Minuten garen.

4 Den Spinat und 75 ml heißes Wasser zugeben, wieder zudecken und rund 1 Minute weitergaren, bis das Gemüse zusammenfällt; bei Bedarf noch etwas Wasser einrühren. Abschmecken.

5 Die Sobanudeln im kochenden, gesalzenen Wasser nach Packungsanweisung in wenigen Minuten weich kochen.

6 Die Nudeln abgießen und etwas Kochwasser aufbewahren. Die Linsenmischung und die Petersilie gut mit den Nudeln vermengen und bei Bedarf noch etwas Kochwasser zufügen. Nochmals abschmecken und servieren.

Tipp: Für dieses Gericht eignen sich französische Puy-Linsen am besten, weil sie ihre Form und Konsistenz beim Kochen besser bewahren als andere Linsensorten.

Nährwert pro Portion

- Kilokalorien 347
- Kohlenhydrate 61 g
- Eiweiß 18 g
- Fett 4 g, davon gesättigte Fettsäuren 1 g

Schwarze Spaghetti mit gelber Sauce

Nährwert pro Portion

- Kilokalorien 403
- Kohlenhydrate 81 g
- Eiweiß 14 g
- Fett 5 g, davon gesättigte Fettsäuren 1 g

Ein Genuss nicht nur für die Zunge, sondern auch fürs Auge ist dieses Gericht, bei dem mit Tintenfischextrakt gefärbte Nudeln und eine Sauce aus gebratenen Paprikaschoten und Balsamessig einen herrlichen Farbkontrast ergeben.

Vorbereitung: 15 Minuten, plus 5 Minuten Zeit zum Ziehen
Kochzeit: 20 Minuten
Portionen: 4

4 gelbe Paprikaschoten, insgesamt ca. 600 g
400 g schwarze Spaghetti oder andere lange, dünne Nudeln
2 TL Balsam- oder Sherryessig
1 EL natives Olivenöl extra
1 EL frische Kräuter wie Basilikum, Schnittlauch oder glatte Petersilie, gehackt
Salz und schwarzer Pfeffer

1 Den Grill auf hoher Stufe vorheizen und die Grillpfanne mit Aluminiumfolie auslegen. Die Paprikaschoten halbieren, Kerne und weiße Haut entfernen und dann mit der Schnittfläche nach unten auf die Grillpfanne legen. Mit der Hand flach drücken. Etwa 20 Minuten grillen, bis die Haut beginnt aufzuplatzen und schwarz zu werden; das Fruchtfleisch muss aber noch saftig sein.

2 Die Grillpfanne herausnehmen, die Folie zu einer Art Beutel um die Paprikaschoten falten und gut verschließen. 5 Minuten ziehen lassen.

3 Inzwischen reichlich Salzwasser aufkochen und die Spaghetti nach Packungsanweisung kochen.

4 Die Haut von den Paprikaschoten abziehen. Das Fruchtfleisch mit Essig, Olivenöl und dem Großteil der gehackten Kräuter in der Küchenmaschine zu einer glatten Masse pürieren. Sie können die Zutaten auch in eine Schüssel geben und mit dem Handmixer pürieren. Abschmecken und eventuell nochmals leicht erhitzen.

5 Wenn die Nudeln gar sind, abgießen und in vier tiefe Teller füllen. Sauce darüber geben, mit den restlichen Kräutern garnieren und servieren.

Krabbenravioli mit Basilikum und Ingwer

Nährwert pro Portion
- Kilokalorien 433
- Kohlenhydrate 59 g
- Eiweiß 46 g
- Fett 3 g (keine gesättigten Fettsäuren)

Ihre besondere Note erhalten diese selbst gemachten Ravioli durch eine Füllung aus Krabbenfleisch, frischen Kräutern und scharfen Gewürzen – eine delikate Variante des altbekannten Nudelgerichts.

Vorbereitung: 1 Stunde, und mindestens 30 Minuten Zeit zum Ruhenlassen
Kochzeit: 25 Minuten
Portionen: 4

Für den Teig:
180 g italienisches Hartweizenmehl (Semola di grano duro)
125 g Weißmehl, zusätzlich Mehl zum Bestäuben
Salz und schwarzer Pfeffer
Für die Füllung:
850 g Krabbenfleisch aus der Dose
2 Eiweiß
4 EL frisches Basilikum, gehackt
4 EL frischer Koriander, gehackt
1 große, frische rote Chilischote, entkernt und fein gehackt
2 TL Knoblauch, fein gehackt
2 TL Ingwer, fein gerieben
Zum Garnieren:
Sesamöl und frische Basilikumstängel
Zum Servieren:
gedämpftes Gemüse

1 Das Mehl mit einer Prise Salz in eine Rührschüssel sieben. Eine Vertiefung in die Mitte drücken, 175 ml Wasser eingießen und alles zu einem festen, aber nicht klebrigen Teig vermischen. Bei Bedarf 1 EL Wasser oder 1 EL Mehl zufügen.

2 Den Teig 3–4 Minuten mit den Händen zu einem geschmeidigen Teig kneten, zur Kugel formen, lose in Frischhaltefolie wickeln und mindestens 30 Minuten bei Raumtemperatur ruhen lassen.

3 In der Zwischenzeit das Krabbenfleisch in einem Sieb abtropfen lassen. Dann mit Eiweiß, Basilikum, Koriander, Chilischote, Knoblauch und Ingwer in einer Schüssel gut vermischen. Mit schwarzem Pfeffer würzen und beiseite stellen.

4 Den Nudelteig in 8 gleich große Stücke teilen und jedes auf einer leicht bemehlten Arbeitsfläche zu einem länglichen Strang ausrollen. Die Nudelmaschine auf den weitesten Walzenabstand einstellen und einen Strang durchlaufen lassen. Den Teig zur Hälfte einschlagen, leicht mit Mehl bestäuben, damit er nicht klebt, und nochmals durch die Maschine drehen. Nochmals einschlagen, mit Mehl bestäuben, durch die Maschine drehen und beiseite legen. Mit den anderen Teigsträngen ebenso verfahren.

5 Nach und nach den Walzenabstand verringern und jede Teigplatte auf jeder Stufe einmal durchdrehen, bis die Platten schließlich sehr dünn, aber noch nicht durchsichtig sind.

6 Reichlich Salzwasser zum Kochen bringen.

7 Mit einem gezackten Teigschneider quadratische oder runde Teigstücke im Durchmesser von 4–5 cm ausschneiden. Die Hälfte der Teigstücke mit 1–2 gehäuften TL Füllung belegen und dabei darauf achten, dass die Ränder frei bleiben. Die Ränder mit Wasser befeuchten und die restlichen Teigstücke darauf legen. Die Ränder fest zusammendrücken und etwas flach streichen.

8 Die Ravioli portionsweise ins kochende Wasser geben und etwa 3 Minuten bissfest kochen, in einem Sieb abtropfen lassen und warm stellen. Die Ravioli auf vorgewärmten Tellern anrichten, ein wenig Sesamöl darüber träufeln und mit frischem Basilikum garnieren. Mit gedämpftem Gemüse wie Möhren- und Lauchstreifen servieren.

Variante: Wenn Sie kein Hartweizenmehl bekommen, nehmen Sie nur Weißmehl. Wer keine Nudelmaschine besitzt, kann frischen Nudelteig fertig kaufen.

Tagliatelle mit Muscheln in Dillsauce

Nährwert pro Portion
- Kilokalorien 652
- Kohlenhydrate 95 g
- Eiweiß 38 g
- Fett 8 g, davon gesättigte Fettsäuren 3 g

Köstlich duftende Gewürze und absolut frische Muscheln machen diese Speise zu einem kulinarischen Genuss.

Vorbereitung: 50 Minuten
Kochzeit: 20–25 Minuten
Portionen: 4

2 kg frische Miesmuscheln
1/4 l trockener Weißwein
2 Lorbeerblätter
2 Stängel frische glatte Petersilie
2 unbehandelte Zitronenscheiben
Salz und schwarzer Pfeffer
400 g Tagliatelle
1 EL Speisestärke oder Stärkemehl
10–12 Safranfäden, falls gewünscht
3 EL frischer Dill, gehackt
250 g Frischkäse (20 % Fett)

1 Die Muscheln gründlich unter fließendem kaltem Wasser abbürsten, von den Fäden befreien und gut abspülen. Beschädigte Muscheln sowie solche mit geöffneter Schale wegwerfen.

2 Die Muscheln in 2 große Kochtöpfe füllen und jeweils die Hälfte des Weins, 1 Lorbeerblatt, 1 Stängel Petersilie und 1 Zitronenscheibe dazugeben. Mit Deckel 6–8 Minuten auf großer Flamme kochen, dabei die Töpfe hin und wieder rütteln, bis sich alle Schalen geöffnet haben. Nicht zu lange kochen, sonst werden die Muscheln zäh. Muscheln, die sich beim Kochen nicht geöffnet haben, sind verdorben und müssen weggeworfen werden.

3 Ein großes Sieb mit Küchenpapier auslegen. Die fertig gegarten Muscheln über einer großen Schüssel in das Sieb abgießen und abkühlen lassen. Den Muschelsud aufbewahren. Sobald die Muscheln kalt genug sind, das Fleisch aus den Schalen lösen und in einer Schüssel beiseite stellen.

4 Einen großen Topf Salzwasser aufkochen und die Tagliatelle nach Packungsanleitung kochen.

5 In der Zwischenzeit den Muschelsud in einen Kochtopf gießen, aufkochen und so lange kochen, bis er auf 300 ml reduziert ist. Von Zeit zu Zeit zur Kontrolle in einen Messbecher umfüllen.

6 Die Speisestärke mit 1 EL kaltem Wasser verrühren und in den reduzierten Sud einrühren. Falls gewünscht Safran zugeben und unter ständigem Rühren aufkochen. Die Hitze drosseln, 2 EL Dill zugeben und 5 Minuten köcheln lassen.

7 Langsam den Frischkäse hineinrühren, die Muscheln zugeben und bei mittlerer Temperatur erhitzen, aber nicht mehr kochen, da sonst die Sauce gerinnt und die Muscheln zäh werden. Da der Muschelsud genug Salz enthält, müssen Sie nicht mehr salzen.

8 Die Nudeln abtropfen und unter die Sauce mischen. Auf vier tiefe Teller verteilen, mit Pfeffer und dem restlichen Dill garnieren und servieren.

Spaghetti mit Paprika und Jakobsmuscheln

Ein perfekter Dreiklang aus knusprig gegrillten Paprikaschoten, Spaghetti und kurz angebratenen Jakobsmuscheln.

Vorbereitung: 25 Minuten
Kochzeit: 20 Minuten
Portionen: 4

2 rote Paprikaschoten
2 gelbe Paprikaschoten
½ TL getrocknete rote Chilischote, zerstoßen, je nach Geschmack auch mehr oder weniger
geriebene Schale und Saft von 1 großen unbehandelten Zitrone
4 EL Olivenöl
6 EL frische Petersilie, fein gehackt
Salz und schwarzer Pfeffer
400 g Spaghetti
450 g frische Jakobsmuscheln
3 große Knoblauchzehen, zerdrückt
Zum Garnieren:
1 unbehandelte Zitrone, in 8 Scheiben geschnitten, geriebener Parmesan, falls gewünscht

Nährwert pro Portion
- Kilokalorien 618
- Kohlenhydrate 86 g
- Eiweiß 40 g
- Fett 15 g, davon gesättigte Fettsäuren 2 g

1 Den Grill vorheizen. Die Paprikaschoten vierteln, Kerne und weiße Haut entfernen und mit der Schnittseite nach unten auf die Grillpfanne legen. Etwa 8 Minuten grillen, bis die Haut platzt und beginnt schwarz zu werden. In eine Schüssel legen und mit Frischhaltefolie bedecken.

2 Sobald die Schoten kalt genug sind, die Haut abziehen und das Fruchtfleisch fein würfeln. Zusammen mit zerstoßener Chilischote, Zitronenschale und 2 EL Öl in die Schüssel geben. Die Petersilie bis auf einen Rest zum Garnieren untermischen und die Schüssel beiseite stellen.

3 In einem großen Topf reichlich Salzwasser zum Kochen bringen und die Spaghetti nach Packungsanleitung bissfest kochen.

4 Mittlerweile das Muschelfleisch aus den Schalen lösen und ungenießbare Teile entfernen. Den roten Rogen abtrennen, gut waschen und auf Küchenpapier abtropfen lassen. Das Fleisch waschen und trockentupfen, sehr große Muscheln in mundgerechte Stücke schneiden. Den Rogen sehr klein schneiden. Muschelfleisch und Rogen in 1 EL Öl wenden und nach Geschmack salzen und pfeffern.

5 Eine gusseiserne Grillpfanne oder eine große beschichtete Bratpfanne erhitzen. Wenn die Spaghetti fast gar sind, die Muscheln 2–3 Minuten kurz anbraten, bis sie leicht gebräunt sind, dabei einmal wenden. Achten Sie darauf, dass sie innen gar sind, aber braten Sie sie nicht zu lange, sonst wird das Fleisch zäh. Nudeln abgießen und warm halten.

6 1 EL Öl in einer beschichteten Bratpfanne erhitzen. Den Knoblauch 1 Minute anbraten, dann die Paprikamischung zufügen. Sobald alles warm ist, Spaghetti, Muscheln und Zitronensaft zugeben. Alles gut vermischen und die restliche Petersilie und frisch gemahlenen Pfeffer darüber streuen. Die Nudeln falls gewünscht mit Zitronenscheiben und frisch geriebenem Parmesan servieren.

FRISCH GERIEBENER PARMESAN

Spaghetti mit Meeresfrüchten und Thunfisch

Spaghetti mit Meeresfrüchten und Thunfisch lassen sich ebenso schnell wie einfach zubereiten.

Vorbereitung: 5 Minuten
Kochzeit: etwa 20 Minuten
Portionen: 4

2 TL Olivenöl
2 Knoblauchzehen, gehackt
100 g Zwiebeln, gehackt
1 Prise Cayennepfeffer
400 g gehackte Tomaten aus der Dose, mit 1 TL getrockneten Kräutern vermengt
1 EL Tomatenmark
2 EL frische Petersilie, gehackt
250 g Spaghetti
gut 200 g servierfertige Meeresfrüchte, frisch oder aufgetaute Tiefkühlware
200 g Thunfisch aus der Dose, in Salzlake oder im eigenen Saft, abgetropft
Salz und schwarzer Pfeffer
Zum Garnieren:
ein paar Stängel frische glatte Petersilie

1 Das Öl in einer beschichteten Pfanne erhitzen. Knoblauch und Zwiebeln darin 4–5 Minuten glasig dünsten.
2 Den Cayennepfeffer darüber streuen und alles noch 1 Minute garen lassen, dann Tomaten, Tomatenmark und Petersilie unterrühren. 5 Minuten unter gelegentlichem Rühren köcheln lassen.
3 Inzwischen reichlich Salzwasser zum Kochen bringen und die Nudeln nach Packungsanleitung kochen.
4 Die Meeresfrüchte und den Thunfisch zur Tomatensauce geben, 3–4 Minuten bei schwacher Hitze weiterkochen lassen, dann salzen und pfeffern.
5 Die Spaghetti abgießen, abtropfen lassen und in vier tiefe Teller füllen. Die Sauce über die Nudeln geben. Mit Petersilienstängeln garnieren und anschließend servieren.

Nährwert pro Portion
- Kilokalorien 355
- Kohlenhydrate 54 g
- Eiweiß 30 g
- Fett 4 g, davon gesättigte Fettsäuren 1 g

Tagliatelle mit Riesengarnelen, Tomaten und Basilikum

Für dieses köstliche Gericht werden leckere Riesengarnelen kurz angebraten und danach zu den frischen Tagliatelle gegeben. Eine fruchtige Sauce verleiht dem Gericht besondere Würze.

Vorbereitung: 40 Minuten
Kochzeit: 10 Minuten
Portionen: 4

750 g Tomaten
1 EL frisches Basilikum, fein gewiegt
1 ½ EL Champagner- oder Weißweinessig
2 EL Olivenöl
Salz und schwarzer Pfeffer
500 g rohe Riesengarnelen ohne Kopf, frisch oder aufgetaute Tiefkühlware
250 g frische Tagliatelle (Bandnudeln)
3 Knoblauchzehen, zerdrückt
Zum Garnieren:
frische Basilikumblätter

1 In einem Topf Wasser zum Kochen bringen. Die Tomaten auf der Unterseite kreuzweise einschneiden. Mit kochendem Wasser übergießen, kurz (1–2 Minuten) stehen lassen und anschließend häuten. Die Tomaten vierteln und die Kerne herausschaben. Ein Sieb in eine Schüssel setzen und die Kerne darin ausdrücken. So viel Saft wie möglich in der Schüssel auffangen und danach die kerne wegwerfen.
2 Das Tomatenfleisch würfeln und zu dem Saft geben, dann Basilikum, Essig und 1 EL Olivenöl zufügen. Abschmecken und beiseite stellen. In einem großen Topf Salzwasser aufkochen.
3 Die Garnelen aus den Schalen lösen, mit einem kleinen, scharfen Messer am Rücken flach einschneiden und den schwarzen Darm herausziehen. Das Krebsfleisch waschen und mit Küchenpapier trockentupfen.
4 Die Nudeln im kochenden Wasser nach Packungsanleitung kochen.
5 Inzwischen 1 EL Öl in einer großen beschichteten Pfanne auf großer Flamme erhitzen. Sobald das Öl heiß ist, die Garnelen salzen und pfeffern und anschließend 2 Minuten unter Rühren anbraten. Den Knoblauch zufügen und alles weitere 2–3 Minuten braten, dabei häufig umrühren, bis die Garnelen rundum eine rosa Farbe annehmen.
6 Die Nudeln abgießen und in die tomatensauce geben; die gebratenen Garnelen und das Knoblauchöl unterrühren, in vier tiefe Teller füllen, mit Basilikum bestreuen und servieren.

Nährwert pro Portion
- Kilokalorien 352
- Kohlenhydrate 40 g
- Eiweiß 30 g
- Fett 8 g, davon gesättigte Fettsäuren 1 g

Indische Reisnudeln mit Chilischoten

Garniert wird diese vegetarische Speise mit Papadams, dünnen getrockneten Linsenfladen, die man in Asienläden erhält.

Vorbereitung: 10 Minuten
Kochzeit: 15 Minuten
Portionen: 4

200 g indische Fadennudeln aus Reismehl
25 g getrocknete ungesüßte Kokosraspel
Salz
2 EL Sonnenblumenöl
½ TL schwarze Senfkörner
1 grüne Chilischote, entkernt und gehackt
1 getrocknete rote Chilischote, entkernt und gehackt
½ TL Kreuzkümmelsamen
12 Curryblätter, falls gewünscht
5 Frühlingszwiebeln, gehackt
Zum Garnieren:
4 gegrillte oder in der Mikrowelle gegarte Papadams, in kleinere Stücke zerbrochen

1 Wasser in einem Topf aufkochen. Die Nudeln brechen und beiseite legen. Die Kokosraspel mit einer Prise Salz in eine kleine Schale geben, mit 100 ml kochendem Wasser übergießen und zur Seite stellen.

2 Das Öl in einer großen beschichteten Pfanne auf mittlerer Flamme erhitzen, dann die Senfkörner zufügen. Sobald diese anfangen zu springen, Chilischoten, Kreuzkümmel und, falls gewünscht, Curryblätter zugeben und 20–25 Sekunden rühren. Die Zwiebeln zufügen und weitere 2 Minuten unter ständigem Rühren braten.

3 Die Nudeln, ½ l kochendes Wasser und die Kokosraspel samt Einweichwasser zufügen und die Kochstelle auf höchste Stufe schalten. Sobald das Wasser wieder kocht, die Temperatur stark drosseln, Deckel auflegen und 10–12 Minuten bei sehr milder Hitze unter gelegentlichem Umrühren garen, bis das ganze Wasser eingekocht ist.

4 Die Nudeln in tiefe Teller füllen und mit den Papadamstücken garnieren.

Nährwert pro Portion
- Kilokalorien 317
- Kohlenhydrate 49 g
- Eiweiß 8 g
- Fett 10 g, davon gesättigte Fettsäuren 4 g

REISNUDELN

Vietnamesische Nudelsuppe mit Huhn

Frische Sprossen, Zwiebeln und exotische Gewürze sorgen für den typischen Thai-Geschmack.

Vorbereitung: 20 Minuten
Kochzeit: 15 Minuten
Portionen: 4

500 g Hühnerfleisch ohne Haut und Knochen, in Würfel geschnitten
1 l Hühnerbrühe
4 EL Thai-Fischsauce
1 EL Ingwer, gerieben
350 g Reisnudeln
50 g Sojasprossen
60 g Zwiebeln, in feine Ringe geschnitten
je 2 EL frische Blätter von Thai- oder normalem Basilikum, Koriander und Minze, gehackt
2–4 frische rote Vogelaugen-Chilis oder andere kleine, scharfe rote Chilischoten, entkernt und fein gehackt
2 Frühlingszwiebeln, in Ringe geschnitten
Zum Servieren:
1 unbehandelte Limette, geviertelt

1 Hühnerfleisch, Brühe, Fischsauce und geriebenen Ingwer in einen großen Topf geben und aufkochen lassen, dann Deckel auflegen und 10–15 Minuten köcheln lassen, bis das Fleisch gar ist.

2 In der Zwischenzeit in einem Kessel Wasser aufkochen und die Nudeln nach Packungsanleitung im kochenden Wasser quellen lassen.

3 Die eingeweichten Nudeln abgießen und in vier Suppenschalen füllen. Hühnerfleisch, Bohnensprossen und Zwiebeln zugeben und danach Basilikum, Koriander und Minze darüber streuen. Mit Hühnerbrühe übergießen und schließlich die klein geschnittenen Chilischoten und Frühlingszwiebeln darüber streuen.

4 Mit Limettenvierteln garnieren und servieren.

Nährwert pro Portion

- Kilokalorien 522
- Kohlenhydrate 76 g
- Eiweiß 40 g
- Fett 5 g, davon gesättigte Fettsäuren 1 g

Glasnudeln mit chinesischem Blattgemüse

Für dieses exotische Gericht können Sie statt Chinagemüse auch Mangold nehmen.

Vorbereitung: 30 Minuten
Kochzeit: 10 Minuten
Portionen: 4

100 g Glasnudeln
2 EL Pflanzenöl
2 Frühlingszwiebeln, in feine Ringe geschnitten
2 Eier, verquirlt
1 frische rote Chilischote, entkernt und gehackt
2 Knoblauchzehen, fein gehackt
1 TL Ingwer, fein gehackt
50 g Wasserkastanien aus der Dose, abgetropft und grob gehackt
300 g chinesisches Blattgemüse, z. B. Paksoi, in Blätter zerzupft
4 EL Sojasauce
3 EL süßer Reiswein oder süßer Sherry
Salz
50 g ungesalzene Erdnüsse, gehackt

1 Die Nudeln in eine Schüssel geben und 30 Minuten in viel kaltem Wasser einweichen. Mittlerweile Gemüse putzen und die anderen Zutaten vorbereiten.

2 In einem großen Topf Wasser aufkochen und die abgetropften Nudeln darin nach Packungsanleitung kochen. Abgießen und beiseite stellen.

3 1 EL Öl in einer beschichteten Omelettpfanne erhitzen, Zwiebelringe zufügen und 5 Sekunden scharf anbraten, dann das verquirlte Ei zugeben und in der Pfanne zu einem dünnen Omelett verlaufen lassen. Das Omelett vom Herd nehmen, zusammenrollen und in feine Streifen schneiden.

4 1 EL Öl in einen Wok oder eine große Bratpfanne geben. Sobald es sehr heiß ist, Chilischote, Knoblauch, Ingwer und Wasserkastanien zufügen und 20 Sekunden unter Rühren anbraten.

5 Das Blattgemüse in die Pfanne geben und kurz weiterrühren, bis es zusammenfällt. Dann Omelettstreifen, Sojasauce und Reiswein bzw. Sherry zufügen und abschmecken. Aufkochen lassen, dann die Nudeln unterrühren. In 4 Teller füllen, die Erdnüsse darüber streuen und servieren. Zum Nachwürzen Sojasauce auf den Tisch stellen.

Variante: Glasnudeln werden aus Mungobohnenmehl hergestellt und beim Kochen durchsichtig. Sie können sie auch durch die dickeren Reisnudeln ersetzen, die aus Reismehl hergestellt werden.

Nährwert pro Portion

- Kilokalorien 290
- Kohlenhydrate 26 g
- Eiweiß 10 g
- Fett 15 g, davon gesättigte Fettsäuren 3 g

Italienisches Erbsen-Orzotto

Probieren Sie diese kräftige Graupenspeise einmal als Beilage zu Fleisch oder Fisch oder auch als Hauptgang eines vegetarischen Menüs.

Vorbereitung: 10 Minuten
Kochzeit: 1 Stunde
Portionen: 4

850 ml Gemüsebrühe
2 TL Olivenöl
50 g Zwiebeln, fein gehackt
125 g Perlgraupen
50 ml trockener Weißwein oder trockener Sherry
150 gErbsen, Tiefkühlware aufgetaut
2 EL Parmesan, frisch gerieben
Salz und schwarzer Pfeffer

1 Gemüsebrühe in einem kleinen Topf erhitzen. Zwischenzeitlich Öl in einem größeren Topf erhitzen, dann die Zwiebeln zufügen und bei mittlerer Hitze 5 Minuten unter Rühren andünsten, bis sie weich sind.

2 Die Perlgraupen zugeben und 1–2 Minuten umrühren, bis sie gleichmäßig mit der Öl-Zwiebel-Mischung bedeckt sind. Temperatur erhöhen, Wein oder Sherry zufügen und 1–2 Minuten dünsten lassen, bis die Graupen die Flüssigkeit aufgenommen haben.

3 Einen Schöpflöffel heiße Brühe zu den Graupen geben und ständig weiterrühren, bis sie aufgenommen ist. Die Brühe weiterhin portionsweise unterrühren. Vor dem Einrühren der letzten Schöpflöffel die Hälfte der Erbsen zufügen. Weiterrühren, bis die ganze Brühe aufgenommen ist und die Graupen bissfest gegart sind. Das dauert in der Regel etwa 35–45 Minuten.

4 In der Zwischenzeit die restlichen Erbsen in einen Rührbecher geben und so viel kochendes Wasser darüber gießen (etwa 100 ml), dass sie gerade bedeckt sind. 1–2 Minuten stehen lassen, dann mit der Flüssigkeit pürieren.

5 Kurz vor dem Servieren die pürierten Erbsen und den Parmesan unter die Graupen rühren und rasch erhitzen. Mit Salz und Pfeffer würzen.

Tipp: Weil Gerstengraupen beim Kochen nicht so viel Stärke freisetzen wie Reiskörner, hat dieses Orzotto eine körnigere Konsistenz als ein Risotto mit Reis.

Nährwert pro Portion

- Kilokalorien 193
- Kohlenhydrate 32 g
- Eiweiß 7 g
- Fett 5 g, davon gesättigte Fettsäuren 1 g

Polenta mit duftender Pilzsauce

Auch Nichtvegetarier werden bei dieser köstlichen Kombination aus italienischem Maisgrieß und einer dunklen Rotwein-Pilz-Sauce nichts vermissen.

Vorbereitung: 10 Minuten, und 30 Minuten zum Einweichen
Kochzeit: 30 Minuten
Portionen: 4

300 g Instantpolenta
2 TL Salz
Für die Pilzsauce:
20 g getrocknete Pilzmischung
2 EL Olivenöl
4 Knoblauchzehen, grob gehackt
1 kg frische junge Champignons, in dicke Scheiben geschnitten
1 EL Tomatenmark
2 TL getrockneter Thymian
50 ml Rotwein
5 TL Weinbrand
Salz und schwarzer Pfeffer
Zum Garnieren:
frische Petersilie und Thymianstängel, gehackt

1 Die getrockneten Pilze in eine hitzebeständige Schüssel geben, mit kochendem Wasser bedecken und 30 Minuten einweichen lassen.

2 In der Zwischenzeit das Olivenöl in einem großen Topf bei mittlerer Temperatur erhitzen. Den Knoblauch zufügen und 15 Sekunden unter Rühren anbraten, dann die frischen Pilze zufügen und nochmals etwa 10 Minuten pfannenrühren, bis sie weich sind.

3 Die Einweichflüssigkeit der Mischpilze durch ein feines, mit Küchenpapier ausgelegtes Sieb abgießen und 50 ml davon zu den gegarten Pilzen geben.

4 Die Mischpilze grob hacken und mit Tomatenmark, Thymian, Wein und Weinbrand in den Topf geben. Würzen und zugedeckt etwa 20 Minuten köcheln lassen, bis eine dünne Sauce entstanden ist.

5 Mittlerweile Polenta mit Salz in einen großen Topf geben und vorsichtig 1,4 l Wasser einrühren, sodass keine Klumpen entstehen. Aufkochen lassen, dann 10 Minuten leise weiterköcheln lassen und dabei häufig umrühren, bis die Polenta fest, aber nicht steif geworden ist.

6 Die Polenta mit einem großen Löffel auf vier vorgewärmte Teller verteilen, daneben die Pilzsauce anrichten, mit Petersilie und Thymian garnieren und servieren.

Nährwert pro Portion

- Kilokalorien 377
- Kohlenhydrate 58 g
- Eiweiß 12 g
- Fett 8 g, davon gesättigte Fettsäuren 1 g

Couscous mit gegrilltem Gemüse und kalter Tomatensauce

Nährwert pro Portion

- Kilokalorien 234
- Kohlenhydrate 40 g
- Eiweiß 7 g
- Fett 6 g, davon gesättigte Fettsäuren 2 g

Couscous, eine Art Hartweizengrieß, ist ein wesentlicher Bestandteil der Küche Nordafrikas und findet auch hier Freunde.

Vorbereitung: 30 Minuten
Kochzeit: 20 Minuten
Portionen: 6

250 g Couscous
3 rote Paprikaschoten
200 g Lauch
200 g Zucchini
150 g Fenchel
1 EL Olivenöl
Saft von 2 Zitronen
8 frische Minzeblätter, zerzupft
2 EL frische Petersilie, gehackt
Salz und schwarzer Pfeffer
Für die Sauce:
2 EL Sherry- oder Weißweinessig
4 TL Zucker
700 ml passierte Tomaten
500 g Eiertomaten
2 EL frisches Basilikum, gehackt
Zum Garnieren:
150 g Sahnejoghurt und ein paar frische Basilikumblätter

1 Den Grill auf höchster Stufe vorheizen. Couscous in eine große hitzebeständige Schüssel schütten und mit 400 ml kochendem Wasser übergießen. Umrühren und 20 Minuten stehen lassen.
2 Inzwischen die Sauce zubereiten. Essig und Zucker in einem kleinen Topf erhitzen und so lange umrühren, bis sich der Zucker aufgelöst hat. Den entstandenen Sirup etwas abkühlen lassen.
3 Die passierten Tomaten in eine große Schüssel geben. Die Eiertomaten würfeln und mit Basilikum und dem Essigsirup in die Schüssel geben. Mit Salz und viel Pfeffer würzen und kühl stellen.
4 Die Paprika längs halbieren, Kerne und weiße Häute entfernen und die Hälften mit der Schnittseite nach unten grillen, bis die Haut schwarz ist. In eine Schüssel legen, mit Klarsichtfolie bedecken und 3 Minuten abkühlen lassen.
5 Lauch und Zucchini in dicke Scheiben, Fenchel in schmale Spalten schneiden. Fenchelgrün hacken und beiseite stellen. Das Gemüse auf die Grillpfanne legen, mit Öl einpinseln und 5–10 Minuten grillen, bis es leicht gebräunt ist, dabei einmal wenden. Sobald die einzelnen Stücke gar sind, herausnehmen.
6 Die Haut von den etwas abgekühlten Paprikaschoten ziehen, das Fruchtfleisch würfeln und mit dem übrigen Gemüse zum Couscous geben. Zitronensaft, Minze, Petersilie und Fenchelgrün untermischen und würzen.
7 Couscous auf der Tellermitte kegelförmig anrichten und die kalte Tomatensauce mit einem Löffel kreisförmig verteilen. Ein paar Kleckse Joghurt auf die Sauce geben und mit Basilikumblättern garnieren. Das Gericht wird lauwarm (mit etwa 20 °C) serviert.

Vegetarische Getreideburger

Leicht bekömmliche Bratlinge aus Reis und Haferflocken machen diese fleischlosen Hamburger zum vollwertigen Genuss.

Vorbereitung: 10 Minuten, und 30 Minuten zum Einweichen
Kochzeit: 20–25 Minuten
Portionen: 4

300 ml Gemüsebrühe
50 g Couscous
50 g Haferflocken
50 g Langkornreis
100 g magerer Hüttenkäse
1 Knoblauchzehe, zerdrückt
1 EL getrockneter Oregano
4 TL Sojasauce
Salz und schwarzer Pfeffer
Öl zum Einfetten
etwas Vollkornmehl zum Formen
4 Hamburgerbrötchen oder Pittabrote
Zum Garnieren:
rohes Gemüse, etwa Zwiebeln, Salatgurke und Paprika, in Ringe bzw. Scheiben geschnitten
Zum Servieren:
gemischter Salat

1 Die Brühe aufkochen. Couscous und Haferflocken in eine große hitzebeständige Schüssel geben und mit der Brühe übergießen. Gut umrühren und etwa 30 Minuten quellen lassen.

2 Inzwischen Wasser in einem Topf aufkochen und den Reis nach Packungsanleitung kochen. Gut abtropfen lassen und zum Abkühlen beiseite stellen.

3 Den gegarten Reis, Hüttenkäse, Knoblauch, Oregano und Sojasauce zu dem Couscous und den Haferflocken geben und vermengen. Salzen und pfeffern.

4 Den Grill auf mittlerer Stufe vorheizen. Die Grillpfanne mit Aluminiumfolie auslegen und diese leicht mit Öl einfetten. Aus der Getreidemischung mit leicht bemehlten Händen 8 flache, runde Bratlinge formen.

5 Die Bratlinge auf jeder Seite 3–5 Minuten grillen, bis sie goldbraun sind. Etwas rohes Gemüse und je 2 heiße Bratlinge zwischen die beiden Brötchenhälften legen und die Burger mit gemischtem Salat servieren.

Variante: Statt Hamburgerbrötchen kann man auch Vollkorn-Pittabrot verwenden sowie eine Fertigsauce oder ein Chutney dazu servieren.

Tipp: Normaler Langkornreis eignet sich für die Bratlinge besser als Schnellkochreis, weil er besser bindet.

Nährwert pro Portion

- Kilokalorien 323
- Kohlenhydrate 56 g
- Eiweiß 12 g
- Fett 6 g, davon gesättigte Fettsäuren 1 g

Ägyptischer Reistopf

Dieses beliebte ägyptische Gericht aus Reis, Makkaroni und Linsen in würziger Tomatensauce ist schnell zubereitet und enthält nur wenig Fett.

Vorbereitung: 5 Minuten
Kochzeit: 20 Minuten
Portionen: 4

150 g Risottoreis, z. B. Arborio-Reis
Salz und schwarzer Pfeffer
150 g kurze Makkaroni
2 TL Olivenöl
150 g Zwiebeln, gehackt
2 große Knoblauchzehen, zerdrückt
1 TL Cayennepfeffer oder Paprikapulver
1 TL gemahlener Koriander
400 g gehackte Tomaten aus der Dose
400 g Linsen aus der Dose, mit Brühe
2 EL frische Petersilie, gehackt

1 Wasser in einem großen Topf aufkochen, Reis und eine Prise Salz zufügen, das Wasser erneut zum Kochen bringen, dann die Hitze drosseln und 5 Minuten köcheln lassen. Makkaroni zufügen, umrühren und auf mittlerer Flamme etwa 10 Minuten weiterkochen, bis der Reis und die Nudeln weich sind. Durch ein Sieb abgießen und beiseite stellen.

2 Inzwischen Öl und 2 EL Wasser in einen Topf geben, Zwiebeln und Knoblauch zufügen und etwa 5 Minuten andünsten, bis sie weich sind. Die Gewürze untermischen und 1 Minute weitergaren.

3 Tomaten und Linsen mit Brühe zugeben, würzen und alles zum Kochen bringen. Hitze zurückschalten und 10 Minuten unter gelegentlichem Umrühren köcheln lassen.

4 Reis und Makkaroni unterziehen, Petersilie zufügen – etwas davon zum Garnieren aufheben – und nochmals erhitzen. Mit der restlichen Petersilie garnieren und heiß servieren.

Nährwert pro Portion

- Kilokalorien 623
- Kohlenhydrate 117 g
- Eiweiß 32 g
- Fett 4 g (keine gesättigten Fettsäuren)

Bulgurpilaw mit Nüssen und Samen

Nährwert pro Portion

- Kilokalorien 390
- Kohlenhydrate 67 g
- Eiweiß 12 g
- Fett 10 g, davon 1 g gesättigte Fettsäuren

Nüsse und Samen enthalten zwar viel Fett, aber auch viele gesunde Nährstoffe. Schon eine Hand voll reicht, um diesem Gericht den nötigen Biss zu verleihen.

Vorbereitung: 10 Minuten
Kochzeit: 20 Minuten
Portionen: 4

150 g Zwiebeln, in dünne Ringe geschnitten
800 ml Gemüsebrühe
300 g Bulgur
25 g ungesalzene Cashewnüsse
25 g Kürbiskerne
1 EL Sesamsamen
1 Granatapfel oder 1 Tafelapfel oder 6 Aprikosen
2 EL frische Minze, gehackt
Salz und schwarzer Pfeffer
Zum Garnieren:
frische Minzestängel

KÜRBISKERNE

1 Die Zwiebeln in 2 EL Brühe in einem Topf bei mittlerer Hitze 2–3 Minuten andünsten, dabei gelegentlich umrühren, bis sie weich sind und die Brühe verdampft ist. Den Grill auf höchster Stufe vorheizen.

2 Den Bulgur und die restliche Brühe dazugeben, umrühren und aufkochen. Deckel auflegen und bei sehr milder Hitze unter gelegentlichem Rühren 12–15 Minuten köcheln lassen, bis der Bulgur weich und die Flüssigkeit aufgesogen ist.

3 In der Zwischenzeit Cashewnüsse etwa 30 Sekunden in einer Pfanne goldbraun rösten. Kürbiskerne und Sesamsamen in eine kleine Pfanne geben und ohne Fettzugabe 3–5 Sekunden bei großer Hitze braten, dabei die Pfanne ständig rütteln, bis die Kerne anfangen zu springen. Zum Bulgur geben.

4 Den Granatapfel vierteln, Samen und Saft herauslösen, unter den Bulgur mischen. Anstelle von Granatäpfeln können Sie auch gehackte Apfel- oder Aprikosenstücke nehmen. Die Minze untermischen und abschmecken. Mit Minzestängeln garnieren und heiß oder lauwarm (etwa 20 °C) servieren.

Variante: Für einen frischen Bulgursalat 200 g Bulgur in eine große Schüssel geben und mit kochendem Wasser übergießen, bis er ganz bedeckt ist. 30 Minuten einweichen und quellen lassen, dann abgießen und überschüssiges Wasser auspressen. 4–6 gewürfelte Tomaten, 1/2 gewürfelte Gurke, 1 zerdrückte Knoblauchzehe und 6–8 EL gehackte frische Minze und Petersilie untermischen und mit einem Dressing aus 3 EL Zitronensaft und 2 EL Olivenöl servieren. Eine Portion dieses Salats hat nur 7 g Fett, davon gesättigte Fettsäuren 1 g.

Paella

Diese Version des spanischen Nationalgerichts wird mit zartem Hähnchenfleisch, Meeresfrüchten und Safranreis zubereitet.

Vorbereitung: 45 Minuten
Kochzeit: 65–75 Minuten
Portionen: 6

600 ml Hühnerbrühe
10–12 Safranfäden
3 Scheiben geräucherter Speck
350 g Hähnchenbrustfilet
2 EL Olivenöl
200 g Zwiebeln, in feine Ringe geschnitten
1 grüne und 1 rote Paprikaschote, in Streifen geschnitten
2 Knoblauchzehen, zerdrückt
400 g gehackte Tomaten aus der Dose
250 g Langkornreis
Salz und schwarzer Pfeffer
250 g kleine Tintenfisch-Tuben
400 g frische Miesmuscheln
200 g TK-Erbsen
2 EL Weißwein, falls gewünscht
200 g große geschälte Garnelen, frisch oder aufgetaute TK-Ware
12 ganze ungeschälte Garnelen, falls gewünscht
3 EL frische Petersilie, gehackt
Zum Servieren:
Zitronenschnitze, falls gewünscht

1 Hühnerbrühe aufkochen, Safran einrühren und beiseite stellen. Speck von Fett und Schwarte befreien und in 1 cm breite Streifen schneiden. Das Hähnchenbrustfilet in 2,5 cm große Würfel schneiden.

2 1 EL Olivenöl in einer großen Paellapfanne, einer Bratpfanne mit Deckel oder einer feuerfesten Kasserolle erhitzen. Speck und Hähnchenbrust zufügen und bei mittlerer Hitze rund 5 Minuten unter häufigem Wenden braten, bis Fleisch und Speck leicht gebräunt sind. Herausnehmen und beiseite stellen.

3 Das restliche Öl in der Pfanne erhitzen, Zwiebeln, Paprika und Knoblauch zufügen und bei schwacher Hitze 10 bis 15 Minuten garen, bis sie weich, aber noch nicht gebräunt sind.

4 Dosentomaten unterrühren und alles aufkochen. Die Temperatur reduzieren und das Gemüse bei mittlerer Hitze 10 Minuten unter häufigem Rühren weitergaren, bis ein Teil der Tomatenflüssigkeit verdampft und der Rest leicht eingedickt ist.

5 Reis einrühren, Fleisch, Speck, Hühnerbrühe und eine Prise Salz zufügen und aufkochen. Die Hitze drosseln, die Pfanne mit einem gut schließenden Deckel oder Aluminiumfolie bedecken und alles 25 Minuten auf kleiner Flamme garen lassen, ohne den Deckel zwischendurch abzunehmen.

6 In der Zwischenzeit die Tintenfisch-Tuben säubern und in mundgerechte Stücke schneiden. Die Muscheln unter kaltem Wasser abbürsten und die Fäden entfernen. Offene oder beschädigte Muscheln wegwerfen.

7 Tintenfisch, Muscheln und Erbsen unter den Reis mischen und die Paella etwa 10 Minuten weitergaren, bis der Reis die gesamte Brühe aufgenommen hat und alle Muscheln offen sind. Muscheln, deren Schale nicht aufgegangen ist, wegwerfen. Falls die Paella an der Pfanne klebt, 2 EL Weißwein oder etwas Wasser zufügen.

8 Mit viel schwarzem Pfeffer würzen, die geschälten Garnelen zufügen und vorsichtig mit der Gabel unterheben. Die ganzen Garnelen, falls gewünscht, auf der Paella verteilen und das Ganze 3–4 Minuten weitergaren, bis die Garnelen durch und durch erhitzt sind.

9 Die Petersilie über die Paella streuen, nach Wunsch mit Zitronenschnitzen garnieren und servieren.

Nährwert pro Portion

- Kilokalorien 441
- Kohlenhydrate 45 g
- Eiweiß 42 g
- Fett 10 g, davon gesättigte Fettsäuren 2 g

Gefüllte Paprika mit Kräuterreis

Die mit duftendem Reis gefüllten Paprika werden zum Schluss mit kräftigem Feta überbacken, was ihnen noch zusätzlichen Pep gibt.

Vorbereitung: 20–30 Minuten
Kochzeit: 50–55 Minuten
Portionen: 4

4 rote Paprikaschoten, der Länge nach halbiert, entkernt, aber mit Stielen
3 getrocknete, in Öl eingelegte Tomaten, gehackt, plus 2 TL des Öls
150 g Zwiebeln, fein gehackt
1–2 Knoblauchzehen, zerdrückt
200 g weißer Langkornreis
400 ml Gemüsebrühe oder Wasser
4 EL trockener Weißwein
450 g Eiertomaten
25 g grüne Oliven, entsteint und gehackt
2 Frühlingszwiebeln, fein gehackt
25 g Pinienkerne, geröstet
2–3 EL frische Minze, gehackt
Salz und schwarzer Pfeffer
100 g Feta, abgetropft und zerkrümelt

1 Den Backofen auf 200 °C (Gas: Stufe 3–4) vorheizen. Die Paprikahälften dicht an dicht mit der Schnittseite nach oben in eine ofenfeste Form legen und in etwa 20 Minuten weich garen. Aus dem Ofen nehmen und beiseite stellen.
2 In der Zwischenzeit 2 TL Öl von den eingelegten Tomaten in einem großen beschichteten Topf erhitzen, die Zwiebeln zufügen und etwa 5 Minuten schwenken, bis sie weich sind. Den Knoblauch und die eingelegten Tomaten zugeben und 2 Minuten weitergaren, dann den Reis einrühren.
3 Die Brühe oder das Wasser sowie den Wein zugießen, gut umrühren und aufkochen. Deckel auflegen und 15 bis 20 Minuten bei milder Hitze garen, bis die Flüssigkeit aufgesogen und der Reis weich ist. Falls der Reis zu trocken wird, noch etwas Wasser zufügen.
4 Inzwischen die Eiertomaten mit kochendem Wasser überbrühen, bis sie ganz bedeckt sind, 1 Minute stehen lassen, dann die Haut abziehen, entkernen und klein hacken. Zusammen mit den Oliven, den Frühlingszwiebeln, den Pinienkernen und der Minze zum Reis geben, salzen und pfeffern und verrühren. Reis mit einem Löffel in die Paprikahälften füllen und Feta darüber streuen.
5 Die gefüllten Paprika im Backofen auf der obersten Schiene weitere 15 Minuten backen, dann servieren.

Nährwert pro Portion
- Kilokalorien 414
- Kohlenhydrate 57 g
- Eiweiß 12 g
- Fett 15 g, davon gesättigte Fettsäuren 5 g

Tomatenrisotto

Dieses einfache Reisgericht mit frischen und getrockneten Tomaten ist ein leichtes Mittagessen und gelingt auch weniger erfahrenen Köchen gut.

Vorbereitung: 10 Minuten
Kochzeit: 30 Minuten
Portionen: 4

1 EL Olivenöl
60 g Zwiebeln oder Schalotten, fein gehackt
1 Knoblauchzehe, zerdrückt
½ l Tomatensaft
200 g Risottoreis, z. B. Arborio
1 EL Tomatenmark
100 g Eiertomaten, geschält, entkernt und gewürfelt
50 g getrocknete, eingelegte Tomaten, trockengetupft und in Streifen geschnitten
2 EL frische Basilikumblätter, klein gezupft
Salz und schwarzer Pfeffer
Zum Garnieren:
frische Basilikumblätter
Zum Servieren:
50 g Parmesan, gerieben

1 Öl in einem großen beschichteten Topf erhitzen. Zwiebeln oder Schalotten und Knoblauch zufügen und bei milder Hitze 5 Minuten schwenken, bis sie weich, aber noch nicht gebräunt sind.
2 Den Tomatensaft in einem anderen Topf zum Köcheln bringen.
3 Den Reis in den Topf mit den Zwiebeln geben und 1–2 Minuten unter gleich-

mäßigem Rühren bei mittlerer Hitze glasig dünsten.

4 Einen kleinen Schöpflöffel Tomatensaft zum Reis geben und umrühren, bis er ganz aufgenommen ist. Mit dem Rest Tomatensaft ebenso verfahren. Den Reis 10–15 Minuten weitergaren, bis er weich und cremig ist. Bei Bedarf noch etwas Wasser zugeben.

5 Tomatenmark, die vorbereiteten frischen und getrockneten Tomaten und klein gezupftes Basilikum unter den Reis mischen und nach Belieben salzen und pfeffern.

6 Mit Basilikumblättern garnieren und servieren. Dazu Parmesan reichen.

Varianten: 50 g klein geschnittene Pilze in den köchelnden Tomatensaft geben oder zum Schluss 4 EL Frischkäse untermischen.

Nährwert pro Portion

- Kilokalorien 288
- Kohlenhydrate 46 g
- Eiweiß 10 g
- Fett 8 g, davon 3 g gesättigte Fettsäuren

Hähnchen-Reis-Salat mit Mayonnaise

Estragon, Schnittlauch und Zitrone verleihen diesem Salat seine aparte Würze.

Vorbereitung: 30 Minuten, und 30 Minuten zum Marinieren
Kochzeit: 30–35 Minuten
Portionen: 4

4 Hähnchenbrustfilets, jeweils etwa 125 g
250 g weißer Langkornreis
Salz und schwarzer Pfeffer
1/2 Salatgurke, geschält und gewürfelt
150 g junge Champignons, geviertelt
300 g Radieschen, geviertelt
2 EL frischer Schnittlauch, gehackt
1 TL frischer Estragon, gehackt
5 EL fettarme Mayonnaise
Saft von 1 Zitrone
ein paar Tropfen Tabascosauce
Für die Marinade:
geriebene Schale
von 1 unbehandelten Zitrone
2 Knoblauchzehen, zerdrückt
2 EL Olivenöl
Saft von 1/2 Zitrone

1 Die Zutaten für die Marinade in einer großen Schüssel gut vermischen. Die Hähnchenbrustfilets einlegen, gut benetzen und 30 Minuten ziehen lassen.

2 In der Zwischenzeit den Reis mit 1/2 l Wasser und einer Prise Salz in einem geschlossenen Topf aufkochen. Die Hitze stark drosseln und zugedeckt in etwa 20 Minuten weich kochen. Den Reis auf einen großen Teller geben und abkühlen lassen, bis er lauwarm ist, dabei hin und wieder mit einer Gabel auflockern.

3 Eine gusseiserne Grillpfanne oder eine beschichtete Bratpfanne auf mittlerer Flamme erhitzen. Das Fleisch aus der Marinade nehmen, würzen und 10–12 Minuten unter häufigem Wenden braten, bis es gebräunt ist und nur noch klarer Fleischsaft austritt, wenn man mit dem Messer oder der Fleischgabel hineinsticht. Auf einen Teller legen und 5 Minuten ruhen lassen, dann in Würfel schneiden.

4 In einer großen Schüssel den lauwarmen Reis mit Fleisch, Gurken, Pilzen, Radieschen und Kräutern vermischen. Mayonnaise, Zitronensaft sowie die Tabascosauce unterrühren, abschmecken und servieren.

Nährwert pro Portion

- Kilokalorien 496
- Kohlenhydrate 54 g
- Eiweiß 34 g
- Fett 16 g, davon gesättigte Fettsäuren 2 g

Pilawreis

Diese fettarme Pilawvariante ist die ideale Beilage zu vielen pikanten Gerichten.

Vorbereitung: 10 Minuten, 30 Minuten Einweichzeit und 8–10 Minuten Ruhezeit
Kochzeit: 20 Minuten
Portionen: 4

250 g Basmatireis
1 EL Naturjoghurt
Salz
10–12 Safranfäden
15 g Butter
1 ½ EL Sonnenblumenöl
2 Lorbeerblätter, gerebelt
4 grüne Kardamomkapseln, aufgeschlitzt
1 kleine Zimtstange, halbiert
2 Gewürznelken
1 TL schwarzer Kreuzkümmel
125 g rote Zwiebeln, halbiert und in feine Streifen geschnitten

1 Den Reis unter kaltem Wasser waschen, gut abtropfen lassen und in eine Schüssel geben. Den Joghurt einrühren, nach Geschmack salzen und 30 Minuten stehen lassen.
2 In einem Kessel Wasser aufkochen. Den Safran kurz im Mörser zerstoßen.
3 Butter mit 1 EL Öl in einem großen Topf bei milder Hitze schmelzen. Lorbeerblätter, Kardamom, Zimt, Nelken und Kreuzkümmel zufügen und 1 Minute unter Rühren anbraten. Den Reis zugeben, die Temperatur auf mittlere Hitze regulieren und die Kräuter und Gewürze 2–3 Minuten rühren.
4 400 ml kochendes Wasser zugießen und den Safran zufügen.
5 Aufkochen, dann die Hitze reduzieren, den Deckel auflegen und 10 Minuten auf niedrigster Stufe köcheln lassen, ohne den Deckel zu heben. Den Topf vom Herd nehmen und 8–10 Minuten stehen lassen. Frisch gekochten Basmatireis muss man eine Weile stehen lassen, damit er trocken und locker wird.
6 In der Zwischenzeit ½ EL Öl in einer beschichteten Pfanne bei mittlerer Temperatur erhitzen. Zwiebeln zufügen und 2–3 Minuten unter Rühren anbraten. Die Hitze drosseln, eine Prise Salz zufügen und 4–5 Minuten unter Rühren weiterbraten, bis die Zwiebeln weich und leicht gebräunt sind. Bei Bedarf etwas Wasser auf die Zwiebeln geben, damit sie nicht anbrennen.
7 Den Reis mit einer Gabel auflockern, die gebratenen Zwiebeln darüber streuen und servieren.

Tipp: Schwarzer Kreuzkümmel *(shahi jeera)*, auch Kaiserlicher Kreuzkümmel genannt, ist eine seltene Art, die nur in Kaschmir angebaut wird und in Indienläden erhältlich ist. In einem luftdichten Gefäß bleibt sein Aroma bis zu 2 Jahre erhalten. Stattdessen können Sie auch den gebräuchlichen weißen Kreuzkümmel oder normalen Kümmel nehmen.

Nährwert pro Portion
- Kilokalorien 287
- Kohlenhydrate 48 g
- Eiweiß 5 g
- Fett 8 g, davon 3 g gesättigte Fettsäuren

Kurkumareis

Dieser duftende Gewürzreis gereicht Currygerichten aller Art zur Ehre.

Vorbereitung: wie Pilawreis
Kochzeit: 15 Minuten
Portionen: 4

250 g Basmatireis
2 EL Sonnenblumenöl
½ TL schwarze Senfsamen
1 getrocknete rote Chilischote, entkernt und fein gehackt
½ TL Kurkuma
fein geriebene Schale von 1 Limette
1 EL frischer Koriander, fein gehackt
Salz

1 Den Reis gut waschen, in eine Schüssel geben, mit kaltem Wasser bedecken und 30 Minuten einweichen lassen. Anschließend abgießen und im Sieb beiseite stellen.
2 In einem Kessel Wasser zum Kochen bringen. Das Öl in einem großen Topf bei mittlerer Temperatur erhitzen. Sobald es heiß ist, die Senfsamen und,

PILAWREIS

sobald die Samen springen, die Chilischoten zufügen und schwarz anbraten.
3 Den eingeweichten Reis und den Kurkuma zufügen, die Hitze drosseln und alles 2–3 Minuten unter Rühren braten.
4 Limettenschale, Koriander und Salz zufügen, danach ½ l kochendes Wasser. Den Reis kochen und anschließend ruhen lassen (siehe genaue Anweisung bei Pilawreis, Schritt 5).
5 Den Reis leicht mit der Gabel auflockern und servieren.

Nährwert pro Portion
- siehe Kardamomreis

Kardamomreis

Kardamom verleiht köstlichem Basmatireis ein würziges Aroma und regt die Verdauung an.

Vorbereitung: wie Pilawreis
Kochzeit: 15 Minuten
Portionen: 4

250 g Basmatireis
2 EL Sonnenblumenöl
6 grüne Kardamomkapseln, aufgeschlitzt
1 TL schwarzer Kreuzkümmel
Salz

1 Den Reis gut waschen, in eine Schüssel geben, mit kaltem Wasser bedecken und 30 Minuten einweichen lassen. Anschließend abgießen und im Sieb beiseite stellen.
2 In einem Kessel Wasser aufkochen. Das Öl in einem großen Topf auf mittlerer Temperatur erhitzen. Sobald es heiß ist, aber noch nicht raucht, die Temperatur herunterschalten, Kardamom und schwarzen Kreuzkümmel (siehe Tipp bei Pilawreis) zufügen und 1 Minute bei milder Hitze unter Rühren rösten.
3 Den abgetropften Reis zu den Gewürzen geben, die Temperatur erhöhen und 2–3 Minuten auf mittlerer Flamme unter Rühren anbraten, danach salzen.
4 1/2 l kochendes Wasser zufügen. Den Reis garen und anschließend ruhen lassen (siehe Pilawreis, Schritt 5).
5 Den Reis leicht mit der Gabel auflockern und servieren.

Nährwert pro Portion
- Kilokalorien 251
- Kohlenhydrate 45 g
- Eiweiß 4 g
- Fett 6 g, davon gesättigte Fettsäuren 1 g

Frühlingsrisotto

Knackiges Frühlingsgemüse macht diesen Risotto so gesund.

Vorbereitung: 20 Minuten, und 5 Minuten zum Ruhen
Kochzeit: 40–45 Minuten
Portionen: 4

1 1/4 l Gemüsebrühe
10–12 Safranfäden
2 EL Olivenöl
175 g Möhren, gewürfelt
2 Knoblauchzehen, zerdrückt
200 g Lauch, der Länge nach halbiert, dann in Streifen geschnitten
225 g Risottoreis, z.B. Arborio
125 g Spargel, in 3 cm lange Stücke geschnitten
125 g grüne Bohnen, in 3 cm lange Stücke geschnitten
125 g Erbsen, frisch oder Tiefkühlware
4 EL frische Kräuter, z. B. Schnittlauch, Dill, glatte Petersilie und Estragon, gehackt
50 g Parmesan, gerieben
Salz und schwarzer Pfeffer

1 Die Brühe erhitzen, Safran zufügen und 10 Minuten ziehen lassen. Inzwischen das Öl in einer großen Bratpfanne erhitzen und Möhren, Knoblauch und Lauch auf kleiner Flamme 10 Minuten andünsten, bis das Gemüse weich, aber noch nicht gebräunt ist.
2 Die Brühe zum Sieden bringen. In der Zwischenzeit den Reis zum Gemüse geben und etwa 1 Minute rühren, bis die Körner glasig werden.
3 Einen Schöpflöffel der siedenden Brühe zum Reis geben und so lange rühren, bis die Flüssigkeit aufgenommen ist. 15 Minuten lang schöpflöffelweise weitere Brühe zufügen und dabei ständig rühren.
4 Spargel, Bohnen und Erbsen unter den Reis mischen. Nochmals 15–20 Minuten Brühe zugeben und rühren, bis Reis und Gemüse weich sind.
5 Die Pfanne von der Kochstelle nehmen, Kräuter und Parmesan unterziehen, zudecken und 5 Minuten ruhen lassen. Abschmecken und servieren.

Nährwert pro Portion
- Kilokalorien 364
- Kohlenhydrate 54 g
- Eiweiß 13 g
- Fett 12 g, davon gesättigte Fettsäuren 4 g

Pilaw mit marinierter Pute

Duftende Samen und Gewürze verleihen diesem Eintopf eine unverkennbar asiatische Note.

Vorbereitung: 25 Minuten, 2–3 Stunden zum Marinieren und 10 Minuten zum Ruhen
Kochzeit: 30 Minuten
Portionen: 4

500 g Putenfilet
2 TL Knoblauch, zerdrückt
2 TL Ingwer, zerdrückt
½ TL gemahlener Kurkuma
75 g fettarmer Joghurt
250 g Basmatireis
1–2 getrocknete rote Chilischoten, entkernt
1 EL Koriandersamen
1 TL Kreuzkümmelsamen
2 TL Sesamsamen
1 EL Sonnenblumenöl
6 grüne Kardamomkapseln, aufgeschlitzt
1 Zimtstange, halbiert
4 Gewürznelken
250 g Zwiebeln, in dünne Ringe geschnitten
1–2 grüne Chilischoten, entkernt und fein gehackt
Salz
Zum Garnieren:
1 Ei, 1 Prise Paprika, einige Stängel frische glatte Petersilie

1 Alles Fett vom Putenfleisch entfernen und das Fleisch in 5 cm große Würfel schneiden. In einer Schüssel Knoblauch, Ingwer, Kurkuma und Joghurt zu einer Marinade verrühren, die Fleischwürfel zufügen und alles gut vermischen. Bedecken und 2–3 Stunden ziehen lassen.

2 Inzwischen den Reis waschen, dann mit kaltem Wasser bedecken und 30 Minuten einweichen. Das Ei zum Garnieren hart kochen. Den Reis abgießen.

3 Die roten Chilischoten, die Koriander- und die Kreuzkümmelsamen in einer Gewürzmühle grob mahlen oder im Mörser grob zerstoßen. Die Sesamsamen zufügen und alles zusammen fein zermahlen.

4 Das Öl in einem beschichteten Topf auf kleiner Flamme erhitzen, Kardamom, Zimt und Nelken zufügen und 20 bis 25 Sekunden anbraten. Die Zwiebeln und die grünen Chilischoten zufügen, die Temperatur erhöhen und 7–8 Minuten auf mittlerer Stufe andünsten, bis die Zwiebeln leicht gebräunt sind; dabei häufig umrühren.

5 Die gemahlenen Gewürze zu den Zwiebeln geben, 1–2 Minuten weiterbraten, dann die marinierten Putenwürfel zufügen. Die Hitzezufuhr erhöhen und das Fleisch bei starker Hitze 7–8 Minuten unter häufigem Rühren anbraten. In einem Kessel Wasser zum Kochen bringen.

6 Den Reis in den Topf geben, nach Geschmack salzen und 2–3 Minuten braten. ½ l kochendes Wasser zufügen,

INDISCHE KOFTAS MIT BASMATIREIS

Indische Koftas mit Basmatireis

In Karamell gebräunter Reis harmoniert hervorragend mit pikanten Lammfleischbällchen. Sie werden mit Garam Masala, einer typischen indischen Würzmischung, verfeinert.

Vorbereitung: 20 Minuten, und 40 Minuten zum Kühlen, Einweichen und Ruhen
Kochzeit: 35 Minuten
Portionen: 4

Für die Koftas:
1 große Scheibe Weißbrot ohne Kruste
150 ml Magermilch
500 g mageres Lammhackfleisch
1–2 grüne Chilischoten, entkernt und gehackt
1 EL frischer Koriander, grob gehackt
1 TL Garam Masala
2–3 Knoblauchzehen, grob gehackt
1 TL Ingwer, gehackt
½ EL frische Minze, gehackt
Salz

erneut aufkochen und 1 Minute sprudelnd kochen lassen. Den Topf mit Aluminiumfolie abdecken, den Deckel auflegen und 10 Minuten bei kleiner Hitze garen, ohne den Topf zu öffnen. Von der Kochstelle nehmen und den Reis noch 10 Minuten ruhen lassen. Das Ei in dünne Scheiben schneiden.

7 Den Pilaw auf einer Servierplatte anrichten, mit Ei, Paprikapulver und Petersilie garnieren und servieren.

Variante: Sie können das Fleisch auch über Nacht im Kühlschrank marinieren, sollten es dann aber vor der Zubereitung erst wieder auf Raumtemperatur bringen.

Nährwert pro Portion

- Kilokalorien 434
- Kohlenhydrate 52 g
- Eiweiß 34 g
- Fett 11 g, davon gesättigte Fettsäuren 2 g

PILAW MIT MARINIERTER PUTE

125 g Zwiebeln, grob gehackt
etwas Öl zum Einfetten
1 EL Butter
Für den Reis:
225 g Basmatireis
1 EL Sonnenblumenöl
1 EL Zucker
4 grüne Kardamomkapseln, aufgeschlitzt
1 Zimtstange, halbiert
4 Gewürznelken
Zum Garnieren:
Cocktailtomaten und ein paar Stängel frischer Koriander

1 Für die Koftas das Brot 2 Minuten in der Milch einweichen, dann die Milch weitgehend ausdrücken. Das Brot mit Lammfleisch, Chilischoten, Koriander, Garam Masala, Knoblauch, Ingwer, Minze und Salz in eine Küchenmaschine geben und zu einer glatten Masse verarbeiten. Die Zwiebeln zufügen und 1–2 Sekunden zerstampfen, aber nicht pürieren.

2 Die Fleischmasse in eine Schüssel umfüllen, bedecken und 30 Minuten kühl stellen.

3 In der Zwischenzeit den Reis waschen, mit kaltem Wasser bedecken und etwa 30 Minuten quellen lassen.

4 Den Grill auf hoher Stufe vorheizen, die Grillpfanne mit Aluminiumfolie auskleiden und mit etwas Öl einpinseln.

5 Die Fleischmasse in 2 Portionen teilen. Mit leicht eingeölten Händen aus jeder Portion 12 gleich große Fleischbällchen formen. In 1 cm Abstand auf die Grillpfanne legen und 5 Minuten grillen. Mittlerweile die Butter schmelzen.

6 Die Koftas mit der Hälfte der Butter einpinseln und nochmals 2–3 Minuten grillen, bis sie gebräunt sind.

7 Die Koftas umdrehen und mit der restlichen Butter einpinseln. 3–4 Minuten im Grill bräunen. In Aluminiumfolie einwickeln und warm halten.

8 Den Reis abgießen und beiseite stellen. In einem Kessel Wasser aufkochen.

9 Das Öl in einem großen schweren Topf oder einer feuerfesten Kasserolle bei mittlerer Temperatur erhitzen. Den Zucker einstreuen und 1–2 Minuten schmelzen, bis er karamellisiert ist.

10 Kardamom, Zimt, Nelken und Reis zufügen und das Ganze 2–3 Minuten unter ständigem Rühren braten. Dann 500 ml kochendes Wasser einrühren und nach Belieben salzen.

11 Sobald das Wasser wieder kocht, die Fleischbällchen in einer Schicht einlegen und auch den eventuell ausgetretenen Bratensaft zugeben, dann die Kochstelle auf die unterste Stufe zurückschalten. Den Topf mit Aluminiumfolie bedecken und den Deckel auflegen. 10 Minuten garen, ohne den Deckel zu heben.

12 Den Topf von der Kochstelle nehmen und die Speise 10 Minuten ruhen lassen.

13 Den Reis mit den Koftas auf einer Servierplatte anrichten und mit Cocktailtomaten und Korianderstängeln garniert servieren.

Serviervorschlag: Dazu passen Raita (Rezept S. 192) und im Grill zubereitete Papadams (indische Linsenfladen).

Nährwert pro Portion

- Kilokalorien 532
- Kohlenhydrate 62 g
- Eiweiß 32 g
- Fett 19 g, davon gesättigte Fettsäuren 8 g

Gemüse

Spinat-Pilz-Platte mit knusprigen Croûtons

Blattspinat und Pilze werden hier ganz ohne Fett zubereitet. Besonderen Pfiff erhalten sie durch Zitronensaft, Sojasauce und geröstete Brotwürfel.

Vorbereitung: 10 Minuten
Kochzeit: 5–10 Minuten
Portionen: 4

400 g Blattspinat
Saft und Schale von 1/2 unbehandelten Zitrone
200 g Austernpilze, in dünne Scheiben geschnitten
2 TL Sojasauce
3 Frühlingszwiebeln, in dünne Ringe geschnitten
schwarzer Pfeffer
Für die Croûtons:
2 dünne Scheiben Vollkorntoast
1–2 Knoblauchzehen, zerdrückt
Tabascosauce nach Belieben

1 Den Grill auf mittlerer Stufe vorheizen. Spinat waschen, dicke Stängel entfernen und die Blätter gut abtropfen lassen.

2 Brot in kleine Würfel schneiden. In einem Schälchen Knoblauchpaste oder Knoblauch mit etwas Tabascosauce vermischen und die Brotwürfel darin wenden. Brotwürfel in einer Lage auf die Grillpfanne legen und 1–2 Minuten goldbraun grillen, dabei einmal wenden. Beiseite stellen.

3 Mit dem Zitronenschaber einige Streifen Zitronenschale abziehen und beiseite legen. Zitronensaft auspressen. Zitronensaft, Pilze, Sojasauce und Frühlingszwiebeln bei mittlerer Hitze in einem geschlossenen Topf etwa 2–3 Minuten dünsten, bis das Gemüse weich ist, dabei den Topf hin und wieder rütteln.

4 Die Temperatur erhöhen, Spinat zugeben und bei starker Hitze etwa 2 Minuten rühren, bis der Spinat zusammengefallen und der Gemüsesaft größtenteils verdampft ist. Das Gericht pfeffern, Brotwürfel und Zitronenschalenstreifen darüber streuen und heiß servieren.

Nährwert pro Portion

- Kilokalorien 55
- Kohlenhydrate 7 g
- Eiweiß 4 g
- Fett 1 g (keine gesättigten Fettsäuren)

Gebratener Kürbis mit Schalotten

Ein Schuss Ahornsirup verleiht Kürbis und Schalotten eine milde Süße. Servieren Sie das köstliche fettarme Gemüse anstelle von Bratkartoffeln zu Fleisch.

Vorbereitung: 15 Minuten
Kochzeit: 30–35 Minuten
Portionen: 4

900 g Butternusskürbis oder anderer Speisekürbis
8 Schalotten
einige Stängel frischer Thymian
1 TL Olivenöl
2 TL Ahornsirup oder flüssiger Honig
Salz und schwarzer Pfeffer

1 Den Backofen auf 190 °C (Gas: Stufe 2–3) vorheizen. Den Kürbis der Länge nach halbieren und Kerne und Schale entfernen. Das Kürbisfleisch in 3 cm große Würfel schneiden und in eine große Schüssel geben.
2 Die Schalotten schälen und mit dem Großteil des Thymians zum Kürbis geben. Ein paar Thymianstängel zum Garnieren aufheben.
3 Öl und Ahornsirup bzw. Honig mischen und nach Geschmack salzen und pfeffern. Über das Gemüse träufeln und dieses mehrfach wenden, bis alles gleichmäßig damit überzogen ist.
4 Gemüse in eine Bratform geben und im Backofen unter gelegentlichem Wenden 30–35 Minuten garen, bis es weich und goldbraun ist. Mit den restlichen Thymianstängeln garnieren und servieren.

Nährwert pro Portion

- Kilokalorien 93
- Kohlenhydrate 20 g
- Eiweiß 3 g
- Fett 1 g (keine gesättigten Fettsäuren)

BUTTERNUSS-KÜRBIS

SALAT AUS GEGRILLTEM GEMÜSE

Salat aus gegrilltem Gemüse

Saftiges Gemüse und Sherryessig verleihen diesem Salat so viel Feuchtigkeit, dass auf Öl im Dressing verzichtet werden kann.

Vorbereitung: 15 Minuten, und mindestens 3 Stunden ziehen lassen
Kochzeit: 20–35 Minuten
Portionen: 4

350 g Auberginen
700 g Zucchini
Salz und schwarzer Pfeffer
1 große rote Paprika, entkernt und geviertelt
2 EL Olivenöl
Für das Dressing:
1 Prise Cayennepfeffer
2 Knoblauchzehen, zerdrückt
1 EL Sherryessig
Salz
Zum Garnieren:
frische Petersilie, gehackt

1 Zwei Backbleche mit Küchenpapier auslegen. Auberginen und Zucchini der Länge nach in 1 cm dicke Scheiben schneiden, nebeneinander auf die Bleche legen, mit Salz bestreuen und 15 Minuten ziehen lassen.
2 In der Zwischenzeit das Dressing zubereiten: Cayennepfeffer, Knoblauch und Essig mischen, nach Belieben mit Salz würzen und beiseite stellen.
3 Eine gusseiserne Grillpfanne bei mittlerer Temperatur erhitzen oder den Grill auf mittlere Stufe einstellen. Die Paprikastücke außen mit Öl bepinseln und in der Grillpfanne mit der Hautseite nach unten oder im Grill mit der Haut nach oben etwa 5 Minuten grillen, bis sie weich sind und sich die Haut schwarz verfärbt.
4 Paprika in eine große Schüssel geben, ein Drittel des Dressings darüber träufeln und umrühren.
5 Auberginen- und Zucchinischeiben unter kaltem Wasser abspülen und trockentupfen, dann leicht mit Öl einpinseln. Das Gemüse in der Pfanne in jeweils nur einer Schicht von beiden Seiten grillen: Auberginen 3–4 Minuten pro Seite, Zucchini 2–3 Minuten.
6 Die gegrillten Gemüsescheiben halbieren und zum Paprika geben. Mit dem restlichen Dressing mischen.
7 Bedecken und 3 Stunden oder über Nacht kalt stellen, damit sich das Aroma entwickeln kann. Bei Zimmertemperatur mit frischer Petersilie garniert servieren.

Nährwert pro Portion

- Kilokalorien 106
- Kohlenhydrate 8 g
- Eiweiß 4 g
- Fett 7 g, davon gesättigte Fettsäuren 1 g

Geschwenktes Frühlingsgemüse

Frühlingsfrische Erbsen, Bohnen und Salatblätter werden in der Pfanne sautiert und in einer leichten Zitronensauce serviert.

Vorbereitung: 15 Minuten
Kochzeit: 20 Minuten
Portionen: 4

25 g Butter
1 Knoblauchzehe, zerdrückt
300 g Lauch, in Streifen geschnitten
225 g grüne Bohnen
125 g Erbsen, frische oder aufgetaute TK-Ware
150 ml Gemüsebrühe
225 g Endivien- oder Friséesalat
2 EL gemischte frische Kräuter: Kerbel, Schnittlauch und Minze, gehackt
Saft von ½ Zitrone
Salz und schwarzer Pfeffer
Zum Garnieren:
frischer Schnittlauch, in etwa 4 cm lange Stücke geschnitten, und Blättchen von Zitronenmelisse

GESCHWENKTES FRÜHLINGSGEMÜSE

1 Butter in einer tiefen Pfanne oder einem Topf schmelzen, Knoblauch und Lauch zufügen und etwa 5 Minuten rühren, bis das Gemüse weich wird. Grüne Bohnen und Erbsen zugeben und weitere 2 Minuten rühren.
2 Gemüsebrühe zugießen und zugedeckt 5 Minuten garen lassen. Die Salatblätter ebenfalls in den Topf geben und das Ganze noch einmal zugedeckt 5 Minuten köcheln lassen, bis alles weich ist.
3 Kräuter und Zitronensaft unterrühren und nach Geschmack salzen und pfeffern. Mit frischem Schnittlauch und Zitronenmelisse servieren.

Nährwert pro Portion
- Kilokalorien 106
- Kohlenhydrate 8 g
- Eiweiß 5 g
- Fett 6 g, davon gesättigte Fettsäuren 4 g

GEBRATENES GEMÜSE MIT MEERRETTICHSAUCE

Gebratenes Gemüse mit Meerrettichsauce

Erlesene Gemüse werden mit einem Minimum an Fett im Backofen gebraten und mit einer scharfen Sauce serviert.

Vorbereitung: 15 Minuten
Kochzeit: 1–1 1/4 Stunden
Portionen: 4

250 g Rote Bete
250 g Möhren
250 g Pastinaken
400 g Kartoffeln
1 Knoblauchknolle
2 Stängel frischer Rosmarin
2 Stängel frischer Thymian
1 EL Olivenöl
25 g Brot vom Vortag ohne Kruste
100 ml fettarme Milch
2 EL Sahnemeerrettich
Salz und schwarzer Pfeffer
Zum Garnieren:
einige Stängel frischer Thymian

1 Den Backofen auf 220 °C (Gas: Stufe 4) vorheizen. Rote Bete, Möhren, Pastinaken und Kartoffeln in große Stücke schneiden und in eine flache Auflaufform legen, dabei die Roten Beten etwas abseits legen, damit sich das übrige Gemüse nicht verfärbt.
2 Die Spitze der Knoblauchknolle abschneiden und wegwerfen, die Knolle zum Gemüse geben. Rosmarin und Thymian darüber streuen und das Öl und 3 EL kaltes Wasser darüber träufeln. 40 Minuten im Backofen braten, dabei gelegentlich umrühren, damit das Gemüse nicht anbrennt.
3 Den Knoblauch entfernen und zum Abkühlen beiseite legen. Das Gemüse 20–35 Minuten weiterbraten, bis es weich ist.
4 Inzwischen das Brot in kleine Stücke reißen und 10 Minuten in der Milch einweichen lassen. Die Knoblauchzehen aus der Schale drücken, gut zerstampfen und mit dem eingeweichten Brot zu einer Sauce vermengen. Den Meerrettich einrühren und nach Geschmack würzen. Das Gemüse mit der Sauce auf Tellern anrichten, mit je einem Thymianstängel garnieren und servieren.

Variante: Statt rohen Roten Beten können Sie auch tafelfertige aus dem Glas nehmen. Zum Gemüse geben, wenn Sie den Knoblauch entfernen.

Nährwert pro Portion
- Kilokalorien 200
- Kohlenhydrate 35 g
- Eiweiß 6 g
- Fett 5 g, davon gesättigte Fettsäuren 1 g

Rosenkohl nach indischer Art

Reichen Sie zu Geflügel oder Fleisch doch einmal diesen indisch gewürzten Rosenkohl, der garantiert gelingt.

Vorbereitung: 15 Minuten
Kochzeit: 15–20 Minuten
Portionen: 4

500 g kleine Rosenkohlröschen
1 EL Sonnenblumenöl
½ TL schwarze Senfkörner
½ TL Kreuzkümmelsamen
2 große Knoblauchzehen, fein gehackt
¼–½ TL Cayennepfeffer
Salz und schwarzer Pfeffer
1 EL Kichererbsenmehl, gesiebt

1 Rosenkohl putzen und die Strünke kreuzweise einschneiden. Wasser in einem Topf aufkochen und den Rosenkohl zugeben. Sobald das Wasser wieder kocht, Deckel auflegen und 2–3 Minuten köcheln lassen. 150 ml des Kochwassers auffangen und beiseite stellen, den Rest wegschütten.

2 Das Öl in einem großen beschichteten Topf bei mittlerer Temperatur erhitzen, dann die Senfkörner zufügen. Kurz den Deckel auflegen, damit die heiß gewordenen Körner nicht herausspritzen. Dann Kreuzkümmelsamen, Knoblauch und Cayennepfeffer – in dieser Reihenfolge – zufügen. Die Temperatur drosseln und etwa 1 Minute bei milder Hitze unter Rühren braten, bis der Knoblauch anfängt braun zu werden.

3 Den Rosenkohl zugeben, nach Belieben würzen, gut umrühren, Deckel auflegen und 2–3 Minuten garen.

4 Die aufgefangene Rosenkohlbrühe zugießen, die Kochstelle auf mittlere Stufe hochschalten und alles ohne Deckel köcheln lassen, bis die Brühe zur Hälfte reduziert ist.

5 Das Kichererbsenmehl gleichmäßig darüber streuen, dann rühren, bis die ganze Brühe aufgenommen und der Kohl mit dünner Sauce bedeckt ist.

Variante: Statt frischen können Sie tiefgefrorenen Rosenkohl nehmen oder Weißkohl und Gemüsebrühe. Bei Letzterem zuerst die Gewürze anbraten, dann den in Streifen geschnittenen Kohl zugeben und mit Schritt 3 fortfahren.

Tipp: Kichererbsenmehl ist ein weiches Mehl, das zum Andicken verwendet wird. Sie finden es in Asienläden und manchen Supermärkten.

Nährwert pro Portion

- Kilokalorien 86
- Kohlenhydrate 7 g
- Eiweiß 5 g
- Fett 5 g, davon gesättigte Fettsäuren 1 g

Fenchel geschmort

Sein feiner Anisgeschmack macht Fenchel zu einer leckeren Beilage zu Fisch oder Huhn.

Vorbereitung: 15 Minuten
Kochzeit: 30–40 Minuten
Portionen: 4

900 g Fenchel
1 EL Butter
150 ml trockener Weißwein
2 Lorbeerblätter, falls gewünscht
1 Knoblauchzehe, zerdrückt
4 Stängel frischer Thymian
300 ml Gemüsebrühe
Salz und schwarzer Pfeffer
Zum Garnieren:
2 EL frischer Dill und 1 EL frischer Thymian, gehackt

1 Die harten äußeren Fenchelblätter entfernen und den Fenchel der Länge nach in schmale Schnitze schneiden. 1 TL Butter in einer tiefen Bratpfanne mit schwerem Boden bei mittlerer Hitze schmelzen und einen Teil des Fenchels – so viel in die Pfanne hineinpasst – auf jeder Seite etwa 3 Minuten braten, bis er leicht gebräunt ist. Bevor Sie die nächsten Portionen braten, jeweils etwas Butter in die Pfanne geben.

2 Zuletzt den gesamten Fenchel wieder in die Pfanne geben, den Wein zufügen und etwa 5 Minuten schmoren lassen, bis nur ganz wenig Flüssigkeit übrig ist.

3 Lorbeerblätter, falls gewünscht, sowie Knoblauch, Thymian und Gemüsebrühe zufügen. Aufkochen, dann auf milde Hitze herunterschalten, den Deckel auflegen und 15–20 Minuten köcheln lassen, bis der Fenchel weich ist.

4 Nach Geschmack würzen, mit den Kräutern bestreuen und servieren.

Nährwert pro Portion

- Kilokalorien 79
- Kohlenhydrate 4 g
- Eiweiß 2 g
- Fett 4 g, davon gesättigte Fettsäuren 2 g

Grüne Bohnen in Sojasauce

Junge grüne Bohnen mit Ingwer, Knoblauch und Sojasauce sind eine raffinierte Beilage zu Grillfleisch, beispielsweise Lamm.

Vorbereitung: 10 Minuten
Kochzeit: 5 Minuten
Portionen: 4

500 g grüne Bohnen
eine Prise Salz
2 Knoblauchzehen, fein gehackt
½ TL Ingwer, fein gehackt
2 EL Sojasauce
½ TL Zucker

1 Die grünen Bohnen bündelweise einmal durchschneiden.
2 Wasser in einem Topf zum Kochen bringen, die Bohnen zugeben, Salz zufügen und wieder aufkochen lassen. Die Temperatur drosseln und die Bohnen bei milder Hitze etwa 3 Minuten köcheln lassen, bis sie weich sind.
3 Knoblauch, Ingwer, Sojasauce und Zucker in eine Servierschüssel geben und gut verrühren, bis sich der Zucker aufgelöst hat. Die Bohnen abgießen, im Dressing wenden und servieren.

Variante: Auf dieselbe Art können Sie auch in Scheiben geschnittene Möhren oder junge Maiskölbchen zubereiten. Jeweils so lange kochen, bis das Gemüse weich ist.

Nährwert pro Portion
- Kilokalorien 32
- Kohlenhydrate 5 g
- Eiweiß 2 g
- Fett 1 g (keine gesättigten Fettsäuren)

Weiße Bohnen nach kreolischer Art

Nährwert pro Portion
- Kilokalorien 146
- Kohlenhydrate 24 g
- Eiweiß 10 g
- Fett 2 g (keine gesättigten Fettsäuren)

Sellerie, Zwiebeln und grüner Paprika, die traditionelle Würze der kreolischen Küche, machen aus deftigen Bohnen in Tomatensauce ein pikantes, nahrhaftes Gericht.

Vorbereitung: 10 Minuten, und etwa 12 Stunden zum Einweichen über Nacht
Kochzeit: 1 1/4 Stunden
Portionen: 4

150 g getrocknete weiße Bohnenkerne
1 TL Olivenöl
200 ml Gemüsebrühe
1 kleine frische rote Chilischote, entkernt und fein gehackt
1 Knoblauchzehe, fein gehackt
3 Selleriestangen, grob gehackt
60 g Zwiebeln, grob gehackt
1 grüne Paprikaschote, grob gehackt
1–2 TL Cayennepfeffer oder Paprikapulver
1 Lorbeerblatt
400 g gehackte Tomaten aus der Dose
Salz und schwarzer Pfeffer

1 Die Bohnen in einer Schüssel mit kaltem Wasser bedecken und über Nacht einweichen lassen.

2 Die Bohnen gut abgießen, unter kaltem Wasser abspülen und abtropfen lassen. In einen großen Topf geben, mit Wasser bedecken und zum Kochen bringen. 15 Minuten sprudelnd kochen lassen; eventuell entstehenden Schaum abschöpfen. Abgießen, abspülen und im Sieb beiseite stellen.

3 Das Öl mit 1 EL Gemüsebrühe in einen Topf geben und Chilischote, Knoblauch, Sellerie, Zwiebeln und grünen Paprika zufügen. Deckel auflegen und bei mittlerer Hitze etwa 10 Minuten kochen lassen, bis das Gemüse weich wird. Den Topf hin und wieder rütteln, damit nichts anhängt. Cayennepfeffer oder Paprikapulver einrühren und nochmals 1 Minute kochen lassen.

4 Das Lorbeerblatt, die gekochten Bohnen, die restliche Brühe und die Tomaten zufügen. Aufkochen, dann auf geringe Hitze schalten. Mit Deckel 45 Minuten köcheln lassen, bis die Bohnen weich sind. In den letzten 10 Minuten den Deckel abnehmen, damit die Flüssigkeit einkochen kann. Nach Belieben salzen und pfeffern und dann servieren.

Gebackene Auberginen mit Apfel

Dieses vielseitige Backofengericht mit frischer Tomatensauce eignet sich als vegetarische Hauptspeise ebenso gut wie als Gemüsebeilage zu Fleisch und Fisch.

Vorbereitung: 15 Minuten, und 30 Minuten zum Ziehen
Kochzeit: 40 Minuten
Portionen: 4

500 g Auberginen, in 1 cm dicke Scheiben geschnitten
Salz und schwarzer Pfeffer
300 g Backäpfel, entkernt und in 5 mm dicke Scheiben geschnitten
Für die Sauce:
2 Knoblauchzehen, zerdrückt
2 EL Olivenöl
2 EL frische glatte Petersilie, gehackt
1 EL frischer Thymian, gehackt
2 EL Tomatenmark
500 g Eiertomaten, geschält, entkernt und gehackt
Zum Garnieren:
1 EL frische Kräuter, z. B. Petersilie und Thymian, gehackt

1 Die Auberginenscheiben beidseitig einsalzen, in ein Sieb geben und 30 Minuten zum Ziehen und Abtropfen beiseite stellen.
2 Alle Zutaten für die Sauce in der Küchenmaschine oder mit dem Pürierstab zu einer weichen Masse verarbeiten und beiseite stellen.
3 Den Backofen auf 220 °C (Gas: Stufe 4) vorheizen. Eine gusseiserne Grillpfanne oder eine schwere Bratpfanne auf mittlerer Flamme erhitzen. Die Auberginenscheiben abspülen und mit Küchenpapier trockentupfen. Auf jeder Seite 2–3 Minuten ohne Fett braten, bis sie weich und gebräunt sind.
4 Die Hälfte der Auberginenscheiben in einer Schicht in eine etwa 25×20 cm große feuerfeste Form legen und 2 EL Sauce gleichmäßig darauf verteilen. Alle Apfelscheiben darauf legen und mit 2 EL Sauce bestreichen. Die restlichen Auberginen darauf legen, mit der restlichen Sauce bestreichen und das Ganze 30 Minuten im Ofen backen.
5 Das fertige Gericht mit den Kräutern garnieren und heiß oder fast kalt servieren. Als vegetarisches Hauptgericht schmeckt dazu Vollkornreis, als Beilage passt es ausgezeichnet zu gegrilltem Schweinefleisch.

AUBERGINEN

Nährwert pro Portion

- Kilokalorien 132
- Kohlenhydrate 17 g
- Eiweiß 3 g
- Fett 7 g, davon gesättigte Fettsäuren 1 g

Gemüsequiche

Leckeres Sommergemüse, frische Kräuter und zart schmelzender Käse machen diese vegetarische Quiche aus Filoteig zu einer knusprigen Delikatesse.

Vorbereitung: 15 Minuten
Kochzeit: 50–70 Minuten
Portionen: 4

400 g Auberginen
400 g Zucchini
1 rote Paprikaschote, in breite Streifen geschnitten
1 gelbe Paprikaschote, in breite Streifen geschnitten
150 g rote Zwiebeln, in breite Ringe geschnitten
1 Knoblauchzehe, gehackt
1 TL frischer Rosmarin oder Thymian, gehackt, sowie einige frische Stängel zum Garnieren
3 EL Olivenöl
Salz und schwarzer Pfeffer
4 Blätter Filoteig, insgesamt etwa 125 g, aufgetaut
50 g Mozzarella, in feine Scheiben geschnitten

1 Den Backofen auf 200 °C (Gas: Stufe 3) vorheizen. Die Auberginen und Zucchini in 1 cm dicke Scheiben schneiden. Mit Paprika und Zwiebeln in einer Lage in eine flache Auflaufform geben, Knoblauch und Rosmarin oder Thymian darüber streuen und 2 EL Öl darüber träufeln. Nach Belieben würzen.

2 Das Gemüse 40–60 Minuten im Backofen braten, bis es weich und braun ist.

3 Inzwischen ein Backblech in den Backofen schieben. Eine Obsttortenform mit einem Durchmesser von 20–23 cm mit den Teigblättern auslegen, dabei jedes Blatt mit Öl einpinseln, bevor das nächste darauf kommt. Überstehenden Teig nach innen zu einem Rand einschlagen und andrücken. Die Form auf das Blech stellen und den Filoteig in 5–8 Minuten goldbraun backen.

4 Den Backofen auf 160 °C (Gas: Stufe 1) herunterschalten. Das gebratene Gemüse auf den Teig geben und den Käse und die gehackten Kräuter gleichmäßig darüber streuen. Nochmals 10 Minuten backen, bis der Käse geschmolzen ist, dann in Viertel schneiden und warm servieren.

Tipp: Fertiger Filoteig ist in guten türkischen Lebensmittelläden erhältlich. Falls Sie keinen bekommen, können Sie für die Quiche auch selbst gemachten oder fertigen Strudelteig nehmen.

Nährwert pro Portion

- Kilokalorien 260
- Kohlenhydrate 28 g
- Eiweiß 10 g
- Fett 12 g, davon gesättigte Fettsäuren 3 g

Scharfe Kartoffelschnitze

Aus ungeschälten Kartoffeln werden diese pikanten Happen gemacht, die als Beilage oder kleine Knabberei stets gleich gut ankommen.

Vorbereitung: 5 Minuten
Kochzeit: 35–40 Minuten
Portionen: 4–6

1 kg große Kartoffeln
1 ½ TL Sonnenblumenöl
2 EL frische Vollkornbrösel
eine Prise Cayennepfeffer
½ TL gemahlener Kreuzkümmel
1 TL Knoblauchsalz
1 TL Paprikapulver
1 TL schwarzer Pfeffer aus der Mühle
1 TL getrockneter Thymian

1 Den Backofen auf 220 °C (Gas: Stufe 4) vorheizen. Die Kartoffeln mit der Gemüsebürste säubern und ungeschält der Länge nach achteln. In eine große Schüssel geben, das Öl zufügen und die Schnitze wenden, bis sie gleichmäßig dünn mit Öl überzogen sind.

2 In einer zweiten großen Schüssel Vollkornbrösel, Cayennepfeffer, Kreuzkümmel, Knoblauchsalz, Paprikapulver, Pfeffer und Thymian mischen. Die Kartoffelschnitze zugeben und darin wenden, bis sie gleichmäßig mit der Würze überzogen sind.

3 Die Kartoffelschnitze in einer Lage auf ein großes beschichtetes Backblech geben und 35–40 Minuten backen, bis sie goldbraun und schön knusprig sind. Heiß servieren.

Variante: Die Häppchen als Snack mit einem Joghurtdip servieren.

Nährwert pro Portion, bei 4 Portionen

- Kilokalorien 227
- Kohlenhydrate 49 g
- Eiweiß 6 g
- Fett 2 g (keine gesättigten Fettsäuren)

Rösti mit Meerrettich

Sahnemeerrettich verleiht diesen Kartoffelrösti eine angenehme, leicht scharfe Note.

Vorbereitung: 10 Minuten
Kochzeit: 8–12 Minuten
Portionen: 4

400 g mehlige Kartoffeln, geschält und gerieben
1 Ei, verquirlt
1 EL Sahnemeerrettich
6 Frühlingszwiebeln, fein gehackt
Salz und schwarzer Pfeffer
1 EL Sonnenblumenöl
Zum Servieren:
4 EL Sauerrahm
Zum Garnieren:
frische Petersilie, gehackt

1 Aus den geriebenen Kartoffeln mit den Händen sämtliche Feuchtigkeit ausdrücken. In eine Schüssel geben, Ei, Meerrettich, Frühlingszwiebeln, Salz und Pfeffer zufügen und gut vermischen.

2 Das Öl in einer großen beschichteten Bratpfanne bei mittlerer Temperatur erhitzen. Den Kartoffelteig esslöffelweise in die Pfanne geben und mit dem Löffel flach drücken, sodass 5 mm dicke Küchlein entstehen. Nur so viele Esslöffel hineingeben, dass die Rösti nicht zusammenkleben, und den Rest in einem zweiten Durchgang braten.

3 Die Rösti auf jeder Seite 2–3 Minuten braten, bis sie fest und goldbraun sind.

4 Auf Küchenpapier gut abtropfen lassen. Auf 4 Teller verteilen, Sauerrahm darauf geben und heiß mit Petersilie bestreut servieren.

Variante: Die Rösti können Sie auch ohne Sauerrahm als Beilage zu Fleisch oder Gemüse servieren.

Nährwert pro Portion

- Kilokalorien 144
- Kohlenhydrate 15 g
- Eiweiß 4 g
- Fett 8 g, davon gesättigte Fettsäuren 3 g

Bäckerinkartoffeln

Dieses Kartoffelgratin kommt ganz ohne Sahne und Käse aus und wird stattdessen mit Gemüsebrühe zubereitet.

Vorbereitung: 15 Minuten, und 15 Minuten zum Einweichen und 5 Minuten zum Ruhen
Kochzeit: 1 ½ Stunden
Portionen: 4–6

750 g mehlige Kartoffeln, geschält
225 g Zwiebeln, in dünne Ringe geschnitten
Salz und schwarzer Pfeffer
Muskat, frisch gerieben
1–2 Knoblauchzehen, zerdrückt
600 ml Gemüsebrühe
1 EL Diätpflanzencreme (71 %)

1 Die Kartoffeln mithilfe der Küchenmaschine oder mit einem scharfen Messer in dünne Scheiben schneiden und zusammen mit den Zwiebeln in eine Schüssel geben. Kaltes Wasser darüber gießen, bis sie ganz bedeckt sind, und 15 Minuten einweichen lassen.

2 Den Backofen auf 180 °C (Gas: Stufe 2) vorheizen. Die Kartoffeln und Zwiebeln abgießen und mit Küchenpapier trockentupfen. Eine Schicht Kartoffeln und Zwiebeln auf den Boden einer flachen feuerfesten Auflaufform geben und nach Belieben mit Salz, Pfeffer und Muskat würzen. Die restlichen Kartoffeln in drei bis vier weiteren Schichten darauf verteilen und jedesmal würzen.

3 Den Knoblauch in die Gemüsebrühe rühren und diese über die Kartoffeln gießen. Die Pflanzencreme darauf verteilen und alles etwa 1 ½ Stunden backen, bis die Kartoffeln ganz weich sind (zur Kontrolle mit einer Gabel hineinstechen) und sich eine goldbraune Kruste gebildet hat. Vor dem Servieren 5 Minuten ruhen lassen.

Nährwert pro Portion, bei 4 Portionen

- Kilokalorien 161
- Kohlenhydrate 31 g
- Eiweiß 4 g
- Fett 4 g, davon gesättigte Fettsäuren 1 g

Vegetarisches Buffet

Wenn Vegetarier zu Besuch kommen, ist es nicht einfach, Speisen zu kochen, die Fleischliebhaber gleichermaßen begeistern. Doch dieses temperamentvolle vegetarische Buffet nach mexikanischer Art bietet für jeden Geschmack etwas, und niemand wird Fleisch vermissen oder das fettarme Essen bemängeln.

Herzstück des Buffets ist, wie könnte es anders sein, ein feuriges Chili mit schwarzen Bohnen. Dazu schmeckt der zitronige grüne Reis, der seinen Namen Spinat und Frühlingszwiebeln verdankt.

Ein mühelos zuzubereitender Krautsalat bringt die nötige Frische auf den Tisch, und pfannengerührtes Gemüse mundet heiß serviert ebenso köstlich wie lauwarm. Die Zwiebeln erhalten durch das lange Garen im Backofen einen intensiven, süßen Geschmack, und die Tomatensalsa bietet dazu einen pikanten Kontrast.

Jedes Rezept ist für 8 Portionen berechnet. Falls Sie mehr Gäste erwarten, können Sie die Mengen natürlich auch verdoppeln bzw. auf die entsprechende Anzahl umrechnen. Als raffinierter Abschluss des Buffets empfiehlt sich ein Limetten- oder Zitronensorbet.

Nährwert pro Person, 1 Portion je Gericht

- Kilokalorien 492
- Kohlenhydrate 88 g
- Eiweiß 19 g
- Fett 8 g (keine gesättigten Fettsäuren)

Zu scharf zum Anfassen

Tragen Sie bei der Zubereitung von Chilischoten dünne Gummihandschuhe. Achten Sie unbedingt darauf, dass Sie damit weder Augen noch Mund berühren, denn das in den Schoten enthaltene Capsaicin brennt wie Feuer.

GRÜNER REIS

CHILI MIT BOHNEN

Chili mit Bohnen

Vorbereitung: 15 Minuten, und über Nacht einweichen
Kochzeit: 1½– 2½ Stunden

500 g schwarze Bohnen
1 Lorbeerblatt
2 EL Kreuzkümmelsamen
2 EL getrockneter Oregano
½ TL Cayennepfeffer
1–2 EL Chilipulver
1 EL Paprikapulver
2 EL Sonnenblumenöl
350 g Zwiebeln, gehackt
6 Knoblauchzehen, gehackt
400 g gehackte Tomaten aus der Dose
Salz
2 EL Rotweinessig
Zum Garnieren:
frischer Koriander, gehackt

1 Die Bohnenkerne über Nacht in Wasser einweichen. Am nächsten Tag die Bohnen in einem Sieb gut abtropfen lassen, dann in einen Topf geben, Wasser einfüllen, bis sie ganz bedeckt sind, und aufkochen. Bei geschlossenem Deckel rund 15 Minuten kochen. Kochwasser abgießen und 1¼ l frisches Wasser und den Lorbeer zufügen. Aufkochen und 20 Minuten köcheln lassen.

2 Inzwischen eine kleine Bratpfanne mit schwerem Boden erhitzen und die Kreuzkümmelsamen zugeben. Sobald sie anfangen dunkel zu werden, den Oregano zufügen und 10 Sekunden rühren. Die Pfanne von der Kochstelle nehmen und Cayennepfeffer, Chili- und Paprikapulver einrühren. Die Gewürze in einen Mörser geben und mit dem Stößel zu einem möglichst feinen Pulver zerstoßen.

3 Das Öl in einer Bratpfanne auf mittlerer Stufe erhitzen und die Zwiebeln 5 Minuten anschwitzen. Den Knoblauch zugeben und 1 Minute braten, dann die zerstoßenen Gewürze zufügen und unter Rühren nochmals 2 Minuten braten.

4 Die Tomaten samt Saft zugeben und die Sauce auf mittlerer Stufe 2 Minuten kochen.

5 Tomatensauce zu den Bohnen gießen und köcheln lassen, bis sie ganz weich sind. Das dauert je nach Alter der Bohnen ½–1½ Stunden. Bei Bedarf noch etwas Wasser zufügen und gelegentlich umrühren, damit die Bohnen nicht anbrennen. Nach Belieben mit Salz und Cayennepfeffer würzen.

6 Unmittelbar vor dem Servieren den Rotweinessig einrühren und mit dem gehackten Koriander garnieren.

Grüner Reis

Vorbereitung: 15 Minuten
Kochzeit: 30 Minuten

125 g tiefgefrorener Blattspinat, aufgetaut
7–8 Frühlingszwiebeln
1 TL Sonnenblumenöl
4 Knoblauchzehen, fein gehackt
2–3 EL frischer Dill, fein gehackt, oder
1 EL getrockneter Dill
400 g weißer Langkornreis
2 EL Zitronensaft
Salz und schwarzer Pfeffer

1 Den Spinat in ein Sieb geben und die Flüssigkeit gut auspressen. Die Spinatblätter fein hacken. Die Frühlingszwiebeln einschließlich einem großen Teil der grünen Stängel klein schneiden und grob hacken.

2 Das Öl in einem schweren Topf erhitzen und den Knoblauch unter Rühren 30 Sekunden anschwitzen. Die Frühlingszwiebeln zufügen, nach 1 Minute Spinat und Dill zugeben, 1 Minute braten. Dabei ständig rühren.
3 Den Reis in den Topf geben und 1 Minute anbraten. 650 ml Wasser und den Zitronensaft zufügen, salzen und pfeffern. Aufkochen lassen, dann den Deckel auflegen und etwa 20 Minuten köcheln, bis das Wasser vollständig vom Reis aufgenommen ist.
4 Den fertigen Reis nochmals umrühren, lockern und warm servieren.

Tomatensalsa

Zubereitung: 20 Minuten

85 g rote Zwiebeln (Braunschweiger rote Zwiebeln)
3 Knoblauchzehen
750 g Tomaten
1–2 grüne Chilischoten, entkernt und fein gehackt
3 EL frischer Koriander, fein gehackt
½ TL Zucker
Saft von 3 Limetten
eine Prise Salz

1 Zwiebeln und Knoblauch sehr fein hacken. Tomaten vierteln, von Saft und Kernen befreien und würfeln. Damit die Sauce nicht zu flüssig wird, die Zutaten von Hand hacken.
2 Das Gemüse mit den übrigen Zutaten in einer Schüssel gut vermischen. Vor dem Servieren höchstens eine Stunde kalt stellen, um das Aroma zu erhalten.

TOMATENSALSA

Pfannengemüse

Vorbereitung: 20 Minuten
Kochzeit: 15 Minuten

100 g Zwiebeln, gehackt
2 Knoblauchzehen, fein gehackt
750 g Zucchini, in dünne Scheiben geschnitten
1 rote Paprikaschote, gewürfelt
125 g Maiskörner, tiefgefrorenen Mais vorher auftauen
2 EL Öl
Salz und schwarzer Pfeffer
2 EL Zitronen- oder Limettensaft

1 Das ganze Gemüse vorbereiten und zerkleinern und jede Sorte in zwei gleich große Hälften teilen.
2 1 EL Öl in der Pfanne oder im Wok erhitzen, bis es leicht zu rauchen beginnt. Die Hälfte der Zwiebeln hineingeben und 1 Minute pfannenrühren. Die Hälfte des Knoblauchs zufügen, einmal umrühren und dann je die Hälfte von Zucchini, Paprika und Mais zufügen. Salzen und pfeffern und etwa 5 Minuten weiterrühren, bis das Gemüse gar, aber noch knackig und hell ist.
3 Mit 1 EL Zitronen- oder Limettensaft beträufeln und umrühren. Das gebratene Gemüse in einer Schüssel warm halten und die zweite Hälfte des Gemüses ebenso zubereiten.

Ofenzwiebeln

Vorbereitung: 5 Minuten
Kochzeit: 1–1 ¼ Stunden

4 sehr große Zwiebeln, je etwa 300 g
100 ml Balsamessig
1 EL brauner Zucker
Salz und schwarzer Pfeffer

1 Backofen auf 200 °C (Gas: Stufe 3–4) vorheizen. Die Zwiebeln der Länge nach halbieren und ungeschält mit der Schnittfläche nach unten in einer Schicht in eine Auflaufform legen.
2 Essig und Zucker mit 200 ml Wasser vermischen, über die Zwiebeln gießen und 1–1 ¼ Stunden im Ofen braten, bis sie weich sind.
3 Die Zwiebeln mit der Schnittfläche nach oben auf einem Servierteller anrichten, würzen und warm servieren.

Krautsalat mit Koriander

Zubereitung: 30 Minuten, und 1 Stunde zum Kühlen

200 g Salatgurke
500 g Weißkohl, gehobelt
50 g rote Zwiebeln, in dünne Ringe geschnitten
2 EL frischer Koriander, gehackt
Für das Dressing:
2 Knoblauchzehen
Salz und schwarzer Pfeffer
3 EL Limettensaft
100 g fettarmer Joghurt

1 Die Gurke schälen, der Länge nach halbieren, die Kerne mit einem Teelöffel entfernen. In 2,5 cm lange Stifte schneiden und in eine Schüssel geben. Kohl, Zwiebeln und Koriander untermischen.
2 Für das Dressing den Knoblauch mit ½ TL Salz zu einer Paste zerstampfen, mit Limettensaft und Joghurt mischen und pfeffern. Das Dressing über den Salat gießen, den Salat gut wenden und etwa 1 Stunde kalt stellen.

KRAUTSALAT MIT KORIANDER

OFENZWIEBELN

PFANNENGEMÜSE

Tofu-Mango-Spießchen mit fruchtiger Salsa

Statt mit Fleisch werden diese Spießchen mit eiweißreichem Tofu und frischen Mangos gemacht. Die delikate Salsa ist perfekt darauf abgestimmt.

Vorbereitung: 15 Minuten, und 30 Minuten zum Abtropfen und 30 Minuten zum Marinieren
Kochzeit: 6–8 Minuten
Portionen: 4

500 g frischer Tofu
1 große reife Mango, geschält und gewürfelt
Für die Marinade:
1–2 frische rote Chilischoten, entkernt und gehackt
2 Knoblauchzehen, zerdrückt
1 EL Ingwer, gerieben
1 EL flüssiger Honig
geriebene Schale und Saft von 1 Limette
3 EL trockener Sherry
2 EL dunkle Sojasauce
Für die Salsa:
3 EL Kokosmilch
Saft von ½ Limette
1 große grüne, unreife Mango, geschält und grob gerieben
Salz
Zum Garnieren:
Schnitze von unbehandelten Zitronen und in Ringe geschnittene Frühlingszwiebeln

1 Einen großen Teller mit mehreren Lagen Küchenpapier bedecken. Den Tofu darauf legen, mit Küchenpapier bedecken, einen zweiten Teller darüber legen und beschweren. 30 Minuten stehen lassen, dann die ausgetretene Flüssigkeit wegschütten und den Tofu in 2,5 cm große Würfel schneiden.

2 Alle Zutaten für die Marinade in eine flache Schale geben und verrühren. Den Tofu darin mindestens 30 Minuten marinieren, dabei mehrmals wenden.

3 Inzwischen sämtliche Zutaten für die Salsa in einer kleinen Schüssel mischen, salzen und beiseite stellen. Elektro- oder Holzkohlengrill vorheizen.

4 Den Tofu aus der Marinade nehmen und abwechselnd Mango- und Tofuwürfel auf Spieße stecken. Die Marinade in die Salsa rühren.

5 Die Spieße 6–8 Minuten grillen, dabei ein- bis zweimal wenden, bis der Tofu gebräunt und gar ist. Mit der Salsa auf Teller geben, mit Zitrone und Zwiebeln garnieren und heiß servieren.

Variante: Statt einer unreifen Mango können Sie für die Salsa auch eine reife Frucht nehmen und das Fruchtfleisch in kleine Würfel schneiden.

Nährwert pro Portion

- Kilokalorien 230
- Kohlenhydrate 17 g
- Eiweiß 16 g
- Fett 10 g, davon gesättigte Fettsäuren 6 g

Chinesische Tofu-Omeletts

Nährwert pro Portion
- Kilokalorien 304
- Kohlenhydrate 9 g
- Eiweiß 26 g
- Fett 18 g, davon gesättigte Fettsäuren 5 g

Die süße Sauce zu diesem klassischen asiatischen Omelett wird aus köstlichem Reiswein, Hoisin-Sauce, Knoblauch und grünen Erbsen zubereitet.

Vorbereitung: 10 Minuten
Kochzeit: 30–35 Minuten
Portionen: 4

600 g Seidentofu
3 Eier
3–4 Frühlingszwiebeln, gehackt
Salz und schwarzer Pfeffer
2 EL Öl
Für die Sauce:
175 ml Gemüsebrühe
2 EL Hoisin-Sauce
2 EL chinesischer Reiswein oder trockener Sherry
1 Knoblauchzehe, zerdrückt
150 g Erbsen, frisch oder aufgetaute TK-Ware

1 Den Backofen vorwärmen, um darin die Omeletts warm zu halten.
2 Den Tofu in einer großen Schüssel mit der Gabel zu einem Püree zerquetschen. Dann die Eier hineinschlagen, die Frühlingszwiebeln unterrühren und kräftig salzen und pfeffern.
3 $^1/_2$ EL Öl in einer großen antihaftbeschichteten Pfanne stark erhitzen. Für 2 Omeletts ein Viertel der Tofumischung in die Pfanne geben; darauf achten, dass die Omeletts nicht verkleben. Auf jeder Seite etwa 3–4 Minuten goldbraun braten. Vorsicht beim Wenden: Die Omeletts brechen leicht auseinander.
4 Die fertigen Omeletts auf einen hitzebeständigen Teller legen und im Backofen warm halten. Die restlichen sechs Omeletts auf dieselbe Art und Weise braten, dabei falls nötig das Öl in der Pfanne ergänzen und die Omeletts anschließend im Backofen warm stellen.
5 Wenn alle Omeletts fertig sind, die Gemüsebrühe in die Pfanne geben und eventuell am Boden klebende Reste lösen. Die Brühe zum Kochen bringen, die Hoisin-Sauce, den chinesischen Reiswein bzw. Sherry, den Knoblauch und die Erbsen einrühren und 2–3 Minuten köcheln lassen, bis die Sauce leicht angedickt ist. Abschmecken.
6 Je 2 Omeletts auf einen Teller legen, die Sauce darüber gießen und heiß servieren.
Tipp: Seidentofu wird vielfach in der japanischen Küche verwendet. Weil er mehr Flüssigkeit als normaler Tofu enthält, ist er cremig weich und lässt sich gut pürieren. Frischen Seidentofu erhält man gekühlt in Naturkostläden und Reformhäusern. Falls Sie keinen bekommen, nehmen Sie normalen Tofu.

Frikassee aus jungem Gemüse

Nährwert pro Portion
- Kilokalorien 279
- Kohlenhydrate 28 g
- Eiweiß 9 g
- Fett 15 g, davon gesättigte Fettsäuren 5 g

Ganz zart schmeckt dieses Gemüse in feiner Kräuter-Béchamelsauce, das als Krönung eine knusprige Käsekruste erhält. Servieren Sie es zu Tagliatelle oder neuen Kartoffeln.

Vorbereitung: 15 Minuten
Kochzeit: 30–35 Minuten
Portionen: 4

750 g gemischtes junges Gemüse, wie z. B. Brokkoli, Blumenkohl, Möhren, Zucchini, Fenchel, Lauch, Pilze, Zwiebeln, rote oder gelbe Paprikaschoten
2 EL trockener Wermut
1 Lorbeerblatt
2–3 Stängel frische Petersilie
1 Stängel frischer Thymian
Salz und schwarzer Pfeffer
25 g Parmesan, gerieben
2 EL Vollkornbrösel
Für die Béchamelsauce:
50 g Diät-Pflanzencreme (71 %)
3 EL Weißmehl
150 ml fettarme Milch
3 EL Sauerrahm
2 EL frische Petersilie oder frischer Majoran, grob gehackt

1 Das Gemüse putzen und vorbereiten: Brokkoli und Blumenkohl in kleine Röschen teilen, von Möhren und Zucchini Spitzen und Enden abschneiden, Fenchel fein hacken, Lauch in dicke Ringe schneiden, Pilze in Scheiben schneiden, Zwiebeln und Paprikaschoten vierteln.

2 600 ml Wasser in einen großen Topf geben, Wermut, Lorbeerblatt, Petersilienstängel, Thymian, Salz und Pfeffer zufügen und aufkochen. Das Gemüse zugeben, Temperatur herunterschalten und alles 5 Minuten köcheln lassen.

3 Das Gemüse mit einem Schaumlöffel aus der Brühe heben, in eine flache feuerfeste Form geben und warm stellen.

4 Die Kräuter aus der Brühe entfernen und diese zum Kochen bringen. Ohne Deckel etwa 10 Minuten sprudelnd kochen, bis sie auf die Hälfte reduziert ist. Den Grill auf mittlerer Stufe vorheizen.

5 Für die Béchamelsauce die Pflanzencreme in einem großen Topf schmelzen und das Mehl einrühren. 1–2 Sekunden anschwitzen, dann langsam die Gemüsebrühe einrühren, Milch zufügen und nochmals umrühren. Zum Kochen bringen, Temperatur herunterschalten und 3 Minuten auf kleiner Hitze köcheln lassen. Von der Kochstelle nehmen, den Sauerrahm und die gehackten Kräuter einrühren und nach Belieben abschmecken.

6 Die Sauce über das Gemüse gießen und Käse und Vollkornbrösel darüber streuen. 2–3 Minuten grillen, bis der Käse leicht gebräunt ist, dann servieren.

Buchweizen-Crêpes gefüllt mit Spinat und Ricotta

Liebhaber der französischen Eierkuchen werden von dieser Variante mit der cremig-leichten Füllung begeistert sein.

Vorbereitung: 20 Minuten, und 30 Minuten ruhen lassen
Kochzeit: 25 Minuten
Portionen: 8 Crêpes

150 g Weißmehl
100 g Buchweizenmehl
Salz und schwarzer Pfeffer
1 Ei, 1 Eiweiß
Sonnenblumenöl für die Pfanne
Für die Füllung:
200 g Magerquark
100 g Hüttenkäse
100 g Ricotta
300 g frischer Blattspinat
2–4 EL Zitronensaft
½ TL Muskatpulver
Zum Garnieren:
Paprikapulver
Zum Servieren:
Tomaten, geviertelt, und frische Basilikumblätter

Fettspartipp

Traditionell wird für die Füllung nur Ricotta verwendet. In diesem Rezept wird er zum Teil durch Quark und Hüttenkäse ersetzt und die Füllung somit leichter.

1 Quark, Hüttenkäse und Ricotta zum Aufwärmen aus dem Kühlschrank nehmen und beiseite stellen.
2 Für den Crêpe-Teig das Mehl mit 1 TL Salz mischen und durchsieben. Das Ei und Eiweiß mit 450 ml Wasser in einer kleinen Schüssel gut verquirlen und nach und nach unter das Mehl rühren. 30 Minuten beiseite stellen.
3 Den Spinat waschen und harte Stängel entfernen. Tropfnass in einen Topf geben, Deckel auflegen und 3–4 Minuten bei mittlerer Hitze garen. Abgießen und etwas abkühlen lassen.
4 Überflüssiges Wasser aus dem Spinat herausdrücken und die Blätter fein hacken. Quark, Hüttenkäse, Ricotta und Spinat gut vermischen und mit Zitronensaft, Muskat, Salz und Pfeffer abschmecken.
5 Eine kleine beschichtete Pfanne auf mittlerer Stufe erhitzen. Den Crêpe-Teig umrühren und prüfen, ob er dünn genug zum Gießen ist; falls nicht, esslöffelweise Wasser zufügen. Wenn die Pfanne heiß ist, Küchenpapier in Öl tauchen und die Pfanne damit einfetten. 2–3 EL Teig hineingießen und durch leichtes Schwenken auf der ganzen Fläche verteilen. Die Crêpe etwa 1 ½ Minuten backen, bis der Rand braun wird und sich zu wellen beginnt.
6 Den Rand behutsam mit einem Pfannenwender anheben, die Crêpe wenden und nochmals 20–30 Sekunden backen. Wenden Sie die Crêpe nicht zu früh, sonst bleibt der Teig in der Pfanne kleben. Vermeiden Sie aber auch zu langes Backen, denn zu trockene Crêpes lassen sich schwer rollen.
7 Den restlichen Teig auf dieselbe Weise zu sieben weiteren Crêpes ausbacken; die Pfanne bei Bedarf nachfetten. Entweder jede Crêpe sofort füllen und servieren oder, wenn Sie alle auf einmal servieren möchten, die Crêpes aufeinander legen, durch Küchenpapier getrennt, und lose mit Aluminiumfolie umwickeln, um sie warm zu halten.
8 Zum Servieren je 2–3 EL Füllung in die Mitte des Eierkuchens streichen und ihn von beiden Seiten zusammenrollen. 2 Crêpes auf einen flachen Teller legen und etwas Paprikapulver darüber streuen. An der Seite Tomaten mit Basilikumblättern anrichten und servieren.

Nährwert pro Crêpe

- Kilokalorien 180
- Kohlenhydrate 27 g
- Eiweiß 11 g
- Fett 3 g, davon gesättigte Fettsäuren 1 g

MUSKAT

Indischer Linsenkuchen mit Kürbissauce

Nährwert pro Portion

- Kilokalorien 358
- Kohlenhydrate 43 g
- Eiweiß 20 g
- Fett 13 g, davon gesättigte Fettsäuren 2 g

Linsen sind aus der indischen Küche nicht wegzudenken. Hier wird daraus ein vollwertiger Kuchen gebacken, zu dem man eine raffinierte, mit typischen Gewürzen verfeinerte Sauce reicht.

Vorbereitung: 20 Minuten, und 4–5 Stunden zum Einweichen
Kochzeit: 55 Minuten
Portionen: 4

Für den Linsenkuchen:
125 g rote Linsen
125 g gelbe Linsen
1–2 grüne Chilischoten, entkernt und grob gehackt
1–2 getrocknete rote Chilischoten, entkernt und grob gehackt
1 EL frischer Koriander, gehackt
1 EL Curryblätter, grob gehackt
1 EL Ingwer, grob gehackt
½ TL Backpulver
1 Ei
3 EL Sonnenblumenöl
Salz
60 g Zwiebeln, fein gehackt

Für die Sauce:
225 g Kürbis, geschält, entkernt und in 2,5 cm große Würfel geschnitten
1–2 grüne Chilischoten, entkernt und grob gehackt
10–12 Curryblätter, grob gehackt
1 EL Ingwer, grob gehackt
1 TL Zucker
175 g fettarmer Joghurt
2 TL Sonnenblumenöl
½ TL schwarze Senfkörner
1 getrocknete rote Chilischote, entkernt und grob gehackt
Zum Garnieren:
frischer Koriander, gehackt, und ganze Curryblätter

1 Die Linsen waschen und 4–5 Stunden oder über Nacht einweichen.
2 Den Backofen auf 190 °C (Gas: Stufe 3) vorheizen. Eine feuerfeste Form von etwa 18 × 23 cm Größe mit Backpapier auslegen.
3 Die Linsen gut abtropfen und mit Chilischoten, Koriander, Curryblättern, Ingwer, Backpulver, Ei, Öl und Salz in der Küchenmaschine zu einem glatten Brei verarbeiten, dann die Zwiebeln zufügen und kurz zerkleinern, aber nicht pürieren.
4 Die Mischung in die Backform geben und glatt streichen. Auf der obersten Schiene etwa 45 Minuten backen, bis der Kuchen oben braun ist.
5 In der Zwischenzeit die Sauce zubereiten. Den Kürbis mit grünen Chilis, Curryblättern, Ingwer und Zucker in einen Topf geben und nach Belieben salzen. 50 ml Wasser zufügen, zudecken und unter gelegentlichem Rühren 8–10 Minuten köcheln, bis der Kürbis weich ist. Von der Kochstelle nehmen, abkühlen lassen, dann in der Küchenmaschine oder mit dem Handrührgerät pürieren.
6 Den Joghurt unter das Kürbispüree mischen. Die Sauce in eine Servierschüssel geben, zudecken und bis zum Verzehr kalt stellen.
7 Den Kuchen aus dem Ofen nehmen, Backpapier entfernen und den Kuchen in Scheiben schneiden.
8 In einem kleinen Topf das Öl für die Sauce auf mittlerer Stufe erhitzen. Wenn es heiß ist, die Senfkörner hineingeben und Deckel auflegen. Sobald die Körner springen, den Deckel abnehmen, die rote Chilischote zufügen und so lange braten, bis sie schwarz zu werden beginnt, dann das Würzöl heiß über die Kürbissauce gießen.
9 Den Linsenkuchen auf 4 Teller verteilen, daneben die Kürbissauce anrichten und mit gehacktem Koriander und ganzen Curryblättern servieren.

Tipp: Curryblätter gibt es in Asienläden zu kaufen. Frische Blätter sind vorzuziehen, aber eher selten erhältlich. Falls Sie welche bekommen, frieren Sie sie auf Vorrat ein. Getrocknete sollten unbedingt vakuumverpackt sein, da ihr Aroma schnell verfliegt.

Zucchiniküchlein mit Joghurtsauce

Die kühle Sauce mit Joghurt und Minze schmeckt herrlich erfrischend zu den lockerleichten gegrillten Küchlein.

Vorbereitung: 15–30 Minuten, und 50 Minuten zum Ruhen
Kochzeit: 20 Minuten
Portionen: 4–6

750 g Zucchini
Salz und schwarzer Pfeffer
1 Ei, verquirlt
80 g Matzenmehl
eine Prise Muskat, frisch gerieben
Für die Sauce:
fein geriebene Schale und Saft von ½ Zitrone
3–4 EL frische Minze, gehackt
150 g fettarmer fester Joghurt
Zum Garnieren:
frische Minzestängel

1 Die Zucchini fein in ein Sieb reiben, mit Salz bestreuen, gut mischen und 30 Minuten abtropfen lassen. Unter fließendem Wasser abspülen und dann mit den Händen die Feuchtigkeit ausdrücken. In ein sauberes Geschirrtuch geben und nochmals auspressen.

2 Die geriebenen Zucchini in eine Schüssel geben und Ei, Matzenmehl, Muskat und Pfeffer zufügen. Alles gut vermischen, dann 20 Minuten ruhen lassen, damit sich das Aroma entfalten kann.

3 In der Zwischenzeit für die Sauce Zitronensaft und -schale, Minze und Joghurt in einer Schale mischen, zudecken und bis zum Servieren kalt stellen.

4 Eine gusseiserne Grillpfanne oder eine beschichtete Bratpfanne auf mittlerer Stufe erhitzen. Den Zucchiniteig löffelweise in die Pfanne geben und jedes Häufchen zu einem dicken Küchlein flach drücken. Die Küchlein ohne Fett auf jeder Seite 4–5 Minuten braten, bis sie fest und gebräunt sind, eventuell in zwei Durchgängen. Mit Minze garnieren und heiß mit der gekühlten Joghurtsauce servieren.

Variante: Matzenmehl ist ein spezielles Mehl, das zum Backen von ungesäuertem Brot zum jüdischen Passahfest verwendet wird. Wenn Sie keines bekommen, können Sie auch gewöhnliches Weizenmehl nehmen.

Nährwert pro Portion, bei 4 Portionen

- Kilokalorien 145
- Kohlenhydrate 21 g
- Eiweiß 8 g
- Fett 3 g, davon gesättigte Fettsäuren 1 g

Mexikanischer Gemüseauflauf

Nährwert pro Portion
- Kilokalorien 378
- Kohlenhydrate 56 g
- Eiweiß 19 g
- Fett 10 g, davon gesättigte Fettsäuren 3 g

Typisch mexikanisches Gemüse wird mit einem leckeren Teig aus Maismehl goldbraun überbacken – ein nahrhafter Genuss ganz ohne Fleisch.

Vorbereitung: 20 Minuten, und 5 Minuten zum Ruhen
Kochzeit: 1 Stunde
Portionen: 4

1 EL Sonnenblumenöl
1 Stange Sellerie, gehackt
1 große Knoblauchzehe, zerdrückt
150 g Zwiebeln, gehackt
1/2 grüne Paprika, gehackt
1 TL Cayennepfeffer
400 g rote Kidneybohnen aus der Dose, abgetropft und abgespült
12 grüne Oliven, entsteint und in Scheiben geschnitten
1 EL Jalapeño-Paprika oder Peperoni, gehackt
75 g Mais aus der Dose, abgetropft
400 g gehackte Tomaten aus der Dose
1 EL Tomatenmark
Salz und schwarzer Pfeffer
Für den Maismehlteig:
125 g Maismehl oder Polenta
1 EL Weißmehl
2 TL Backpulver
1 Ei, verquirlt
100 ml entrahmte Milch
25 g Edamer (30 % Fett i. Tr.), gerieben

1 Den Backofen auf 200 °C (Gas: Stufe 3–4) vorheizen. Das Öl in einem Topf auf hoher Stufe erhitzen. Sellerie, Knoblauch, Zwiebeln und grüne Paprika zufügen und anbraten. Deckel auflegen, Temperatur herunterschalten und das Gemüse etwa 10 Minuten bei milder Hitze garen, bis es weich ist. Den Cayennepfeffer einrühren und 1 Minute garen.

2 Kidneybohnen, Oliven, Jalapeño-Paprika bzw. Peperoni, Mais, Tomaten und Tomatenmark einrühren und nach Belieben salzen und pfeffern. Alles zum Kochen bringen und 5 Minuten köcheln lassen, dann in eine große feuerfeste Auflaufform füllen.

3 Für den Teig Maismehl bzw. Polenta, Weißmehl, Backpulver und 1/2 TL Salz vermischen, dann das Ei und die Milch unterschlagen. Die Masse sollte die Konsistenz eines dickflüssigen Waffelteigs haben; falls nicht, noch 1–2 EL Milch zugeben.

4 Den Teig über das Gemüse geben, Käse darauf streuen und den Auflauf etwa 40 Minuten backen, bis der Teig aufgegangen ist und eine goldbraune Farbe hat. Den Auflauf vor dem Servieren 5 Minuten ruhen lassen.

MEXIKANISCHER GEMÜSEAUFLAUF

FRITTATE MIT NEUEN KARTOFFELN UND SPINAT

Frittate mit neuen Kartoffeln und Spinat

Mit Salat ist dieser Eierkuchen eine köstliche, leichte Mittagsmahlzeit – ideal auch, um gekochte Kartoffeln vom Vortag zu verwerten.

Vorbereitung: 20 Minuten
Kochzeit: 20–30 Minuten
Portionen: 4

1 EL Olivenöl
150 g rote Zwiebeln, fein gehackt
1 große rote Paprika, gehackt
150 g junger Blattspinat
1 Knoblauchzehe, zerdrückt
6 Frühlingszwiebeln, gehackt
500 g neue Kartoffeln, gekocht und in Rädchen geschnitten
3 Eier
4 EL entrahmte Milch
1 EL frisches Basilikum, gehackt
2 TL frischer Schnittlauch, fein gehackt
1 EL frische glatte Petersilie, gehackt
Salz und schwarzer Pfeffer
25 g Parmesan, fein gerieben
25 g Edamer (30 % Fett i. Tr.), fein gerieben

1 Das Öl in einer großen Bratpfanne mit feuerfestem Griff erhitzen. Zwiebeln und Paprika etwa 5 Minuten darin schwenken, bis sie weich sind.
2 Spinat, Knoblauch und Frühlingszwiebeln zufügen und etwa 2 Minuten weitergaren, bis der Spinat zusammenfällt, dann die Kartoffeln zugeben.
3 In einer großen Schüssel die Eier mit Milch, Basilikum, Schnittlauch und Petersilie verquirlen und nach Belieben salzen und pfeffern. Die Mischung über das Gemüse gießen, die Hitze reduzieren und 10–20 Minuten garen, bis das Ei zu stocken beginnt.
4 In der Zwischenzeit den Grill auf mittlerer Stufe vorheizen. Parmesan und Edamer über die Frittate streuen und die Pfanne etwa 2 Minuten in den Grill stellen, bis der Käse goldbraun und geschmolzen ist. Die Frittate vierteln und heiß servieren.
Serviervorschlag: Dazu schmeckt gemischter Salat mit Schnittlauch.

Nährwert pro Portion
- Kilokalorien 261
- Kohlenhydrate 26 g
- Eiweiß 15 g
- Fett 12 g, davon gesättigte Fettsäuren 4 g

Pizza mit Zwiebeln und Feta

Die leichte Süße karamellisierter Zwiebeln und die salzige Note von griechischem Schafsmilch-Feta versprechen bei dieser einfachen Pizza mit dünnem Boden ein reizvolles Geschmackserlebnis.

Vorbereitung: 30–40 Minuten, und 1 ½ Stunden für den Teig zum Aufgehen
Kochzeit: 35–40 Minuten
Portionen: 2 Pizzas zu je 4 Portionen

250 g backstarkes Weißmehl
Salz und schwarzer Pfeffer
½ Päckchen Trockenhefe
2 EL Olivenöl, plus Öl zum Einfetten
Für den Belag:
1 kg Zwiebeln, geschält und in dünne Ringe geschnitten
1 EL Zucker
2 EL Balsamessig
2 TL getrockneter Majoran
150 g Feta, abgespült, trockengetupft und zerkrümelt

Fettspartipp

Wenn Sie Zwiebeln in Zucker und Balsamessig garen, können Sie ganz auf die Zugabe von Fett verzichten und die Zwiebeln bekommen zudem eine aparte Geschmacksnote.

1 Zuerst den Pizzateig zubereiten. Das Mehl mit einer Prise Salz in eine große Schüssel sieben, die Trockenhefe zufügen und vermischen. In die Mitte eine Vertiefung drücken und das Olivenöl sowie ⅛ l lauwarmes Wasser hineingeben. Mit einem Holzkochlöffel zu einem Teig verrühren.

2 Den Teig auf eine leicht bemehlte Arbeitsfläche geben und 5–10 Minuten kneten, bis er geschmeidig und elastisch ist und Blasen wirft. Wenn der Teig klebt, esslöffelweise Mehl zufügen; wenn er zu trocken ist, esslöffelweise Wasser zufügen. Sie können den Teig natürlich auch in der Schüssel mit dem Knethaken des elektrischen Handrührgeräts oder in der Küchenmaschine kneten.

3 Die Teigschüssel säubern und mit wenig Öl einfetten. Den Teig zu einer Kugel formen, in die Schüssel geben und leicht darin hin und her rollen, bis er mit einer dünnen Schicht Öl überzogen ist. Die Schüssel mit Klarsichtfolie bedecken und den Teig an einem warmen Ort etwa 1 Stunde gehen lassen, bis sich sein Volumen verdoppelt hat.

4 Inzwischen für den Belag in einem großen Topf Wasser zum Kochen bringen. Die Zwiebeln hineingeben, die Hitze herunterschalten und die Zwiebeln 10 Minuten köcheln lassen, bis sie weich sind, dann gut abtropfen.

5 Die Zwiebeln mit Zucker und Balsamessig in eine große beschichtete Bratpfanne geben und nach Belieben salzen. Bei mittlerer Hitze unter Rühren etwa 10 Minuten garen, bis die Flüssigkeit reduziert, aber noch nicht komplett eingekocht ist. Der Zucker sollte leicht karamellisiert sein und die Zwiebeln ein kräftiges Aroma haben. Majoran und etwas schwarzen Pfeffer aus der Mühle einrühren und nach Belieben abschmecken.

6 Den aufgegangenen Teig auf eine leicht bemehlte Arbeitsfläche legen und kurz schlagen und kneten. Wieder in die Schüssel geben, bedecken und weitere 30 Minuten gehen lassen.

7 In der Zwischenzeit den Backofen auf 240 °C (Gas: Stufe 5) vorheizen. 2 Backbleche leicht einfetten.

8 Den Teig in zwei Hälften teilen. Jede zur Kugel formen, mit der Teigrolle auf eine Größe von 25 cm Durchmesser rund ausrollen und auf ein Backblech legen. Die Zwiebeln sehr gut abtropfen lassen und gleichmäßig auf den beiden Pizzaböden verteilen. Den zerkrümelten Feta darüber streuen.

9 Die Pizzas etwa 15 Minuten backen, bis der Käse geschmolzen ist und die Ränder knusprig und goldbraun sind. Aus dem Ofen holen, jede Pizza vierteln und sofort heiß servieren.

Tipp: Um den Geschmack noch zu verstärken, die Zwiebeln vorkochen und anstelle von normalem Wasser das Kochwasser für den Teig verwenden.

Nährwert pro Viertel

- Kilokalorien 237
- Kohlenhydrate 37 g
- Eiweiß 8 g
- Fett 8 g, davon gesättigte Fettsäuren 3 g

FETA

Süßkartoffel-Pilz-Topf

Ein wärmender Eintopf für kalte Wintertage, der auch das Auge erfreut. Denn farblich wie auch geschmacklich passen die orangefarbenen Süßkartoffeln wunderbar zu den erlesenen gemischten Pilzen.

Vorbereitung: 10–30 Minuten, je nach verwendeten Pilzen
Kochzeit: 40–50 Minuten
Portionen: 4–6

150 g frische Shiitakepilze oder 75 g getrocknete chinesische Pilze
150 g Austernpilze
150 g Champignons
1 EL Sesam- oder Erdnussöl
200 g Zwiebeln, gehackt
500 g orangefarbene Süßkartoffeln, sauber gebürstet und in große Stücke geschnitten
3 EL dunkle Sojasauce
750 ml Gemüsebrühe oder Wasser
Salz und schwarzer Pfeffer
3 EL frischer Koriander, gehackt

1 Die Shiitakepilze in Scheiben schneiden bzw. die getrockneten Pilze mit kochendem Wasser bedecken und einweichen lassen. Nach 20 Minuten durch ein mit Küchenpapier ausgelegtes Sieb abgießen, dabei die Flüssigkeit auffangen, und die Pilze klein schneiden. Die Austernpilze und Champignons in große Stücke schneiden.
2 In einem großen Topf das Öl erhitzen, die Zwiebeln zugeben und bei starker Hitze etwa 5 Minuten braten, bis sie anfangen braun zu werden. Die Pilze zufügen und 1–2 Minuten unter Rühren weiterbraten.
3 Süßkartoffeln, Sojasauce und Gemüsebrühe bzw. Wasser zugeben; einen Teil der Brühe können Sie durch die Einweichflüssigkeit der getrockneten Pilze ersetzen. Aufkochen, Temperatur herunterschalten und unbedeckt 30–40 Minuten bei milder Hitze köcheln lassen, bis die Süßkartoffeln weich sind und die Flüssigkeit zum großen Teil verdampft ist. Dabei gelegentlich umrühren.
4 Abschmecken, Koriander einrühren und servieren.

Variante: Süßkartoffeln mit gelbem oder weißem Fleisch eignen sich für das Rezept genauso gut.

Nährwert pro Portion, bei 4 Portionen

- Kilokalorien 215
- Kohlenhydrate 41 g
- Eiweiß 6 g
- Fett 5 g, davon gesättigte Fettsäuren 1 g

Brunnenkresse-Paprika-Quiche

Unwiderstehlich gut schmeckt dieser Gemüsekuchen mit pikanter Brunnenkresse, karamellisierten Zwiebeln und süßer roter Paprika. Für die leckere braune Kruste sorgt Parmesan.

Vorbereitung: 40 Minuten, und mindestens 30 Minuten zum Kaltstellen
Kochzeit: 60–70 Minuten
Portionen: 6

Für den Teig:
100 g Weißmehl
75 g Vollkornmehl
Salz und schwarzer Pfeffer
90 g Diät-Pflanzencreme (71 %)
1 Ei, verquirlt
Für den Belag:
1 TL Olivenöl
400 g Zwiebeln, halbiert und der Länge nach in dünne Streifen geschnitten
1 EL brauner Zucker
2 Eier
225 ml entrahmte Milch
200 g Brunnenkresse, ohne harte Stängel, fein gehackt
25 g Parmesan, gerieben
1 große rote Paprikaschote, gewürfelt

1 Für den Teig das Mehl mit einer Prise Salz in eine Rührschüssel sieben; im Sieb zurückgehaltene grobe Mehlteile ebenfalls zufügen. Stückchenweise die Pflanzencreme einarbeiten, dann so viel Ei untermischen, dass ein weicher, aber kein klebriger Teig entsteht.

2 Den Teig auf einer leicht bemehlten Arbeitsfläche einige Sekunden kneten, bis er geschmeidig ist, dann auf eine Größe von 30 cm Ø rund ausrollen. Eine Kuchenform von 25 cm Ø mit dem Teig auslegen, einen Rand formen und mindestens 30 Minuten in den Kühlschrank stellen.

3 Für den Belag Öl, Zwiebeln, braunen Zucker und eine Prise Salz in eine beschichtete Pfanne geben, vermischen und bei relativ geringer Hitze unter häufigem Rühren 25–30 Minuten braten, bis die Zwiebeln weich und leicht karamellisiert sind. Von der Kochstelle nehmen und beiseite stellen.

4 Den Backofen auf 220 °C (Gas: Stufe 4) vorheizen und ein Backblech zum Anwärmen hineinschieben.

5 Die Eier in eine Rührschüssel schlagen, die Milch und nach Belieben Pfeffer zufügen und gut verrühren. Dann die Brunnenkresse und die Hälfte des Parmesans hineinrühren.

6 Die abgekühlten Zwiebeln gleichmäßig auf dem Boden der Quiche verteilen, die Brunnenkressemischung darüber gießen und die gewürfelte Paprika und den restlichen Parmesan darüber streuen.

7 Die Quiche auf das heiße Backblech setzen und 35–40 Minuten backen, bis der Belag stockt und oben leicht gebräunt ist. Heiß oder fast kalt (etwa 20 °C) servieren.

Variante: Für zusätzlichen Biss sorgen 15 g Pinienkerne, die Sie vor dem Backen über die Quiche streuen (ergibt 2 g Fett mehr pro Portion). Falls die Kerne braun werden, bevor der Belag stockt, die Quiche locker mit Aluminiumfolie abdecken.

Nährwert pro Portion

- Kilokalorien 331
- Kohlenhydrate 33 g
- Eiweiß 12 g
- Fett 17 g, davon gesättigte Fettsäuren 4 g

Desserts

Sommerlicher Beerensalat mit Banane

Zimt und Nelken verleihen dem leichten, mit Orangensaft und Joghurt angemachten Obstsalat seinen besonderen Reiz.

Zubereitung: 20 Minuten, und 2 Stunden zum Kühlen
Portionen: 4

250 g gemischte Beeren, z. B. Heidelbeeren, Himbeeren und Erdbeeren
2 Bananen
250 g fettarmer Joghurt
3 EL flüssiger Honig
4 EL frisch gepresster Orangensaft
1–2 TL Zimtpulver
eine Prise gemahlene Nelken
Zum Garnieren:
frische Zitronenmelisse und Zimtpulver

1 Die Erdbeeren putzen und in Scheiben schneiden und mit den restlichen Beeren in eine große Schüssel geben. Die Bananen in Scheiben schneiden und ebenfalls zufügen.
2 Joghurt, Honig und Orangensaft unter die Früchte ziehen und nach Belieben mit Zimt- und Nelkenpulver würzen.
3 2 Stunden im Kühlschrank ziehen lassen. In 4 Dessertschalen füllen, mit frischen Melisseblättern garnieren, Zimtpulver darüber streuen und servieren.

Nährwert pro Portion
- Kilokalorien 154
- Kohlenhydrate 34 g
- Eiweiß 5 g
- Fett 1 g (keine gesättigten Fettsäuren)

Shrikand mit Früchten

Shrikand ist ein cremiges, mit Safran aromatisiertes Joghurtdessert aus Indien. Hier wird es mit exotischen Früchten serviert.

Zubereitung: 45–60 Minuten, 4 Stunden zum Abtropfen und 1 Stunde zum Kaltstellen
Portionen: 4–6

900 g fester Joghurt
2 EL entrahmte Milch
10–12 Safranfäden, zerstampft
etwa 50 g Zucker
½ TL Kardamom, gemahlen
250 g Datteln
250 g frische Litschis oder 400 g Litschis aus der Dose, abgetropft
1 kleine Papaya
1 Granatapfel

Mangomousse

In den süßen Geschmack von Mango und Honig mischt sich bei dieser locker-leichten Mousse ein zitronig-frischer Unterton.

Vorbereitung: 10 Minuten, und 2 Stunden zum Kaltstellen
Kochzeit: 10 Minuten
Portionen: 6

1 kg vollreife Mangos
100 ml süßer Weißwein oder Wasser
1 EL flüssiger Honig
geriebene Schale und Saft von ½ Zitrone
Saft von 1 großen Orange
1 TL Orangenblütenwasser, falls gewünscht
2 Eiweiß
2 EL Zucker

1 Die Mangos schälen, das Fleisch vom Stein lösen und in der Küchenmaschine oder mit dem elektrischen Handrührgerät pürieren.

2 Wein bzw. Wasser, Honig, Zitronenschale und -saft, Orangensaft und Orangenblütenwasser, falls gewünscht, in einem Topf zum Kochen bringen. Sprudelnd kochen lassen, bis die Flüssigkeit auf etwa 3 EL reduziert ist. Von der Kochstelle nehmen, etwas abkühlen lassen, dann in das Mangopüree einrühren.

3 Das Eiweiß schaumig schlagen, dann allmählich den Zucker einschlagen, bis steifer, glänzender Eischnee entsteht. Den Eischnee unter die Mangomasse heben. Mit dem Löffel in 6 Dessertschalen oder eine große Servierschüssel füllen und etwa 2 Stunden kalt stellen, bis die Mousse etwas fest wird.

Nährwert pro Portion
- Kilokalorien 137
- Kohlenhydrate 30 g
- Eiweiß 2 g
- kein Fett

1 Joghurt auf ein feines Musselintuch geben und die Ecken zusammenknoten. Das Tuch 4 Stunden oder über Nacht über die Spüle hängen, bis alles Wasser aus dem Joghurt abgetropft ist. Oder ein Sieb mit dem Tuch auslegen, Joghurt hineinlegen und im Kühlschrank über einer Schüssel abtropfen lassen.

2 Wenn der Joghurt abgetropft ist, die Milch leicht erwärmen, von der Kochstelle nehmen und darin den Safran 10 Minuten ziehen lassen.

3 Den abgetropften Joghurt in eine große Schüssel geben und mit Zucker und Kardamom zu einer geschmeidigen Masse verrühren.

4 Die Safranmilch einrühren und alles gut vermischen, dann bedecken und vor dem Servieren 1 Stunde kalt stellen.

5 In der Zwischenzeit die Datteln von den Kernen befreien und klein hacken.

6 Die frischen Litschis schälen und an 2–3 Stellen einschneiden, um die Steine zu entfernen; die Früchte dabei über eine Schale halten, um den Saft aufzufangen. Litschis aus der Dose halbieren oder vierteln.

7 Die Papaya vierteln, Kerne mit einem Teelöffel entfernen, dann die Frucht schälen und in mundgerechte Stücke zerteilen.

8 Den Granatapfel halbieren, schälen und die inneren Trennwände entfernen. Die Samen aufbewahren.

9 Abwechselnd Joghurtcreme, Früchte und Granatapfelsamen (einige Samen zum Garnieren zurückbehalten) in Dessertschalen schichten und den Litschisaft zufügen, falls vorhanden. Mit den übrigen Samen garnieren und servieren.

Variante: Statt Kardamom können Sie auch ½ TL frisch geriebenen Muskat verwenden.

Nährwert pro Portion, bei 4 Portionen
- Kilokalorien 392
- Kohlenhydrate 84 g
- Eiweiß 14 g
- Fett 2 g, davon gesättigte Fettsäuren 1 g

Sommerpudding

Mit diesem saftigen Beerendessert fangen Sie den Geschmack des Sommers ein.

Vorbereitung: 30 Minuten, und 8 Stunden zum Kaltstellen
Kochzeit: 7 Minuten
Portionen: 4–6

250 g schwarze Johannisbeeren ohne Stängel
250 g rote Johannisbeeren ohne Stängel
250 g Erdbeeren, große Früchte halbiert
125 g Zucker
4 EL Kirschwasser oder Cointreau
250 g Himbeeren
1 kleines Weißbrot, möglichst der Länge nach in dünne Scheiben geschnitten
Zum Garnieren:
Himbeeren und rote Johannisbeeren

1. Johannisbeeren, Erdbeeren, Zucker und Kirschwasser bzw. Cointreau in einen großen aluminiumfreien Topf geben.
2. Deckel auflegen und auf kleiner Hitze etwa 5 Minuten köcheln, bis sich der Zucker aufgelöst hat und aus den Beeren viel Saft ausgetreten ist. Die Himbeeren einrühren und zugedeckt 2 Minuten weiterköcheln. Zum Abkühlen beiseite stellen.
3. Vom Brot die Rinde wegschneiden. Für eine 850 ml fassende Puddingform als Boden und als oberen Abschluss zwei Brotscheiben passend zurechtschneiden. Die übrigen Scheiben in breite Streifen schneiden. Die kleinere Brotscheibe auf den Boden der Form legen und die Wände so mit den Streifen auskleiden, dass sie etwas überlappen und über den Rand der Form hinausragen.
4. Mit der Schöpfkelle die Beeren und einen Teil des Saftes hineingeben; darauf achten, dass der Brotrand nicht verrutscht. Übrig bleibende Früchte beiseite stellen. Das über die Form hinausragende Brot über die Beeren klappen und die große Scheibe darauf legen.
5. Die Form in eine flache Schale stellen und einen in der Größe passenden Teller als Deckel auflegen. Beschweren und mindestens 8 Stunden oder über Nacht in den Kühlschrank stellen. Übrig gebliebene Früchte und Saft bedecken und ebenfalls kalt stellen.
6. Vor dem Servieren vorsichtig das Brot mit einem Messer vom Rand der Form lösen. Den Pudding auf einen Teller stürzen und den übrig gebliebenen Saft darüber gießen. Mit den restlichen Beeren garnieren.

Variante: Rote Johannisbeeren durch Brombeeren ersetzen.

Nährwert pro Portion, bei 4 Portionen
- Kilokalorien 373
- Kohlenhydrate 79 g
- Eiweiß 8 g
- Fett 1 g (keine gesättigten Fettsäuren)

Ananas mit Zimt und Malibu

Dieses völlig fettfreie Dessert erhält durch den kokosnussigen Likör karibisches Flair.

Vorbereitung: 15–20 Minuten, und 45 Minuten zum Abkühlen sowie eventuell 30 Minuten zum Kaltstellen
Kochzeit: 30–40 Minuten
Portionen: 4

25 g kandierte Kirschen, halbiert, gewaschen und getrocknet
75 ml Malibu oder anderer klarer Kokoslikör
1,3 kg Ananas
1 Zimtstange, zerbrochen
2 Sternanis
75 g brauner Vollrohrzucker
25 g Rosinen
Zum Garnieren:
frische Zitronenmelisse

1. Die halbierten kandierten Kirschen in eine Schale geben, 30 ml Kokoslikör darüber gießen, gut vermischen und beiseite stellen.
2. Ananas oben und unten abschneiden. Mit einem scharfen Messer schälen und mit einem kleinen Messer die Augen entfernen. Die Ananas der Länge nach vierteln. Das harte Mittelstück aus jedem Viertel entfernen und das Fruchtfleisch in mundgerechte Stücke schneiden.
3. 450 ml Wasser in einem Topf aufkochen. Ananas, Zimt, Sternanis und Zucker zufügen und so lange rühren, bis sich der Zucker aufgelöst hat. Erneut aufkochen, Hitze reduzieren, Deckel auflegen und 8–10 Minuten köcheln lassen, bis die Ananasstücke gar, aber noch fest sind.
4. Den Topf von der Kochstelle nehmen, die Ananas mit einem Schaumlöffel herausheben und leicht ausdrücken. In eine Schale geben.
5. Die Rosinen in den Topf geben und den Sirup nochmals 15–20 Minuten köcheln, bis die Flüssigkeit um ein Viertel reduziert ist. Den restlichen Likör einrühren und 1 Minute weiterköcheln. Den Topf von der Kochstelle nehmen und die Zimtstange entfernen.
6. Sirup und Kirschen mischen und über die Ananas geben. Abkühlen lassen, mit Zitronenmelisse garnieren und zimmerwarm oder eiskalt servieren.

Nährwert pro Portion
- Kilokalorien 219
- Kohlenhydrate 46 g
- Eiweiß 1 g
- kein Fett

Orangen-Rhabarber-Crumble

Nährwert pro Portion

- Kilokalorien 437
- Kohlenhydrate 70 g
- Eiweiß 15 g
- Fett 13 g, davon gesättigte Fettsäuren 3 g

Ein Crumble ist ein gebackenes Fruchtdessert mit knuspriger Streuseldecke, das warm serviert wird, aber auch gekühlt sehr lecker ist. Diesem Crumble geben Ingwer und Orangen einen kräftigen Geschmack.

Vorbereitung: 15 Minuten
Kochzeit: 40–45 Minuten
Portionen: 4

1 große Orange
450 g Rhabarber, in 2,5 cm lange Stücke geschnitten
2 TL frischer Ingwer, gehackt
1–2 EL Zucker
Für die Streuseldecke:
125 g Weißmehl
75 g Halbfettbutter, gekühlt und gewürfelt
25 g brauner Rohrzucker
50 g Haferflocken
Zum Servieren:
fettarme Vanillesauce (Rezept S. 272)

1 Den Backofen auf 190 °C (Gas: Stufe 3) vorheizen. Etwas Orangenschale (1 TL) fein reiben und beiseite stellen. Die Orange schälen und gründlich alle weiße Haut entfernen. Die Orange in Schnitze teilen und diese, falls sie sehr groß sind, halbieren.
2 Die Orangenschnitze in eine Auflaufform geben, Rhabarber und Ingwer zufügen und nach Belieben zuckern. Die Form mit Aluminiumfolie bedecken und die Früchte 15 Minuten backen.
3 In der Zwischenzeit die Streusel zubereiten. Mehl, Butter und Rohrzucker in eine Schüssel geben und mit den Fingerspitzen zu einer krümeligen Masse vermischen oder alles 10–15 Sekunden in der Küchenmaschine verarbeiten. Haferflocken und geriebene Orangenschale einrühren.
4 Die Folie von der Form nehmen und die Streusel über das Obst streuen. Unbedeckt weitere 25–30 Minuten backen, bis die Streuseldecke goldbraun und knusprig ist.
5 Den Crumble leicht abkühlen lassen und dann mit heißer Vanillesauce servieren.

Variante: Statt Rhabarber Stachelbeeren oder statt Orangen Erdbeeren verwenden.

RHABARBER

Apfeltörtchen mit Zimt

Auf duftigem Filoteig gefällig arrangierte und mit Zimt überpuderte Apfelscheiben setzen einen würdigen Schlusspunkt unter ein gelungenes Menü.

Vorbereitung: 15 Minuten
Kochzeit: 20 Minuten
Portionen: 4

6 Blätter Filoteig, jeweils mindestens 24 × 24 cm groß
25 g ungesalzene Butter, geschmolzen
2 Tafeläpfel, halbiert, entkernt und in dünne Scheiben geschnitten
2 EL Puderzucker
½ TL Zimt
Zum Servieren:
4 EL Sahnejoghurt, falls gewünscht

1 Den Backofen auf 200 °C (Gas: Stufe 3) vorheizen. Ein Blatt Filoteig auf die Arbeitsfläche legen, mit etwas geschmolzener Butter einpinseln und ein weiteres Blatt darauf legen. Auf diese Weise alle sechs Teigblätter einpinseln und aufeinander legen. Mithilfe einer Untertasse, die auf die gestapelten Teigblätter gelegt wird, mit einem scharfen Messer vier runde Teigplatten mit 12 cm Durchmesser ausschneiden.

2 Mit der restlichen Butter die vier Teigplatten einpinseln und diese auf ein Backblech legen. Die Apfelscheiben aufgefächert im Kreis darauf anordnen.

3 Mit Puderzucker und Zimt bestreuen und etwa 20 Minuten backen, bis der Teig goldbraun und die Äpfel weich sind. Die Küchlein warm servieren. Falls gewünscht, je 1 EL Sahnejoghurt dazureichen.

Tipp: Statt Filoteig, den es fertig in guten türkischen Lebensmittelläden gibt, kann man auch fertigen oder selbst gemachten Strudelteig nehmen.

Nährwert pro Törtchen

- Kilokalorien 142
- Kohlenhydrate 22 g
- Eiweiß 2 g
- Fett 6 g, davon gesättigte Fettsäuren 3 g

Apfel-Zwetschgen-Tarte mit Baiser

Diese Obsttorte mit zartem Baiser sollten Sie bald nach dem Backen servieren, damit der Boden nicht aufweicht.

Vorbereitung: 30 Minuten, und mindestens 30 Minuten zum Kühlen
Kochzeit: 1 Stunde 10 Minuten
Portionen: 4–6

100 g Weißmehl
1 TL Zucker
50 g Diät-Pflanzencreme (71 %)
1 Eiweiß
getrocknete Erbsen zum Blindbacken
Für den Belag:
600 g säuerliche Äpfel
90 g Zucker
fein geriebene Schale von 1 unbehandelten Zitrone und Saft von ½ Zitrone
500 g Zwetschgen
Für das Baiser:
2 Eiweiß
80 g Zucker

1 Mehl und Zucker in eine Schüssel sieben. Die Pflanzencreme einarbeiten, bis eine krümelige Masse entsteht. Das Eiweiß zufügen und alles zu einem weichen, nicht klebrigen Teig verrühren.

2 Den Teig auf einer leicht bemehlten Arbeitsfläche einige Sekunden kneten, bis er geschmeidig ist. Dünn auf einen Durchmesser von 23 cm ausrollen, damit Boden und Rand einer kleinen Springform von 20 cm Durchmesser auslegen und fest andrücken. Den Rand formen und den Boden mehrmals mit einer Gabel einstechen. Mindestens 30 Minuten im Kühlschrank kühl stellen.

3 In der Zwischenzeit den Belag zubereiten. Die Äpfel schälen, vierteln, vom Kernhaus befreien und in 1 cm dicke Scheiben schneiden. In einen beschichteten Topf geben und 50 g Zucker, Zitronenschale und -saft sowie 1 EL Wasser einrühren. Mit Deckel bei geringer Temperatur unter gelegentlichem Rühren 10–15 Minuten köcheln lassen, bis die Äpfel gerade weich sind.

4 Die Zwetschgen halbieren und die Steine entfernen. 150 ml Wasser in einen großen Topf geben und bei großer Hitze den restlichen Zucker einrühren. Unter ständigem Rühren zum Kochen bringen. Auf mittlere Hitze herunterschalten, die Zwetschgen in einer Schicht in das Zuckerwasser legen und in 15 Minuten weich garen, dabei einmal wenden.

5 Die Äpfel in einem Sieb abtropfen lassen. Die Zwetschgen mit dem Schaumlöffel herausheben und auf einen Teller geben. Die Zwetschgenflüssigkeit aufkochen und so lange weiterkochen, bis sie zu einem dicken Sirup reduziert ist. Den Sirup über die Zwetschgen gießen und zum Abkühlen beiseite stellen.

6 In der Zwischenzeit den Backofen auf 220 °C (Gas: Stufe 4) vorheizen und ein Backblech zum Anwärmen auf die mittlere Schiene schieben.

7 Den Tortenboden aus dem Kühlschrank nehmen, Backpapier darauf legen und mit getrockneten Erbsen zum Blindbacken füllen. Die Springform auf das heiße Backblech stellen und 15 Minuten backen. Erbsen und Backpapier entfernen und 5–10 Minuten weiterbacken, bis der Boden goldbraun ist.

8 Die Äpfel gleichmäßig auf dem Boden verteilen, darüber die Zwetschgen; beiseite stellen.

9 Für die Baiserhaube die Eiweiße in einer sauberen Schüssel zu halb steifem Schnee schlagen. Esslöffelweise den Zucker zufügen und weiterschlagen, bis der Schnee glänzt und fest ist.

10 Das Baiser mit der Streichpalette auf den Zwetschgen verstreichen und dabei kleine Spitzen herausarbeiten.

11 Die Tarte nochmals 4–5 Minuten backen, bis das Baiser goldgelb ist. Aus dem Backofen nehmen und nach 1–2 Minuten aus der Springform lösen. Bei Zimmertemperatur oder warm servieren.

Nährwert pro Portion, bei 4 Portionen

- Kilokalorien 431
- Kohlenhydrate 87 g
- Eiweiß 6 g
- Fett 9 g, davon gesättigte Fettsäuren 2 g

Heiße Klößchen in Beerensauce

Die lockeren Klößchen in heißer Obstsauce werden mit etwas Joghurteis serviert und zergehen auf der Zunge.

Vorbereitung: 10 Minuten
Kochzeit: 30–35 Minuten
Portionen: 4

1 kg gemischte weiche Beeren, z. B. Erdbeeren, Brombeeren, Heidelbeeren, Himbeeren oder Stachelbeeren, frisch oder aufgetaute TK-Ware
1 EL Zucker
Für die Klößchen:
250 g Weißmehl
3 TL Backpulver
1 Prise Salz
1 EL Zucker
25 g Butter, in Würfel geschnitten
1 Ei, leicht verrührt
75 ml fettarme Milch
Zum Servieren:
4 EL Joghurteis oder Naturjoghurt

1 Die Beeren verlesen, falls nötig vorsichtig waschen und noch feucht in eine große, tiefe Pfanne oder einen großen Topf geben, den Zucker zufügen und umrühren. Mit Deckel bei milder Hitze 15 Minuten köcheln lassen, bis das Obst zusammengefallen und zu einer dicken Sauce verkocht ist; dabei häufig umrühren oder den Topf rütteln, damit nichts anhängt.

2 In der Zwischenzeit das Mehl und das Backpulver für die Klößchen in eine Rührschüssel geben und Salz und Zucker untermischen. Die Butter zufügen und alles zu einer krümeligen Masse verarbeiten, dann rasch Ei und Milch zufügen und zu einem Teig verrühren. Den Teig halbieren und aus jeder Hälfte mit den Händen acht walnussgroße Klößchen formen.

3 Sobald die Beeren zu einer dicken Sauce verkocht sind, die Klößchen in möglichst großem Abstand voneinander in den Topf legen. Deckel auflegen und 8 Minuten köcheln lassen, dann die Klößchen wenden und nochmals 8 Minuten mit Deckel köcheln lassen.

4 Pro Person vier Klößchen mit etwas Sauce und 1 EL Eis oder Naturjoghurt servieren.

Nährwert pro Portion, mit Eis serviert

- Kilokalorien 392
- Kohlenhydrate 73 g
- Eiweiß 11 g
- Fett 10 g, davon gesättigte Fettsäuren 4 g

Kleiner Obstauflauf mit Möhren

Backpflaumen ersetzen in dem außergewöhnlichen Dessert einen Teil des Fetts.

Vorbereitung: 15 Minuten, und 20 Minuten zum Abkühlen
Kochzeit: 30–35 Minuten
Portionen: 6

50 g verzehrfertige Backpflaumen ohne Stein
150 g Möhren, gerieben
100 g unbehandelte Datteln, gehackt
125 g Rosinen oder Sultaninen
40 g Butter, in Würfel geschnitten
75 g Ananasstücke aus der Dose, gut abgetropft
75 g brauner Zucker
½ TL Backpulver
Pflanzenöl zum Einfetten
75 g Weißmehl
1 TL Backpulver
75 g Vollkornmehl
½ TL Lebkuchengewürz
1 Ei
4 TL Weinbrand oder Rum
Zum Servieren:
etwas fettarmer Joghurt, falls gewünscht

1 Die Backpflaumen in der Küchenmaschine oder mit dem Handrührgerät zu einer weichen Paste pürieren. Das Pflaumenpüree mit den Möhren, Datteln und Rosinen oder Sultaninen in einen großen Topf geben. Butter, Ananas, Zucker und ⅛ l Wasser einrühren.

2 Alles bei starker Hitze unter häufigem Rühren aufkochen lassen. Die Temperatur herunterschalten und zugedeckt 5 Minuten köcheln.

3 Den Topf von der Kochstelle nehmen, das Backpulver einrühren und 15 Minuten zum Abkühlen beiseite stellen.

4 In der Zwischenzeit den Backofen auf 180 °C (Gas: Stufe 2) vorheizen und ein Backblech zum Anwärmen auf die mittlere Schiene schieben. Mit einem Backpinsel sechs Auflauf- oder Puddingförmchen von etwa 150 ml Inhalt mit dem Pflanzenöl einfetten.

5 Mehl, Backpulver und Gewürzmischung in eine Schüssel sieben, dann mitsamt dem Ei und dem Weinbrand oder Rum in die Fruchtmischung rühren. Die Masse gleichmäßig in die sechs Förmchen füllen und diese auf das Backblech stellen. 25–30 Minuten backen, bis die Aufläufe gebräunt und leicht aufgegangen sind. Sie sind fertig, wenn beim Hineinstechen mit der Gabel kein Teig mehr daran hängen bleibt.

6 Nach dem Backen 5 Minuten ruhen lassen. Dann vorsichtig mit einem Messer aus den Förmchen lösen und unter leichtem Rütteln wie Pudding auf Teller gleiten lassen. Falls gewünscht, mit etwas fettarmem Joghurt servieren.

Nährwert pro Portion

- Kilokalorien 302
- Kohlenhydrate 55 g
- Eiweiß 5 g
- Fett 8 g, davon gesättigte Fettsäuren 4 g

Apfel-Sultaninen-Clafoutis mit Zimt

Der französische Clafoutis ist halb Obstkuchen, halb Auflauf und schmeckt als Dessert so gut wie zum Kaffee. Hier wird er mit Äpfeln und Sultaninen gemacht.

Vorbereitung: 15 Minuten
Kochzeit: 30–40 Minuten
Portionen: 4

75 g Weizenmehl, gesiebt
75 g Zucker
3 Eier
300 ml entrahmte Milch
1 EL Calvados oder anderer Obstschnaps, falls gewünscht
500 g Backäpfel, geschält, geviertelt, vom Kernhaus befreit und in dicke Scheiben geschnitten
50 g Sultaninen oder Rosinen
1 TL Zimtpulver oder Back-Gewürzmischung

1 Backofen auf 200 °C (Gas: Stufe 3–4) vorheizen.
2 Das Mehl und die Hälfte des Zuckers in eine Schüssel geben, die Eier und die Hälfte der Milch zufügen und alles mit dem Schneebesen oder Holzlöffel vermischen oder 1 Minute in der Küchenmaschine bzw. mit dem Handrührgerät verrühren. Die restliche Milch und, falls gewünscht, den Obstschnaps einrühren und alles zu einem dünnen Teig verarbeiten.
3 Äpfel und Sultaninen in eine flache, beschichtete feuerfeste Form mit einem Volumen von 1,5 l geben. Mit Zimtpulver bzw. Gewürzmischung und dem restlichen Zucker (1 EL übrig lassen) bestreuen und den Teig darüber gießen.
4 30–40 Minuten backen, bis der Auflauf gut aufgegangen und goldbraun ist. Mit dem restlichen Zucker bestreuen und heiß servieren.

Variante: Die Äpfel durch 500 g halbierte Aprikosen, frisch oder aus der Dose, oder durch Dessertpflaumen ohne Stein ersetzen.

Tipp: Wenn Sie keine beschichtete feuerfeste Form besitzen, nehmen Sie eine gewöhnliche Auflaufform und streichen Sie sie sorgfältig mit 1/4 TL Pflanzenöl ein.

Nährwert pro Portion

- Kilokalorien 292
- Kohlenhydrate 54 g
- Eiweiß 11 g
- Fett 5 g, davon gesättigte Fettsäuren 2 g

Beschwipste Backäpfel mit Pflaumen

Bereiten Sie diesen fruchtigen Nachtisch mit Pflaumenfüllung vor, bevor Ihre Gäste kommen. Sie müssen ihn dann nur noch rechtzeitig in den Ofen schieben und können sich ganz Ihrem Besuch widmen.

Vorbereitung: 20 Minuten
Kochzeit: 60–75 Minuten
Portionen: 4

4 große Tafeläpfel, vom Kernhaus befreit
175 g verzehrfertige entsteinte Trockenpflaumen, gehackt
20 g brauner Vollrohrzucker
½ l Portwein
fein geriebene Schale von 1 unbehandelten Zitrone
fein geriebene Schale von 1 unbehandelten Orange
1 Zimtstange
2–3 Nelken, falls gewünscht
1 TL Puderzucker
Zum Servieren:
fettarmer Frischkäse oder Naturjoghurt, falls gewünscht

1 Den Backofen auf 220 °C (Gas: Stufe 4) vorheizen.
2 Die Äpfel von oben nach unten in 8 gleich große Schnitze aufschneiden, aber den Apfel nicht ganz durchtrennen, sodass die Schnitze unten noch verbunden sind. Dicht an dicht in eine flache feuerfeste Form setzen.
3 In jeden Apfel vorsichtig ein Viertel der gehackten Pflaumen füllen. Die Äpfel mit dem braunen Zucker bestreuen und den Portwein darüber gießen. Zitronen- und Orangenschale, Zimtstange und, falls gewünscht, Nelken zufügen.
4 Unbedeckt 15 Minuten backen, dann die Temperatur auf 180 °C (Gas: Stufe 2) herunterschalten und weitere 45–60 Minuten backen. Die Äpfel dabei alle 10–15 Minuten mit dem Portwein beträufeln, bis sie weich werden, ohne jedoch zu zerfallen, und der Portwein zu einer Art Sirup reduziert ist.
5 Die Äpfel auf vier Teller verteilen und Portweinsauce darüber geben. Etwas Puderzucker darüber sieben und, falls gewünscht, mit etwas Frischkäse oder Naturjoghurt servieren.

Nährwert pro Portion

- Kilokalorien 363
- Kohlenhydrate 60 g
- Eiweiß 2 g
- kein Fett

Obstsalat mit dem gewissen Etwas

Dieser Obstsalat besticht durch seine leichte Schärfe und eignet sich hervorragend als Nachtisch nach einem stark gewürzten Hauptgericht. Die Fruchtzusammenstellung kann variiert werden – am besten schmecken reife Früchte, je nach Angebot auf den Märkten.

Zubereitung: 20 Minuten, und 1 Stunde zum Kühlstellen
Portionen: 4

1 große Mango
125 g kernlose blaue Trauben, halbiert
125 g kernlose weiße Trauben, halbiert
125 g Pfirsiche, geschält, vom Kern befreit und in Scheiben geschnitten
125 g Erdbeeren, geputzt und je nach Größe halbiert oder geviertelt
25 g getrocknete ungesüßte Kokosraspel
30 g Zucker
eine Prise Cayennepfeffer
eine Prise Senfpulver
eine Prise Salz

1. Die Mango schälen, das Fruchtfleisch vom Kern lösen und in dünne Scheiben schneiden.
2. Mangoscheiben in eine große Rührschüssel geben und Trauben, Pfirsiche und Erdbeeren zufügen.
3. Die Kokosraspel im Mörser oder in der Mühle fein zerreiben. Zucker, Cayennepfeffer, Senfpulver und Salz zufügen und gut vermischen.
4. Die Kokos-Gewürz-Mischung zu den Früchten geben, gut umrühren, zudecken und mindestens 1 Stunde oder über Nacht in den Kühlschrank stellen.

Nährwert pro Portion

- Kilokalorien 160
- Kohlenhydrate 31 g
- Eiweiß 2 g
- Fett 4 g, davon gesättigte Fettsäuren 3 g

Honigmelone mit Zitronensauce

Eine peppige Sauce mit Ingwer und Zitronensaft macht aus der erfrischenden Honigmelone einen raffinierten Nachtisch, der garantiert kein Fett enthält.

Vorbereitung: 30 Minuten, und über Nacht kühl stellen
Kochzeit: 25 Minuten
Portionen: 8

1 Honigmelone
Für die Sauce:
50 g frische Ingwerwurzel
200 g Demerara-Zucker (Roh-Rohrzucker)
1–2 EL Zitronensaft
Zum Garnieren:
frische Minzestängel

1. Für die Sauce den Ingwer schälen und fein reiben; harte Fasern entfernen.
2. Den geriebenen Ingwer, den Rohrzucker und 1 EL Zitronensaft in einem Topf mit 1/4 l Wasser zum Kochen

bringen und dabei häufig umrühren, um den Zucker vor dem Aufkochen aufzulösen. Auf kleine Hitze herunterschalten und etwa 20 Minuten köcheln lassen, bis die Sauce leicht eingedickt ist. Abschmecken und nach Belieben noch etwas Zitronensaft zufügen.

3 Die Sauce in eine Schale geben und etwa 30 Minuten abkühlen lassen. Danach die Sauce und die ganze Melone über Nacht getrennt voneinander in den Kühlschrank stellen. Die Frucht sollte gut gekühlt serviert werden.

4 Vor dem Servieren die Melone der Länge nach halbieren und mit einem Löffel die Kerne entfernen. Jede Hälfte in vier Schnitze schneiden, dann die Schale abschneiden. Je ein Melonenstück auf einen Teller geben, die gekühlte Sauce darüber gießen und mit einem Minzestängel garnieren.

Variante: Die Ingwer-Zitronen-Sauce schmeckt auch gut zu Milchspeiseeis und zu Fruchteis oder zum Biskuitkuchen mit zweierlei Konfitüre (Rezept S. 296).

Nährwert pro Portion

- Kilokalorien 133
- Kohlenhydrate 34 g
- Eiweiß 1 g
- kein Fett

Englische Puddings

In England werden ganz besonders leckere Desserts gemacht, die im Land als Puddings bezeichnet werden, auch wenn es sich eher um Kuchen oder Aufläufe handelt. Sie werden in der Regel heiß serviert. Wie wäre es einmal mit einem solchen Dessert – fettarm, versteht sich?

Auch wenn Sie auf eine fettarme Ernährung achten, müssen Sie auf süße Nachspeisen keineswegs verzichten, denn die fettreduzierten Versionen stehen den Originalrezepten an Geschmack in nichts nach. Hier dürfen Liebhaber süßer Nachspeisen nach Herzenslust zugreifen, ohne sich um ihre Figur sorgen zu müssen.

Den Fettgehalt von Mehl- und Süßspeisen können Sie relativ einfach reduzieren, indem Sie statt Vollmilch entrahmte Milch verwenden und statt Sahne eine selbst gemachte fettarme Vanillesauce (siehe Kasten unten) dazureichen. Oder probieren Sie einmal Sahnejoghurt oder Frischkäse aus.

Eine leckere Alternative ist auch eine Beerensauce. Dazu pürieren Sie frische Beeren, passieren sie anschließend durch ein feines Sieb, um die Kerne zu entfernen, und schmecken die Sauce mit Zucker ab. Eine frische Köstlichkeit, die kein Fett enthält!

Fettarme Vanillesauce

Für 600 ml Vanillesauce 2 Eier mit 2 EL Zucker und 1/2 TL Vanille-Essenz verquirlen. 600 ml entrahmte Milch langsam zum Sieden bringen, dann vorsichtig unter die Eier rühren. Die Masse zurück in den Topf gießen und bei geringer Hitze unter ständigem Rühren erhitzen, bis sie dickflüssig wird. Vorsicht: Die Sauce darf keineswegs aufkochen, da sie sonst gerinnt!

Brotauflauf mit Dörrobst

In England wird der Baked bread pudding mit Orangenmarmelade gemacht, die ihm einen leicht bitteren Geschmack verleiht.

Vorbereitung: 10 Minuten
Kochzeit: 35–40 Minuten
Portionen: 4

- etwas Halbfettmargarine zum Einfetten
- 90 g gemischtes Dörrobst
- 150 ml Apfelsaft
- 3 EL Bitterorangen-Marmelade
- 3/4 TL Back-Gewürzmischung
- 175 g Vollkornbrot, ohne Kruste und in Würfel geschnitten
- 1 Ei
- 300 ml entrahmte Milch
- 1 1/2 TL Rohrzucker
- eine Prise Muskat, frisch gerieben

Zum Servieren:

- 4 EL Frischkäse

1. Den Backofen auf 190 °C (Gas: Stufe 3) vorheizen und eine feuerfeste Servierform von etwa 1,5 l Inhalt leicht einfetten.
2. In einem Topf das Dörrobst mit dem Apfelsaft aufkochen. Dann die Hitze herunterschalten, Deckel auflegen und 10 Minuten bei milder Hitze köcheln lassen, bis die Flüssigkeit größtenteils aufgenommen ist.
3. Den Topf von der Kochstelle nehmen, Marmelade und Gewürzmischung zugeben und so lange rühren, bis sich die Marmelade aufgelöst hat.
4. Die Brotwürfel im Topf mehrmals wenden, bis sie gleichmäßig mit der Sauce überzogen sind, und dann in einer Schicht in die feuerfeste Form legen.
5. Das Ei in die Milch schlagen, die Masse über das Brot gießen und mit Zucker und Muskat bestreuen.
6. 25–30 Minuten backen, bis die Masse stockt und oben goldbraun geworden ist. Heiß mit Frischkäse servieren.

Nährwert pro Portion

- Kilokalorien 287
- Kohlenhydrate 56 g
- Eiweiß 12 g
- Fett 3 g, davon gesättigte Fettsäuren 1 g

Heißer Dattelkuchen

Datteln geben diesem Klassiker seinen köstlichen Karamellgeschmack und halten überdies den Fettgehalt gering.

Vorbereitung: 10 Minuten
Kochzeit: 45–50 Minuten
Portionen: 6

- 175 g Datteln, ohne Steine und grob gehackt
- 2 TL Backpulver
- 175 g selbsttreibendes Weißmehl
- 175 g Rohrzucker
- 50 g Diät-Pflanzencreme (71 %), und eine kleine Menge zum Einfetten
- 2 Eiweiß
- 1 TL Vanille-Essenz

Für die Sauce:

- 1 EL brauner Zucker
- 1 EL Zuckerrübensirup
- 3 EL Magerquark

HEISSER DATTELKUCHEN

BROTAUFLAUF MIT DÖRROBST

1 Den Backofen auf 180 °C (Gas: Stufe 2) vorheizen. Eine etwa 20 cm große quadratische Kuchenform leicht einfetten, den Boden mit Backpapier auslegen.
2 Die Datteln in einem kleinen Topf mit 200 ml Wasser zum Kochen bringen. Die Hitze herunterschalten und etwa 5 Minuten köcheln lassen, bis das Wasser größtenteils aufgenommen ist.
3 Backpulver unter das Mehl mischen, Zucker, Pflanzencreme, Eiweiß und Vanille-Essenz in einer Schüssel gut verschlagen. Datteln einrühren, alles in die Form füllen und die Oberfläche glatt streichen. 35–40 Minuten backen, bis der Teig aufgegangen und fest ist.
4 Alle Zutaten für die Sauce in einem Topf unter Rühren erwärmen und schmelzen. Den Kuchen in Quadrate schneiden und mit der Sauce servieren.

Nährwert pro Portion

- Kilokalorien 343
- Kohlenhydrate 65 g
- Eiweiß 6 g
- Fett 8 g, davon gesättigte Fettsäuren 2 g

Orangen-Bananen-Pudding

Diese fruchtige Nachspeise wird im Wasserbad zubereitet.

Vorbereitung: 20 Minuten
Kochzeit: 1 ½ Stunden
Portionen: 4

Pflanzenöl zum Einfetten
1 TL Zuckerrübensirup
2 unbehandelte Orangen
75 g frisches Weißbrot, zerkrümelt
150 g Weizenmehl
1 ½ TL Backpulver
25 g Diät-Pflanzencreme (71 %)
1 Banane, zerdrückt
75 g brauner Zucker
100 ml entrahmte Milch
Zum Servieren:
fettarme Vanillesauce

GESTÜRZTER BIRNENKUCHEN

ORANGEN-BANANEN-PUDDING

1 In einem großen Kochtopf so viel Wasser zum Sieden bringen, dass später eine verschließbare Puddingform von 1 l Inhalt zu zwei Drittel ihrer Höhe darin stehen kann. Die Form mit Öl einfetten und den Sirup hineingeben.
2 Die Schale einer Orange fein reiben und den Saft auspressen. Die zweite Orange schälen, quer in dünne runde Scheiben schneiden und damit die Form auskleiden.
3 Brotkrumen, Mehl, Pflanzencreme, Banane, Zucker und Orangenschale verrühren. Milch und so viel Orangensaft zufügen, dass die Masse recht steif wird.
4 Die Masse löffelweise in die Form füllen, dabei darauf achten, dass die Orangenscheiben nicht verrutschen. Glatt streichen und den Deckel auflegen.
5 Die verschlossene Puddingform ins heiße Wasserbad stellen, einen fest schließenden Deckel auf den Topf legen und etwa 1 ½ Stunden bei schwacher Hitze garen. Falls nötig, kochendes Wasser nachgießen.
6 Die Puddingform aus dem Wasserbad nehmen und den Deckel abnehmen. Den Pudding mit dem Messer vorsichtig von der Form lösen, auf einen Teller stürzen und mit Vanillesauce servieren.

Nährwert pro Portion

- Kilokalorien 491
- Kohlenhydrate 92 g
- Eiweiß 16 g
- Fett 9 g, davon gesättigte Fettsäuren 3 g

Gestürzter Birnenkuchen

Auch dieser saftige Nachtisch mit typischem Ingwergeschmack schmeckt heiß am besten.

Vorbereitung: 25 Minuten
Kochzeit: 40–45 Minuten
Portionen: 6

Sonnenblumenöl zum Einfetten
1 EL Rohrzucker
500 g feste Birnen, geschält, vom Kernhaus befreit und in Scheiben geschnitten
Für den Teig:
125 g Weißmehl
½ TL Backpulver
1 TL Zimtpulver
2 TL Ingwerpulver
100 ml entrahmte Milch
125 g Rohrzucker
3 EL Melasse
1 Ei
2 EL Sonnenblumenöl
Zum Servieren:
fettarme Vanillesauce oder Naturjoghurt

1 Den Backofen auf 180 °C (Gas: Stufe 2) vorheizen. Eine runde Kuchenform mit 22 cm Ø mit Öl einpinseln. Den Boden mit Backpapier auslegen und mit Zucker bestreuen. Darauf die Birnen in der Form eines Wagenrads anordnen.
2 Für den Teig Mehl, Backpulver, Zimt- und Ingwerpulver in eine Schüssel sieben. Milch, Zucker und Melasse in einem Topf erhitzen, dabei so lange umrühren, bis sich der Zucker aufgelöst hat. Ei und Öl verquirlen, dann diese Mischung sowie die süße Milch in das Mehl rühren und alles zu einem geschmeidigen Teig verschlagen.
3 Den Teig über die Birnen gießen und 35–40 Minuten backen, bis er aufgegangen ist und sich fest anfühlt.
4 Den Kuchen mit einem Messer von der Form lösen und auf eine Kuchenplatte stürzen. Heiß mit Vanillesauce oder Joghurt servieren.

Nährwert pro Portion

- Kilokalorien 358
- Kohlenhydrate 65 g
- Eiweiß 10 g
- Fett 8 g, davon gesättigte Fettsäuren 2 g

Mangosorbet mit Früchten

Dieses erfrischende Sorbet auf tropischem Obstsalat bringt an heißen Sommertagen die nötige Abkühlung.

Vorbereitung: 20 Minuten, und 15 Minuten zum Abkühlen und mindestens 4½ Stunden zum Gefrieren
Kochzeit: 10 Minuten
Portionen: 4

125 g Zucker
Saft von ½ Zitrone
500 g Mangostücke aus der Dose, abgetropft
2 EL Kokosnussextrakt
2 Eiweiß
Für den Obstsalat:
1 Mango, geschält, vom Kern befreit und in Scheiben geschnitten
1 Papaya, geschält, entkernt und gewürfelt
2 kleine Bananen, in Scheiben geschnitten
1 Sternfrucht, von den harten Rippen befreit und in Scheiben geschnitten
250 g Ananas, geschält, vom harten Mittelteil befreit und in Schnitze geschnitten
Saft von 2 Limetten oder 1 großen Zitrone
Zum Garnieren:
4 TL Kokosraspel, frisch oder getrocknet

1 Den Zucker und ¼ l Wasser in einem kleinen Topf zum Kochen bringen, dabei umrühren, bis sich der Zucker aufgelöst hat. Die Temperatur herunterschalten und 5 Minuten köcheln lassen. Den Zitronensaft durch ein feines Sieb in den so entstandenen Sirup gießen, umrühren und den Sirup 15 Minuten zum Abkühlen beiseite stellen.

2 Sirup, Mango aus der Dose und Kokosnussextrakt in einer Küchenmaschine oder mit dem Handrührgerät pürieren. Die Masse in eine Gefrierdose geben und mit Deckel etwa 2 Stunden, wenn möglich im Schnellgefrierfach, tiefkühlen, bis sie beginnt fest zu werden.

3 Wenn die Mangomasse gefroren ist, die Eiweiße zu Eischnee schlagen. Die Mangomasse mit einer Gabel zerdrücken und dann den Eischnee sorgfältig unterheben. Das Sorbet für 1½ Stunden ins Gefrierfach zurückstellen.

4 Das Sorbet aus dem Gefrierfach nehmen und erneut aufschlagen. Das Sorbet in der Gefrierdose mit einem Pfannenwender festdrücken und nochmals etwa 1 Stunde ins Gefrierfach stellen, bis es fest geworden ist.

5 Wenn das Sorbet fast gefroren ist, die Früchte für den Obstsalat vorbereiten und in eine Schale geben. Limetten- bzw. Zitronensaft zufügen und vorsichtig wenden, dann beiseite stellen.

6 Eine schwere beschichtete Bratpfanne erhitzen und die Kokosraspel darin unter Rühren 30–60 Sekunden leicht anbräunen.

7 Den Obstsalat mit zwei Kugeln Sorbet pro Portion anrichten und Kokosraspel darüber streuen. Übrig gebliebenes Sorbet ist im Gefrierfach 3 Monate haltbar.

Nährwert pro Portion

- Kilokalorien 262
- Kohlenhydrate 53 g
- Eiweiß 3 g
- Fett 6 g, davon gesättigte Fettsäuren 5 g

STACHELBEERGRANITA

Stachelbeergranita

Eine Granita ist eine italienische Spezialität, die einem Sorbet ähnelt, aber größere Eiskristalle hat. Mit Stachelbeeren schmeckt sie angenehm säuerlich.

Vorbereitung: 10 Minuten, und 5 Stunden zum Gefrieren
Kochzeit: 25 Minuten
Portionen: 4

500 g Stachelbeeren, von Stiel und Blüte befreit
150 g Zucker
200 ml Muskatellerwein
1 EL Zitronensaft

1 In einem Topf Stachelbeeren, Zucker und 300 ml Wasser zum Kochen bringen. Mit Deckel etwa 25 Minuten köcheln lassen, bis die Beeren breiartig geworden sind.
2 Diesen Brei in der Küchenmaschine oder mit dem Stabmixer pürieren und durch ein feines Sieb streichen, sodass die Kerne zurückbleiben. Wein und Zitronensaft einrühren und abkühlen lassen.
3 Die abgekühlte Masse in eine flache Gefrierdose geben, zudecken und ins Gefriergerät stellen.
4 Nach einer Stunde mit der Gabel Eiskristalle, die sich an Rand und Boden gebildet haben, zerdrücken und untermischen. Zugedeckt nochmals 4 Stunden gefrieren lassen, dabei stündlich die Kristalle verarbeiten. Sobald die Granita fertig ist, in Gläsern servieren.
Variante: Statt Stachelbeeren kernlose weiße Trauben nehmen.
Tipp: Wenn Sie die Granita schon früher vorbereiten wollen, stellen Sie sie im Kühlschrank kalt, bis es Zeit ist, sie zu gefrieren (Schritt 3).

Nährwert pro Portion
- Kilokalorien 215
- Kohlenhydrate 46 g
- Eiweiß 1 g
- kein Fett

Erdbeer-Joghurt-Eis

Mit Joghurt statt mit Sahne zubereitetes Eis hat viel weniger Fett und eine ausgeprägt frische Note obendrein.

Zubereitung: 5–10 Minuten, und 4–6 Stunden zum Gefrieren
Portionen: 4

500 g Erdbeeren, geputzt
4 EL flüssiger Honig
1 TL Zitronensaft
einige Tropfen Vanille-Essenz
500 g Vollmilchjoghurt
Zum Garnieren:
4 Erdbeeren

1 Die Erdbeeren zusammen mit Honig, Zitronensaft und Vanille-Essenz in den Mixer oder in die Küchenmaschine geben und zu einem glatten, geschmeidigen Püree verarbeiten, dann den Vollmilchjoghurt einrühren.
2 Das Püree in eine flache Gefrierdose geben, zudecken und 4–6 Stunden gefrieren lassen, dabei nach 2 Stunden und dann jede Stunde mit dem Schneebesen durchrühren, damit sich keine Kristalle bilden. Oder das Eis in einer Eismaschine nach Gebrauchsanweisung zubereiten.
3 Das Eis mit einem Esslöffel in vier Dessertschälchen füllen, jede Portion mit einer Erdbeere garnieren und servieren.

Nährwert pro Portion
- Kilokalorien 198
- Kohlenhydrate 29 g
- Eiweiß 8 g
- Fett 6 g, davon gesättigte Fettsäuren 4 g

Süßer schwarzer Milchreis

Nährwert pro Portion

- Kilokalorien 398
- Kohlenhydrate 71 g
- Eiweiß 11 g
- Fett 9 g, davon gesättigte Fettsäuren 7 g

In Thailand ist das Dessert aus schwarzem Klebreis und Kokosmilch sehr beliebt. In dieser fettärmeren Variante wird Kokosmilch durch entrahmte Milch ersetzt.

Vorbereitung: 5 Minuten, und 20 Minuten zum Abkühlen
Kochzeit: 65 Minuten
Portionen: 4

250 g schwarzer thailändischer Klebreis
750 ml entrahmte Milch
3–4 EL Palmzucker, Rohrzucker oder flüssiger Honig
90 ml eingedickte Kokosmilch (Coconut Cream)
geriebene Schale von 1 unbehandelten Limette
1 EL Limettensaft
1 EL Orangenblütenwasser, falls gewünscht
Zum Servieren:
Mangoscheiben, nach Belieben

1 Den Reis im Sieb unter fließend kaltem Wasser gut abbrausen. Mit der Milch in einen großen, schweren Topf geben und zum Kochen bringen. Auf geringe Hitze herunterschalten und unbedeckt 10 Minuten köcheln lassen.

2 Zucker oder Honig zufügen und umrühren, bis er sich aufgelöst hat. Ohne Deckel etwa 55 Minuten weitergaren lassen, bis der Reis fast weich und der Großteil der Milch aufgenommen ist. Dabei ab und zu die Haut, die sich an der Oberfläche bildet, einrühren.

3 Kokosmilch, Limettenschale und -saft sowie, falls gewünscht, das Orangenblütenwasser einrühren. Den Topf von der Kochstelle nehmen und den Reis 20 Minuten abkühlen lassen. Warm servieren oder 1 Stunde in den Kühlschrank stellen und kalt servieren, falls gewünscht mit Mangoscheiben.

Tipp: Schwarzer Klebreis und Coconut Cream sind in asiatischen Lebensmittelläden erhältlich.

Duftiger Bananen-Reisauflauf

Nährwert pro Portion
- Kilokalorien 186
- Kohlenhydrate 38 g
- Eiweiß 6 g
- Fett 2 g, davon gesättigte Fettsäuren 1 g

Dieser herrlich leichte Auflauf wird mit Honig und Bananen gesüßt, die ihn trotz wenig Fett besonders nahrhaft machen.

Vorbereitung: 10 Minuten
Kochzeit: 1 1/4 – 1 3/4 Stunden
Portionen: 6

1 Vanilleschote, der Länge nach aufgeschnitten
60 g Milchreis
600 ml fettarme Milch
3 EL flüssiger Honig
2 reife Bananen
fein geriebene Schale von 1/2 Zitrone
2 Eiweiß
eine Prise Muskat, frisch gerieben

1 Das Mark aus der Vanilleschote herausschaben. Reis und Milch in einen Topf geben, den Honig einrühren und Vanilleschote und -mark zufügen. Langsam aufkochen, dann die Hitze herunterschalten. Mit Deckel 1–1 1/4 Stunden garen lassen, bis der Reis weich und die Masse angedickt, aber noch etwas flüssig ist. Dabei gelegentlich umrühren.

2 Mittlerweile den Backofen auf 200 °C (Gas: Stufe 3–4) vorheizen. Die Vanilleschote aus dem Reis nehmen. Die Bananen in dünne Scheiben schneiden und mit der Zitronenschale unter den Reis heben.

3 In einer sauberen, trockenen Schüssel das Eiweiß zu Eischnee schlagen, dann unter den Reis heben. In sechs Puddingförmchen von je etwa 200 ml Inhalt oder eine Auflaufform von 1,2 l Inhalt geben und Muskat darüber streuen.

4 Die Förmchen bzw. Auflaufform auf einem Backblech 10–12 Minuten (Förmchen) bzw. 25–30 Minuten (Auflaufform) backen, bis der Milchreis goldbraun und gut aufgegangen ist. Warm servieren.

Schokorolle mit Himbeercreme

Diese Version der klassischen Schokoladen-Biskuitrolle wird mit Himbeeren und Frischkäse zum zarten Genuss, der auch zur Kaffeestunde mundet.

Vorbereitung: 30 Minuten, und 30 Minuten zum Abkühlen
Backzeit: 7–10 Minuten
Portionen: 6 Stücke

3 Eier
75 g Zucker
50 g Weißmehl
25 g Kakaopulver
1 TL Puderzucker
Für die Füllung:
125 g frische Himbeeren
200 g fettarmer Frischkäse
etwa 2 TL Zucker

1 Den Backofen auf 220 °C (Gas: Stufe 4) vorheizen und eine flache, etwa 30 × 20–25 cm große Backform mit Backpapier auslegen.
2 Die Eier trennen. Die Eiweiße in eine große Rührschüssel geben und mit 2–3 EL lauwarmem Wasser mit dem Schneebesen, dem elektrischen Handrührgerät oder in der Küchenmaschine steif schlagen. Nach und nach den Zucker zugeben und dabei weiterschlagen. Die Eigelbe zufügen und kurz auf niedrigster Stufe verrühren.
3 Mehl und Kakaopulver mischen, über die Eimasse sieben und mit einem großen Metalllöffel oder dem Teigschaber in achterförmigen Bewegungen unterheben. Nicht rühren, sonst wird der Teig klebrig.
4 Den Biskuitteig gleichmäßig auf die vorbereitete Backform streichen und 7–10 Minuten backen, bis er fest, aber noch elastisch ist.
5 Den Biskuitteig sofort auf ein größeres Backpapier stürzen, das benutzte Backpapier behutsam abziehen und mit einem gezackten Messer die knusprigen Teigränder abschneiden.
6 Den Biskuitteig vom kurzen Ende her mit dem Backpapier nach innen aufrollen und auf einem Kuchengestell in 30 Minuten ganz auskühlen lassen.
7 Inzwischen die Himbeeren für die Füllung in einer Schüssel leicht mit der Gabel zerdrücken. Frischkäse einrühren und nach Belieben Zucker zufügen. Die Creme bedecken und kühl stellen.
8 Den ausgekühlten Biskuitteig vorsichtig entrollen und das Backpapier entfernen. Auf dem Teig die Himbeercreme verstreichen und nur an den Rändern einen schmalen Streifen frei lassen, dann den Teig wieder aufrollen. Es macht nichts, wenn der Biskuitteig dabei etwas aufbricht.
9 Den Puderzucker über die Rolle sieben und diese auf eine Servierplatte legen. Mit einem langen, dünnen, gezackten Messer in sechs gleich große Scheiben schneiden.

Variante: Die Himbeercreme durch eine Füllung aus einer zerdrückten Banane, 2 TL flüssigem Honig und 200 g Frischkäse ersetzen. Oder nehmen Sie, wenn Ihnen die Zeit fehlt, einen fettarmen Joghurt mit Geschmack, etwa mit Waldfrüchten, Karamell oder Haselnuss. Wenn Sie nur für Erwachsene backen, können Sie in die zerdrückten Himbeeren 2 TL Orangenlikör, z. B. Cointreau, einrühren (Schritt 7, bevor der Frischkäse zugefügt wird).

Nährwert pro Stück

- Kilokalorien 171
- Kohlenhydrate 24 g
- Eiweiß 8 g
- Fett 5 g, davon gesättigte Fettsäuren 2 g

HIMBEEREN

Gegrillte Früchte

Beschließen Sie Ihren Grillabend mit diesem schnellen, absolut fettfreien Dessert.

Vorbereitung: 15 Minuten, und mindestens 1 Stunde zum Kaltstellen
Kochzeit: 8–10 Minuten
Portionen: 4

geriebene Schale von ½ unbehandelten Zitrone und Saft von 1 Zitrone
4 EL Cointreau oder Weinbrand
2–3 EL Honig oder brauner Zucker
1 EL Bitterlikör, z. B. Angostura, falls gewünscht
1 Ananas, geschält und ohne harten Mittelteil
250 g Erdbeeren, geputzt
2 EL Puderzucker, sowie eine kleine Menge zum Garnieren

1 In einer Porzellan- oder Glasschüssel Zitronensaft, Cointreau oder Weinbrand, Honig oder Zucker sowie, falls gewünscht, Bitterlikör verrühren.
2 Die Ananas in etwa 3 cm große Würfel schneiden und in die Marinade geben, dann die Erdbeeren zufügen. Gründlich, aber behutsam darin wenden, ohne die Früchte zu beschädigen. Bedecken und mindestens 1 Stunde oder über Nacht kalt stellen.
3 Die Früchte aus der Marinade heben und abwechselnd auf acht Spieße reihen. Die Marinade aufbewahren.
4 Das Obst mit 1 EL Puderzucker bestauben. Die Spieße mit der gezuckerten Seite nach unten auf den Grill legen und 4–5 Minuten grillen. Vom Grill nehmen, die andere Seite mit dem restlichen Puderzucker bestauben und nochmals genauso lange mit der gezuckerten Seite nach unten grillen.
5 Die Spieße auf vier Teller verteilen und mit Marinade beträufeln. Mit etwas Puderzucker bestreut servieren.
Variante: Probieren Sie andere Kombinationen, z. B. Birnen, Erdbeeren und Kiwis oder Datteln und Feigen.

Nährwert pro Portion
• Kilokalorien 180
• Kohlenhydrate 37 g
• Eiweiß 1 g
• kein Fett

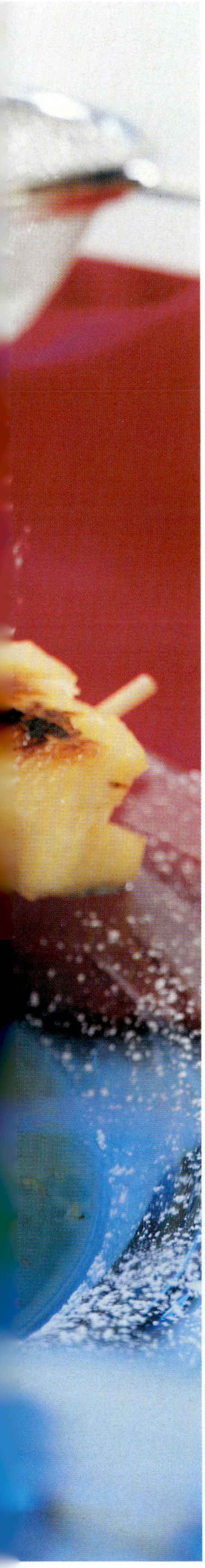

Trauben in Glühweingelee

Bei dieser erfrischenden Kaltschale dreht sich alles um Trauben – in Form von ganzen Früchten, süßem Saft und Wein.

Vorbereitung: 15 Minuten, etwa 1 Stunde zum Abkühlen und 4 Stunden zum Kaltstellen
Kochzeit: 15 Minuten
Portionen: 4

225 g kernlose blaue Trauben
1/2 kleine unbehandelte Orange
1/4 l süßer Rotwein
2 Sternanis
40 g Zucker
1 Päckchen Gelatinepulver
1/4 l roter Traubensaft
Zum Garnieren:
4 TL Sahnejoghurt und etwas frisch geriebener Muskat

1 Die Trauben halbieren und auf vier große Glasbecher oder -schälchen verteilen. Kalt stellen.
2 In der Zwischenzeit das Gelee zubereiten. Von der Orange einen langen, dünnen Streifen Schale abschälen, dann den Saft auspressen und beiseite stellen. Den Streifen Schale mit Rotwein und Sternanis in einem Topf vorsichtig bis kurz vor dem Siedepunkt erhitzen, dann Temperatur herunterschalten und mit Deckel 10 Minuten köcheln lassen. Den Topf von der Kochstelle nehmen, den Zucker zufügen und umrühren, bis er sich aufgelöst hat.
3 Den gesüßten Wein durch ein Sieb in eine Schale seihen. Die Gelatine darauf streuen und vorsichtig rühren, bis sie sich aufgelöst hat. Orangen- und Traubensaft zufügen, umrühren und etwa 5 Minuten beiseite stellen, bis die Flüssigkeit lauwarm ist.
4 Diese Mischung über die Trauben gießen und bis zum völligen Erkalten beiseite stellen. Dann in etwa 4 Stunden im Kühlschrank erstarren lassen.
5 Auf jedes Glas 1 TL Joghurt geben, eine Prise Muskat darüber streuen und servieren.

Nährwert pro Portion
- Kilokalorien 165
- Kohlenhydrate 28 g
- Eiweiß 3 g
- Fett 1 g (keine gesättigten Fettsäuren)

Pfannkuchen mit Birnen und Feigen

Gönnen Sie sich und Ihren Gästen zu diesen köstlichen Pfannkuchen mit einer Füllung aus frischen und getrockneten Früchten etwas Ahornsirup.

Vorbereitung: 15–20 Minuten, und 30 Minuten zum Ruhenlassen
Kochzeit: 35 Minuten
Portionen: 4

300 ml entrahmte Milch
1 Ei
100 g Weiß- oder Vollkornmehl oder eine Mischung aus beiden
1 EL Zucker
Salz
2 TL Sonnenblumenöl
Für die Füllung:
20 g Butter
700 g Birnen, geschält, entkernt und in kleine Stücke geschnitten
100 g getrocknete Feigen, gehackt
½ TL Zimtpulver
1 Prise Nelkenpulver
geriebene Schale von ½ unbehandelten Orange
90 g weicher brauner Zucker
Zum Servieren:
4 EL Sahnejoghurt und, falls gewünscht, 4 EL Ahornsirup

1. Für den Pfannkuchenteig Milch, Ei, Mehl, Zucker und eine Prise Salz in der Küchenmaschine 1 Minute zu einem geschmeidigen Teig verarbeiten. Oder Mehl, Zucker und eine Prise Salz in eine Rührschüssel geben, in die Mitte eine Vertiefung drücken, das Ei und die Milch hineingeben und mit einem Holzlöffel langsam verrühren. Den Teig zum Ruhen 30 Minuten beiseite stellen.
2. Den Backofen auf niedriger Stufe vorwärmen. Eine beschichtete Bratpfanne von 18 cm Durchmesser mit etwas Öl einfetten und stark erhitzen. Ein bis zwei Schöpflöffel Teig hineingeben und die Pfanne hin und her kippen, bis der ganze Boden damit bedeckt ist. 30 bis 45 Sekunden backen, bis der Pfannkuchen an der Unterseite goldbraun geworden ist. Wenden und die andere Seite etwa 1 Minute backen, bis sie ebenfalls gar ist.
3. Den fertigen Pfannkuchen auf ein Küchenpapier legen. Auf dieselbe Weise weitere sieben Pfannkuchen backen und, durch ein Küchenpapier getrennt, aufeinander stapeln. Die Pfannkuchen in Aluminiumfolie wickeln und im Backofen warm halten.
4. Für die Füllung die Butter in einer kleinen Bratpfanne bei mittlerer Hitze schmelzen. Birnen und Feigen zufügen, Temperatur herunterschalten und etwa 10 Minuten mit Deckel köcheln lassen, bis die Birnen weich sind.
5. Zimt- und Nelkenpulver, Orangenschale und braunen Zucker unterrühren und alles 5 Minuten weiterköcheln lassen.
6. Die Obstfüllung auf die warmen Pfannkuchen verteilen, diese falten und pro Person zwei Pfannkuchen mit 1 EL Sahnejoghurt sowie, falls gewünscht, etwas Ahornsirup servieren.

Nährwert pro Portion
- Kilokalorien 420
- Kohlenhydrate 76 g
- Eiweiß 8 g
- Fett 11 g, davon gesättigte Fettsäuren 5 g

Birnen in Rotwein

Nährwert pro Portion
- Kilokalorien 204
- Kohlenhydrate 40 g
- Eiweiß 1 g
- kein Fett

Im wahrsten Sinne des Wortes gepfeffert ist die Weinsauce, die die zart gedämpften Früchte begleitet. Das Dessert lässt sich auch gut im Voraus zubereiten.

Vorbereitung: 15 Minuten, und 2½ Stunden zum Abkühlen
Kochzeit: 55–65 Minuten
Portionen: 4

4 große, feste, reife Birnen mit Stielen
Für die Sauce:
1 l klarer Apfelsaft
300 ml Rotwein
1 Zimtstange, entzweigebrochen
2 Nelken
2 TL schwarze Pfefferkörner
1 Sternanis, falls gewünscht
Zum Servieren:
etwas Sahnejoghurt, falls gewünscht

1 Für die Sauce Apfelsaft, Rotwein, Zimtstange, Nelken, Pfefferkörner und, falls gewünscht, Sternanis in einen Topf mit schwerem Boden geben. Aufkochen und etwa 10 Minuten kochen lassen, bis die Flüssigkeit um etwa die Hälfte zu einem leichten Sirup reduziert ist. Durch ein feines Sieb in eine Schüssel gießen und zum Abkühlen beiseite stellen. Die im Sieb verbliebenen Gewürze wegwerfen.

2 In der Zwischenzeit mit einem kleinen scharfen Messer vorsichtig von unten her um das Kerngehäuse der Birnen herumschneiden, dieses aber noch nicht entfernen. Die Früchte mit dem Messer oder einem Gemüseschäler schälen, ohne die Stiele zu entfernen.

3 Die Birnen dicht an dicht aufrecht in einen Topf stellen und den Sirup darüber gießen. Ein großes Stück Aluminiumfolie anfeuchten, über die Birnen legen, seitlich herunterziehen und festdrücken, sodass die Birnen nicht umfallen.

4 Den Sirup bei starker Hitze zum Kochen bringen, dann die Temperatur herunterschalten und zugedeckt 20–30 Minuten leise köcheln lassen, bis sich die Birnen beim Einstechen mit einem Messer weich anfühlen. Den Topf von der Kochstelle nehmen und die Birnen 2 Stunden im Sirup ziehen und ganz abkühlen lassen.

5 Die Birnen aus dem Sirup heben und beiseite stellen. Den Sirup erneut bei starker Hitze in etwa 20 Minuten auf die Hälfte einkochen. In eine hitzebeständige Schüssel gießen und etwa 30 Minuten ganz abkühlen lassen. Nun mit einem kleinen scharfen Messer von unten her das Kerngehäuse so weit wie möglich entfernen.

6 Die Birnen auf vier tiefe Teller legen und den Sirup darüber geben. Oder jede Birne viermal fast bis zum Stiel einschneiden und fächerförmig ausbreiten, bevor der Sirup darüber kommt; das wirkt besonders elegant. Falls gewünscht, etwas Sahnejoghurt dazureichen.

Tipp: Wenn Sie das Dessert schon im Voraus zubereiten möchten, stellen Sie den Sirup und die Birnen, sobald diese völlig ausgekühlt sind (am Ende von Schritt 5), bis zum Servieren getrennt in geschlossenen Behältern in den Kühlschrank.

Mango-Käsekuchen

Nährwert pro Portion
- Kilokalorien 303
- Kohlenhydrate 43 g
- Eiweiß 8 g
- Fett 12 g, davon gesättigte Fettsäuren 7 g

Dieser fruchtig-frische Kuchen kommt aus der Kälte. Er ist nicht im Ofen gebacken, sondern wird im Kühlschrank fest.

Zubereitung: 30 Minuten, und 3–4 Stunden zum Kaltstellen
Portionen: 8 Stücke

Pflanzenöl zum Einfetten
125 g Löffelbiskuits oder andere fettarme Kekse
60 g Butter
Für den Belag:
75 ml fettarme Milch
10–12 Safranfäden, zerstoßen
500 g Vollmilchjoghurt
50–60 g Zucker
fein geriebene Schale von 1 unbehandelten Limette
1 Päckchen Gelatinepulver
Für den Obstbelag:
850 g Mangoscheiben aus der Dose
Zucker nach Belieben
½ TL Muskat, frisch gerieben, oder 1 TL Kardamompulver
1 Päckchen Gelatinepulver

1. Für den Belag Milch in einem Töpfchen erhitzen, Safranfäden zufügen, beiseite stellen und ziehen lassen.
2. Boden und Rand einer Springform mit 23 cm Durchmesser mit etwas Pflanzenöl einfetten.
3. Die Kekse in einen Gefrierbeutel geben und mithilfe einer Teigrolle fein zerbröseln oder in der Küchenmaschine zermahlen. Die Butter schmelzen und die Krümel einrühren. Diese Masse gleichmäßig auf dem Boden der Form verteilen und andrücken. 10 Minuten kalt stellen, bis die Teigmasse fest ist.
4. Mittlerweile für den Belag Safranmilch, Joghurt, Zucker und Limettenschale gut verrühren.
5. In einer Tasse das Gelatinepulver mit 6 EL kaltem Wasser verrühren und 10 Minuten quellen lassen. Die Tasse in einen Topf mit siedendem Wasser stellen und rühren, bis die Gelatine flüssig und klar ist, dann 5 Minuten zum Abkühlen beiseite stellen.
6. Gelatine unter den Belag rühren. Auf den Boden füllen und 1 Stunde zum Festwerden kalt stellen.
7. Für den Obstbelag die Mangoscheiben abtropfen lassen. Ein Viertel der Scheiben in 1 cm große Stücke schneiden und beiseite stellen. Die restlichen Mangos in der Küchenmaschine oder mit dem Pürierstab pürieren. Nach Belieben zuckern und Muskat bzw. Kardamom einrühren.
8. Die Gelatine wie in Schritt 5 beschrieben auflösen, abkühlen lassen und in das Mangopüree einrühren. Die klein geschnittenen Stücke ebenfalls einrühren, die Mischung auf den Belag gießen und den Kuchen 2–3 Stunden kalt stellen, bis die Decke fest ist.
9. Die Springform abnehmen, den Kuchen auf eine Tortenplatte geben und servieren.

Himbeer-Pawlowa mit roter Beerensauce

Nährwert pro Portion, bei 6 Portionen

- Kilokalorien 313
- Kohlenhydrate 71 g
- Eiweiß 7 g
- Fett 2 g, davon gesättigte Fettsäuren 1 g

Ein australischer Koch hat dieses luftige Dessert kreiert und es nach der russischen Ballerina Anna Pawlowa benannt.

Vorbereitung: 25 Minuten, und mindestens 2 Stunden zum Abkühlen
Backzeit: 1 1/2 –2 Stunden
Portionen: 6–8

6 Eiweiß
350 g Zucker
1 EL Himbeeressig
eine Prise Weinsteinpulver
300–400 g Himbeeren und andere Beeren, z. B. Heidelbeeren, rote und weiße Johannisbeeren oder Erdbeeren, große Früchte halbiert
Für die Sauce:
125 g frische Himbeeren oder andere rote Beeren, frisch oder aufgetaute Tiefkühlware
300 g fettarmer Frischkäse
etwa 2 EL Puderzucker
Zum Garnieren:
frische Zitronenmelisse, falls gewünscht

1 Den Backofen auf 120 °C (Gas: niedrigste Stufe) vorheizen. Ein Backblech mit Backpapier auslegen.
2 Die Eiweiße in einer sehr großen Schüssel zu Schnee schlagen, dann nach und nach den Zucker einrühren und sehr steif schlagen. Danach den Himbeeressig und das Weinsteinpulver einschlagen.
3 Den steifen Eischnee in einem Rund von etwa 30 cm Durchmesser auf dem ausgelegten Backblech aufhäufen. 1 1/2–2 Stunden backen, bis die Baisermasse außen fest und nur ganz leicht gebräunt ist.
4 Das Baiser mindestens 2 Stunden oder über Nacht auf dem Backblech auskühlen lassen, dann auf eine Servierplatte geben.
5 In der Zwischenzeit die Beeren für die Sauce pürieren und durch ein feines Sieb streichen, um die Kerne zu entfernen. Den Frischkäse einrühren und nach Belieben zuckern. Zudecken und kalt stellen.
6 Die gemischten Beeren nach Bedarf verlesen, abbrausen und trockentupfen. Das Baiser in kuchengroße Stücke schneiden und auf Teller verteilen. Die gekühlte Sauce und die Beeren dazugeben und, falls gewünscht, mit Melisse garnieren.

Gebäck

Pizzabrot mit Chili oder Rosmarin

Italienisches Pizzabrot gelingt auch ungeübten Bäckern und passt vorzüglich zu allen Suppen, Salaten und Nudelgerichten.

Vorbereitung: 15 Minuten, und 1 ½ Stunden für den Teig zum Aufgehen

Backzeit: 15–20 Minuten pro Pizza bzw. 30–40 Minuten insgesamt

Portionen: 3 Stück zu je 4 Portionen

750 g Mehl
1 ½ TL Salz
1 Päckchen Trockenhefe
200 ml Milch
1 EL Olivenöl, sowie etwas Öl zum Einfetten
Zum Bestreuen:
1 ½ TL Olivenöl
etwa ½ TL grobes Meersalz
eine Prise getrocknete Chiliflocken oder frischer Rosmarin, fein gehackt

1 Mehl und Salz in eine große Rührschüssel sieben, Trockenhefe zufügen und alles vermischen. Gut 200 ml lauwarmes Wasser, Milch und Olivenöl in eine Vertiefung in der Mitte gießen und alles zu einem Teig verrühren. Falls der Teig zu trocken ist, noch etwas lauwarmes Wasser zufügen. Dann so lange kneten, bis sich der Teig zu einer Kugel formen lässt und nicht mehr am Schüsselrand kleben bleibt.

2 Den Teig auf einer leicht bemehlten Arbeitsfläche 5 Minuten kneten, bis er geschmeidig ist und Blasen wirft.

3 Eine saubere Schüssel mit etwas Öl einfetten. Die Teigkugel darin hin und her rollen, bis sie überall mit einer dünnen Schicht Öl überzogen ist. Die Schüssel mit Klarsichtfolie bedecken und den Teig an einem warmen Ort etwa 1 ½ Stunden gehen lassen, bis sich sein Volumen verdoppelt hat.

4 Den Backofen auf 230 °C (Gas: Stufe 4–5) vorheizen und ein leicht gefettetes Backblech hineinschieben. Den Teig auf einer leicht bemehlten Arbeitsfläche noch einmal kräftig durchkneten und zu 3 gleich großen Kugeln formen.

5 Eine Kugel etwa 1 cm dick rund ausrollen, mit Öl einstreichen und Meersalz und Chiliflocken bzw. Rosmarin darüber streuen. Mit einem scharfen Messer kreuzweise einkerben, sodass sich das Pizzabrot nach dem Backen leicht in Viertel brechen lässt.

6 Den ausgerollten Teig auf das heiße Backblech legen und auf der mittleren Schiebeleiste 15–20 Minuten knusprig und goldbraun backen. Nicht alle drei Pizzabrote gleichzeitig backen, sonst gehen sie nicht gleichmäßig auf. Wenn Sie 2 Brote auf 2 Backblechen gleichzeitig backen, die beiden Backbleche nach 8 Minuten im Backofen vertauschen.

7 Das Pizzabrot in 4 Teile brechen und warm servieren. Oder zunächst ganz lassen und später am Tag servieren.

Tipp: Die Teigkugeln halten sich, einzeln in Aluminiumfolie verpackt, bis zu 3 Monate im Gefrierfach. Bei Bedarf etwa 8 Stunden im Kühlschrank bzw. 2–3 Stunden bei Zimmertemperatur auftauen, dann mit Schritt 6 fortfahren.

Nährwert pro Portion

- Kilokalorien 240
- Kohlenhydrate 48 g
- Eiweiß 8 g
- Fett 3 g, davon gesättigte Fettsäuren 1 g

Blumentopf-Brötchen

In diesen kleinen Töpfchen sprießen keine Blumen, sondern köstliche Kräuterbrötchen.

Vorbereitung: 10 Minuten, und 1 3/4 Stunden für den Teig zum Aufgehen
Backzeit: 20–25 Minuten
Portionen: 12 Stück

1 kg Mehl
1 EL Salz
2 Päckchen Trockenhefe
6 EL gemischte frische Kräuter, z. B. Koriander, Dill, Oregano, Petersilie, Rosmarin und Thymian, fein gehackt
Pflanzenöl zum Einfetten
2 EL entrahmte Milch zum Einpinseln

1 Mehl und Salz in eine große Rührschüssel sieben, Trockenhefe und Kräuter zufügen und gut vermischen.
2 Eine Vertiefung in die Mitte drücken und 3/4 l lauwarmes Wasser hineingießen. Alles zu einem festen Teig verrühren. Falls er zu trocken ist, esslöffelweise noch etwas lauwarmes Wasser, falls er zu feucht ist, esslöffelweise Mehl zufügen. Dann kneten, bis sich der Teig zu einer Kugel formen lässt und nicht mehr am Schüsselrand kleben bleibt.
3 Den Teig zur Kugel formen und eine saubere Schüssel mit etwas Öl einfetten. Die Teigkugel in die Schüssel geben und darin hin und her rollen, bis sie überall dünn mit Öl überzogen ist. Die Schüssel mit Klarsichtfolie bedecken und den Teig an einem warmen Ort etwa 1 Stunde gehen lassen, bis sich sein Volumen verdoppelt hat.
4 In der Zwischenzeit 12 neue, saubere Tonblumentöpfchen mit einer Höhe von 7,5 cm und 9 cm Durchmesser 15 Minuten in Wasser stellen, damit der Teig nicht anhängt. Abtrocknen und innen mit reichlich Öl einstreichen.
5 Den Teig auf eine leicht bemehlte Arbeitsfläche legen und noch einmal kräftig durchkneten. In 12 gleich große Stücke teilen, diese zu kleinen Bällchen formen und in je ein Töpfchen geben, sodass die Töpfe etwa bis zur Mitte mit Teig gefüllt sind. Die Töpfe auf ein Backblech stellen und locker mit einem feuchten Tuch bedecken. An einem warmen Ort nochmals etwa 45 Minuten gehen lassen. Der Teig sollte dann bis zum Topfrand aufgegangen sein.
6 In der Zwischenzeit den Backofen auf 220 °C (Gas: Stufe 4) vorheizen. Die Brötchen 15 Minuten backen, dann oben leicht mit Milch einstreichen und 5–10 Minuten weiterbacken, bis sie ganz aufgegangen sind und oben eine braune Kruste haben.
7 Die Brötchen aus dem Ofen nehmen und in den Töpfen 15 Minuten abkühlen lassen. Mit einem Messer vorsichtig aus den Töpfchen lösen, den Finger durch das Loch im Topfboden stecken und die Brötchen herausdrücken. Die Brötchen in die Töpfchen zurücksetzen und servieren.

Variante: Aus dem Teig zwei mittelgroße Laibe formen und 30 Minuten backen oder einen Laib formen und 45 Minuten backen. Um festzustellen, ob das Brot ganz durchgebacken ist, klopfen Sie von unten dagegen: Es sollte hohl klingen.

Nährwert pro Stück

- Kilokalorien 292
- Kohlenhydrate 63 g
- Eiweiß 10 g
- Fett 1 g (keine gesättigten Fettsäuren)

Knusprige Oliven- und Sonnenblumen-Brötchen

Nährwert pro Olivenbrötchen
- Kilokalorien 248
- Kohlenhydrate 51 g
- Eiweiß 10 g
- Fett 2 g (keine gesättigten Fettsäuren)

Nährwert pro Sonnenblumenkernbrötchen
- Kilokalorien 257
- Kohlenhydrate 51 g
- Eiweiß 10 g
- Fett 3 g (keine gesättigten Fettsäuren)

Kaufen Sie für diese würzigen Brötchen nur allerbestes Mehl aus der Steinmühle, und genießen Sie sie ofenfrisch.

Vorbereitung: 15–30 Minuten, und 2½ Stunden für den Teig zum Aufgehen
Backzeit: 20–25 Minuten
Portionen: 10 Oliven- und 10 Sonnenblumen-Brötchen

500 g Vollkornmehl und zusätzlich eine kleine Menge zum Bestauben
250 g backstarkes Weißmehl
2 TL Salz
1 Päckchen Trockenhefe
1 TL Sonnenblumenöl
50 g grüne Oliven, entsteint, trockengetupft und gehackt
20 g Sonnenblumenkerne

1 Vollkorn- und Weißmehl und Salz in eine große Rührschüssel sieben, Trockenhefe zufügen und gut vermischen.

2 Eine Vertiefung in die Mitte drücken, ½ l lauwarmes Wasser hineingießen und alles zu einem festen Teig verarbeiten. Falls er zu trocken ist, noch etwas lauwarmes Wasser zufügen. Dann kneten, bis sich der Teig zu einer Kugel formen lässt und nicht mehr am Schüsselrand kleben bleibt.

3 Den Teig auf einer leicht bemehlten Arbeitsfläche etwa 5 Minuten kneten, bis er geschmeidig ist und Blasen wirft.

4 Eine Schüssel mit Öl einfetten. Die Teigkugel in der Schüssel hin und her rollen, bis sie überall mit einer dünnen Schicht Öl überzogen ist. Die Schüssel locker mit Klarsichtfolie bedecken und den Teig an einem warmen Ort etwa 2 Stunden gehen lassen, bis sich sein Volumen verdoppelt hat.

5 Den Teig auf einer leicht bemehlten Arbeitsfläche noch einmal 1–2 Minuten kräftig durchkneten und dann in 2 Teile teilen.

6 Eine Teighälfte etwas platt drücken, die Oliven darauf streuen, zusammenlegen und kneten, bis die Oliven gleichmäßig verteilt sind. Den Teig in 10 gleich große Stücke schneiden und zu runden oder länglichen Brötchen formen. Jedes leicht mit Vollkornmehl bestauben, dann in einem Abstand von mindestens 2,5 cm auf das Backblech legen und oben kreuzweise einritzen.

7 Für die zweite Teighälfte statt Oliven Sonnenblumenkerne nehmen und wie in Schritt 6 beschrieben vorbereiten.

8 Die Brötchen locker mit Klarsichtfolie bedecken und an einem warmen Ort 30 Minuten gehen lassen.

9 In der Zwischenzeit den Backofen auf 230 °C (Gas: Stufe 4–5) vorheizen. Die Brötchen 20–25 Minuten backen, bis sie goldbraun sind und hohl klingen, wenn man an die Unterseite klopft. Warm oder mit Zimmertemperatur servieren.

Tipp: Brötchen wie Teig lassen sich gut einfrieren. Den Teig nach dem ersten Gehen einfrieren, bevor die Brötchen geformt werden. 8 Stunden im Kühlschrank oder 2–3 Stunden bei Zimmertemperatur auftauen, dann mit Schritt 5 fortfahren.

Dreierlei indische Chapatis

Die weichen, ballaststoffreichen Fladenbrote sind eine klassische Beilage zu indischen Gerichten. Das Grundrezept lässt sich mit Chilischoten und Spinat variieren.

Vorbereitung: 20 Minuten, und 30 Minuten für den Teig zum Ruhenlassen
Backzeit: 30 Minuten
Portionen: 16 Stücke

425 g Chapati-Mehl sowie eine kleine Menge zum Bestauben
1 TL Salz
2 EL Sonnenblumenöl
Für Chili-Chapatis:
1 grüne Chilischote, entkernt und fein gehackt
1 frische rote Chilischote, entkernt und fein gehackt
1 Prise Cayennepfeffer
3 Knoblauchzehen, zerdrückt
Für Spinat-Chapatis:
1 grüne Chilischote, entkernt und fein gehackt
2 TL Knoblauchpaste oder 2 große Knoblauchzehen, zerdrückt
1 TL Ingwer, fein gerieben
250 g Blattspinat, fein gehackt
½ TL Cayennepfeffer

1 Für einfache Chapatis Mehl und Salz in eine große Schüssel sieben. Das Öl zufügen und einarbeiten, dann nach und nach ¼ l lauwarmes Wasser eingießen und zu einem weichen Teig verrühren.

2 Den Teig auf einer leicht bemehlten Arbeitsfläche 4–5 Minuten kneten, bis alle überschüssige Feuchtigkeit aufgenommen ist. Falls der Teig zu klebrig ist, noch etwas Mehl zufügen. Mit einem feuchten Tuch zudecken und 30 Minuten ruhen lassen.

3 In der Zwischenzeit ein großes Stück Aluminiumfolie mit Küchenpapier auslegen, um die Chapatis darin nach dem Backen warm zu halten.

4 Den Teig halbieren und jede Hälfte zu acht gleich großen Bällchen formen. Mit einem sauberen Tuch bedecken, damit sie nicht austrocknen.

5 Eine beschichtete Bratpfanne auf mittlerer Stufe erhitzen. In der Zwischenzeit ein Teigbällchen zwischen den Händen flach drücken, leicht mit Mehl bestauben und dann auf eine Größe von 15 cm Durchmesser ausrollen.

6 Den Teig in die heiße Pfanne geben und ohne Öl 30 Sekunden backen, dann wenden und weiterbacken, bis an der Oberfläche Blasen erscheinen. Erneut wenden und den Rand leicht herunterdrücken, damit das Chapati besser aufgeht. So lange weiterbacken, bis die Unterseite gebräunt ist. Das fertige Chapati in die Aluminiumfolie wickeln und die restlichen Chapatis auf dieselbe Art zubereiten. Mit kühlem Raita (siehe S. 192) servieren.

Für Chili-Chapatis: Chilischoten, Cayennepfeffer und Knoblauch in Schritt 1 zum Mehl geben, bevor Öl und Wasser hinzukommen.

Für Spinat-Chapatis: Einen großen Wok oder eine Bratpfanne auf niedriger Stufe erhitzen und 2 EL Öl hineingeben. Wenn es heiß ist, Chilischote, Knoblauch und Ingwer 1 Minute unter Rühren anbraten. Spinat, Cayennepfeffer und Salz zufügen und 5–6 Minuten pfannenrühren, bis alle Feuchtigkeit verdampft ist. In eine große Schüssel geben, das Mehl und 150 ml Wasser zufügen und zu einem weichen Teig verrühren. Dann mit Schritt 2 des Grundrezepts fortfahren.

Tipp: Chapati-Mehl ist in Asienläden erhältlich. Ersatzweise können Sie gewöhnliches Weizenvollkornmehl nehmen. Dann ist etwas mehr Wasser erforderlich, damit der Teig klebrig wird.

Nährwert pro Stücke, für alle drei Arten

- Kilokalorien 101–108
- Kohlenhydrate 21 g
- Eiweiß 3 g
- Fett 2 g (keine gesättigten Fettsäuren)

Haferlaibchen

In England isst man das mit Milch und Butter gebackene Brot ofenfrisch zum Nachmittagstee und reicht Konfitüre dazu.

Vorbereitung: 10 Minuten
Backzeit: 15–20 Minuten
Portionen: 4

225 g Weißmehl sowie eine kleine Menge zum Bestreuen
1 Päckchen Backpulver
1/4 TL Salz
25 g Haferflocken sowie 1 EL zum Bestreuen
30 g Butter, gewürfelt
1/8 l fettarme Milch sowie 1/2 EL zum Einstreichen
Zum Servieren:
etwas Konfitüre, falls gewünscht

1 Den Backofen auf 220 °C (Gas: Stufe 4) vorheizen und ein Backblech mit Mehl bestauben.
2 Mehl, Backpulver und Salz in eine große Rührschüssel sieben und die Haferflocken einrühren. Die Butter zufügen und mit den Fingerspitzen zu einem krümeligen Teig verarbeiten.
3 Nach und nach so viel Milch einrühren, dass ein weicher, aber nicht klebriger Teig entsteht.
4 Den Teig auf einer bemehlten Arbeitsfläche leicht kneten, bis er geschmeidig ist. Rund auf eine Größe von etwa 14 cm Durchmesser ausrollen. Mit einem kleinen scharfen Messer kreuzweise einkerben, dann auf das vorbereitete Backblech legen. Mit etwas Milch einstreichen und 1 EL Haferflocken darüber streuen.
5 15–20 Minuten backen, bis das Brot gut aufgegangen und goldbraun ist. Auf einem Drahtgitter etwas abkühlen lassen. Warm und, falls gewünscht, mit etwas Konfitüre servieren.

Nährwert pro Portion

- Kilokalorien 293
- Kohlenhydrate 51 g
- Eiweiß 7 g
- Fett 8 g, davon gesättigte Fettsäuren 4 g

Zitroniger Earl-Grey-Teekuchen

Dieser fruchtige englische Teekuchen trägt seinen Namen zu Recht, denn er wird mit Earl-Grey-Tee zubereitet.

Vorbereitung: 10 Minuten, und mindestens 6 Stunden zum Einweichen, 2–2,5 Stunden zum Abkühlen und 24 Stunden zum Durchziehen
Backzeit: 1 1/4 Stunden
Portionen: 10 Stücke

250 g brauner Zucker
175 g Sultaninen
50 g gemischte Trockenfrüchte, gewürfelt
1 TL Zitronenschale, fein gerieben
300 ml kalter starker Earl Grey Tee
1 Ei, verquirlt
300 g Weißmehl
3 TL Backpulver
Zum Servieren:
fettarmer Frischkäse, Halbfettmargarine oder Halbfettbutter, falls gewünscht

1 Zucker, Sultaninen, Früchtemix, Zitronenschale und kalten Tee in einer großen Schüssel mischen, mit Klarsichtfolie bedecken und an einem kühlen Ort 6 Stunden oder über Nacht einweichen lassen.
2 Den Backofen auf 160 °C (Gas: Stufe 1) vorheizen. Eine Kastenform mit 22 cm Länge mit Backpapier auslegen.
3 Ei und Mehl sorgfältig in die Teemischung einrühren, in die Form gießen und glatt streichen. Etwa 1 1/4 Stunden backen, bis der Kuchen aufgegangen und fest ist. Stechen Sie zur Garprobe mit einem Stäbchen hinein: Es darf kein Teig daran kleben.
4 Den Kuchen in der Form auf einem Drahtgitter 2–2 1/2 Stunden völlig auskühlen lassen.
5 Den ausgekühlten Kuchen aus der Form nehmen, das Backpapier entfernen, den Kuchen in Fett abweisendes Papier wickeln und in einem luftdichten Behälter mindestens einen Tag aufbewahren, bevor er angeschnitten wird. Pur oder mit einem fettarmen Aufstrich servieren.

Variante: Sie können auch jeden anderen kräftigen Tee, einschließlich Früchtetee, verwenden.

Nährwert pro Stück

- Kilokalorien 262
- Kohlenhydrate 62 g
- Eiweiß 4 g
- Fett 1 g (keine gesättigten Fettsäuren)

Nährwert pro Stück
- Kilokalorien 201
- Kohlenhydrate 34 g
- Eiweiß 5 g
- Fett 5 g, davon gesättigte Fettsäuren 1 g

Zitronenkuchen

Feines Maismehl gibt diesem Teekuchen eine herrlich goldgelbe Farbe, die gut zu seinem zitronigen Geschmack passt.

Vorbereitung: 30 Minuten
Backzeit: 45 Minuten
Portionen: 12 Stücke

150 g Maismehl oder feine Speisestärke
150 g Weizenmehl
1 EL Backpulver
60 g hellbrauner Zucker
fein geriebene Schale und Saft von 2 großen unbehandelten Zitronen
225 ml Buttermilch oder 225 g fettarmer Joghurt
2 Eier, verquirlt
4 EL Sonnenblumenöl
40 g Zucker
60 g Puderzucker

1 Den Backofen auf 190 °C (Gas: Stufe 3) vorheizen. Eine Kastenform mit einer Länge von etwa 22 cm mit Backpapier auslegen.
2 Maismehl und Mehl sowie Backpulver in eine Schüssel sieben, dann den braunen Zucker und die Zitronenschale einrühren.
3 In die Mitte eine Mulde drücken und Buttermilch oder Joghurt, Eier und Öl hineingeben. Mit einem Holzlöffel nur so lange rühren, bis die Zutaten gerade zu einem weichen Teig vermengt sind. Nicht zu stark rühren, sonst wird der Kuchen zu schwer.
4 Die Mischung in die vorbereitete Form geben und glatt streichen. Etwa 45 Minuten backen, bis der Kuchen aufgegangen und fest ist. Er ist gar, wenn man mit einem Holzstäbchen hineinsticht und beim Herausziehen kein Teig daran hängen bleibt.
5 Inzwischen den Zitronensaft in ein Schälchen geben und den Zucker einrühren, bis er sich auflöst.
6 Den Kuchen aus der Form nehmen, über einen Teller auf ein Kuchengitter stellen und 5 Minuten abkühlen lassen.
7 Das Backpapier abziehen und den Kuchen von allen Seiten mit einem Stäbchen einstechen. Den Zitronensirup löffelweise über den Kuchen geben, sodass der Saft gut einziehen kann.
8 In einem kleinen Topf 50 ml Wasser aufkochen. Den Puderzucker in eine Schale geben und 1 1/2–2 TL kochendes Wasser einrühren, bis ein zähflüssiger Guss entsteht. Den Guss mit einem Teelöffel von einer Seite zur anderen über den warmen Kuchen tröpfeln.
9 Den Kuchen auf dem Gitter ganz auskühlen lassen, dann aufschneiden und servieren. In einem luftdichten Behälter bleibt er mehrere Tage frisch.

ZITRONENKUCHEN

SAFTIGES BANANENBROT

Saftiges Bananenbrot

Essen Sie diesen nahrhaften Teekuchen zum Frühstück oder zur nachmittäglichen Kaffeestunde.

Vorbereitung: 10–25 Minuten, und 2¾ Stunden für den Teig zum Gehen und 20 Minuten zum Abkühlen
Backzeit: 40 Minuten
Portionen: 8 Stücke

2 Päckchen Trockenhefe
150 g Vollkornmehl
150 g Weizenmehl
1½ TL Piment
1 TL Zimtpulver
60 g weißer oder brauner Zucker
4 reife Bananen
1 Ei und 1 Eiweiß, zusammen verquirlt
Pflanzenöl zum Einfetten
Zum Servieren:
Konfitüre oder fettarmer Frischkäse, falls gewünscht

1 Die Trockenhefe zum Vollkornmehl und Mehl geben und mit Piment, Zimt und Zucker in eine Rührschüssel sieben; auch eventuell im Sieb verbliebene grobe Mehlteilchen zufügen.
2 Die Bananen zu einem weichen Brei zerdrücken und dann mit Ei und Eiweiß unter das Mehl rühren. 75 ml lauwarmes Wasser in eine Vertiefung in der Mitte gießen und alles zu einem Teig verrühren. Falls er klebt, noch etwas Mehl zufügen.
3 Den Teig auf einer leicht bemehlten Arbeitsfläche etwa 5 Minuten kneten, bis er geschmeidig ist und Blasen wirft.
4 Eine Schüssel mit etwas Öl einfetten. Den Teig zur Kugel formen und darin hin und her rollen, bis er überall dünn mit Öl überzogen ist. Die Schüssel locker mit Klarsichtfolie bedecken und den Teig an einem warmen Ort etwa 2 Stunden gehen lassen, bis sich sein Volumen verdoppelt hat. In der Zwischenzeit eine Kastenform von etwa 19×12×9 cm Größe leicht einfetten und beiseite stellen.
5 Den Teig auf einer leicht bemehlten Arbeitsfläche nochmals 1–2 Minuten kräftig durchkneten, dann zu einer länglichen Form rollen und in die Kastenform geben. Locker mit Klarsichtfolie abdecken und etwa 45 Minuten gehen lassen, bis der Teig bis zum oberen Rand der Form aufgegangen ist. Den Backofen auf 200 °C (Gas: Stufe 3–4) vorheizen.
6 Den Kuchen etwa 40 Minuten backen, bis er gebräunt ist. Er ist gar, wenn an einem Holzstäbchen, das man hineinsticht, beim Herausziehen kein Teig mehr kleben bleibt. Die Form auf ein Kuchengitter stellen und nach 20 Minuten den Kuchen herausnehmen. Mit einem Aufstrich nach Wahl servieren.

Nährwert pro Stück

- Kilokalorien 216
- Kohlenhydrate 46 g
- Eiweiß 7 g
- Fett 2 g (keine gesättigten Fettsäuren)

Aprikosen-Hafer-Kuchen

Der habhafte Kuchen mit süßen Früchten und Ingwer spendet als kleiner Snack zwischendurch neue Energie.

Vorbereitung: 10 Minuten
Kochzeit: 55–65 Minuten
Portionen: 8 Stücke

250 g verzehrfertige getrocknete Aprikosen, geviertelt
400 ml Orangensaft
geriebene Schale von ½ unbehandelten Orange
50 g kandierter Ingwer, grob gehackt
200 g Haferflocken
3 EL brauner Rohrzucker
25 g Sonnenblumenkerne

1 In einem Topf die Aprikosen mit dem Orangensaft und der Orangenschale zum Kochen bringen. Die Temperatur herunterschalten und unter gelegentlichem Umrühren 25–30 Minuten unbedeckt köcheln lassen, bis die Flüssigkeit ganz aufgenommen ist, dann in der Küchenmaschine oder mit dem Pürierstab pürieren.

2 In der Zwischenzeit den Backofen auf 180 °C (Gas: Stufe 2) vorheizen. Eine runde Kuchenform von 22 cm Durchmesser mit Backpapier auslegen.

3 Ingwer, Haferflocken, Zucker und Sonnenblumenkerne in das Aprikosenpüree einrühren und gut vermischen. Das Ganze in die Form geben und gleichmäßig verteilen.

4 30–35 Minuten backen, bis der Kuchen fest und goldbraun ist. Leicht abkühlen lassen, in acht Stücke schneiden und diese in der Form auskühlen lassen. Vor dem Servieren das Backpapier entfernen.

Variante: Statt Aprikosen und Sonnenblumenkernen können Sie verzehrfertige Trockenpflaumen und gehackte Pecannüsse nehmen und die geviertelten Pflaumen in Apfel- statt Orangensaft kochen. Oder Sie nehmen statt Aprikosen Äpfel und statt Ingwer getrocknete Preiselbeeren. Für das Püree 3 geschälte, entkernte und in grobe Stücke gehackte Tafeläpfel zugedeckt in 75 ml Preiselbeersaft etwa 15 Minuten köcheln lassen, bis sie weich sind.

Nährwert pro Stück

- Kilokalorien 235
- Kohlenhydrate 46 g
- Eiweiß 5 g
- Fett 4 g, davon gesättigte Fettsäuren 1 g

Biskuitkuchen mit zweierlei Konfitüre

Das locker-luftige Backwerk schmeckt einfach himmlisch, obwohl es kein Gramm Fett enthält. Genießen Sie dazu eine der köstlichen selbst gemachten Konfitüren.

Vorbereitung: 25 Minuten, und 1½ Stunden zum Abkühlen
Backzeit: 45 Minuten
Portionen: 10 Stücke

10 Eiweiß
1 TL Weinsteinpulver
1 TL Vanille-Extrakt
½ TL Bittermandelaroma
250 g Zucker
125 g Weißmehl, gesiebt

1 Den Backofen auf 180 °C (Gas: Stufe 2) vorheizen. Die Eiweiße in einer großen Rührschüssel zu Schnee schlagen. Weinsteinpulver, Vanille-Extrakt und Bittermandelaroma darauf streuen bzw. träufeln und weiterschlagen, bis der Schnee steif, aber nicht trocken ist.

2 Den Zucker esslöffelweise zufügen und dabei immer weiterschlagen, bis der Eischnee glänzt.
3 Das Mehl darüber sieben und mit einem Löffel behutsam unterheben, ohne den Eischnee zu beschädigen.
4 Die Masse in eine ungefettete Springform von 23 cm Ø mit Kranzkucheneinsatz geben. Auf der untersten Schiene etwa 45 Minuten backen, bis der Kuchen goldbraun und trocken ist.
5 Den Kuchen zum Abkühlen in der Backform lassen. Die Form auf dem Kopf so auf eine umgedrehte Schüssel o. Ä. stellen, dass nur der Kranzkucheneinsatz aufliegt, der Kuchen selbst aber nicht. Auf diese Weise kann sich der Kuchen nach unten ausdehnen. Mindestens 1 1/2 Stunden abkühlen lassen.
6 Den Kuchen auf eine Kuchenplatte stürzen und die Springform entfernen. Mit einer der beiden Konfitüren rechts oder mit Zitronensauce (Rezept S. 270, Honigmelone mit Zitronensauce) servieren.

Tipp: Das übrig bleibende Eigelb können Sie für Omeletts, Rühreier, Arme Ritter usw. für Kinder verwenden, die keine fettarme Diät einhalten sollten.

Oder für den Biskuitkuchen im Vorrat tiefgefrorene Eiweiße nehmen, die von Rezepten übrig geblieben sind, für die man nur die Eigelbe braucht. Die Eiweiße ungefähr 1 Stunde vor Gebrauch auftauen, jedoch nicht im Mikrowellengerät!

Nährwert pro Stück
- Kilokalorien 154
- Kohlenhydrate 36 g
- Eiweiß 4 g
- kein Fett

Apfel-Preiselbeer-Konfitüre

Vorbereitung: 5 Minuten, und 30 Minuten zum Abkühlen
Kochzeit: 20 Minuten
Portionen: 200 g

125 g Tafeläpfel
75 g Preiselbeeren, frisch oder tiefgekühlt
100 ml Orangensaft, frisch gepresst
100 g Zucker

1 Die Äpfel schälen, vom Kernhaus befreien und in Würfel schneiden. Mit den anderen Zutaten in einen Topf geben, zum Kochen bringen, dann die Temperatur herunterschalten und etwa 20 Minuten unter häufigem Umrühren köcheln lassen, bis die Konfitüre eingedickt und gut vermischt ist. Vor dem Servieren etwa 30 Minuten auf Zimmertemperatur abkühlen.

Nährwert pro Portion
- Kilokalorien 50
- Kohlenhydrate 13 g
- kein Eiweiß
- kein Fett

Pfirsichkonfitüre

Vorbereitung: 5 Minuten, und 30 Minuten zum Abkühlen
Kochzeit: 20 Minuten
Portionen: 200 g

100 g verzehrfertige getrocknete Pfirsiche
100 g Zucker
1 EL Kirschwasser oder anderer Obstschnaps
frisch gepresster Zitronensaft, falls gewünscht

1 Die Pfirsiche fein hacken und mit dem Zucker, dem Kirschwasser oder anderen Obstschnaps und 100 ml Wasser in einen Topf geben und zum Kochen bringen. Die Temperatur herunterschalten und 15–20 Minuten unter häufigem Umrühren köcheln lassen, bis die Konfitüre eingedickt und gut vermischt ist.
2 Zitronensaft zufügen, falls die Konfitüre zu süß ist, 1–3 EL Wasser, falls sie zu dick geworden ist. Vor dem Servieren etwa 30 Minuten auf Zimmertemperatur abkühlen.

Nährwert pro Portion
- Kilokalorien 65
- Kohlenhydrate 16 g
- Kein Eiweiß
- Kein Fett

Muffins mit Bananen und Schokostückchen

Wenn Sie sich gesund ernähren, müssen Sie auf Schokolade keineswegs verzichten. In diese köstlichen Muffins kommt nur Schokolade bester Qualität, die viel Geschmack, aber weniger Fett liefert.

Vorbereitung: 15 Minuten
Backzeit: 25 Minuten
Portionen: 12 Stücke

2 EL Pflanzenöl
200 g geschälte Bananen, grob gehackt
1 Ei und 2 Eiweiß
¼ l entrahmte Milch
400 g selbsttreibendes Weißmehl
150 g weißer oder weicher brauner Zucker
½ TL Backpulver
2 TL Orangenschale, fein gerieben
50 g Bitterschokolade mit 70 % Kakaobestandteil, fein gehackt

1 Den Backofen auf 190 °C (Gas: Stufe 2–3) vorheizen. Mit einem Backpinsel und 1 EL Öl eine Muffinform, deren einzelne Förmchen einen Durchmesser von 6 cm haben, leicht einfetten.
2 In der Küchenmaschine oder mit dem elektrischen Handrührgerät die Bananen mit 1 EL Öl, dem Ei und den Eiweißen sowie der Milch pürieren.
3 Mehl, Zucker und Backpulver in eine große Rührschüssel sieben und die Orangenschale und die Schokolade kurz einrühren. Die Bananenmischung behutsam unterheben, dabei keinesfalls zu kräftig oder zu lange rühren, sonst werden die Muffins schwer und zäh. Es macht nichts, wenn der Teig noch ein wenig klumpig ist.
4 Die einzelnen Förmchen der vorbereiteten Backform zu etwa zwei Drittel mit dem Teig füllen. Etwa 25 Minuten backen, bis die Muffins aufgegangen und leicht gebräunt sind.
5 Die Form aus dem Ofen nehmen und die Muffins aus der Form heben. Heiß oder mit Zimmertemperatur servieren, vorzugsweise am Backtag selbst.

Nährwert pro Stück

- Kilokalorien 229
- Kohlenhydrate 46 g
- Eiweiß 5 g
- Fett 4 g, davon gesättigte Fettsäuren 1 g

FRISCH GERIEBENE ORANGENSCHALE

Saftiger Schokoladenkuchen

Pürierte süße Trockenpflaumen sind ein perfekter Ersatz für einen Teil der Butter und machen den reichhaltigen Kuchen unwiderstehlich zart.

Vorbereitung: 30 Minuten, und 15 Minuten zum Abkühlen
Koch- und Backzeit: 80 Minuten
Portionen: 16 Stücke

125 g verzehrfertige Trockenpflaumen ohne Steine
100 ml Weinbrand
125 g Butter, gewürfelt
150 g Bitterschokolade mit 70 % Kakaobestandteil, grob gehackt
500 g Zucker
375 g Weißmehl
60 g selbsttreibendes Weißmehl
75 g Kakaopulver
1 Ei und 2 Eiweiß, leicht verquirlt
Zum Garnieren:
Puderzucker oder Kakaopulver, gesiebt
Zum Servieren:
fettarmer Beerenjoghurt, falls gewünscht

1 Einen Kessel mit Wasser zum Kochen bringen. Den Backofen auf 160 °C (Gas: Stufe 1) vorheizen. Eine 23 cm große, quadratische Kuchenform mit Backpapier auslegen.

2 Die Pflaumen in der Küchenmaschine oder mit dem Pürierstab pürieren. Bei Bedarf 1 EL heißes Wasser zufügen, damit das Püree geschmeidig wird. In eine große hitzebeständige Rührschüssel geben.

3 Weinbrand, Butter, Schokolade, Zucker und ¼ l kochendes Wasser zufügen. Das restliche kochende Wasser in einen Topf gießen und bei geringer Hitze köcheln lassen. Die Schüssel auf einem Gestell in den Topf stellen, sodass sie nicht im Wasser steht.

4 Die Masse in der Schüssel häufig umrühren, bis die Schokolade geschmolzen ist. Die Schüssel aus dem Topf nehmen und 2–3 Minuten abkühlen lassen, bis der Inhalt lauwarm ist.

5 Mehl, Backpulver und Kakao in eine große Schüssel sieben und in die Mitte eine Vertiefung drücken. Die Schokoladenmischung hineingießen, dann das Ei und die Eiweiße zufügen und alles zu einem geschmeidigen Teig schlagen.

6 Den Teig in die vorbereitete Form füllen und glatt streichen. Etwa 1 ¼ Stunden backen. Der Kuchen ist gar, wenn man ein Holzstäbchen hineinsteckt und an diesem beim Herausziehen kein Teig mehr klebt.

7 Den Kuchen in der Form auf einem Kuchengitter 15 Minuten abkühlen lassen, dann zum völligen Auskühlen aus der Form nehmen und auf das Gitter stürzen.

8 Den Kuchen mit Puderzucker oder Kakaopulver bestauben und in 16 quadratische Stücke schneiden. Pur oder mit fettarmem Joghurt servieren.

Variante: Portwein statt Weinbrand gibt dem Kuchen einen süßeren, fruchtigeren Geschmack.

Tipp: In Aluminiumfolie ist dieser Kuchen lange haltbar.

Nährwert pro Stück
- Kilokalorien 368
- Kohlenhydrate 63 g
- Eiweiß 5 g
- Fett 11 g, davon gesättigte Fettsäuren 7 g

Schokoladen-Kaffee-Eclairs

Die feinen Brandteig-Eclairs mit Kaffeefüllung bringen Glanz auf jeden Teilchenteller.

Vorbereitung: 45 Minuten, und 1 Stunde ziehen lassen und mindestens 3 Stunden kalt stellen
Kochzeit: 50 Minuten
Portionen: 20 Stücke

Für die Füllung:
600 ml fettarme Milch
1 Vanilleschote, der Länge nach halbiert
1 EL Kaffeebohnen, gemahlen
60 g Maismehl
50 g Zucker
150 g Magermilchjoghurt
Für den Brandteig:
75 g Diät-Pflanzencreme (71 %)
100 g Weizenmehl
2 Eier und 1 Eiweiß
Für den Guss:
100 g Bitterschokolade mit
70 % Kakaobestandteil
2 TL Puderzucker, gesiebt

1 Für die Füllung die Milch, die Vanilleschote und die gemahlenen Kaffeebohnen in einem Topf aufkochen und dann von der Kochstelle nehmen. Einen gut schließenden Deckel auflegen und 1 Stunde ziehen lassen.

2 In der Zwischenzeit den Brandteig zubereiten. Zwei Backbleche mit Backpapier auslegen und beiseite stellen. Die Pflanzencreme und 200 ml Wasser in einen Topf geben und einen Deckel auflegen. Langsam erhitzen, bis die Pflanzencreme geschmolzen ist, dann den Deckel abnehmen, umrühren und das Ganze aufkochen lassen.

3 Den Topf von der Kochstelle nehmen und das Mehl einrühren. Wieder auf die Kochstelle stellen und so lange bei schwächster Hitze rühren, bis ein Teigkloß entstanden ist, der sich vom Topfboden löst. Von der Kochstelle nehmen, in eine Rührschüssel geben und 2–3 Minuten abkühlen lassen.

4 Eier und Eiweiß zusammen verquirlen und dann nach und nach mit dem elektrischen Handrührgerät unter den Teig rühren, bis eine weiche, glänzende, schwer reißende Masse entstanden ist.

5 Den Teig in einen großen Spritzbeutel mit einer 1 cm breiten Tülle füllen. Auf die vorbereiteten Bleche im Abstand von 2 cm etwa 10 cm lange Teigstreifen spritzen. Den Brandteig an der Tülle mit einem Messer entfernen.

6 Den gespritzten Teig unbedeckt etwa 30 Minuten einfrieren, bis er fest ist. Dann mit Aluminiumfolie bedecken und ins Gefrierfach zurückstellen.

7 In der Zwischenzeit die Füllung fertigstellen. Ein Sieb mit Küchenpapier auslegen und den Milchkaffee durch das Sieb in einen Krug streichen. Das im Sieb verbliebene Kaffeemehl und die Vanilleschote wegwerfen.

8 Maismehl und Zucker in einen Topf geben, nach und nach den Milchkaffee einrühren und unter ständigem Rühren zum Kochen bringen. Die Masse wird zunächst klumpig, dickt dann aber ein und wird beim Aufkochen geschmeidig. Auf geringe Hitze herunterschalten und 2–3 Minuten unter Rühren kochen lassen. Die Füllung in eine Schüssel geben, mit Klarsichtfolie abdecken und abkühlen lassen. 3 Stunden oder über Nacht zum Festwerden kalt stellen.

9 Wenn die Füllung fest ist, den Backofen auf 220 °C (Gas: Stufe 4) vorheizen und den tiefgefrorenen Brandteig etwa 25 Minuten backen, bis er gut aufgegangen, goldbraun und knusprig ist. Die Eclairs aus dem Ofen nehmen und diesen ausschalten. Jedes Eclair an einem Ende einstechen, damit der Dampf entweichen kann. Die Eclairs 5 Minuten zum Trocknen in den noch warmen Backofen zurückstellen und dann zum Abkühlen auf Kuchengitter legen.

10 Für den Guss einen kleinen Topf zur Hälfte mit Wasser füllen und dieses zum Sieden bringen. In eine kleine hitzebeständige Schale 4 EL kaltes Wasser, die Schokolade und den Puderzucker geben, über den Topf mit dem siedenden Wasser stellen und zu einer weichen Masse verrühren. Beiseite stellen.

11 Die gekühlte Füllung geschmeidig schlagen und dann den Joghurt unterheben. Die Masse in einen großen Spritzbeutel mit einer 1 cm breiten Sterntülle geben.

12 Mit einem gezackten Messer vorsichtig jeweils das obere Drittel der Eclairs abschneiden. Die Füllung großzügig auf die Unterteile spritzen, die Oberteile darauf legen und die Eclairs wieder auf die Kuchengitter setzen.

13 Jedes Eclair mit dem Schokoguss überziehen – er darf auch seitlich herunterlaufen – und an einem kühlen Ort fest werden lassen. Die Eclairs können zugedeckt 3–4 Stunden vor dem Servieren im Kühlschrank aufbewahrt werden.

Variante: Wenn Sie für die Füllung keinen Kaffee verwenden möchten, kochen Sie die Milch mit insgesamt zwei Vanilleschoten auf.

Nährwert pro Stück

- Kilokalorien 118
- Kohlenhydrate 15 g
- Eiweiß 3 g
- Fett 5 g, davon gesättigte Fettsäuren 2 g

Haselnuss-Kaffee-Baisers

Diese nussigen Leckerbissen sind so köstlich, dass man getrost auf Sahne verzichten kann.

Vorbereitung: 15 Minuten
Kochzeit: 70–85 Minuten
Portionen: 20 Stücke

100 g geröstete Haselnüsse, grob gehackt oder gemahlen
2 EL gefriergetrockneter Instant-Kaffee
175 g Zucker
3 Eiweiß, nicht gekühlt, sondern zimmerwarm verarbeiten

1 Die Nüsse mit dem Instant-Kaffee vermischen. Ein Backblech mit Backpapier auslegen und den Ofen auf 150 °C (Gas: Stufe 1) vorheizen.

2 In einem Topf den Zucker und 50 ml Wasser langsam zum Kochen bringen, dabei gelegentlich umrühren, bis sich der Zucker aufgelöst hat. Dann die Temperatur erhöhen und 5–7 Minuten sprudelnd kochen lassen. Um zu prüfen, ob der Sirup fertig ist, eine kleine Menge in ein Glas mit sehr kaltem Wasser tropfen lassen: Es sollte sich ein harter, fast durchsichtiger Klecks bilden.

3 In der Zwischenzeit in einer sauberen Schüssel die Eiweiße mit dem Handrührgerät zu Schnee schlagen, der fest und glänzend, aber nicht trocken sein sollte.

4 Das Handrührgerät auf niedrigste Stufe einstellen. Den heißen Sirup auf den Eischnee gießen, möglichst nicht über die metallenen Rührstäbe, und sogleich unterrühren. Weiterschlagen, bis der Sirup ganz eingearbeitet ist.

5 Die Nuss-Kaffee-Mischung unterheben, sodass eine gesprenkelte Masse entsteht. Pro Baiser 2 EL dieser Masse auf dem Backblech zu einem kleinen Wölkchen auftürmen.

6 Die Baisers 60–75 Minuten backen, bis sie sich leicht vom Backpapier lösen, aber an der Unterseite noch leicht feucht sind. Vor dem Servieren völlig auskühlen lassen.

Tipp: Bei diesem Rezept wird das Eiweiß durch den zugegebenen heißen Sirup zum Teil schon gegart. Auf diese Weise behält der Eischnee seine Form besser als bei gewöhnlichen Baisers und bleibt bis zu 2 Tage frisch.

Nährwert pro Stück

- Kilokalorien 73
- Kohlenhydrate 10 g
- Eiweiß 1 g
- Fett 3 g (keine gesättigten Fettsäuren)

Heidelbeer-Streuselkuchen

Der schmackhafte Kuchen mit saftigen Heidelbeeren ist bei der ganzen Familie beliebt.

Vorbereitung: 20 Minuten
Backzeit: 50–60 Minuten
Portionen: 8 Stücke

50 g verzehrfertige Trockenpflaumen, entsteint
150 g fettarmer Joghurt
225 g Zucker
2 Eier und 2 Eiweiß
1 TL Vanille-Essenz
350 g Weißmehl
1 TL Zimtpulver
eine Prise Muskat
25 g Butter
1 EL Rohrzucker
1 ½ TL Backpulver
250 g Heidelbeeren, frisch oder aufgetaute Tiefkühlware
Zum Garnieren:
frische Heidelbeeren

1 Den Backofen auf 180 °C (Gas: Stufe 2) vorheizen. Den Boden einer flachen, quadratischen, etwa 22 cm großen Backform mit Backpapier auslegen.
2 Die Pflaumen in der Küchenmaschine oder mit dem Pürierstab pürieren; wenn nötig 1 EL heißes Wasser zufügen, damit die Masse geschmeidig wird. In eine große Rührschüssel geben.
3 Joghurt, Zucker, Eier und Eiweiße sowie die Vanille-Essenz zufügen und alles sorgfältig schlagen.
4 Mehl, Zimt und Muskat in eine zweite Schüssel sieben. Für die Streuseldecke 75 g des gewürzten Mehls in eine andere Schüssel geben und die Butter einarbeiten, dann den Zucker einrühren und beiseite stellen.
5 Das Backpulver in die restliche Mehlmischung sieben und umrühren. Mit einem Holzlöffel oder mit dem elektrischen Handrührgerät auf niedrigster Stufe in die Pflaumen-Joghurt-Mischung einrühren.
6 Die Masse in die Kuchenform füllen, die Beeren darüber geben und zuletzt die Streusel gleichmäßig auf den Beeren verteilen. 50–60 Minuten backen, bis der Kuchen fest und leicht gebräunt ist.
7 Den Kuchen in der Form auf einem Kuchengitter etwas abkühlen lassen. Aus der Kuchenform nehmen, in acht quadratische Stücke schneiden, mit den frischen Heidelbeeren garnieren und warm oder mit Zimmertemperatur servieren.

Variante: Statt Heidelbeeren können Sie auch andere weiche Früchte und Beeren, z. B. Himbeeren, verwenden.

Nährwert pro Stück
- Kilokalorien 345
- Kohlenhydrate 71 g
- Eiweiß 8 g
- Fett 5 g, davon gesättigte Fettsäuren 2 g

Nahrhafter Früchte-Gewürz-Kuchen

Dieser saftige Kuchen mit den vielen Früchten schmeckt so gut, dass Sie gar nicht merken, wie wenig Fett er hat.

Vorbereitung: 30 Minuten
Backzeit: 2 Stunden
Portionen: 32 Stücke

375 g verzehrfertige Trockenpflaumen, entsteint
6 EL Weinbrand, Sherry oder Orangensaft
200 g brauner Rohrzucker
4 Eier
fein geriebene Schale von 1 unbehandelten Zitrone
fein geriebene Schale von 1 unbehandelten Orange
350 g Weizenmehl
2 TL Backpulver
1 TL Lebkuchengewürz
750 g gemischtes Trockenobst, größere Früchte grob zerkleinert
4–6 EL entrahmte Milch

1 Den Backofen auf 180 °C (Gas: Stufe 2) vorheizen. Eine hohe, runde Backform mit 23 cm Durchmesser mit Backpapier auslegen.

2 Pflaumen und Alkohol oder Orangensaft in der Küchenmaschine oder mit dem Stabmixer zu einer geschmeidigen Paste pürieren und in eine große Schüssel geben.

3 Zucker, Eier sowie die Zitronen- und Orangenschale zufügen und zu einer dicken, aber lockeren Masse rühren.

4 Mehl, Backpulver und Backgewürz auf die Pflaumenmasse sieben, dann mit einem großen Metalllöffel unterheben. Auch die Trockenfrüchte mit so viel Milch unterheben, dass der Teig weich vom Löffel tropft.

5 Den Teig in die vorbereitete Form geben und glatt streichen. Auf der mittleren Einschubleiste 45 Minuten backen, dann die Backtemperatur auf 160 °C (Gas: Stufe 1) herunterschalten. Etwa 1 1/4 Stunden weiterbacken, bis der Kuchen gut aufgegangen ist und sich fest anfühlt. Zur Garprobe ein Holzstäbchen hineinstecken: Beim Herausziehen sollte kein Teig mehr daran kleben. Falls der Kuchen beim Backen zu schnell braun wird, lose mit Aluminiumfolie bedecken.

6 Den Kuchen in der Form auf einem Kuchengitter 10–15 Minuten abkühlen lassen. Dann aus der Form nehmen, das Backpapier abziehen und den Kuchen auf dem Gitter völlig auskühlen lassen. In Aluminiumfolie gewickelt oder in einem luftdicht schließenden Behälter aufbewahren.

Tipp: Der Kuchen schmeckt noch intensiver, wenn man ihn vor dem Anschneiden 1–2 Tage stehen lässt.

Nährwert pro Stück

- Kilokalorien 157
- Kohlenhydrate 34 g
- Eiweiß 3 g
- Fett 1 g (keine gesättigten Fettsäuren)

Süße Knusperstangen

Der feine Filoteig lässt sich zu dekorativen Stangen rollen. Bei diesem aus England stammenden Rezept wird er vor dem Aufrollen mit Mincemeat bestrichen, einer traditionellen englischen Früchtefarce.

Vorbereitung: 15 Minuten
Backzeit: 10–12 Minuten
Portionen: 12 Stücke

12 Blätter Filoteig, mindestens 15 × 30 cm groß
1 EL Sonnenblumenöl
400 g verzehrfertiges englisches Mincemeat
2 TL Puderzucker, gesiebt

1 Den Backofen auf 200 °C (Gas: Stufe 3–4) vorheizen. Die einzelnen Teigblätter auf eine Größe von 15 × 15 cm zusammenlegen. An den Rändern einen etwa 5 cm breiten Streifen mit Öl einpinseln.

2 1 EL Mincemeat auf eine Hälfte von jedem Teigquadrat streichen, dabei einen 2,5 cm breiten Rand frei lassen. Die Quadrate locker wie Zigarren aufrollen und mit dem Teigende nach unten auf ein beschichtetes oder mit Backpapier belegtes Backblech legen. Die Stangen an beiden Enden seitlich zusammendrücken und die Ränder wie bei Bonbonpapierchen auffächern.

3 Mit dem restlichen Öl einpinseln und in 10–12 Minuten goldbraun backen. Ein wenig abkühlen lassen und dann erst vorsichtig vom Backblech nehmen.

4 Die Stangen mit Puderzucker bestauben und warm servieren.

Tipp: Mincemeat wird aus Trockenobst, Gewürzen und Rindertalg gemacht. Man bekommt es in speziellen britischen Läden. Ersatzweise können Sie die Teigblätter auch mit Früchtemus bestreichen. Filoteig gibt es in türkischen Lebensmittelgeschäften.

Nährwert pro Stück
- Kilokalorien 168
- Kohlenhydrate 34 g
- Eiweiß 2 g
- Fett 3 g (keine gesättigten Fettsäuren)

Mandel-Kirsch-Schnitten

Die knusprigen Teilchen können Sie gleich nach dem Essen zum Kaffee servieren oder erst zum Kaffeekränzchen.

Vorbereitung: 20 Minuten, und 1–1 1/2 Stunden zum Abkühlen
Backzeit: 70 Minuten
Portionen: 30 Stücke

Öl oder Butter zum Einfetten
3 Eiweiß
125 g Zucker
225 g Weizenmehl
100 g Mandelblättchen
50 g ganze Mandeln
150 g kandierte Kirschen, grob gehackt

1 Den Backofen auf 180 °C (Gas: Stufe 2) vorheizen. Eine etwa 19 cm lange Kastenform leicht einfetten.

2 In einer großen Rührschüssel die Eiweiße zu Schnee schlagen. Esslöffelweise den Zucker zufügen und dabei gründlich schlagen, bis die Masse eine baiserähnliche Konsistenz hat. Das Mehl darüber sieben, die Mandelblättchen, ganzen Mandeln und kandierten Kirschen zufügen und unterheben.

3 Die Mischung in die Backform füllen und glatt streichen. Etwa 25 Minuten backen, bis der Laib goldgelb ist und sich fest anfühlt. Aus der Form nehmen und 1–1 1/2 Stunden trocknen und völlig auskühlen lassen.

4 Den Backofen auf 120 °C (Gas: niedrigste Stufe) herunterschalten. Den Laib mit einem gezackten Messer in 30 dünne Scheiben schneiden. Diese in einer Schicht auf Backbleche legen und etwa 45 Minuten backen, bis die Schnitten trocken und knusprig, aber noch nicht gebräunt sind.

5 Die Teilchen mit einem Palettenmesser zum Abkühlen auf Kuchengitter legen. Das Gebäck in einem luftdicht schließenden Behälter aufbewahren.

Variante: Wenn Sie dem Gebäck einen tropischen Touch verleihen möchten, nehmen Sie statt Kirschen kandierte Ananasstückchen und statt Mandeln Macadamianüsse.

Nährwert pro Stück
- Kilokalorien 87
- Kohlenhydrate 14 g
- Eiweiß 2 g
- Fett 3 g (keine gesättigten Fettsäuren)

Menü-vorschläge

Menüs zu planen, die in ihren Inhaltsstoffen sowohl abwechslungsreich als auch gesund und ausgewogen sind, ist ein heikles Unterfangen.

Wer jemals vor der Aufgabe gestanden hat, für seine Lieben einen ausgewogenen und schmackhaften Speiseplan zu entwerfen, der zudem den persönlichen Ansprüchen und Vorlieben Rechnung trägt, kann ein Lied davon singen, wie schwer dies fallen kann. Um Ihnen das zu erleichtern, wurden die folgenden Menüs entworfen, die vielen Ansprüchen gerecht werden können und selbst den Schleckermäulern der Familie oder anspruchsvollen Gästen munden.

Die Menüs enthalten stets ausreichend Kohlenhydrate, um Heißhunger gar nicht erst aufkommen zu lassen. Sie liefern köstliches Obst und Gemüse, damit das allgemein anerkannte Maß von 5 Portionen pro Tag mühelos erreicht werden kann. Und sie enthalten stets kleine Eiweißspender, um den täglichen Nährstoffbedarf auszubalancieren.

Ganz egal, was Sie vorbereiten – eine alltägliche Mahlzeit für die Familie oder ein Essen für Gäste –, wenn Sie sich nach unseren fettarmen Menüvorschlägen richten, können Sie sich darauf verlassen, dass Ihr Essen ausgewogen, gesund und delikat ist. Und meist hält sich darüber hinaus auch der Aufwand sehr in Grenzen.

VEGETARISCHE GETREIDEBURGER

HIMBEER-PAWLOWA MIT ROTER BEERENSAUCE

Für die Familie

Vegetarische Getreideburger S. 191, serviert mit gemischtem grünem Salat
Himbeer-Pawlowa mit roter Beerensauce S. 285

Auch passionierte Fleischesser werden diese Bratlinge mit dem knackig-frischen Salat genießen. Das farbenprächtige Himbeerdessert ist leicht zubereitet und bei Alt und Jung beliebt.

Gesamtnährwert pro Person

- Kilokalorien 622
- Kohlenhydrate 126 g
- Eiweiß 19 g
- Fett 8 g, davon gesättigte Fettsäuren 2 g

Rustikaler Gemüse-Lamm-Eintopf S. 175
Gestürzter Birnenkuchen S. 273

Unter einer fettarmen Teigdecke dampft ein herzhafter Fleischeintopf mit viel Karotten, Sellerie, Lauch und Erbsen. Den winterlichen Nachtisch sollten Sie zuerst backen und ihn noch einmal kurz in den Ofen schieben, wenn Sie den Fleischauflauf servieren.

Gesamtnährwert pro Person

- Kilokalorien 872
- Kohlenhydrate 129 g
- Eiweiß 46 g
- Fett 20 g, davon gesättigte Fettsäuren 3 g

Möhrensuppe mit Kidneybohnen S. 55
Überbackenes Geflügelragout mit Brokkoli und Nudeln S. 139
Trauben in Glühweingelee S. 281

Gemüse und Obst machen das Essen zu einem farbenfrohen Fest. Die zarten Bohnen wie die Brokkoliröschen geben den Speisen Kontrast. Zum Dessert gibt es Trauben in purpurrotem Gelee.

Gesamtnährwert pro Person

- Kilokalorien 622
- Kohlenhydrate 126 g
- Eiweiß 19 g
- Fett 8 g, davon gesättigte Fettsäuren 3 g

Tomaten-Brot-Suppe S. 61
Typisch britisch: Fish and Chips S. 109
Erdbeer-Joghurt-Eis S. 275

Eine sommerliche Tomatensuppe auf italienische Art ist eine passende Einleitung zu Fisch und knusprig gebackenen Kartoffeln. Diese werden im Backofen zubereitet, damit der Fettgehalt niedrig bleibt. Das Dessert aus frischen Beeren, einem Schuss Honig und cremig-leichtem Joghurt setzt dem Essen einen angenehm kühlen Schlusspunkt.

Gesamtnährwert pro Person
- Kilokalorien 626
- Kohlenhydrate 80 g
- Eiweiß 40 g
- Fett 18 g, davon gesättigte Fettsäuren 6 g

Schweinefleisch-Tortillas S. 191
Orangen-Rhabarber-Crumble S. 262

Kinder haben einen Riesenspaß daran, die Füllung für die Tortillas zusammenzustellen, sie einzuwickeln und das Ganze mit den Fingern zu essen. Der warm servierte, herb-süße Rhabarber-Crumble mit der Streuseldecke rundet das pikante Hauptgericht lecker ab.

Gesamtnährwert pro Person
- Kilokalorien 965
- Kohlenhydrate 149 g
- Eiweiß 56 g
- Fett 21 g, davon gesättigte Fettsäuren 4 g

Hackfleischtopf nach amerikanischer Art S. 167
Sommerlicher Beerensalat mit Banane S. 258

Das fettarme Hackfleisch, die ballaststoffreichen dicken Bohnen und reichlich Gemüse ergeben einen leichten und gesunden Eintopf für die Familie. Farbenfrohe Sommerfrüchte sorgen für einen üppig-süßen Abschluss.

Gesamtnährwert pro Person
- Kilokalorien 578
- Kohlenhydrate 76 g
- Eiweiß 41 g
- Fett 15 g, davon gesättigte Fettsäuren 6 g

Gebackene Lachsküchlein mit Petersiliensauce S. 108, serviert mit Wirsing
Duftiger Bananen-Reisauflauf S. 277

Diese knusprigen Fischküchlein sind grätenfrei und damit besonders für Kinder geeignet. Am besten mit viel Kräutersauce und Wirsing servieren, der in Gemüsebrühe gedünstet wurde. Der süße, cremige Auflauf kann in Portionsförmchen backen, während der Fisch serviert wird.

Gesamtnährwert pro Person
- Kilokalorien 677
- Kohlenhydrate 96 g
- Eiweiß 36 g
- Fett 19 g, davon gesättigte Fettsäuren 4 g

BUNTER SALAT MIT BRUNNENKRESSE

MINZ LASSI

WÜRZIGE RÜHREIER AUF TOAST

Brunch

Fruchtiger Grießschaum S. 31
Kleine Maispfannkuchen mit Joghurtdressing S. 41
Chinesischer Ratatouille-Salat S. 84, heiß serviert
Apfel-Zimt-Punsch S. 151

Fruchtiges Porridge eröffnet diesen international inspirierten Brunch. Es folgen Maispfannkuchen und orientalisches Gemüse, wozu heißer, gewürzter Apfelsaft passt.

Gesamtnährwert pro Person
- Kilokalorien 489
- Kohlenhydrate 104 g
- Eiweiß 12 g
- Fett 4 g, davon gesättigte Fettsäuren 1 g

Erfrischung aus rosa Grapefruit und Trauben S. 29
Würzige Rühreier auf Toast S. 37
Bunter Salat mit Brunnenkresse S. 93
Minz Lassi S. 151

Ein kühler Joghurtdrink ist der ideale Begleiter für die fruchtige Speise und passt erst recht zu dem Eiergericht. Der vitaminreiche Salat vervollständigt die Mahlzeit.

Gesamtnährwert pro Person
- Kilokalorien 499
- Kohlenhydrate 57 g
- Eiweiß 26 g
- Fett 20 g, davon gesättigte Fettsäuren 6 g

Abendmenüs

SCHOKOROLLE MIT HIMBEERCREME

WENN GÄSTE KOMMEN

Gerösteter Spargel mit karamellisiertem Schalottendressing S. 76
Ente mit scharfer Pflaumensauce S. 154, serviert mit neuen Kartoffeln und Zuckererbsen
Schokorolle mit Himbeercreme S. 278

Nicht nur in der Spargelzeit gibt es mittlerweile das köstliche Gemüse, das in jedem Menü ein Highlight darstellt. Das exquisite Entengericht mit der fruchtig-scharfen Sauce kann dann ganz einfach mit Kartoffeln und Zuckererbsen serviert werden. Wenn Sie dem Ganzen einen orientalischen Touch geben wollen, servieren Sie statt Kartoffeln Reisnudeln. Der delikaten Schokorolle mit frischen Himbeeren und dem cremigen Frischkäse werden Ihre Gäste garantiert nicht widerstehen können.

Gesamtnährwert pro Person

- Kilokalorien 600
- Kohlenhydrate 63 g
- Eiweiß 42 g
- Fett 21 g, davon gesättigte Fettsäuren 6 g

ENTE MIT SCHARFER PFLAUMENSAUCE

VEGETARISCHES MENÜ

Beschwipste Kastanien-Champignon-Terrine S. 78, serviert mit Baguette, Blattsalat und roten Zwiebeln
Gemüsequiche S. 239, serviert mit geschmortem Fenchel S. 234
Ananas mit Zimt und Malibu S. 261

Pürierte Kastanien bilden ein nahrhaftes und dennoch fettarmes Vorspiel zu der Blätterteigquiche mit Auberginen, Zucchini, Paprika und Zwiebeln, zu welcher der geschmorte Fenchel als saftige Beilage wunderbar passt. Die Ananas mit dem Kokosnusslikör ist ein üppiger und dennoch fettfreier Abschluss.

Gesamtnährwert pro Person

- Kilokalorien 951
- Kohlenhydrate 149 g
- Eiweiß 25 g
- Fett 21 g, davon gesättigte Fettsäuren 6 g

VIEL ZEIT FÜR GÄSTE

Frische Gemüsesülze mit Tomaten und Brunnenkresse S. 73
Provenzalische Rindfleischkasserolle S. 169, serviert mit Kartoffelpüree
Biskuitkuchen mit zweierlei Konfitüre S. 296

Dieses Menü ist geprägt von eindeutigen Aromen. Es lässt Ihnen viel Zeit für die Unterhaltung mit den Gästen, denn außer den Gemüsebeilagen kann alles am Tag zuvor zubereitet werden; das Rindfleischgericht schmeckt aufgewärmt sogar noch besser.

Servieren Sie die Vorspeise mit Toastecken, den Hauptgang mit Kartoffelpüree aus fettarmer Milch. Zum Dessert gibt es fettfreien, luftig-leichten Biskuitkuchen mit Konfitüre.

Gesamtnährwert pro Person

- Kilokalorien 872
- Kohlenhydrate 127 g
- Eiweiß 56 g
- Fett 15 g, davon gesättigte Fettsäuren 4 g

MAROKKANISCHES MENÜ

Marokkanischer Möhrendip S. 72, serviert mit Pitta-Brot
Lammragout mit Couscous S. 185
Gegrillte Früchte S. 280

Dieses Essen mit den Gewürzen Nordafrikas hinterlässt zufriedene Gesichter bei der Familie wie bei Gästen. Es beginnt mit einem würzigen Dip, der im Voraus zubereitet werden kann. Das nahrhafte Hauptgericht sättigt hinreichend, sodass außer dem Couscous zum Aufsaugen der mit Safran gewürzten Sauce keine weitere Beilage erforderlich ist.

Abgerundet wird das Mahl mit einem Dessert, das Gedanken an offene Feuer in der Wüste heraufbeschwört: Erdbeeren und Ananas, mariniert in Honig und auf Spießchen gegrillt.

Gesamtnährwert pro Person

- Kilokalorien 839
- Kohlenhydrate 133 g
- Eiweiß 41 g
- Fett 15 g, davon gesättigte Fettsäuren 1 g

Mittagsmenüs

FRÜHLINGSMENÜ

Frühlingssuppe mit Zitrone S. 57
Gegrilltes Hähnchenfilet mit Balsamessig S. 137, serviert mit geschwenktem Frühlingsgemüse S. 232
Himbeer-Pawlowa mit roter Beerensauce S. 285

Scharf schmeckende Kräuter und Blätter geben der Vorspeise einen asiatischen Touch. Es folgen gegrillte Hähnchenbrust, gewürzt mit Balsamessig, und eine grüne Mischung aus Bohnen, Lauch und Erbsen. Das Himbeerdessert wird mit viel frischen Beeren serviert.

Gesamtnährwert pro Person
- Kilokalorien 704
- Kohlenhydrate 92 g
- Eiweiß 56 g
- Fett 15 g, davon gesättigte Fettsäuren 8 g

MENÜ OHNE FLEISCH

Pilz-Heidelbeer-Ragout auf Reisnudeln S. 75
Couscous mit gegrilltem Gemüse und kalter Tomatensauce S. 216
Stachelbeergranita S. 275

Die fleischige Konsistenz der Pilze kontrastiert mit dem kühl servierten Hauptgericht. Zum Schluss ein Eis – blass anzusehen, aber kräftig im Geschmack.

Gesamtnährwert pro Person
- Kilokalorien 626
- Kohlenhydrate 116 g
- Eiweiß 12 g
- Fett 10 g, davon gesättigte Fettsäuren 3 g

STACHELBEERGRANITA

SONNTAGSMENÜ

Roastbeef mit dicken Bohnen und Pilzen S. 168, serviert mit Rösti mit Meerrettich S. 240
Brotauflauf mit Dörrobst S. 272

Die Eiweißbombe aus Rindfleisch mit grünen Bohnen, Pilzen und Fleischsauce wird serviert mit knusprig-scharfen, kohlenhydratreichen Meerrettich-Rösti. Der warm servierte Auflauf mit dem gesunden ballaststoffreichen Dörrobst sorgt für einen Abschluss, der alle zufrieden stellt.

Gesamtnährwert pro Person
- Kilokalorien 701
- Kohlenhydrate 76 g
- Eiweiß 64 g
- Fett 17 g, davon gesättigte Fettsäuren 6 g

COUSCOUS MIT GEGRILLTEM GEMÜSE UND KALTER TOMATENSAUCE

PILZ-HEIDELBEER-RAGOUT AUF REISNUDELN

SOMMERMENÜ

Kalte Spinat-Joghurt-Suppe S. 50
Seeteufel Tandoori mit scharfer Sauce S. 111, serviert mit Bulgurpilaw mit Nüssen und Samen S. 219
Sommerpudding S. 261

Kalte Suppen wie diese aus cremigem Joghurt sind in der Sommerhitze eine köstliche Erfrischung. Der Tandoori-Charakter des Fischs wird durch die Sauce aus frischer Minze und das kernige Pilaw unterstrichen. Zur Abrundung gibt es einen klassischen Obstpudding – süß und gesund.

Gesamtnährwert pro Person
- Kilokalorien 978
- Kohlenhydrate 159 g
- Eiweiß 50 g
- Fett 16 g, davon gesättigte Fettsäuren 3 g

Grillparty

Nudelsalat mit Meeresfrüchten S. 96
Gebratener Thunfisch mit schwarzen Bohnen S. 107 oder Puten-Pilz-Spieße mit Kräutern S. 144, serviert mit gebackenen Kartoffeln mit Joghurtsauce S. 89
Obstsalat S. 270

Ein Meeresfrüchtesalat, der sich im Voraus zubereiten lässt, eröffnet dieses Sommermenü. Es folgen Thunfisch oder Truthahn vom Grill, beide mit einer Sauce mit schwarzen Bohnen. Dazu gibt es eine ausgefallene Kartoffelbeilage. Der Obstsalat mit einer Spur Kokosnuss weckt Urlaubssehnsüchte.

Gesamtnährwert pro Person, wenn Sie Thunfisch servieren
- Kilokalorien 865
- Kohlenhydrate 118 g
- Eiweiß 51 g
- Fett 23 g, davon gesättigte Fettsäuren 7 g

... wenn Sie Truthahn servieren
- Kilokalorien 804
- Kohlenhydrate 119 g
- Eiweiß 55 g
- Fett 12 g, davon gesättigte Fettsäuren 6 g

Diät-Tage

FRÜHSTÜCK

Traubensaft mit Kardamom S. 150
Eiweißomelett mit grünem Spargel S. 36

IMBISS

Schwarze Spaghetti mit gelber Sauce S. 206
Aprikosen-Haferkuchen S. 296

HAUPTMAHLZEIT

Chili mit Bohnen S. 242, serviert mit **grünem Reis** S. 242 und **Krautsalat mit Koriander** S. 243
Gegrillte Früchte S. 280

Ein sättigendes Eiweißomelett mit Spargel ist eine fettarme Alternative zu einem herkömmlichen Frühstück, wie viele es sich am Wochenende zubereiten, und das Glas gewürzter Traubensaft beschert einen vitaminreichen Start in den Tag.

Die Spaghettisauce aus gelben Paprika und Kräutern wird ohne Fett zubereitet und liefert ein weiteres Quantum an Gemüse. Wenn Sie dann noch hungrig sind, genehmigen Sie sich das leckere Gebäck aus Haferflocken als Dessert – oder bewahren Sie es als fettarmen Nachmittags-Snack auf.

Das fleischlose mexikanische Hauptgericht liefert Eiweiß und Kohlenhydrate und wird aufgepeppt durch Chilischoten und Kräuter. Ananas und Erdbeeren vom Grill sind die fettfreie Belohnung zum Abschluss dieses Diät-Tags.

Gesamtnährwert pro Person

- Kilokalorien 1399
- Kohlenhydrate 268 g
- Eiweiß 49 g
- Fett 17 g, davon gesättigte Fettsäuren 2 g

MAISMEHL-TEEKUCHEN MIT ZITRONE

FRÜHSTÜCK

Fruchtiger Grießschaum S. 31

IMBISS

Erbsen-Fenchel-Suppe mit Minze S. 54
Saftiges Bananenbrot S. 295

HAUPTMAHLZEIT

Spaghetti mit Meeresfrüchten und Thunfisch S. 210, serviert mit **Apfel-Spinat-Salat** S. 87
Zitronenkuchen S. 294

Warmer Grießbrei mit süßen bunten Beeren ist ein Frühstück, das lange vorhält. Insbesondere die nährstoffreichen Grießkörner liefern Energie für einen ganzen Tag.

Gemüse bildet die Grundlage der aromatischen Suppe für Zwischendurch. Wer das Bananenbrot nicht als Dessert mag, kann es auch als Snack am Vormittag oder nachmittags zum Kaffee essen.

APFEL-SPINAT-SALAT

SPAGHETTI MIT MEERESFRÜCHTEN UND THUNFISCH

Die Hauptmahlzeit besteht aus Nudeln mit einer Sauce aus Tomaten, Meeresfrüchten und Thunfisch. Dazu passt ein frischer Salat mit knusprigen Knoblauchcroûtons und Kräuterdressing. Der leuchtend gelbe Zitronenkuchen zum Nachtisch, den ein einfacher Guss aus Puderzucker und Wasser schmückt, ist eine fettarme Möglichkeit, die Lust auf Süßes zu stillen.

Gesamtnährwert pro Person

- Kilokalorien 1111
- Kohlenhydrate 199 g
- Eiweiß 58 g
- Fett 16 g, davon gesättigte Fettsäuren 2 g

FRÜHSTÜCK

Müsli mit Trockenfrüchten S. 32

IMBISS

Frische Gemüsesülze mit Tomaten und Brunnenkresse S. 73, mit Blumentopf-Brötchen S. 289

HAUPTMAHLZEIT

Wan Tans mit Garnelen S. 80
Hähncheneintopf mit Frühlingsgemüse S. 137
Sommerpudding S. 261

In diesem ausgesprochen fettarmen Speiseplan werden Gemüse und Obst so geschickt eingeplant, dass kein Hungergefühl aufkommen kann.

Die bunte Mischung aus Früchten und Müsli ist ein nahrhafter Start in den Tag, den Sie leicht am Abend zuvor zubereiten können. Selbst gebackene Brötchen und eine würzige Tomatensülze stellen eine kalorienarme Mittags- oder Abendmahlzeit dar.

Die Hauptmahlzeit des Tages beginnt mit Wan Tans, die fettfrei im Dampf gegart und mit herzhaften Saucen serviert werden. Es folgt gedünstetes Hühnchenfleisch mit gemischtem Gemüse in dampfender Brühe. Der fruchtig-süße Sommerpudding stillt garantiert jeden Heißhunger auf Süßes.

Gesamtnährwert pro Person

- Kilokalorien 1408
- Kohlenhydrate 248 g
- Eiweiß 79 g
- Fett 12 g, davon gesättigte Fettsäuren 1 g

GEBACKENE MISCHPILZE AUF CIABATTA

Die kleine Mahlzeit

Linsensüppchen mit Zitrone S. 52
Gebackene Champignons auf Ciabatta S. 44

Diese fleischlose Mahlzeit beginnt mit einer Linsensuppe, die viel pflanzliche Eiweiße liefert. Genießen Sie dann die duftenden Pilze auf warmem italienischem Brot, dem Olivenöl den letzten Pfiff gibt.

Gesamtnährwert pro Person

- Kilokalorien 515
- Kohlenhydrate 74 g
- Eiweiß 27 g
- Fett 14 g, davon gesättigte Fettsäuren 3 g

LINSENSÜPPCHEN MIT ZITRONE

Deftige Kürbissuppe mit Speck S. 58
Baguette mit Steak und Zwiebeln S. 45

Auf die samtige Kürbissuppe, die kräftig mit Kreuzkümmel aromatisiert wurde, folgt ein üppig garniertes Baguette mit gegrillten Steakscheiben und vielen knackigen Salatzutaten. Hochwertiges Eiweiß wird hier mit Energie spendenden Kohlenhydraten kombiniert – und bleibt dennoch fettarm.

Gesamtnährwert pro Person

- Kilokalorien 428
- Kohlenhydrate 67 g
- Eiweiß 41 g
- Fett 17 g, davon gesättigte Fettsäuren 4 g

Tagliatelle alla carbonara S. 199
Beschwipste Backäpfel mit Pflaumen S. 269

Das klassische italienische Nudelgericht aus Eiern, Speck und Bandnudeln wird in puncto Fettgehalt durch den fettfreien Nachtisch aus Äpfeln und Pflaumen mit einer würzigen Rotweinsauce ausgeglichen.

Gesamtnährwert pro Person

- Kilokalorien 951
- Kohlenhydrate 144 g
- Eiweiß 26 g
- Fett 16 g, davon gesättigte Fettsäuren 6 g

Tomatenrisotto S. 222
Muffins mit Bananen und Schokostückchen S. 298

Der frische Geschmack von Basilikum passt hervorragend zu diesem kohlenhydratreichen Risotto. Es bietet sich besonders nach ausgiebiger körperlicher Betätigung an, da es sehr sättigend ist. Wenn gewünscht, lässt es sich noch mit einem fruchtig-süßen Muffin abrunden.

Gesamtnährwert pro Person

- Kilokalorien 517
- Kohlenhydrate 92 g
- Eiweiß 15 g
- Fett 12 g, davon gesättigte Fettsäuren 4 g

A

B

G

H

L

M

N

O

P

Q

R

S

Bildnachweis

Gus Filgate:
Umschlagmotive; 8, 9 o., 10, 11, 10–11, 12o.l., 12 M.r., 13 o., 13 u., 14 o., 14 Fisch, 14 Salat, 15 o., 15 u., 16 o., 17 o., 18 o., 18 M., 18 u.l., 19 l., 19 M., 19 r., 20 o.l., 20 u.r., 21 o., 21 M., 21 u., 22, 23, 24 o.l., 24 u., 25 o., 25 M., 25 u., 26–27, 28, 29, 30, 31, 32, 33, 34, 35, 36, 37, 40, 41, 42, 43, 44, 45 o., 45 u., 46–47, 48–49, 52, 53, 54, 55, 56, 57, 58–59, 60, 61, 62 o., 62 u., 63, 66, 67, 69, 70–71, 72–73, 73, 74, 79 u., 80–81, 82, 83, 86, 87, 88 o., 88 u., 90–91, 94, 95, 97, 98–99, 100, 101, 102–103, 104, 105, 106, 107 o., 107 u., 110, 112, 112–113, 114, 114–115, 116, 117 l., 117 r., 118, 120–121 o., 120–121 u., 122–123, 126, 127, 128 bis 129, 130, 131, 132, 133, 134–135, 136, 137 o., 137 u., 138–139 o., 138–139 u., 140, 142, 143, 146, 147, 148, 156–157, 158–159, 159 l., 159 r., 161, 166, 167, 168, 169, 170 o., 170 u., 171 l., 171 r., 175, 176, 176–177, 180, 180–181, 181, 182, 183, 184, 187, 188–189, 190–191, 192, 193, 194, 199, 200–201, 201, 202–203, 203, 204 l., 206, 208, 209 l., 210, 211, 212 o., 212–213 u., 214, 220–221, 223 o., 228–229, 230, 231 l., 232–233, 235 u., 238–239, 240, 244, 245, 250–251 o., 253, 256–257, 258, 260, 264–265, 268, 270–271, 272 o., 275, 276, 279, 281, 282, 283, 288–289, 289, 290, 291, 292, 294–295 o., 294–295 u., 296, 296–297, 299, 300–301, 302, 305, 306 o., 306 u.l., 306 u.r., 307 o.r, 307 M., 307 M.r., 308 l., 308 r., 309 u.l.

William Lingwood:
9 u., 12 o.r., 12 u.l., 14 u., 16 u., 18 u.r., 20 u.l., 24 o.r., 46, 58, 64 l., 65 o.l., 68 l., 76, 78, 79 o., 85 l., 92, 93 o., 93 u.l., 93 u.r., 103 l., 125, 151 o., 152, 152–153, 154–155, 157, 172, 174, 179, 189, 195, 207, 215, 216–217 o., 216–217 u., 218, 219 o., 222, 223 u., 224, 224–225, 226, 227, 232, 248, 250–251 u., 254, 255, 262 l., 272 M., 272 u., 273 o., 274 o., 285, 303, 311 l., 311

Craig Robertson:
29 r., 68 r., 86 u., 103 r., 185 r., 188, 198 u., 204 r., 212 u., 219 u., 231 r., 262 r., 278 r.

Simon Smith:
38 o., 38 M., 38 u., 39, 64 o.r., 64 u.r., 65 o.r., 65 u., 80, 84 o., 84 u.l., 84 u.r., 85 o.r., 96, 108–109, 109, 111 o., 111 u., 119, 124, 144, 144–145, 149, 150 o., 150 u., 151 u., 155, 160, 160–161, 162–163, 178, 185 l., 186–187, 198, 205, 209 u., 212–213, 233, 234, 235, 236, 237 o., 237 u., 241 o., 241 u., 242 o., 242 u., 243 o.r., 243 M.r., 243 u.l., 243 u.r., 247 l., 247 r., 249, 259 o., 259 u., 261, 263, 266, 267, 269, 271, 273 u., 274 u., 277, 280, 284, 293, 298 l., 298 r., 304, 309 o., 309 u.l., 309 u.r., 310 o.l., 310 o.r., 310 u.

Philip Webb:
89, 246

Philip Wilkins:
51, 76–77, 90, 141